Bauwelt Fundamente 113

Herausgegeben von
Ulrich Conrads und Peter Neitzke

Beirat:
Gerd Albers
Hansmartin Bruckmann
Lucius Burckhardt
Gerhard Fehl
Herbert Hübner
Thomas Sieverts

Rolf Sachsse

Bild und Bau

Zur Nutzung technischer Medien beim Entwerfen von Architektur

Der Umschlag zeigt auf der Titelseite eine Photomontage aus Bildern des Disch-Hauses von Bruno Paul in Köln, die der Photograph Hugo Schmölz sen. im Jahre 1930 als Neujahrsgruß versandt hat. Köln, Archiv Schmölz bei Wim Cox

Umschlagrückseite: Postamt 3 in Köln, Innenhof, Architekten: Joachim und Margot Schürmann, photographiert von Thomas Riehle, Köln, 1993

Alle Rechte vorbehalten
© Friedr. Vieweg & Sohn Verlagsgesellschaft mbH, Braunschweig/Wiesbaden, 1997

Der Verlag Vieweg ist ein Unternehmen der Bertelsmann Fachinformation GmbH.

Umschlagentwurf: Helmut Lortz
Satz: ITS Text und Satz GmbH, Herford
Druck und buchbinderische Verarbeitung: Lengericher Handelsdruckerei, Lengerich
Gedruckt auf säurefreiem Papier

Printed in Germany

ISBN 3-528-06113-8   ISSN 0522-5094

Inhalt

Methodische Vorbemerkungen –
Banalitäten und Selbstverständlichkeiten 9
Einschränkungen und Auslassungen 13

Vor der Photographie 17
Um 1800: Der Zwang zu medialer Kompetenz 17
Nach 1830: Sieg der vernünftigen Medienpraxis 24

Die Bilder von Notre Dame – Die Erfindung
der Photographie und der Historismus 29
John Ruskin und die ‚Stones of Venice' 34
Die ‚Mission héliographique' 36
Denkmalpflege und Photographie 42

„Das Historische und das Poetische" –
Architekten-Ausbildung im Zeitalter der Photographie 45
Der Motivschatz 47
Photographie in architektonischen Sammlungen 49
Ludwig und Emil Lange 53
Konradin Walther 55

Vom Überblick zum Meßbild – Bildformen der
Architekturphotographie in der zweiten Hälfte des 19.
Jahrhunderts 59
Reisephotographie 60
Mappenwerke 66
Industrie- und Ingenieurbauten 74
Meßbilder 77

Vorbild und Abbild – der Gebrauch von
Architekturphotographie zwischen Historismus und Moderne .. 83
Henry Hobson Richardson 84
Friedrich von Thiersch 86
Otto Wagner 91
Joseph Maria Olbrich, Josef Hoffmann und Adolf Loos 94
Theodor Fischer und Richard Riemerschmid 99
Frank Lloyd Wright 104
Peter Behrens 107
Paul Clemen und die moderne Denkmalpflege 109

Vom Archiv zur Montage – Photographie als Medium
der architektonischen Moderne 119
Bruno Taut 121
Erich Mendelsohn 125
Le Corbusier 133
Walter Gropius 137
Hannes Meyer 144
Ludwig Mies van der Rohe 147

Mediale Modernisierung für faschistische Formen –
Architektur und Photographie im NS-Staat 161
Präludium: Die Gegenmoderne in den zwanziger Jahren 161
Motiv: Deutschland soll schöner werden 169
Thema: Bauaufgaben und ihre Visualisierung 174
Coda: Kriegsarchitektur und Kriegszerstörung im Bild 190

Trümmerbeseitigung, Tankstellen und Traumhäuser –
die fünfziger Jahre im Architekturbild 197
Der Wiederaufbau im Bild: Köln 197
Wohnen und Wohnbau: Beispiele aus der Provinz 201
Parlamentssitz und Fallbeispiel: Bonn 206
Mensch und Raum, Bild und Abbild: eine Debatte ohne Ort 210
*Tankstellen der Tatkraft: Räume der Bildung, Konsum- und
Medienarchitektur* 214
Büro- und Traumhäuser 220
Um 1960: der wahre Internationalismus 225

Von der Doppelcodierung zur virtuellen Realität – bildhafte
Postmoderne im Bau und Architektur als Bild 229
Postmoderne: mediales Zitat und doppelte Codierung 232
Architektur als Aktion auf Zeit und im Bild 235
Die Rückkehr des Bildes 239
Auf dem Weg zur virtuellen Architektur 241
Informationsarchitektur 247

Ende und Ausblick – von der Reichweite technischer Medien . 250
Ereignis und Struktur 253
Selbstähnlichkeiten 255

Anmerkungen 257

Methodische Vorbemerkungen –
Banalitäten und Selbstverständlichkeiten

Es geht um Banalitäten. „Ein guter Architekt muß dafür sorgen, daß er einen guten Photographen hat, sonst wissen die Leute nicht, was er tut," bemerkte Günter Behnisch bei einem Baustellengespräch zum Bonner Bundestag im Frühjahr 1991. Das sei selbstverständlich, skandierten zwei seiner Gesprächspartner, darüber brauche man nicht mehr zu reden – und ein Bundestagsabgeordneter verstieg sich zu der Anmerkung, das sei schon seit der Renaissance so und werde sich wohl im Prinzip kaum mehr ändern. Wenn es denn so wäre. Die Vermittlung des Entwurfs in der Zeichnung, das Primat der Idee und die Inferiorität der Ausführung sind klare Folgen der Renaissance und ihrer Wendung menschlichen Bewußtseins auf sich selbst. Doch daß die Prozesse medialer Vorgaben bei der Findung von Ideen weit vor ihrer möglichen und wahrscheinlichen Umsetzung in – etwa gebaute – Realitäten sich verselbständigen und den Begriff des *disegno* ersetzen könnten, war für die (auch Bau-)Künstler dieser Zeit und deren Nachfolger schlicht undenkbar. Wie ersichtlich, tun wir noch heute so, als ob es dergestalt unendlich weiterginge. Daß dem nicht so ist, sei hier These. Das Aufkommen industrieller Reproduktionsmittel visueller Zeichen, insbesondere der Photographie, hat den Formbildungsprozeß der Generierung eigener Zeichenkomplexe wie etwa bei der Architektur entscheidend umgeformt. Wobei die Entschiedenheit dieser Umformung mehr im prozessualen Vorgang zu suchen ist als im per Zeichnung, Perspektive oder Bild manifesten Entwurf selbst. Es geht um die Abschaffung der Architektur durch die Medien. Damit ist die Beseitigung des Besonderen durch die (virtuell) unendliche Reproduktion des Banalen, Alltäglichen, Selbstverständlichen gemeint. Räume werden weiterhin gebraucht, als klimatische Zonen, für deren Bereitstellung der Begriff des Bauens bislang ausgereicht hat. Doch die Genese einer objekthaften Realisation qua genialer Ideenfindung und subalterner Ausführung scheint genau durch jene Prozesse zu Ende geführt worden zu sein, die von den Produzenten als sekundäre Strategeme der Manifestation ihrer Genialität euphorisch begrüßt und in allen Facetten bedient wurden. Ein schmutziger

Diskurs ist es, der hier geführt werden soll: Medien tragen selbst keinen Sinn in sich, und sie tragen nichts zur Definition von Ideen, gar Kunst bei. Natürlich sieht eine Zeichnung völlig anders aus als eine Photographie; dennoch ist diese Differenz nicht geeignet, qualitative Spezifika ihrer Vermittlungsleistung zu verdeutlichen. Der jeweilige, sozial sich über Kommunikation realisierende Gebrauch der Bilder ist es, der ihre Wirkung als medial beschreibt.

Architektur und Medien müssen einander nicht ausschließen. Zwischen der Musik und der Architektur sind in den letzten fünf Jahrhunderten Beziehungen von gegenseitiger Achtung und Befruchtung erkannt worden, darin einerseits als antikem Rückbezug dem Konnex von Musik und Mathematik folgend, andererseits als Anerkennung des Primats der auditiven Medien bei der kommunikativen Etablierung eines Paradigmas der Moderne. Die Bedeutung der Relation von mathematischer Proportion, optischer Konstruktion und architektonischem Entwurf hingegen ist pragmatisch geprägt – von der Regel bis zu ihrer Verletzung ist alles erlaubt, was nützt. Falls die Mathematik mediale Qualitäten innerhalb des architektonischen Entwurfsprozesses gewinnen kann, dann allein über den Umweg einer Hypostasierung ihrer Grundannahme der restlosen Quantifizierbarkeit von Welt mit dem Resultat einer virtuell diskreten Rekonstruierbarkeit aller Gegenstände. Mit Vitruv und den Folgen seiner Ideen für die Architekturgeschichte hat das allerdings nichts mehr zu tun.

Spät wurden Medien zu Paradigmen der Moderne. Sie waren schon vorher vorhanden, doch ihr sozialer Gebrauch war nicht dergestalt definiert, daß er mit ökonomischen Produktionsweisen zu koppeln war. Dies berührt auch das eigenartige Verhältnis von Medien zur bildenden Kunst im Rahmen zeitlicher Präsentation, wie es Lessing noch vor einer großtechnischen Etablierung technischer Medialität beschrieben hat.[1] Literarisch hatte der Genese medialer Vermittlung die Konstruktion von Strukturen der Repräsentation voranzugehen; praktisch dauerte der Prozeß der Mediatisierung bis zum Ende des 19. Jahrhunderts, als die industriellen Technologien einer wirklich massenhaften Verbreitung von Nachrichten und Bildern nicht nur gegeben, sondern tatsächlich eingeführt waren.

Damit ist der Zeitrahmen der vorliegenden Arbeit abgesteckt. Am Ende des 18. Jahrhunderts werden die Strategien zum Erwerb medialer Kompetenz deutlich, derer sich alle Architekten bedienen mußten, um innerhalb des eigenen Berufsstandes und außerhalb des Wirkungskreises ihrer Auftrag- oder Arbeitgeber wirksam sein zu können; letztlich war dies der Beginn des Berufsbildes selbst. Die Erfindung der Photographie markierte zwar die Geburt eines bildtechnischen Mediums; aber noch dauerte es rund achtzig Jahre, bis sich die mediale Massenproduktion von Vor-Bildern als soziale Gebrauchsweise etablierte; in der Zwischenzeit ist vor allem der Nahbereich wirksamer Bildformen in Ausbildung und Entwurfstätigkeit ausgearbeitet worden und hat einen entsprechenden, vorsprachlich genutzten Kanon bereitgestellt. Die *heroische Periode der Moderne* wurde von einer Vätergeneration reflexiv vorbereitet und war selbst durch einen reflektierten Umgang mit großen Quantitäten von medial erzeugten Bildern gekennzeichnet. Die Erfolge der aus Reflexion entwickelten Strategien waren offensichtlich, ebenso aber die Möglichkeiten ihres Gebrauchs für gegenmoderne Strömungen, die im Faschismus kulminierten. Der Versuch, nach dem Zweiten Weltkrieg an frühere Modernismen über mediale Strategien anzuknüpfen, erwies sich zunächst als Erfolg, mündete jedoch in einer wieder über Bilder vermittelten Kritik an strukturellen und als inhuman empfundenen Grundannahmen. Das Ergebnis war ein Rekurs auf Geschichte in der Form visueller Montagen, dessen Umsetzung in Architektur selbst zur medialen Strategie, zum *Bau als Bild* wurde. Der langsamen Ablösung der Photographie als erstem Medium der Informationsvermittlung folgte die Fixierung architektonischen Handelns auf prozessuale Momenten, mit ephemerer Architektur und städtebaulichem Sprawl als Resultat.

Es ist einmal mehr die Geschichte der Moderne, die betrachtet wird. Doch während zur photohistoriographischen Epistemologie zwingend die Parallelität zwischen Medium und Moderne, Industrialisierung und Rationalisierung, Lichtbild und Aufklärung zu gehören schien, belegt der Verlauf dieses Diskurses zwischen technischen Medien und architektonischem Entwerfen eine andere Tendenz: Mediale Strategien waren und sind immer dort erfolgreich, wo sie zur Durchsetzung gegenmoderner Intentionen funktionalisiert wurden und werden. Im Historismus als Steinbruch, im Faschismus als Illusionsmittel, in der Postmoderne als Collagepartikel – immer ist das photographische Abbild von Dagewesenem oder Modellhaftem für den architektonischen Kommunikationsprozeß wesentlicher als das Bauen selbst. Photographie war nicht immer Medium und wird es auch nicht mehr lange bleiben. Daß sie hier so behandelt wird, hat Gründe verschiedener Art. Zum einen geht es im Zusammenhang des medialen Diskurses von architektonischem Entwurfsprozeß, baulicher Realisierung und sekundärer oder tertiärer Vermittlung um gesellschaftliche Funktionalisierungen, deren Grundannahmen als gegeben angenommen werden müssen.[2] Zum anderen bietet sie sich in Analogie zur Sprache an, ohne selbst zwingend Sprachmodellen unterworfen zu werden.[3] Drittens ist die Geschichte der Photographie derjenigen der industriellen Gesellschaft parallel zu setzen, wiederum ohne zwingende Methodenstruktur. Und schließlich sind die Beziehungen zwischen Architektur und Zeichnung[4] sowie die Modalitäten diverser Medien untereinander[5] hinreichend untersucht, um eine Übertragung des hier gegebenen Diskursverlaufs auf andere Gegenstände leisten zu können.

Zwar ist bereits die Erfindungsgeschichte der Photographie als Mediatisierungsprozeß beschreibbar, doch dauerte es noch rund dreißig Jahre, bis soziale Gebrauchsformen und technische Reproduktionsmittel entwickelt waren, die dem Abbildungsverfahren mediale Qualitäten zuschreiben ließen, und weitere fünfzig Jahre, bis diese Mediatisierung tatsächlich großtechnisch und sozial etabliert war. Diese Entwicklung fällt mit der Etablierung normativer Ausbildungsformen für den Beruf des Architekten zusammen, zeigt aber auch eine Verfestigung von Abbildungskanones für besondere Architektur-Aufgaben. Photohistorisch wiederum ist die Etablierung des medialen Anspruchs mit dem Prozeß der Konstituierung eines Urheber-, Veröffentlichungs- und Abbildungsschutzrechts parallel zu setzen.

Die Mediatisierung eines Kanons im massenkommunikativen Prozeß befördert Verhaltenserwartungen, deren Befriedigung oder Störung auf das Entwerfen von Architektur durchschlägt – die architektonische Moderne ist ohne die Voraussetzung des Umgangs ihrer Protagonisten mit großen Mengen von Bildern nicht denkbar. Der Mißbrauch eines gegebenen und gesellschaftlich akzeptierten Kanons von Bildformen zu Macht- und Gewaltmitteln gehört zur Definition von Faschismus als Ästhetisierung politischen Handelns; kein Wunder, daß die Medienpolitik des deutschen Nationalsozialismus als modern anzusehen ist und sich besonders in der Architekturpropaganda zu erstaunlichen Wirkungen als fähig erwies. Nach dem Zwischenspiel eines vergeblichen Versuchs der Rückgewinnung moderner Mediengebrauchsweisen über Bildformen verfiel der Kanon zum Code – in sich wertlos, unendlich reproduzierbar und nach Belieben mit Bedeutungen aufladbar. Am Ende steht die Ablösung des Mediums Photographie durch elektronische Bilderzeuger aller Art, vom Derivat Film über Video und vom Derivat Kopie über CAD zu animierten Formen von Wirklichkeitsmontagen, virtuellen Räumen und synästhetischen Effizienzstrategien.

Seit Cordemoy[6] wird Architekturtheorie letztlich von Laien für Laien geschrieben. „Leute, die über Photographie schreiben, schreiben nur für die, die über Photographie schreiben," äußerte der Photograph Helmut Newton – zu seinen Bildern bei aller sonstigen Eloquenz beharrlich schweigend. Alle Mediengeschichten pendeln zwischen diesen Polen – kein Wunder, daß die Wirkungs- oder Rezeptionsästhetik am Ausgangspunkt einer *Kunstgeschichte ohne Künstler* steht, von der – dem Foucaultschen „schreibend gesichtslos werden" analog – viele Theoretiker des 20. Jahrhunderts geträumt haben.[7] Die vorliegende Arbeit kann sich von derlei Bedingungen nicht ausnehmen, doch wird in ihr eher ein *double bind syndrom* aller Produzenten ästhetischer Gegenstände und Prozesse thematisiert: Jede Rückwirkung medialer Wahrnehmung auf den Entwurfsprozeß muß gerade um der medialen Wirksamkeit des Entworfenen willen zurückgewiesen, negiert, verdrängt, vergessen werden.

Einschränkungen und Auslassungen

Eine Arbeit wie die vorliegende kann keinesfalls den Anspruch stellen, eine diskursiven Entwicklung mit ihren zahlreichen Nebenlinien, Verästelungen und Sackgassen ganz aufzeigen zu wollen. Ebenso wenig kann ein Anspruch darauf erhoben werden, die in der Arbeit behandelten Themen, Personen und Formen jeweils in der Tiefe ihrer Bezüge zum Umfeld wie untereinander ausgelotet zu haben. Wie alle Diskursanalysen stellt sie sich dem Grundproblem der die Fakten selbst schaffenden Auswahlmodi: Wo nicht hingeschaut wird, kann nichts entdeckt werden; was neben dem geschilderten Diskurs herläuft, vermag dessen Bedeutung erheblich, gar essentiell zu relativieren; und schließlich kann jede weitere, noch unentdeckte Dimension einer Erkenntnisebene zu neuen Moirébildungen führen, deren hologrammatischen Einschreibungen alles bislang Gesagte aufheben.
Doch auch ganz banale Einschränkungen sind kenntlich zu machen. Sie betreffen in erster Linie die Auswahl der Protagonisten einer Geschichte, persönlich wie sachlich. Daß es bei der Kommunikation von Architektur über die Medien erst einmal um Architekten und um Photographen geht, dann aber auch um die Benutzer der Bilder und Bauten, ist einleuchtend – deren Auswahl vermag ein Geschichtsbild zu bestimmen. Insbesondere die Kapitel, die sich um den Kern der architektonischen Moderne drehen, sind personen-bezogen und müssen sich daher einer Kritik der biographischen Auswahl samt deren Implikationen stellen. Im vorliegenden Fall ist die Auswahl gelegentlich von ephemeren Stimulantien wie der leichten Zugänglichkeit von Quellen mehr bestimmt worden denn von einer stringenten Form des zu entwickelnden Arguments. Alternativen wie die zwischen Gabriel von Seidl und Friedrich von Thiersch oder zwischen Richard Riemerschmid und Heinrich Tessenow wurden auf diese Weise entschieden; ähnliches gilt für manchen Photographennachlaß. Die Wahl einer jeden Alternative ist begründbar, dennoch bleibt ohne Frage ein Rest an Zweifel.

Direkte Auslassungen betreffen insbesondere den internationalen Kontext des vorgestellten Arguments. Neben den offensichtlichen Problemen eines Euro-US-Zentrismus aller Mediengeschichte lassen sich Einschränkungen prinzipieller Art zeigen. Eine Debatte der Reisephotographie und ihrer Auswirkungen auf die Architekten des 19. Jahrhunderts bedarf sicher einer Erweiterung durch Analysen diverser Exotismen in der Architekturgeschichte, deren Mediatisierung ein Vorläufer der hier geschilderten Vorgänge ist. Mangels eigener Sprachkenntnisse und zureichender Quellensammlungen mußte der russische Konstruktivismus einschließlich seiner ungarischen und tschechischen Parallelformen unberücksichtigt bleiben; diese Entscheidung war umso schmerzhafter, als die hohe ästhetische Qualität einer Verbindung von Architektur und Medien etwa im Pavillon der Kölner ‚Pressa' von El Lissitzky durchaus Auswirkungen auf die deutschen Entwicklungen der zwanziger, dreißiger und fünfziger Jahre hatte.[8] Für die letzten dreißig Jahre der vorliegenden Darstellung wiederum muß das Fehlen japanischer Entwicklungen konstatiert werden, was gerade für ein Land, aus dem die meisten massenmedialen Technologien stammen und in dem deren Nutzung gesellschaftlich wohl auch am verbreitetsten ist, problematisch erscheinen mag.

Die der Arbeit zugrundeliegende Analogie von Sprache und Architektur, von vorsprachlichem Bildhandeln und medialer Verbreitung auf repräsentationaler Ebene ist auf der Basis deutscher, englischer und französischer Quellen verfolgt worden und von daher diesen Sprachräumen, ihren sozialen Entwicklungen und ästhetischen Trends in den letzten zwei Jahrhunderten verpflichtet. Daraus ergeben sich nicht allein die genannten Einschränkungen, sondern auch strukturelle Bindungen an sprachliche Kanonisierungen: Die der deutschen Sprache inhärente, im angloamerikanischen Sprachraum seit dreißig Jahren imitierte Möglichkeit der Bildung von unendlichen Komposita hat klare Auswirkungen auf die Diskussion komplexer Formzusammenhänge.[9] Offensichtlich ist die Kritik wie die Apologie der vermeintlichen Einfachheit moderner Formvokabulare auf der Grundlage einer wenig reflektierten Sprachbindung formuliert worden: Nicht die Simplizität der Formfindung zeichnet die Arbeit von Le Corbusier, Gropius und Mies aus, sondern die differenzierende Reduktion formaler Überschüsse auf der Basis quantitativ umfangreicher – meist medial vorgegebener – Bildanalysen. Nur so kann beispielsweise das Paradoxon eines Architekten wie Mies angegangen werden, der als Vertreter einer äußersten Formreduktion die synthetisierende Methode der Photomontage zur – zwar nicht alleinigen, jedoch wesentlichen – Grundlage seiner Formfindungen gemacht hat. Umgekehrt haben die von Venturi und Jencks vehement vertretenen Komplexitäts-Strukturen und Mehrfach-

Codierungen eher zu einem Abbau architektonischer Entwurfsqualitäten zugunsten des *dekorierten Schuppens* und anonymen Bauens geführt als zu einer höheren ästhetischen Vielfalt im baulichen Alltag.

Photographie ist ein quantitativ bestimmtes Medium, gewinnt seine medialen Qualitäten erst über die Produktion großer Quantitäten von Bildern und ihrer virtuell unendlichen Reproduktion in Menge und Zeit. Insofern sei hervorgehoben, daß jedes der hier vorgeführten Beispiele, nahezu jedes der erwähnten photographischen Bilder durch mindestens ein anderes, oft durch Myriaden anderer ersetzt werden kann, was jede Aussage zu relativieren vermag. Und was für die Photographie gilt, muß den elektronischen Bildmedien erst recht zukommen: Hier ist der Eingriff in jedes einzelne Bild nach eigenem Wissen und Gewissen, das Zurechtrücken jeder zu sehen gewollter Realität conditio sine qua non. Nicht einmal mehr das Bilddetail ist stabil, es kann mindestens virtuell durch jedes andere ersetzt oder wenigstens in seiner Konsistenz grundsätzlich verändert werden. Im Gegensatz zur Auslieferung eines Datenträgers fixiert das Medium Buch einen von Autor und Verlag intendierten Zustand zu einer Zeit; ein Anachronismus, der bedacht sein muß.

Dazu gehört das grundsätzliche Paradoxon der vorliegenden Arbeit: Es ist ein Photobuch fast ohne Photographien. Doch darf ein Essay der Reihe davon ausgehen, daß die Leser sich selbst Zugang zu allen referierten Bildern und ihren Alternativen verschaffen können. Umgekehrt hätte eine adäquate Reproduktion dieser Photographien aus diesem Argument ein *coffee table book* gemacht – und das hat medial ganz andere Voraussetzungen. Um ein Sehnsuchtsmuster zu äußern: Die (nur zu verständliche) Wut der Leser über das Fehlen der Bilder möge in ein eigenes Suchen und Finden umschlagen, womit zugleich dem Interesse wie der Erkenntnis gedient wäre.

Bei einem Besuch im Frankfurter Architekturmuseum klassifizierte mein damals knapp dreijähriger Sohn das Modell eines griechischen Tempels als *Museum*. Daß seine Codierung noch zu dem Zeitpunkt anwendbar sei, wenn er erwachsen ist, mag ein Antrieb meines Schreibens gewesen sein; ein anderer die ungebrochene Hoffnung auf intersubjektive Handlungsstrukturen, die den Heroismus der Moderne und all seine Gegenströmungen soweit ausdifferenzieren, daß die Klärung von Überlebensfragen der Menschheit ohne Ideologie als falsches Bewußtsein auszukommen vermag. Die Schaffung von Wänden, Räumen und Klimata – nichts anderes ist das Bauen vor aller Architektur – gehört ohne Zweifel dazu.

Anonym, Untersuchungen über den Charakter der Gebäude ..., Leipzig 1788, Faksimile Nördlingen 1986, Tafel 1a

Vor der Photographie

Um 1800: Der Zwang zu medialer Kompetenz

„Es war ihm genug, sich selbst auf dem Papier durch ein freies und ungebundenes Studium davon gleichsam Rechenschaft zu geben, was er seit dem Jahre, in dem er sich zuerst mit der Idee [...] beschäftigte, über diesen großen [...] und [...] außerordentlich wichtigen Gegenstand gedacht, geprüft, beobachtet hatte, und zu erforschen, wie weit seine eigenen Kräfte für dessen würdige Darstellung reichen möchten."[10] Was Konrad Levezow über seinen Freund Friedrich Gilly und dessen Entwurf für ein Denkmal Friedrichs II. schrieb, war symptomatisch für eine ganze Generation von Architekten am Ende des 18. Jahrhunderts: Ihr Ruhm beruhte nicht auf tatsächlich Gebautem, sondern auf zeichnerisch Gegebenem und durch Druckauflagen sowie vor allem über Zeitschriften Vermitteltem. In den Worten eines Nachrufes schwang nur zum Teil das Bedauern über die nicht erfolgte Verwirklichung mit, denn die Unsterblichkeit des Frühverstorbenen schien durch die zeichnerisch mediatisierte Idee allemal gesichert. Das Friedrichs-Denkmal von Gilly hat eine ganz eigene Geschichte durchgemacht, die mit der Nicht-Realisierung des Planes spielte: Früh als wesentliches Dokument deutschen Klassizismus in der von Gilly selbst erarbeiteten Perspektive erkannt und als Reproduktion weit verbreitet, meinte Albert Speer 1940 auf eine wenigstens modellhafte Realisation nicht verzichten zu können – und selbst die Debatte des Frühjahrs 1992 um den Neu- oder Nachbau des Miesschen Hochhauses an der Berliner Friedrichstraße evozierte ein weiteres Mal die Idee einer historisch-historistischen Realisierung dieser Anlage. Möglich ist eine solche Architekturgeschichte am Bauen vorbei nur durch die Verwendung und Verbreitung technischer Medien; und es ist sicher kein Zufall, daß der Gillysche Entwurf auch zeitlich ziemlich genau am Anfang dieser Geschichte steht.
Technische Medien sind durch zwei Funktionsebenen gekennzeichnet, deren Beziehungen in der historischen Entwicklung erhebliche Veränderungen

durchlaufen mußten: Es ist die Funktion als Hilfsmittel von Entwurf und Ausführung bei praxisnahen Tätigkeiten – eben auch beim Bauen – und die Funktion als Träger von Botschaften an nicht bekannte Adressaten. Das Auseinanderdriften beider Ebenen durch die Zunahme von arbeitsteiligen Produktionsformen in Architektur, Kunstgewerbe und Kunst hat über den *disegno*-Begriff zu dem Ergebnis geführt, daß idealiter keine Beziehung mehr zwischen ihnen bestand. Der Prozeß entsprach weitgehend jener Abfolge, die Michel Foucault als Vorgeschichte des Verlustes der Repräsentativität von Sprache hergeleitet hat. Dieser Verlust unbedingter Repräsentativität sprachlicher Zeichen ist eine Folge der bürgerlichen Aufklärung, die als Subgeschichte der Moderne genügend dargestellt wurde.[11] Begleitet worden ist dieser Prozeß von einer Verselbständigung bildhafter Zeichen, die den Wunsch nach einer visuellen Repräsentanz des Bezeichneten in Analogie zur Sprache nach sich zog. Hier hätten neben architekturtheoretischen auch paläophotographische Studien einzusetzen, als Wiederbelebung eines alten, über Gnosis und Christentum fortgeführten Mythos. Parallel zu Mechanisierungsprozessen der Musik und deren Wirkungen auf die Sprachveränderungen um 1800 schienen die kommunikativen Einschränkungen formalisierter Abbildung geringer zu wiegen als die Hoffnung auf unendliche und immer exakt gleiche Reproduktion.

Erstaunlich sind dabei die Verzögerungen in der Entwicklung eines mechanischen Abbildverfahrens – das als „Raffael ohne Hände"[12] schon theoretisch Fortune gehabt hatte – auf der Basis einer Zusammenführung optischer Erkenntnisse, die mehr als dreihundert Jahre alt waren, und chemischer Funde von rezenter Herkunft. 1727 war die Schwärzung von Silbersalzen durch Licht nachgewiesen worden, 1777 deren Fixierung durch Natriumthiosulfat oder Harnstoff. Kurz vor 1800 fanden die ebenso landschaftsbegeistert romantischen wie industriell pragmatischen Engländer Thomas Wedgwood und Humphrey Davy eine erste Version des photographischen Verfahrens, die sich zwar nicht als praktikabel erweisen sollte, jedoch die mediale Notwendigkeit demonstrierte: Es ging um die gegenseitige Vorführung hoher Empfindsamkeit sowie um die Verbesserung manufaktureller Produktion.[13] Für ein Prunkgeschirr, das nach Rußland geliefert wurde, mußten in kurzer Zeit rund 3000 Garten- wie Landschaftsansichten angefertigt und auf den keramischen Grund übertragen werden; für beides wäre ein chemotechnisches Verfahren ideal gewesen. Die Idee koinzidierte mit den Bedürfnissen der *Landschafterei*, dem Übergang zeitlicher Eindrücke in dauerhafte Mediatisierung, kunsthistorisch als Schritt von der heroischen zur romantischen Landschaft gekennzeichnet. In Kombination mit der Exaktheitsforderung

einer ausschnitthaften Schilderung ergab dieser Übergang jene bildnerische Situation, die vom funktionalen Umfeld her die Erfindung der Photographie geradezu herausfordern mußte.
Dies traf sich in vielerlei Hinsicht mit der architektonischen Praxis um 1800. Spätestens seit Gianbattista Piranesis großem Erfolg als Kupferstecher und Archäologe war der Ruhm eines Architekten nicht mehr unbedingt an eine eigene Bautätigkeit geknüpft, sie konnte gar – wie bei Etienne-Louis Boullée und anderen ‚Revolutionsarchitekten' – kontraproduktiv sein. Umgekehrt waren zeichnerische Bauaufnahmen und ihre sprachliche Verwendung in Debatten um jeweils notwendige oder neue Bauformen nicht mehr an die unbedingte Anwesenheit der Architekten vor Ort und in der Zeit geknüpft; Antikenpublikationen und Reisezeichnungen ersetzten den Diskurs bei der Begehung von Gebäuden durch die Debatte vor der gedruckten Darstellung. Gerade Gilly hatte eine Privatgesellschaft junger Architekten mitbegründet, in denen man sich an selbstgestellten Aufgaben versuchte, die über jeweils gültige Darstellungsformen hinweg besprochen und später oft auch publiziert wurden. Zwar fanden die Debatten in kleinem Kreise meist Gleichgesinnter statt, doch war die Ausstrahlung auf Besucher der Stadt und junge Adepten so groß, daß die Präsentation eines Entwurfs vor der donnerstäglichen Versammlung seiner Mediatisierung gleichkam – unabhängig von jeder Idee einer Realisation des Entworfenen.
Der Zwang zur Mediatisierung als Folge einer Ablösung des Entwurfs von der notwendigen Ausführung war latent schon lange spürbar und hatte vor allem in der französischen Architekturtheorie des frühen 18. Jahrhunderts durch die Thematisierung zweier, einander nicht ausschließender Darstellungsebenen ihren Niederschlag gefunden: des *more geometrico* und des *caractère*. War die Hinwendung zur reinen Stereometrie sicher auch ein Reflex auf die Praxis des zeichnerischen Unterrichts, der Projektions- sowie Perspektivlehren und der bildlichen Umsetzung etwa durch die niederländischen Architekturmaler[14], so wurde die Verbindung beider Darstellungsebenen durch die Partikularisierung von Sinnlichkeit auf das Sehen in einer Theorie der Baukörper gegeben, die der Architektur als Geschmack oder Schönheit jenseits des Gebauten konventionell mediale Qualitäten zugestehen wollte.[15]
Am Ende des 18. Jahrhunderts war die Architektur zum Bild geworden, zur zweiten Natur[16], aber sie war auch lesbar und damit weitergehend als bisher lehrbar geworden, hatte gar eine moralische Verpflichtung jenseits der Bereitstellung von Schutzraum übernommen.
Für Architekten bedeutete dies die endgültige Auflösung gegebener Säulenordnungen oder -theorien[17], eine Vereinzelung stereometrischer Formen zur

reinen Geometrie und damit Negation des umbauten Raumes als Wesen der Architektur. Funktional spiegelte sich dies einerseits in weitgespannten und oft abstrusen Bauaufgaben, die von den Akademien ausgelobt wurden, andererseits in der Zunahme öffentlich ausgeschriebener Wettbewerbe für nahezu jeden größeren Bau. Die Nähe der Ergebnisse von Preisaufgaben und Wettbewerbsausschreibungen zur barocken Festarchitektur war allein durch die feudalen Auftraggeber evident, doch gewann die propagierte Architektur der Entwürfe schon durch ihre schiere Größe an Autonomie gegenüber dem Zwang zur Realisierung. Sie zahlte dafür einen hohen Preis: den der Mediatisierung des Entworfenen. Fortan mußten sich Architekten mehr um die Publikation ihrer Arbeit als um deren Verwirklichung kümmern, durften dabei aber den schmalen Grat zwischen dem Ruhm als Zeichner und dem eigentlichen Anliegen als Baumeister nicht außer acht lassen. Bindeglied war erneut ein aufgeklärter Blick auf Natur und Mensch; Architektur wurde vor allem in den Proportionslehren anthropometrisiert. Hinzu kam, daß die Zielgruppe von Traktaten wie Laugiers Essay und von Zeichnungen wie Blondels Überblendungen menschlicher Profile mit Schnitten von antiken oder klassischen Ordnungsprofilen nicht mehr allein Architekten waren, sondern mehr und mehr zukünftige Bauherren, Beamte und Bürger sowie interessierte Laien, die als Multiplikatoren für den medialen Erfolg einer Konzeption von Architektur wichtiger wurden als das Gebaute und selbst dessen Anschauung. Damit aber war eine Querverbindung hergestellt zu Bildvorlagen, die als Konventionen der Wahrnehmung wirksamer wurden als der Gestaltungswille des Zeichners – mediale Wirkung ist ohne Grundlage gemeinsamer Zeichenvorräte von Sender und Empfänger nicht denkbar.

Ein auffälliges Merkmal der bürgerlichen Aufklärung des 18. Jahrhunderts war die breite Durchsetzung des Portraits als individueller Selbstdarstellung. Dabei hatte sich vor allem der Scherenschnitt als Medium herauskristallisiert, das den Kriterien von Billigkeit und Schnelligkeit und somit dem bürgerlichen Geschmack wohl am besten entsprach. Das vom Scherenschnitt gegebene Profil wurde schon früh mit charakterlichen Eigenschaften in Zusammenhang gebracht. Zwischen 1775 und 1778 erschienen Johann Caspar Lavaters *Physiognomische Fragmente* unter Mitarbeit von Johann Wolfgang Goethe, eine mehrbändige Sammlung von Schattenrissen menschlicher Profile, die über eine Art vergleichendes Sehen in eine körperbezogene Charakterlehre münden sollten.[18] Lavaters Aussagen standen und fielen mit ihrem Anspruch auf Wissenschaftlichkeit: Kein Wunder, daß er seine Reproduktionsstecher zur allergrößten Genauigkeit mahnen mußte. Seine Untersuchungen waren derart populär, daß eine Transponierung ihrer Grundgedanken und deren visueller Basis auf andere Gegenstände zu erwarten war: 1788 erschien eine anonyme Schrift mit *Untersuchungen über den Charakter der Gebäude*, die weitgehend mit Silhouetten von Aufrissen illustriert war.[19] Was der unbekannte Autor zu leisten vermochte, war allerdings mehr als diese Synthese allein – er konnte sie medial begründen: „Der Körper eines Gebäudes läßt sich nach den Regeln der Geometrie leicht zeichnen und ausmessen. In dieser Absicht will ich ihn jetzt aber nicht betrachten. Denn, wenn man beurtheilen will, wie ein Gebäude geformt seyn müsse, um einen gewissen Character zu haben, so ist nicht die Frage, wie hoch oder wie breit es sey, und noch weniger, wie sich seine Breite zur Höhe verhalte; sondern, man will nur wissen, ob das Gebäude vorzüglich durch seine Höhe oder durch seinen Umfang die verlangte Wirkung hervorbringen werde: und nun urtheilt das Auge, ob es diese Abmessungen im erforderlichen Grade besitze. Dieses Urtheil des Auges beruhet allerdings auf einer Vergleichung, aber sie hat mit einer geometrischen Operation gar keine Ähnlichkeit."[20]

Das war reine Medientheorie: Nicht die Proportion, nicht die intendierte Wirkung, auch kein émouvoir, sondern allein die Rezeption des vergleichenden Auges eines unbekannten Betrachters zählte. Irrelevant war letztlich, was die Architekten planten; bedeutend wurde das Gebaute erst durch die Wahrnehmungsleistung der Betrachtenden. Begleitet wurden derlei Äußerungen im vorderen Teil des Buches von Aufrissen in der Manier der Lavater-Stiche: Die exakt geführte und mit jedem Detail penibel umrissene Kontur wurde mit einer einfachen und nicht besonders perfekten Schrägschraffur aufgefüllt – das Medium rauschte, um als solches präsent zu sein. Die zugehörigen Beschreibungen standen medial der Reiseliteratur, speziell ihrer sentimentalen Version, nahe: „Von diesem Gebäude kann niemand eine gute Meynung haben. Traurige und unglückliche Menschen ziehen sich hier um den Mittelpunct desselben zusammen, und drängen sich um einen gemeinschaftlichen Heerd. Das ängstlich profilirte Dach ist nur eine dürftige Decke, und die Armuth drückt so schwer darauf, daß die Schornsteine nicht höher steigen konnten."[21] Mit Ausnahme eines einzigen Palastes bezog sich der Autor der Untersuchungen auf kein reales Gebäude – oder präsentierte die Bauten als ebenso anonym wie sich selbst. Seine Ausführungen wandten sich insgesamt weniger an junge oder ausführende Architekten als an interessierte Laien oder zukünftige Bauherren; die Architektur war Anlaß einer gelehrten Analyse, nicht ihr Zweck. Medium der Unterweisung war eine Bild-Text-Zusammenstellung, wobei durchaus häufiger die Führung des Arguments den Bildern, insbesondere dem vergleichenden Sehen ‚ohne Geo-

metrie' überlassen wurde, während die längeren Textpassagen lediglich Bilderläuterungen boten. Für die Konzeption von Architektur, auch für deren Lehre als spezialisiertem, akademischem Beruf, hatte dies weitreichende Folgen: Wie die Preisaufgaben und Wettbewerbe zwang die drohende Anonymisierung baulicher Tätigkeit zu medialem Verhalten a priori. Die Formen dieses Verhaltens gab es lange; was geübt werden mußte, war die Synthese aus Formen, Aufgaben, Strategien der Veröffentlichung und jeweils zu wählenden Medien. Unter letzteren waren die bürgerlichen Versammlungsarten, wozu Gillys Berliner Privatgesellschaft junger Architekten gehörte, wichtig, daneben aber auch die ersten Zeitschriften – wie *Grohmanns Ideenmagazin* im Umfeld der Gartentheorie angesiedelt[22] – und Mappenwerke mit Publikationen römischer oder anderer Preisaufgaben.[23]
Formal vorgegeben waren neben dem lavierten Aufriß in Analogie zur Silhouette der *Vue Pittoresque* und für den Innenraum die Theatertradition der *Scena per angolo* sowie für größere städtebauliche wie landschaftsplanerische Zusammenhänge die Tradition des Architekturcapriccios, das nicht nur die Begeisterung für historische Bauten umfaßte, sondern deren Übertragung in Sinndimensionen eines aufgeklärten Zeitalters zu leisten suchte.[24] Was alle diese Formen, die seit dem 16. Jahrhundert entwickelt worden waren, verband, war ihre Konventionalisierung im Gebrauch: Sie gaben Standards der Reproduktionsgraphik ab und mußten selbst nicht weiter thematisiert werden. Was an dieser Synthese neu war, bestand in einer Verschiebung der funktionalen Dimension, einer Sinnfrage jenseits aller Transzendenz – des Postulats der künstlerischen Autonomie. Die Kunst des Architekten war fortan nicht mehr an das Bauen gebunden.
Um so stärker war die Bindung an zeichnerische, mithin mediale Konventionen. Lesbar mußten Zeichnungen, Aufrisse und Perspektiven sein, und dies über die eindeutige Zuordnung von Volumina oder Schmuckformen samt Proportionen hinaus – selbst Stimmungs- und Denkmalwerte mußten in Ausformung, Kolorit und Raumanordnung hinreichend exakt vermittelt werden.[25] Nachdem die Lösung vom tatsächlichen Bauen eine Verschiebung der Größenordnungen sowohl in den Bauaufgaben als auch in den vorgeschlagenen Architekturen nach sich zog, war Präzision der Darstellung oberstes Gebot der Vermittlung von architektonischem Entwurf; nur sie ermöglichte die Vorspiegelung endgültiger Unmaßstäblichkeit des Entwurfs gegenüber Mensch, Proportion und irdischem Raum. Die vorab vereinzelten Formen der stereometrischen Baukomposition synthetisierten sich zu kanonischen Reduktionen etwa der Überwölbung oder zu semantischen Verknüpfungen etwa von Totenkult und Ägyptisierung. Beides, Präzision der Dar-

stellung und Kanon des Gebrauchs, wurde auf jener Grenze der Repräsentation angesiedelt, an der auch die Sprache zwischen klarer Denotation und erklärungsbedürftiger Konnotation zu schwanken begann – die *architecture parlante* ist ohne ein Medium als Material ihrer Kommunikation nicht denkbar. Nachdem kommunikatives Verhalten und Bedeutung nicht mehr zusammenfielen, war Architektur erklärungsbedürftig geworden, unabhängig vom tatsächlichen Baugeschehen.

Vor diesem Zwang zur medialen Kompetenz mochten die Architekten um 1800 Angst gehabt haben; die Flucht in Zirkel gemeinschaftlicher Interessen und in geheimbündlerische Salons sind dafür genügend Beleg. Manche Architekten mochten an diesem Punkt irre geworden sein, andere wiederum hatten sich nach vielversprechenden Anläufen in die bürgerliche Ruhe einer kleinstädtischen Baubeamtenpraxis sowie in den Unterricht zurückgezogen. Doch auch manche Übernahme zeichnerischer Konventionen deutete auf vorsichtiges Betreten eines noch allzu neuen Terrains. So ist die Verschattung des Fensters in nahezu allen Aufrissen des Spätbarocks und Frühklassizismus, aber auch der entsprechenden Sichten auf Revolutionsarchitekturen eine seit Sebastiano Serlio übliche Übernahme der Raumwirkung von Theaterprospekten[26], mithin ein Rekurs auf die zeitliche wie räumliche Begrenztheit selbst der anscheinend größenwahnsinnigsten Planung. Vom Motiv her stand die Fensterverschattung nicht allein für die Andeutung tiefer Räumlichkeit als Illusion einer dritten Dimension, sondern auch für eine Konzentration des Blickes auf tektonische Sachverhalte, mithin auf Proportionen und Ornamentformen als Bedeutungsträger.[27] Zeichnerisch konnte sie von der kräftigen Diagonalschraffur über feinste Kreuzschraffuren und lavierte Abstufungen zwischen Anthrazit und Tiefschwarz bis zur völligen Durchschwärzung reichen, jeweils mit und ohne Berücksichtigung der Fensterkreuze und deren Einfluß auf die Fassadenproportionen. Je größer die schwarzen Fensterlöcher im Verhältnis zur Gesamtfassade wurden, desto unwirklicher, unwirtlicher erschien das Gebäude. Das schwarze Fenster war weniger wegen seines konstanten Gebrauchs als ob seiner relativen Größe zu einem der wesentlichen Erkennungszeichen von Revolutionsarchitektur geworden – und genau in dieser Form wird es dereinst von einer der ersten Bildmanifestationen der Postmoderne zitiert werden.

Nach 1830: Sieg der vernünftigen Medienpraxis

„Hier [in Berlin 1805 – RS] zeigte sich für seine Wirksamkeit als praktischer Architekt vorläufig wenig Gelegenheit. Durch die unglückliche Katastrophe, welche im folgenden Jahre über Preußen hereinbrach, wurde vollends die Aussicht auf eine solche Laufbahn für eine Reihe von Jahren vereitelt. Wie ungünstig auch auf den ersten Blick diese Verhältnisse für Schinkel erscheinen, so haben sie doch nach meiner Überzeugung auf die mehrseitige Entwickelung seines Genies, wie auf seine reifere Ausbildung zum praktischen Architekten, bevor er als solcher auftrat, einen wohlthätigen Einfluß ausgeübt."[28] Was Gustav Friedrich Waagen, Schinkels erster Biograph, schon 1844 im *Berliner Heimatkalender* beschrieb, war eine nüchterne, an utilitaristischen Kategorien ausgerichtete Entwicklungsgeschichte, die, von späteren Schinkel-Romantizismen noch frei, sich allein an dem orientierte, was dem Architekten nützte. Was er allerdings (noch) nicht zu sehen vermochte, war eine besondere Bedeutung dieser mit Zeichnungen und vor allem Theaterprospekten ausgefüllten Zeit ohne Bauauftrag – die Entwicklung überzeugender Strukturen in der Architekturzeichnung als Fortschreibung der um 1800 angelegten, kommunikativen Kompetenz.

Schinkels Medium war die zeichnerische Perspektive, entweder als *scena per angolo* angelegt oder aber frontal in einer Untersicht, die ihre Herkunft aus der mithilfe einer Camera Obscura erzeugten Vedute nicht leugnen konnte. Beide stammten aus der Tradition des Theaterprospektes, und als Theatermaler war der junge Architekt mangels Bauaufgaben zwischen 1805 und 1817 vornehmlich tätig gewesen. Was er am seinerzeit vorhandenen Theater, aber insbesondere an der populären Sonderform des Panoramas und Dioramas lernte, war die Inszenierung von literarisch faßbaren Bedeutungen in visuell einprägsamen Bildern, denen neben ihrer Farbigkeit vor allem die kastenartige Rahmung und damit die Einengung auf eine zentralperspektivische Sicht von relativ kleiner Breite aus eigen war: die Tiefe als medial einsetzbare Symbolform, ebenso die variable Diagonalstellung der Vorderkante eines jeden Gebäudes oder Raumes.[29] Natürlich hatte Karl Friedrich Schinkel auch Auf- und Grundrisse aller seiner Entwürfe gezeichnet; doch für die Wirkung seiner Ideen entscheidend waren jene Perspektiven, die in vieler Hinsicht photographische Bildmomente vorwegnahmen.

Schinkels Perspektiven markierten den pragmatischen Mittelweg zwischen dem opulenten Rendering der Beaux-Arts-Preisausschreiben oder John Gandys akademischen Darstellungen für John Soane und der schnellen Skizze auf der königlichen Serviette beim Bankett, in der ihm gemeinhin die Wün-

Karl-Friedrich Schinkel, Museum am Lustgarten, Plattform im Vestibül, 1831, aus: Julius Posener, Vorlesungen zur Geschichte der neueren Architektur, Arch+, Heft 53, 1980

sche seines architekturbegeisterten Auftraggebers übermittelt wurden. Die starke Raumsuggestion bezogen diese Perspektiven aus der Schattenlosigkeit und der skeletthaften Darstellung aller Volumina. Diese Darstellungsweise, die auch eingestellte Staffage-Figuren kalt und tot wirken ließ, referierte zuallererst das Primat der Konstruktion in Schinkelscher Baupraxis, wie es sich auch im geplanten Lehrbuch niederschlug, und in zweiter Linie den pragmatisierenden Einfluß eines schon vorhandenen Lehrbuches, Durands *Précis des Leçons d'architecture*.[30]

Von der Geschichte der Architekturdarstellung her gesehen markierten die Tafeln dieses Lehrbuchs den Wendepunkt, an dem die Repräsentationsfunktion der Zeichnung endgültig verloren war und die Konstruktion als ihre Nachfolgerin einsetzte.[31] Von den rund sechzig Bildtafeln der drei Leçons-Bände war nur eine mit perspektivischen Ansichten gegeben, ansonsten bestand Architektur aus Grundriß, Aufriß und Querschnitt. Kein Schatten trübte die konstruktive Sicht, kaum ein Maßstab ließ die Anwendbarkeit des Gezeigten schrumpfen, und die vorgesehenen Bauaufgaben glänzten durch profane Nüchternheit. Durand war ein Schüler Boullées gewesen, hatte also die Autonomie der Zeichnung gegenüber dem Gebauten durchaus zu sehen erlernt; doch sein radikales Bestehen auf der konstruktiven Seite des Bauens verwies auf den utilitaristischen Hintergrund des Vorgeführten: In seiner präsentierten Anonymität wie seiner intendierten Funktionalität hatte jeder einzelne Entwurf dieses Lehrbuchs eine Chance, realisiert zu werden.

Mit der Situation, nicht oder nur eingeschränkt bauen zu können, war Schinkel zu seiner Zeit nicht allein – in den Zeiten zwischen Napoleons Herrschaft, Wiener Kongreß und Pariser wie Berliner Vormärz sah es für Klenze, Hallerstein und viele andere Architekten recht schwierig aus: Allerlei Kompromisse mußten zwischen dem Gewünschten und dem Machbaren geschlossen werden. Sie führten auf eine kommunikative Funktionalisierung des Entwurfs hin, um wenigstens etwas von dem revolutionär erworbenen Anspruch auf Autonomie und möglichst viel von dem darin realisierten Formenapparat aus der Zeichnung ins Baugeschehen hinüberretten zu können. Der Einsatz von Medien war gefragt, und was zuvor in kleinen Gesellschaften Gleichgesinnter als ideelle Begeisterung erprobt worden war, mußte nun an eine größere, noch zu interessierende Öffentlichkeit gebracht werden. Wiederum war es wohl Karl Friedrich Schinkel, der den gangbarsten Weg einschlug. Ab 1819 publizierte Schinkel seine Entwürfe in perspektivischen Ansichten als Querfolio-Bände und schuf damit einen bis dahin weitgehend unbekannten Typus des Œuvre-Verzeichnisses zu Lebzeiten.[32] In ihm konnte er alles versammeln, was ihm der Publikation wert schien, unbeschadet der

Tatsache des Gebaut-Seins, des Noch-Nicht-Fertiggestellt-Seins oder aber des Niemals-Realisierbaren. Da aber in allen Darstellungen auf die mögliche Realisierbarkeit eines jeden Entwurfs deutlich hingewiesen wurde, blieb nur eine Intention für Zeichnung und Sammlung übrig: schiere Architektenwerbung. In der Literatur durch Autoren wie Christoph Martin Wieland als Attitude bereits vorgeführt, wurde die Übertragung einer sprachlichen Repräsentation auf einen architektonischen Gegenstand durch die Schaffung eines medialen Kontextes geleistet, der sich auf einen anonymen Betrachter oder Benutzer ausrichtete, mithin den Übergang von personaler zur Massenkommunikation schaffte.

Die visuellen Mittel, die Schinkel einsetzte, waren durchaus differenziert und richteten sich zielgruppenspezifisch aus. Aus der vom Theater vorgegebenen Perspektive kam das häufige Zitat einer der Camera Obscura entsprechenden, stark weitwinkligen Sehweise, die vor allem bei Diagonalsichten ungeheure Raumtiefen selbst in gedrängten Verhältnissen zu evozieren vermochte. Unter diesen Auspizien ist auch eine Besonderheit Schinkelscher Entwürfe zu sehen, ihre relative Indifferenz gegenüber historischen Stilen. Die Werdersche Kirche zu Berlin hätte mit gleichen Mitteln und gleicher Berechtigung in ‚antikischen' wie gotischen Formen gebaut werden können – folgte man den gleichartigen Perspektiven ihres Entwerfers, die sich nur darin unterschieden, daß die Ansicht in gotischen Formen wesentlich hochrechteckiger war als der in ein optisches Quadrat gebrachte Blick auf den klassizistischen Innenraum. Daß für beide Ansichten dieselbe Projektionsvorlage benutzt wurde, läßt sich leicht durch Abdecken des linken Drittels der ‚antikischen' Variante sichtbar machen. Daß hier nicht mit einem Bild, sondern mit der Gegenüberstellung von zweien und deren leichten Unterschieden überzeugende Kommunikation betrieben werden sollte, markierte schon eine neue Qualität der Mediatisierung: Die Frage lautete nicht „In welchem Style sollen wir bauen?", sondern schlicht „Welchen Stil will der Bauherr?"[33] Ausgerechnet an einem Sakralbau exemplifizierte Schinkel diese Fragestellung, übertrug sie auf den Entwurf großer Denkmäler und schaffte damit die Voraussetzung für die endgültige Ablösung jedweder Repräsentativität von Architektur im sprachanalogen Sinn. Konsequenterweise wurde er damit auch zum ersten modernen Denkmalpfleger, dem die öffentliche Wirkung von Denkmälern als Ideenträgern der Geschichte wichtiger war als die reine Formerhaltung.

Die dreißiger Jahre des 19. Jahrhunderts waren für Architekten wie für viele andere Bürger eine schwere Zeit: Die politischen Verhältnisse waren in ihrer restaurativen Ausformung keineswegs günstige Voraussetzungen für gute Geschäfte. Der Rückzug in private Sphären sowie in Bereiche bislang ungenutzter Wirtschaftsmöglichkeiten führte jedoch zu einem ungeahnten Schub an Innovationen, die fast durchwegs auf Synthetisierungen früherer Erkenntnisse beruhten. Die Geschichte der Eisenbahnen mit ihren enormen Einflüssen auf die Veränderung menschlicher Wahrnehmung begann[34], die in Großbritannien begonnene Industrialisierung vieler Produktionen faßte in den deutschen Ländern Fuß und wurde durch den Zollverein sowie einzelstaatliche Gewerbeförderungen unterstützt; schließlich erlebte die organisierte Massenkommunikation in Form von periodischen Zeitungen und Zeitschriften eine zuvor ungeahnte Festigung und Ausbreitung, die schließlich sowohl in regelmäßigen Intelligenzblättern auch radikaler Bürgergruppen als auch im Beginn der illustrierten Zeitschriften kulminierte. Finanziert wurden alle diese Innovationen durch Spekulanten, durch einzelne Steuererlässe als staatliche Investitionszulage und im Beispiel der Illustrierten bereits auch durch (noch relativ wenig) Reklame.

Für den Maler wie Entwerfer Schinkel war die Arbeit als Panoramen- und Dioramen-Zeichner und -Maler konstitutiv; den technischen Bedingungen des Theaters verdankte er sein Repertoire an persuasiven Bildformen und wohl auch den Pragmatismus ihres Einsatzes. Als er sich 1826 in Paris aufhielt, dürfte er auch das berühmte Diorama seines Malerkollegen Daguerre gesehen haben; ob die Nachricht von dessen Erfindung im Jahre 1839 mehr als nur an sein Ohr geriet, ist nicht bekannt. Daß Schinkels Bauten zu den ersten Sujets früher Architekturphotographie gehörten, war dagegen sicher nicht nur der Prominenz dieser Gebäude zu verdanken, sondern wohl dem Umstand, daß diese Bauten in zeichnerischen Perspektiven von jeweils gültigen Standpunkten und in relevanten Blickwinkeln vorab publiziert, mithin im kollektiven Gedächtnis der ersten Photographen plaziert waren. So mußten die Schinkelschen Bilder seiner Architektur lediglich wiedergefunden und in die neue Bildtechnik transponiert werden. Karl Friedrich Schinkel hatte den pragmatischen Gebrauch der Perspektive schon weitgehend als mediales Verhalten etabliert; die Photographie brauchte eine ganze Weile, um diese Praxis Stück für Stück, Gattung für Gattung, Areal für Areal übernehmen zu können. Schinkel hat dies nicht mehr erlebt; seine Erkrankung und sein Tod überschnitten sich mit der Einführung des Verfahrens.

Die Bilder von Notre Dame – Die Erfindung der Photographie und der Historismus

„Herr Daguerre hat drei Mitgliedern der Akademie, den Herren Humboldt, Biot und Arago, die Hauptergebnisse seines Verfahrens vorgelegt: eine Ansicht der großen Galerie, die den Louvre mit den Touilerien verbindet, eine Ansicht der Innenstadt mit den Türmen von Notre-Dame; Ansichten der Seine mit mehreren ihrer Brücken, und Bilder einiger Barrieren der Hauptstadt. Alle diese Bilder vertrugen die Prüfung mit der Lupe, ohne an Klarheit einzubüßen, wenigstens gilt dies für diejenigen Objekte, die sich während der Aufnahme nicht bewegten."[35] In indirekter Rede gab der Bericht einer Sitzung der Akademie der Wissenschaften zu Paris vom 7. Januar 1839 weniger die Beschreibung und Entdeckung des Daguerreschen Verfahrens durch den Physiker und Politiker Dominique François Arago wieder als den möglichen Nutzen in Wissenschaften und Künsten, der aus der (erst später so genannten) Photographie zu ziehen sei.

In diesem Zusammenhang war die Beschreibung der von Daguerre vorgelegten Bildproben wichtig: „Herr Arago hat alles hervorzuheben versucht, was die Erfindung des Herrn Daguerre den Reisenden an Hilfe bieten kann, ferner alles, was sich heute damit erreichen läßt, besonders für die wissenschaftlichen Gesellschaften und die Privatpersonen, die sich mit so großem Eifer darum bemühen, die Denkmäler der Architektur, die in den verschiedenen Teilen des Königreichs verstreut liegen, im Bild wiederzugeben."[36] Auch die frühen Beschreibungen Daguerrescher Bilder durch Alexander von Humboldt und andere Autoren erschöpften sich durchwegs in Elogen des Detailreichtums, der an architektonischen Objekten verifiziert wurde.

Den kommenden Bildgebrauch schilderte dagegen die erste Kunstkritik der Photographie von Jules Janin: „Es gibt in der Bibel die schöne Stelle: ‚Gott sprach: Es werde Licht, und es ward Licht.' Jetzt kann man den Türmen von Notre-Dame befehlen: ‚Werdet Bild!' und die Türme gehorchen. So wie sie Daguerre gehorcht haben, der sie eines schönen Tages zur Gänze mit sich fortgetragen hat. Von den großartigen Fundamentsteinen, auf denen sie gründen, bis hin zu den zarten und leichten Spitzen, die sie in die Lüfte strecken und die noch niemand gesehen hat, außer Daguerre und der Sonne."³⁷ Janin ist das Verdienst zuzuschreiben, erstmalig Worte für die Bildergebnisse des Verfahrens gefunden zu haben, das heute als Photographie bezeichnet wird; sein Text ist Urahn aller Photokritik.

Ihm war die Kirche Notre Dame Inbegriff aller Glaubensarchitektur, Träger aller Wirkungsästhetik, die die Debatte um den Stellenwert der Gotik seit dem frühen 18. Jahrhundert begleitet hatte. Gerade die Verknüpfung von Licht und Gotik mit dem neuen Lichtbild zeigte, daß es Janin – und damit dem Laienpublikum, für das er schrieb – um die immateriellen Qualitäten der Illusion absoluter Mimesis ging, nicht um den Niederschlag des Sichtbaren auf einer kleinen Platte und schon gar nicht um den endgültigen Nachweis einer architektonischen Ordnung mittels eines nunmehr vom Zeichner unabhängigen Meßverfahrens. Janin folgte damit dem Konzept des Theatermalers und Dioramen-Direktors Daguerre, für den die Photographie erst einmal das Problem des Faux Terrain im Panorama löste, die Frage nach der Wahrnehmungstiefe oder nach der Rolle des Vorn und Hinten im Raum illusionistischer Architekturmalerei. Die kurze Beschreibung der Kirchtürme wies Janin zudem als späten Nachfolger des Abbé Laugier und seiner Charakterisierung gotischer Dome aus. Nahezu sämtliche Berichte des August und Septembers 1839 aus Paris ergingen sich über eine geradezu euphorische Sammelwut von Architekturphotographien: „... und nach einigen Tagen sah man auf allen Plätzen von Paris dreibeinige Guckkasten vor Kirchen und Palästen aufgepflanzt."³⁸ Ähnliches wurde aus jeder Stadt vermeldet, in der während des Herbstes 1839 die Photographie ankam.

Das Interesse am Abbilden von Architektur läßt sich demnach kaum darauf reduzieren, daß andere Sujets vorläufig noch nicht zur Verfügung standen, sondern ist eher auf einen jüngeren Wahrnehmungskanon zurückzuführen: den touristischen Blick. Romantische Empfindsamkeit und laienhafte Urteilskraft über die Wirkung von Architektur hatten plötzlich ein Verfahren an die Hand bekommen, das schneller und besser als alle Reisebeschreibungen, Skizzenbücher und Panoramen kommunikative Grundlagen für Gespräche und Erinnerungen legen konnte. Auch hier wurde die Verknüpfung von wissenschaftlicher Vorbildung und laienhaft erhobener Faktizität zur Conditio sine qua non medialer Erfahrung, mußten Positivismus und Photographie einander geradezu bedingen. Was als *architecture parlante* wie Architekturbild Wunschtraum möglicher Erfahrungen zu sein schien, drehte sich im photographischen Abbild zur erfahrbaren Möglichkeit realer Wahrnehmung um – auch in der ökonomischen Implikation des ‚Nehmens' als Topos allen Reisens. Als interessiertes Laienpublikum ist dabei dieselbe soziale Schicht anzunehmen, die zuvor in den Salons an architekturtheoretischen Debatten wie an allen anderen literarischen oder künstlerischen Ereignissen teilgenommen hatte: Die Photographie war von Anfang an ein teures, mithin betuchten Laien oder spekulativ kalkulierenden Entrepreneurs zugängliches Geschäft.

Photographische Lokalgeschichten erwähnen fast durchwegs, daß die ersten Bilder im neuen Verfahren Architektur zeigten, sich jedoch sehr schnell alle Aufmerksamkeit auf die Produktion menschlicher Abbilder konzentrierte, und daß die Darstellung von Gebäuden in den 1840er Jahren nahezu kein Geschäft abwarf. Dies ist kein Widerspruch: Das fieberhafte Ablichten von ‚Kirchen und Palästen' kann weniger als Einübung in verfahrenstechnische Bedingtheiten wie lange Belichtungszeiten und Abhängigkeit von starker Sonneneinstrahlung betrachtet werden denn als Vorbereitung zu der Tätigkeit, die mit der Photographie seither unauflösbar verbunden ist: dem Reisen. Noch im Herbst 1839, vor allem aber in den Sommern 1840 und 1841, wimmelte es längs der *Grand Tour*, an allen europäischen Orten mit geschichtsträchtiger Bausubstanz, von Photographen – gleich ob als Privatreisende mit eigener Kamera oder als Auftragsphotograph für Verlage und Sammler. Die Grenzen wurden fließend; das mitgebrachte Bildmaterial konnte durch keine Handschrift mehr verraten, ob es selbstgemacht war oder an Ort und Stelle gekauft. Und so erschienen alle die Pariser, Berliner, Wiener und Londoner Amateure des Spätsommers 1839 in gleichem Licht: Nicht die Objekte waren wichtig, die photographiert wurden, sondern die Haltung, die vor ihnen eingeübt wurde.

Was sich im Geburtsjahr der Photographie anhand der Architekturdarstellung etablierte, war ein Kanon reproduktiver Abbildungsformen auf der Basis bisheriger Bauaufnahmen und pittoresker Blicke, der unendlich wiederholbar und beliebig anwendbar war. Die gelegentlich kolportierte Phrase von der *naiven Sachlichkeit früher Photographie*[39] verkehrt dabei die Kategorien: Allein die Quantität des jetzt entstehenden Bildmaterials drückte die jeweils verwendeten Bildmittel in vorbewußte Bereiche der Wahrnehmung, die nicht mehr diskursiv bearbeitet werden brauchten und konnten – sachlich sind solche Architekturdarstellungen dann nur noch unter der Prämisse einer historischen Distanz zu ihrer Betrachtung.

Das Ergebnis des Daguerreschen Lichtbildverfahrens ist ein seitenverkehrtes Positiv auf versilberter Kupferunterlage – die Druckplatte par excellence. An Versuchen der Umsetzung hat es nicht gefehlt; keinem Verfahren war jedoch Erfolg beschieden. Der Bedarf an gedruckten Bildern war immens; illustrierte Zeitschriften sind eine Erfindung der 1830er Jahre wie die Pho-

tographie. Ihre Medien waren Lithographie und Stahlstich, seltener Holzschnitt und später Holzstich. Was den Pariser Optiker und Verleger Noël-Marie Paymal Lerebours im einzelnen veranlaßte, noch im Herbst 1839 einige Photographen, mit Unterricht und Ausrüstung versehen, auf Reisen zu schicken, einige Ziele sogar selbst anzusteuern, ist ungewiß; sicher kann jedoch von ähnlich merkantilen Erwägungen ausgegangen werden wie bei lithographischen Reproduktionsunternehmungen. Lerebours' *Excursions Daguerriennes* erschienen ab 1841 und waren 1843 mit zwei Alben und 114 Blättern nach Ansichten aus Paris, Venedig, dem vorderen Orient und anderen Reisezielen der Grand Tour abgeschlossen.[40] Die meisten Blätter wurden nach den originalen Daguerreotypien mit Vordergrundfiguren ausstaffiert, in Aquatinta kopiert und gedruckt; nur wenige konnten nach dem direkten Druckverfahren von Hippolyte Fizeau – und dann ohne Hinzufügungen der Stecher – realisiert werden. Das Bildprogramm der *Excursions Daguerriennes* orientierte sich an den für Lithographie und Stahlstich-Mappenwerken typischen Kategorien des Pittoresken, weniger an realitätsheischender Exaktheit des Abgebildeten. Damit wurde der Rekurs auf photographische Abbildtreue zum doppelten Verkaufstrick: Es kam in einem Werk wie diesem weder auf die letztgültige Perfektion in der Detailtreue noch auf die Repräsentativität der Objektauswahl an.
Bei den Fizeauschen Bildern für die *Excursions Daguerriennes* handelte es sich – nach einer Probeaufnahme von Saint Sulpice – um Ansichten von Notre Dame zu Paris: die Südfassade kurz vor der Zerstörung der Soufflotschen Sakristei aus dem 18. Jahrhundert, das Marienportal und ein Relief mit der Grablegung Mariens. Wenn auch nur zwei Tafeln in die Leremoussche Lieferung übernommen wurden, so zeigte doch die Auswahl das große Interesse an Bildern gerade dieser Kirche, jenseits aller touristischen Flüchtigkeit, jenseits allen französischen Lokalpatriotismus, der die Kathedrale unter die Sehenswürdigkeiten der Welt subsumieren mochte. Notre Dame zu Paris war mehr als die Sainte Chapelle, als Saint Denis oder die Kathedralen von Chartres, Amiens, Reims oder Rouen Zentrum aller Historismusdebatten in Frankreich. Zum einen standen nach den Verwüstungen der Jahre 1830/ 1831 umfassende Restaurierungen dieser Kirche an, um die es noch vor der Auftragsvergabe an Emmanuel-Eugène Viollet-le-Duc einige Aufregungen gab[41]; zum anderen hatte Victor Hugo gerade diese Kirche mit seinem Geschichtsroman aus dem Jahre 1831 zum nationalen Monument erhoben und damit eine fundamentale Verknüpfung religiöser und politischer Motive zum Wiederaufbau geliefert.[42]

In dieser Situation, besonders aber nach Beginn der Bauforschungs- und Restaurierungsarbeiten durch Lassus und Viollet-le-Duc um 1842/44[43], gewann ein Abbildungsverfahren, das sich durch außerordentliche Detailtreue und, technisch bedingt, genuin hohe Glaubwürdigkeit auszeichnete, enorm an Bedeutung. Ob nun Viollet-le-Duc oder Jean Baptiste Lassus selbst um 1842 Daguerreotypien der Kirche bestellt haben und zu welchem Zweck, ob Prosper Mérimées *Commission des Monuments Historiques* die Restauratoren mittels dieser Aufnahmen in ihrer Arbeit überwachen wollten, wird wohl ungeklärt bleiben, doch daß die Photographie von Anfang an wissenschaftliches Hilfsmittel wie Bestandteil historistischer Restaurierungsarbeit und -ideologie war, ist kaum zu übersehen.

Die Daguerreotypie war nicht das einzige Verfahren, das 1839 als Photographie eingeführt wurde.[44] Die Kalotypie des britischen Universalgenies William Henry Fox Talbot avancierte schnell zum zweitwichtigsten Bildverfahren, bot sie doch gegenüber der nur als Unikat verfügbaren Daguerreotypie den Vorteil des bis heute üblichen Negativ-Positiv-Prozesses und damit der virtuell unendlichen Reproduzierbarkeit.[45] Fast die gesamte Literatur über die Frühzeit der Photographie diskutiert diverse Vor- und Nachteile von Daguerreotypie (absolut perfekte Abbildung von höchster Detailschärfe, dafür kalter Bildton und unbequeme Handhabung sowie hoher Preis ab mittlerer Größe) und Kalotypie (warmer, malerischer und je nach Papiersorte veränderbarer Bildton und von nahezu jeder Größe, dafür schwache Detailzeichnung), doch kaum ein Autor verweist auf mögliche Gründe für die Akzeptanz des einen oder anderen Verfahrens in den jeweiligen Ländern. Zwar wurden die Erfindungen jewoils juristisch besonders geschützt – die Daguerreotypie in Großbritannien, die Kalotypie in Frankreich –, doch reichte eine solche Begründung kaum aus, um die starke Verbreitung der ersteren in den deutschen Ländern sowie in Osteuropa zu erklären, um die Indifferenz amerikanischer Photographen zu beiden Verfahren zu verdeutlichen oder um die Ausbreitung der Kalotypie und ihrer Verbesserungen im britischen Königreich samt Kolonien ausreichend zu fundieren.

Die Unterschiede müssen im Vorfeld des Verfahrens gesucht werden, in unterschiedlichen Bildtraditionen, die die – künstlerisch eher konservativ orientierten – Erfinder Daguerre und Talbot geprägt hatten. Für Daguerre konnte Architekturdarstellung gar nichts anders als perfekte Illusion von Material und Detail sein; die breite Akzeptanz seiner Abbildungen durch Wissenschaftler und Verleger verwies auf die Beaux-Arts-Tradition mit ihrem unbedingten Primat des Lineaments vor dem Kolorit, selbst wenn der abgebildete Gegenstand, ein gotischer Dom, möglicherweise in ideologischem

Gegensatz zur Akademie stand. Talbot hingegen gab dem Bild- oder Farbton seiner Kalotypien den Vorzug, wenn es um denkmalpflegerische Überlegungen ging. Sein Verständnis historischer Architektur war, wie Abbildungen und Texte seiner Bücher *The Pencil of Nature* und *Sun Pictures of Scotland* deutlich belegen, an gartentheoretischen Überlegungen von Gilpin, Price und Repton geschult, für die – mit unterschiedlicher Gewichtung – die Gotik von Klima, Maßverhältnissen und Bedürfnislage her besser nach England oder Schottland paßte als die griechische Antike oder die Chambersschen Chinoiserien.[46] Die Verknüpfung von Gartenkunst, Literatur und Landschaftsmalerei in den Zirkeln um Constable und Scott, im englischen Landadel und Besitzbürgertum war es, die einerseits zu Talbots Motiven führte, für die andererseits die Kalotypie in ihrer Erscheinungsform und Vervielfältigbarkeit das ideale Medium zu sein schien.

Die Einführung der Photographie in den deutschen Ländern ist in der Hauptsache Alexander von Humboldt zu verdanken, der vehement für Daguerre eintrat, obwohl er von Anfang an auch Talbots Versuche kannte. Noch 1841 versorgte er den preußischen König mit neuen Daguerreotypien samt technischen Anmerkungen; eine Skulpturenaufnahme und drei Architekturdarstellungen, darunter eine Abbildung von Notre Dame zu Paris, enthielt dieses Konvolut für den architekturbesessenen König, der in eigenen Entwürfen und Schinkels Reinzeichnungen wesentlichen Wert auf exakte Perspektive und feinste Details legte. Diese Bevorzugung der Daguerreotypie, die sich gelegentlich in abfälligen Bemerkungen über den Erfinder Talbot äußerte, war sicher nicht nur eine Folge der in Frankreich evidenten Beaux-Arts-Traditionen, sondern im Zusammenhang der Beziehungen Schinkels zu den Humboldt-Brüdern zu sehen: Gerade die vielzitierten Bemerkungen zur Genauigkeit der Zeichnung in der Daguerreotypie referierten jene Perfektion im Lineament und in der Perspektive, die Schinkels eigene Architekturpublikationen auszeichneten. Das Fehlen von Farbe oder Farbigkeit trat als qualitative Kategorie weit dahinter zurück.

John Ruskin und die ‚Stones of Venice'

Als Bindeglied der Entwicklung vom detailregistrierenden Unikat Daguerreotypie, das einzig Ausgangsmaterial weiterer Arbeit von Architekten, Restauratoren und Kunsthistorikern sein konnte, zum vervielfältigten Propagandamedium photographischer Abzug oder Druck, mit dem alles oder nichts bewiesen werden konnte, mag die Arbeit John Ruskins gesehen werden.[47]

Er hatte 1845 in Venedig einen Daguerreotypisten bei der Arbeit gesehen und sofort den Wert für seine *Stones of Venice* bemerkt. Im selben Jahr begann er mit dem Sammeln solcher Bilder und ließ seinen Diener John Hobbs in dieser Technik anlernen. Ruskins Bildgebrauch der Daguerreotypie entsprach keiner der bisher angedeuteten Traditionslinien, sondern war strikt funktional orientiert: Die venezianischen Daguerreotypien waren einerseits Erinnerungshilfen – „Ich war heute den ganzen Tag auf dem Markusplatz und finde jetzt auf der Daguerreotypie eine Reihe von Dingen, die ich auf dem Platz selbst nicht bemerkt habe."[48] – und Kopiervorlagen für Detailstrukturen wie der Ecklösung des Dogenpalastes oder der Säulenstellungen an San Marco, konnten jedoch andererseits niemals das Ganze einer Bauaufnahme sein. Unter dem Einfluß der Daguerreotypie begannen Ruskins Zeichnungen sich photographischen Sehweisen anzunähern, was vom Vater kritisiert und bald wieder abgestellt wurde. Ruskins an Turner geschulter Blick für differenzierte Farbvalenzen an Inkrustrationen und Fassungen benötigte die Photographie zur Registrierung nicht; hier war für ihn das Aquarell medial so von der Daguerreotypie unterschieden, daß die mögliche Anforderung einer Farbabbildung gar nicht erst gestellt wurde. Das Resultat für die *Stones of Venice* war ein arbeitsteiliger Einsatz des Verfahrens: Registrierung komplexer Strukturen mit der Photographie und entsprechend malerische Anlage der sie vermittelnden Zeichnungen bzw. Lithographien sowie geometrisch-analytische Vermaßung aller Details wie Profile und Fensterstürze samt einer technischen Wiedergabe in verschiedenen Sticharten. Damit war John Ruskin Vorreiter einer Bildpraxis der Architekturgeschichte und -theorie, die partiell der Moderne des frühen 20. Jahrhunderts entsprach; gleichzeitig negierte er völlig die zu seiner Zeit schon erkennbaren massenmedialen Möglichkeiten des aufkommenden Mediums Photographie.

John Ruskin hatte die Photographie in den 1850er Jahren häufig für seine architekturtheoretischen Vorträge benutzt, mit denen er die in *The Seven Lamps of Architecture* – in deren Vorwort er die Bedeutung der Daguerreotypie als Abbildungsvorlage betonte[49] – und *Stones of Venice* gesammelten Erkenntnisse popularisierte und vor allem den Architekten seiner Zeit nahezubringen suchte. Als er 1857 den Mitgliedern der ‚Architectural Association' zu London erklären wollte, daß es für Architekten von fundamentaler Bedeutung sei, plastisch zu sehen, verdeutlichte er dies an einer Photographie, die ein Relief des Südportals vom Dom zu Amiens zeigte, auf dem St. Honoré seinen Mitbrüdern den Verzicht auf die Bischofswürde mitteilt. Dabei ging es Ruskin vor allem darum, die Architekten von ihrer Bindung an das Zeichnen zu lösen – er beschrieb das Erwecken von unterschiedlichen Emotionen: „... können Architekten dies mit einem Bündel Linien tun?"⁵⁰ – und sie an komplexere Darstellungsstrukturen aus Licht und Schatten, Höhen und Tiefen, eben an skulpturale Ensembles zu heranzuführen, derer sie sich unnötigerweise begeben hätten. Daß Ruskin dies alles an einer Photographie exemplifizierte, war mehr als symptomatisch: Es zeigte eine Veränderung im medialen Gebrauch, in der Sehweise an. Nicht die perfekte Zeichnung, auch nicht mehr die kleine, überscharfe Daguerreotypie, transportierte die Idee des Entwurfs und des ausgeführten Objekts, sondern eine Photographie mit allen Tonwerten und Grauskalen. Das Lichtbild war in seinem skulpturalen Ursprung aus dem Licht entdeckt und zur architekturtheoretischen Belehrung angewandt worden, zwei Jahre bevor Oliver Wendell Holmes einen ähnlichen Versuch zur Grundlegung einer photographischen Wahrnehmungstheorie unternahm.

Die von Holmes mehr beschriebene denn ausgelöste Medieneuphorie war es jedoch, die John Ruskin wiederum zu massivem und in der Zurückweisung massenmedialer Wirkung begründetem Widerspruch reizte; in seinen Oxforder Vorlesungen von 1870 sagte er, „daß die Fotografie keinen einzigen Wert oder Nutzen der Schönen Künste entbehrlich machen kann; daß die Fotografie der Natur selbst in ihrer ‚Knauserigkeit' gleicht, insofern nämlich, als sie Ihnen nichts geben wird, wofür Sie nicht anstrengend arbeiten!"⁵¹ Einmal mehr war Ruskin in der Kritik seiner Zeit weit voraus: Erst nach dem Abflauen einer euphorischen Rezeptionsästhetik technischer Medien haben Künstler wie Theoretiker die Praxis photographischer Bildentstehung zum Thema der Medienkritik gemacht.

Die ‚Mission héliographique'

Das von John Ruskin 1857 vorgeführte Bild des Amienser Portals hätte aus einem großangelegten Dokumentationsprogramm stammen können, dessen Einzelstücke durchaus Verbreitung fanden, während die gesamte Aktion als gescheitert gelten muß: die 1851 gestartete ‚Mission Héliographique'.⁵² Hatte D.F. Arago in seinem Bericht für die Akademie der Wissenschaft und Künste bereits auf die „wissenschaftlichen Gesellschaften und Privatpersonen" hingewiesen, die mit dem Sammeln und Konservieren historischer Denkmäler beschäftigt gewesen seien, so hatte er neben der ‚Société Royale des Antiquaires de France' und anderen sicher den ‚Inspecteur des Monuments Historiques' im Sinn, den es seit 1830 gab, vor allem aber das ‚Comité des Arts' – in dessen Vorstand Victor Hugo und Charles de Montalembert saßen – mit seinem *Bulletin archéologique* vor Augen, das seit 1838 erschien und ein idealer Publikationsträger des neuen Mediums hätte sein können – wäre die Photographie druckfähig gewesen.[53] 1837 war die staatlich anerkannte ‚Commission des Monuments Historiques' gegründet worden, deren Leiter Prosper Mérimée bereits 1838 ein Denkmäler-Inventar anregte, worauf in einer Sitzung vom 30. März 1839 erneut hingewiesen wurde – sicher mit Wissen von der neuen Erfindung des Herrn Daguerre und ihrer architekturdarstellenden Leistung.[54] Mittels Fragebögen und anderer Erhebungsformen archivierte die Commission restaurierungswürdige Gebäude und vermittelte staatliche Finanzierungen zu ihrem Erhalt oder zu ihrer Restaurierung, was letztlich zu einer Konzentration aller denkmalpflegerischer Arbeit in Frankreich auf diese Commission, ihren ‚Inspecteur Général' und die halbjährlichen Sitzungen führte. Der Schriftsteller Prosper Mérimée wurde als Inspecteur 1863 von Emmanuel-Eugène Viollet-le-Duc abgelöst.

Am 10. Januar 1851 beauftragte die ‚Commission des Monuments Historiques' Henri le Secq und eine Woche später Edouard Baldus sowie O. Mestral mit photographischen Aufnahmen historischer Bausubstanz; diese Aufträge wurden am 28. Februar 1851 für Baldus, Le Secq und zudem für Hippolyte Bayard bestätigt; am 9. Mai 1851 erhielten Mestral und Gustave le Gray die notwendigen Bestätigungen. Die ‚Mission Héliographique' war geboren; ihr Name ist an die Gründung einer Unterkommission der ‚Commission des Monuments Historiques' gebunden, die am 14. Februar 1851 beschlossen worden war. In ihr saßen die Schriftsteller Prosper Mérimée und Léon de Laborde, die Architekten Vaudoyer und Lenormand sowie der Sekretär der Commission, Courmont.

Der ‚Mission' ging es nicht mehr um die Kontrolle der Arbeit von restaurierenden oder nachschaffenden Architekten mittels genauer Dokumentation durch photographische Einzelstücke, sondern um die breitgestreute Publikation von Bildern historischer Bauten in möglichst großer Menge. Garant dieser Entwicklung dürfte der Saint-Simonist Léon de Laborde gewesen sein, Sohn des Architekturtheoretikers und Gartenhistorikers Alexandre de Laborde, selbst einer der wichtigsten Protagonisten der ‚Commission des Monuments Historiques'. Léon de Laborde, seit 1842 Commissions-Mitglied, war 1851 außerdem Mitbegründer der ‚Société Héliographique', des ersten photographischen Vereins und Keimzelle der noch heute bestehenden ‚Société Française de la Photographie'.[55] Ihm lag bei allem technischem Fortschritt und in aller Wertschätzung für die historische Basis menschlichen Handelns an einer Ausbreitung des Wissens durch Nutzung aller kommunikativen Möglichkeiten seiner Zeit, wie sein Hauptwerk *De l'Union des Arts et de l'Industrie* von 1859 belegte; auch darin spielte die Photographie als Medium der Reproduktion eine wesentliche Rolle.[56] Für ihn wie für den Société-Mitbegründer Francis Wey markierte die Einführung der vervielfältigbaren Papierphotographie, hier immer ‚Héliographie' genannt, einen wesentlichen Einschnitt in die technische Kommunikation: Das präzise Unikat Daguerreotypie wurde durch das reproduzierbare und tonal steuerbare Papierbild ersetzt, ohne allzuviel Detailverlust und unter Gewinn einer virtuell unendlichen Verbreitungsmöglichkeit. Von derlei Gedanken waren die Société und ihr Organ *La Lumière* genau zu der Zeit erfüllt, als die ‚Mission Héliographique' in Gang gesetzt wurde.

Ein wissenschaftlich begründetes Inventarisationsprogramm war die ‚Mission Héliographique' sicherlich nicht, dafür war die Auftragsvergabe zu wenig präzise. Die Photographen erhielten Listen der abzubildenden Objekte, weiter nichts. Ihrem Geschick und ihrem Vorwissen war es überlassen, die kunsthistorisch bedeutsamen Ansichten oder Details herauszuarbeiten. Allerdings bewies die Commission mit der Auswahl der Photographen bemerkenswertes Geschick: Bayard war einer der Erfinder des Abbildungsverfahrens gewesen; Baldus, Le Gray und Le Secq hatten malerische Ausbildungen genossen, teilweise Salon-Erfolge vorzuweisen; nur über Mestral ist nichts bekannt. Der aus dem Siegerland stammende Edouard Baldus wurde nach Burgund, in die Dauphiné und die Provence geschickt – nach Abschluß dieser Tour etablierte er sich als professioneller Architekturphotograph, der jeden Auftrag zur Ablichtung alter und neuer Gebäude von innen und außen gleichermaßen perfekt durchführte. Henri Le Secq hatte bereits vor dem Ruf der Mission die Kathedralen von Amiens und Reims auf vorbildliche Weise dokumentiert; ihn sandte man nach Elsaß, Lothringen und in die Champagne – er blieb der mittelalterlichen Kunst treu, photographierte zahlreiche Kathedralen und baute parallel seine große Sammlung von Kunstschmiedearbeiten auf, die als ‚Musée Le Secq' in Rouen etabliert wurde. Gustave le Gray, als Maler der Schule von Barbizon nahestehend, aber seit Ende der 1840er Jahre auch professioneller Photograph und Verfahrenstechniker, war in die nord- und westfranzösischen Provinzen entsandt worden. Bevor er ab 1860 in Kairo Kunstpädagoge wurde, hatte er ein breit gestreutes Œuvre in der Photographie geschaffen. Vollends Episode blieb die ‚Mission Héliographique' für Hippolyte Bayard, der in Paris ein großes Portraitatelier betrieb und zahlreiche Ämter in den neugegründeten photographischen Gesellschaften übernahm. Am Ende des Jahres 1851 waren rund 150 Aufnahmen wichtiger Bauten aus den französischen Provinzen zusammengekommen; in den folgenden Jahren wurden noch einzelne Aufträge an Photographen vergeben, unter anderem an einen weiteren Maler, der wie Le Secq und Le Gray Schüler von Paul Delaroche gewesen war: Charles Négre. Insgesamt wurden bis in die Mitte der 1850er Jahre rund 300 Aufnahmen gesammelt, die als Gesamtbestand der ‚Mission Héliographique' zu gelten haben. Sie zeigen zum größten Teil mittelalterliche Bauten; die Gotik nimmt einen bestimmenden Platz im Geschichtsbild ein, das zudem stark provinziell geprägt ist. Analog den oft pamphlethaft vorgetragenen Thesen der *Annales archéologiques* wurde die Photographie gegen die Beaux-Arts-Tradition eingesetzt, gegen den feudalen Zentralismus und seine Hauptstadt Paris sowie gegen die eindrucksvolle, malerisch ausgearbeitete Zeichnung. Die Objektlisten der ‚Mission Héliographique' lesen sich teilweise wie Auszüge aus den *Annales*. Die Aufnahmen zeigen meist halbnahe Sichten oder Details. Photographisch kam es in ihnen nicht mehr auf die exakte Detailschilderung an, sondern auf die Stimmungsvermittlung, da die aufgenommenen Objekte den meisten Betrachtern unbekannt gewesen sein werden; das Interesse am Bildermachen hatte sich von der restaurierungstechnischen Abbildungshilfe zum medialen Instrument öffentlicher Aufmerksamkeit verschoben. In diesem Licht erscheinen Viollet-le-Ducs magere Bemerkungen zum Wert der Photographie für die Restaurierung im *Dictionnaire* als verspätete Reverenz von nur geringer Bedeutung. In der Mitte der 1850er Jahre ließ das Interesse der ‚Commission' an der ‚Mission' nach; sie vergab keine direkten Aufträge mehr. Dafür erhielten die an ihr beteiligten Photographen in großer Zahl Einzelaufträge, die sich am Vorbild dieser Aktion orientierten. Edouard Baldus nahm um 1853 für das Innenministerium Pariser Monumente und 1856 den Neubau des Louvre auf; vom Baron Rothschild kam der Auftrag einer Dokumentation der Bahnlinie Paris-Toulon. Charles Marville photographierte für die Pariser Stadtpräfektur einzelne Quartiers, speziell solche, die den Planungen des Baron Haussmann zum Opfer fallen sollten – in den 1870er Jahren dokumentierte er den Wiederaufbau der Stadt. Parallel zu ihm – bis in Bildformen hinein, wie sie etwa in seinem Stich *Le Stryge* nachweisbar sind – stach Charles Meryon seine Folgen von Stadtansichten aus Paris. Nach mehrjährigen Touren durch den französischen Midi, die noch in direktem Zusammenhang mit der ‚Mission' standen, erhielt Charles Nègre von verschiedenen Regierungsstellen Aufträge zur Reproduktion und Dokumentation, etwa von Kunstwerken des Louvre, von der Kathedrale in Chartres, aber auch vom neugebauten Invalidenheim in Vincennes. Für alle diese Aufträge etablierte sich eine Distributionsform, die von der ‚Commission des Monument Historiques' für die Arbeiten der ‚Mission Héliographique' übernommen wurde: der Auftraggeber, ob staatlich oder privat, erhielt ein repräsentatives Album mit

Noël-Marie Lerebours, Notre Dame, Paris 1851, Fotografische Sammlung, Museum Folkwang Essen

O. Mestral, Cahors 1851, aus: Philippe Néagu, 1851, La Mission Héliographique, in: 1984. La Mission Photographique de la DATAR, supplément de la revue Photographies, Bulletin Numéro un, Paris 1984

Hermann Emden, Der Dom zu Mainz, Mainz 1857, Tafel 9

den Bildern, dazu aufgezogene Bildkarten für die jeweiligen Bau-, Restaurierungs- oder Dokumentationsakten. Darüberhinaus waren Auftraggeber wie Photographen frei, die kommerzielle Nutzung der Bilder selbst in die Hand zu nehmen. Baldus und Marville übergaben ihre Negative Verlegern, die die entsprechenden Positive nach 1870 sowohl einzeln wie in Bildmappen oder als illustrierte Bücher mit eingeklebten Bildern verkauften; die ‚Commission' hielt ebenfalls Photographien zum Verkauf bereit, um 1880 waren es rund 6000 Motive.

Da die ‚Mission' kaum Breitenwirkung erzeugen konnte, zog sie in anderen Ländern keine Folgen nach sich. Während der 1850er Jahre sind aus deutschsprachigen Ländern wie aus Großbritannien nur einzelne Aufträge der Architekturdokumentation mittels Photographie bekannt geworden, aus denen kaum auf ein grundsätzliches Interesse am Medium selbst geschlossen werden kann.

Denkmalpflege und Photographie

Die für Großbritannien wie Frankreich typische enge Verbindung zwischen Photographie, neugotischer Bewegung und denkmalpflegerischen Ansätzen ist in den deutschen Ländern nicht nachweisbar. Dies mochte mit der provinziellen Struktur des Sprachraums zusammenhängen, die nach massenmedialer Vermittlung der Nachricht von Daguerres Erfindung voneinander unabhängige Einzelaktivitäten befördert hat. Die Bildproduktion des Herbstes 1839 und Frühjahrs 1840 entsprach dem Kanon pittoresker Ansichten, der in Paris und anderswo gepflegt wurde; meistens hielten die Erfinder und Nachvollzieher neuer Prozesse die Kamera aus dem Fenster, auf eine lokale Sehenswürdigkeit oder ein anerkanntes Stück Skulptur wie einen antiken Gipsabguß, um etwaige Glaubwürdigkeitszweifel durch Verweise auf etablierte Kulturkonventionen von vornherein auszuschließen. Lediglich in Berlin etablierte sich eine Hierarchie abbildungswürdiger Gebäude: Schinkels Museum und Neue Wache durften in keiner Ausstellung von Daguerreotypien fehlen, gefolgt von kleineren Gartengebäuden im Lustgarten und anderen Parks – doch mangels mittelalterlicher Architektur und noch vor einer wirklichen Debatte um die Neugotik war der für England und Frankreich bildbestimmende Stil in der Photographie ganz wie in der gleichzeitigen Vedutenmalerei Preußens nicht vertreten. In Stuttgart richtete sich der Blick einiger Photographen früh auf den profanen Wohnbau, mit recht wenig Erfolg; in Hamburg motivierte der Brand von 1842 ein Dokumentationsinteresse, das jedoch folgenlos bleibt – nicht einmal zum Ankauf einer Serie von Daguerreotypien des großen Brandes von 1842, die Carl Ferdinand Stelzner produziert hatte, mochte sich die Bürgerschaft entschließen. Damit begaben sich die Finanzgewaltigen dieser Stadt der einmaligen Gelegenheit, die erste deutsche Bildreportage zu erwerben.

Am Dom zu Köln dagegen schied die Photographie, anders als in Paris, als Dokumentations- oder Korrekturmedium der Restauratoren von vornherein aus. Einerseits besaß man mit dem Gerhardus-Plan eine unbestreitbare Quelle; andererseits waren die Vorarbeiten bis zur feierlichen Grundsteinlegung des Weiterbaues 1842 recht weit fortgeschritten und bedurften keiner visuellen Überprüfung mehr; zum dritten und vielleicht wesentlichsten Unterschied gegenüber Notre Dame in Paris ist jedoch zu zählen, daß außer im – damals weitgehend unphotographierbaren – Innenraum kaum Zutaten späterer Jahrhunderte zu entfernen waren, an denen sich restauratorische Debatten, wie etwa an der Sufflotschen Sakristei, entzünden konnten.[57] So ist bislang die früheste erwähnte, als verloren geltende Abbildung des Kölner Doms eine Daguerreotypie von 1847, die der um Niederlassung bittende Photograph Johann Jakob Burbach dem Rat der Stadt zum Geschenk machte.[58] Erst als Photographien vervielfältigbar wurden – die Kalotypie hatte aus patentrechtlichen Gründen während der 1840er Jahre in den deutschen Ländern nur eine geringe Rolle gespielt –, erwachte das Interesse neugotischer Reformer an diesem Medium. Früh war der Kölner Dombau und in seinem Gefolge auch der anderer großer Dome durch Spendenaufrufe und -belege in Form von großen Stichen stimuliert worden; an diese Tradition konnte das Medium Photographie insofern gut anknüpfen, als mit ihm die Fortschritte am Bau glaubwürdig nachweisbar erschienen.

So folgten der Michielsschen Mappe zum Kölner Dom von 1854 bald diverse Kompilationen anderer Photographen, die entweder den ganzen Dom oder einzelne Themen wie Portale und Skulpturen, sogar die Arbeit einzelner Bildhauer ausbreiteten. Ihnen war die Aufmerksamkeit des *Organs christlicher Kunst* sicher, das jede Publikation propagierte, die zur Verbreitung mittelalterlicher Kunst beitrug.[59] Zudem war Köln Ausgangspunkt der romantischen Rheinreise und damit Zentrum eines touristischen Blicks, der an den Burgen vorbei auf einen weiteren Dom, den zu Mainz führte, dem Hermann Emden die wohl aufwendigste Bildpublikation der 1850er Jahre mit eingefügten Photographien im deutschen Sprachraum widmete.[60] Emden, Zeichenlehrer der Frankfurter Städelschule, hatte sein großes Mappenwerk als Cicerone angelegt: Nach einigen Außenansichten wurden, ganz in der Nachfolge niederländischer Architekturmalereien des 17. Jahrhunderts, von West nach Ost abfolgende Durchblicke des Kircheninneren gezeigt, die in ihrer Axialität und Erhaltung der Senkrechten bei niedrigem Perspektivfluchtpunkt mehr die Architekturphotographie des 20. Jahrhunderts vorwegnahmen als die Arbeit der ‚Mission Héliographique' und in ihr die Interieurs eines Henri le Secq. Den Innenansichten folgten Einzelaufnahmen von Altären, Grabmälern und Skulpturen; insgesamt enthielt das Werk, das mit einem zweisprachigen Text in zwei Größen und mehreren Ausgaben unterschiedlicher Prächtigkeit verlegt wurde, 36 photographische Tafeln.

Hermann Emden ging es mit seinem Mainzer Album um ein Problem der Rezeption von Architektur, die Legitimation einer spezifischen Stillage. Der Mainzer Dom wurde als wesentliches Beispiel des rheinischen Übergangsstiles zwischen Romanik und Gotik gesehen, und möglicherweise hatte Emden, der eine Weile in Elberfeld als Photograph gearbeitet hatte, ihn als Vorbild des Rundbogenstils der frühen Industriearchitektur im Tal der Wupper begriffen. Unzweifelhaft markiert das 1857 erschienene Werk einen entscheidenden Schritt hin zur kunstgeschichtlichen Bildreproduktion mittels Photographie, die für die Etablierung des ganzen Fachs bedeutsam wurde. Nicht die aus offensichtlich kommerziellen Erwägungen heraus entstandenen Kölner Dom-Mappen der 1850er Jahre, sondern das Emdensche Werk zu Mainz veranlaßte das *Organ für christliche Kunst*, in einer Rezension über visuelle Denkmalsinventare nachzudenken, also den Grundgedanken der ‚Mission Héliographique' wieder aufzugreifen.[61]

Damit ist der Bogen geschlossen: In nuce war der mögliche Gebrauch von Photographie für Architekturgeschichte, -theorie und -praxis bereits in den ersten Äußerungen zum Medium enthalten. Es sollte aber noch rund zwanzig Jahre dauern, bis sich die ersten Möglichkeiten einer Realisation dieses Gebrauchs zu ökonomisch vertretbaren Bedingungen abzeichneten. Regelrechten Einfluß nehmen auf architekturtheoretische Debatten konnte die Photographie in ihren ersten zwei Jahrzehnten nicht, auch kaum in jener subkutanen Form, die ihren Einfluß im nächsten halben Jahrhundert kennzeichnete. Doch die Etablierung einer neuen Abbildungstechnik mit medialen Qualitäten war, als ihre Produkte allgemein verfügbar wurden, bereits so weit abgeschlossen, daß die Bildformen dieser Produkte ihre Spuren im architektonischen Entwurf hinterlassen konnten.

„Das Historische und das Poetische" – Architekten-Ausbildung im Zeitalter der Photographie

Die in den deutschen Ländern um 1800, oft auf private Initiative hin, eingerichteten Bauakademien und Gewerbeschulen legten aus unterschiedlichen Gründen großen Wert auf eine gründliche zeichnerische Ausbildung ihrer Eleven. Zum Teil waren sie aus den Feiertagszeichenschulen des späten 18. Jahrhunderts hervorgegangen, also den Bildungsinstituten, die das allgemein schlechte Niveau handwerklichen Könnens durch sonntägliche Zusatzkurse anheben sollten, vor allem auch in geschmacklicher Hinsicht durch das Nachzeichnen anerkannter Vorlagen.[62] Zum anderen Teil konnten speziell die neugegründeten Bauakademien ihre Nähe zur Pariser ‚Académie Royale d'Architecture' nicht verleugnen, deren im späten 18. Jahrhundert gewonnene Autonomie des zeichnerischen Entwurfs gegenüber real Gebautem gerade die Architekten und Lehrer beeindruckte, die sich in ihrer Entwurfslehre durch polizeiliche Gesuchspflichten samt Planvorgaben beeinträchtigt fühlten.[63] Neben der proklamierten, aber nicht praktizierten Ablehnung schematischer Entwurfskonzeptionen Durandscher Manier war ein Konsens aller Lehrkonzepte dieser Institute darin zu finden, daß die Rezeption geschichtlicher Vorbilder unbedingter Bestandteil allen Unterrichts sein müsse, weil sonst Schinkel zufolge alle Entwurfstätigkeit zu etwas führen müsse, „das der Freiheit ermangele und zwei wesentliche Elemente, das Historische und das Poetische, ganz ausschloß"[64].
Ob es tatsächlich Schinkels Theaterprospekte waren, Andreas Gärtners farbige Interieurzeichnungen oder Leo von Klenzes Glyptothek-Wettbewerbsentwürfe, die das Zeitalter der perspektivisch angelegten, farbig gefaßten und effektvoll in Szene gesetzten Architekturzeichnung begründeten, mag hier weniger bedeutend sein – in jedem Fall ist aus dem Kanon spätklassizistischen Entwerfens eine Wahrnehmungskonvention erwachsen, die der Photographie so unmittelbar vorausging, daß sie geradezu als deren mediale Vorbedingung gelten kann: die unbedingte Gleichwertigkeit von Umraum und Staffage in

zentralperspektivischen Darstellungen. Der Übergang des Prospekts in die Kategorie des Pittoresken war weitgehend von der Panoramen- und Dioramenmalerei stimuliert worden, worauf die Photographie unmittelbar und technisch reagierte: Bereits 1844 entwickelte der in Paris lebende Mechaniker Friedrich Martens eine erste Panoramakamera. Doch die effektvolle Architekturperspektive für den großen Wettbewerb markierte in der Entwurfstätigkeit wie im Architekturunterricht nur die Spitze genialen Könnens. Vor ihr lagen die weiten Felder des Kopierens von Vorbildern, die Reiseskizzen, Detailstudien und exakten, meßtechnisch verwertbaren Bauaufnahmen. Für alle diese Aufgaben entwickelten sich spezifische Arbeitsweisen, die die Photographie als Medium integrierten, mit jeweils unterschiedlichen Wirkungen. Der erste Bereich, in dem die Photographie curricular wirksam werden konnte, war die an Gewerbe- wie Bauschulen übliche Praxis des Abzeichnens historischer Vorbilder. Vorlage dieser Tätigkeit waren zumeist von den Lehrern gesammelte oder selbst erarbeitete Entwürfe, die in Musterbüchern zusammengefaßt wurden, damit die Lernenden oder interessierte Laien eine eigene Praxis des Umgangs mit historischem Material entwickeln konnten.[65] Bereits in den 1820er Jahren erweiterte der Berliner Gewerbeschuldirektor Peter C.W. Beuth den Abnehmerkreis seiner, mit Schinkel gemeinsam realisierten, Vorlagen-Werke, indem er sie als Mappen unter dem Titel *Vorbilder für Handwerker und Fabrikanten* herausgeben ließ.[66] Vorlagen dieser Übung waren neben Mappen und Musterbüchern vor allem gipserne Skulpturabformungen, seltener Gegenstände aus dem Umfeld alltäglichen Bedarfs. Etwa gleichzeitig mit William Henry Fox Talbot, der in seinem Buch *The Pencil of Nature* auf die Vorbilderfunktion von Photographien alter Gegenstände und Gebäude hinwies, begann der Liegnitzer Gewerbedezernent Alexander von Minutoli mit photographischen Reproduktionen seiner eigenen kunstgewerblichen Vorbildersammlung.[67] Im selben Jahr 1845, als er seine Sammlung der Öffentlichkeit übergab, wollte er ihren Wirkungskreis über den lokalen Bedarf einer schlesischen Kleinstadt hinaus ausdehnen und adressierte neben dem preußischen König auch den Finanz-Geheimrat Peter C.W. Beuth, dessen großes Vorlagenwerk 1837 mit einer zweiten Auflage von mehr als 170 Blatt abgeschlossen war und von dem er sich wohl weitere Unterstützung für seine Gewerbesammlung erhoffte, selbst ihren Verkauf an Beuths ‚Preußisches Gewerbeinstitut'. Die Photographien hatten einen doppelten Zweck: sie sollten als Vorbilder über Liegnitz und die Minutolische Sammlung hinaus wirksam werden und gleichzeitig den Verkauf der ganzen Sammlung an die öffentliche Hand unterstützen. Doch der Verbreitung dieser Photographien stand ihr technisches Verfahren entgegen: Es waren Daguerreotypien, also

Unikate, die mühsam immer wieder voneinander reproduziert oder neu aufgenommen werden mußten.
1854 begann die Edition der photographischen *Vorbilder für Handwerker und Fabrikanten aus den Sammlungen des Minutolischen Instituts zur Veredelung der Gewerbe und Beförderung der Künste zu Liegnitz*.[68] Sie war nicht sonderlich erfolgreich; die Vorbildsammlung per Photographie setzt sich erst ab etwa 1860 durch; für Minutoli war dies schon zu spät. Vor allem war einige Kritik an den Möglichkeiten der Photographie als Zeichnungsvorlage geäußert worden: Der Übergang vom Abbild zur eigenen Nachschaffung war didaktisch nicht unumstritten.[69] Skulpturale Gegenstände wie Altäre und Standbilder schienen im Gegensatz zu kunstgewerblichen Objekten wie Kirchen- oder Hausgerät nur schwer als photographische Vorlagen für Künstler – eben nicht für Fabrikanten – absetzbar zu sein; bis zum Ende des Jahrhunderts entstanden nur wenige photographische Mappenwerke zur Skulptur, gleich ob zeitgenössisch oder historischen Ursprungs, und auch diese waren kaum verbreitet.[70] Im Gegensatz dazu wurden Hunderte von photographischen Mappen mit Reproduktionen aus Malerei und Graphik aufgelegt – also der mediale Transfer in der Zweidimensionalität erhalten – und außerdem Tausende von Motiven einzeln als Reisephotographien verkauft.[71] Die in den 1860er Jahren einsetzende Flut einer meist anonymen, oft durch den Buchhandel oder über Agenturen vertriebenen und von der bisherigen Photohistoriographie durchwegs verachteten Bildproduktion aus Reproduktion, Reise- und Architekturphotographie verweist auf einen veränderten Bildgebrauch speziell in der künstlerischen Ausbildung von Architekten und Kunsthandwerkern.[72]

Der Motivschatz

Dieser veränderte Bildgebrauch mag mit dem Begriff Motivschatz umschrieben werden, den sich die Studenten der in den 1850er und 1860er Jahren neugegründeten polytechnischen Schulen als Basis ihrer Formensprachen zuzulegen hatten. Gottfried Semper, dessen Schriften der Konzeption eines polytechnischen Unterrichts für Architekten zugearbeitet hatten, hat in einer Frühschrift von 1834 das geistlose Kopieren alter Vorbilder heftigst gebrandmarkt[73], wobei seine Fixierung des Vorgangs an das transparente Ölpapier perfekt der Euphorie korrelierte, die zur gleichen Zeit einen unbekannten französischen Autor angesichts einer Zeichenmaschine zum Kopieren alter Vorlagen ergriff.[74] Die positive wie negative Kritik an der Kopie schaffte in den 1830er Jahren jene diskursiven Voraussetzungen, die zur Erfindung der Photographie überhaupt nötig waren, und evozierte gleichzeitig einen differenzierteren Gebrauch reproduktiver Tätigkeiten. Aus dem mühsamen Erarbeiten eines handwerklich einsetzbaren Formenschatzes, wie es das Abzeichnen alter und neuer Musterbücher definierte, ist der industrialisierte Umgang mit großen Mengen formaler Vorgaben geworden, aus denen individuelle oder didaktische Selektionsraster stilistische Kanones formten. Stilistisch entsprach dies dem Übergang eines frühen, gleichsam naiven Historismus – der noch die ersten, am Mittelalter und der Gotik orientierten Bildprogramme der ‚Mission Héliographique' bestimmte – über die gelegentlich ideologisch gesteuerte Suche nach neuen Stilen bis zu einem pluralistischen Ansatz, der die bildenden Künste und die Architektur in der zweiten Hälfte des 19. Jahrhunderts auszeichnete.

Vom zeichnerisch erarbeiteten, per Musterbuch en detail vorgegebenen und im Entwurfsprozeß direkt anwendbaren Formenschatz[75] unterscheidet sich ein Motivschatz durch den nur mittelbaren Bezug zur Arbeit eines Architekten oder Architekturstudenten.[76] Gerade im Bereich ästhetischer Produktion mag eine semiologische Definition sinnvoll sein: Formenschatz wäre demnach eine frei verfügbare, syntaktisch wie pragmatisch einfach nutzbare Menge primärer Formen [Kreis, Gerade] und simpler Formkomplexe [Rundbogen, Profil], während Motivschatz eine Menge von hochkomplexen Formzusammenhängen [von der Erscheinung eines Bauwerks bis zum gesamten Stadtbild] meint, die direkt der Semiosphäre des Benutzers zugeordnet sind, also wesentlich näher am emotional gesteuerten Erinnerungsvermögen lagern.[77] Der mnemotechnische Umgang mit Motivschätzen ist generell einfacher als der mit Formenschätzen, während es sich beim praktischen Gebrauch genau umgekehrt verhält; de facto werden bis heute beide parallel verwendet.

Dem Formenschatz liegt (bis zur Einführung entsprechender Software) zeichnerische Arbeit zugrunde – und sei es das von Semper gebrandmarkte Durchkopieren auf transparentem Papier –, der Motivschatz kann medial viele Formen haben: Druckgraphik, Malerei, Bücher, eigene Anschauung. Medium sui generis des Motivschatzes ist die Photographie; sie wurde es in der zweiten Hälfte des 19. Jahrhunderts, als dem massenhaften Vertrieb photographischer Bilder technisch wie ökonomisch nichts mehr entgegenstand, als die Ausbildung von Architekten technisiert, ökonomisiert und verwissenschaftlicht wurde, als Bauherren und an Juries mitwirkende Laien in Planungsprozesse einzugreifen begannen. Der Gebrauch eines Motivschatzes läßt sich mit dem von Norbert Miller für Gianbattista Piranesi fruchtbar gemachten Begriff des „mikromegalischen Prinzips" umschreiben:[78] Der im Gedächtnis haften gebliebene – oder dorthin zurückgerufene – Formkomplex löst sich von seiner ursprünglichen Bestimmung und Bedeutung, von Größe und Materialität, wird somit frei verfügbar und in neue Zusammenhänge einsetzbar, ohne im einzelnen auf seine formalen Grundlagen zurückgeführt werden zu müssen. Gerade auf letzteres kommt es an: Damit ist ein allgemeiner Konsens über die Bedeutung einzelner Formen oder Formkomplexe unmöglich geworden, und damit muß jede Auswahl legitimiert werden. Das Bildverfahren Photographie mit seiner unbedingten Anbindung an zeitlich wie räumlich vorbestimmte Realitätsausschnitte, innerhalb derer alles registriert wird, was vorhanden ist, egalisiert Formen und Komplexe zu flächigen Anordnungen in Grauskalen und Anilinfarben.

Photographie in architektonischen Sammlungen

Die Anlegung von Formen- und Motivschätzen war in der zweiten Hälfte des 19. Jahrhunderts sowohl Sache des einzelnen Studierenden als auch der Architekturschulen. Die Anlage größerer Vorbild- und Schausammlungen an den neugegründeten polytechnischen Hochschulen samt ihrer Architekturabteilungen fiel zeitlich mit anderen musealen Bestrebungen des 19. Jahrhunderts zusammen, war jedoch eng an den pädagogischen Auftrag der einzelnen Schule gebunden. Was den Gewerbeschulen die Musterbücher und Vorbild-Blätter, mochte der Ecole des Beaux-Arts und den ihr folgenden Bauakademien der jährliche *Concours* gewesen sein[79]; den technischen Hochschulen ist sicher mehr an einer dokumentarischen Aufarbeitung einzelner Problemfelder gelegen gewesen, wie eine „Circular-Verfügung" des preußischen Ministers für Handel, Gewerbe und öffentliche Bauten des Jahres 1868 vermuten läßt, die dazu aufrief, „die hervorragenden Bauwerke in den verschiedenen Stadien ihrer Ausführung, sowie in ihrer Vollendung zu photographieren" und die so gewonnenen Bilder der Plansammlung, ab 1885 dem Architekturmuseum der Technischen Hochschule in Berlin zu übergeben.[80]

Dieser technische Schwerpunkt bescherte der Hochschule eine außergewöhnlich umfangreiche photographische Sammlung von Konstruktionsbildern, während die preußische Akademie der bildenden Künste eher Reisephotographien, Genreszenen und Aktaufnahmen sammelte, wie sie in einem unspezifischen Gebrauch zur allgemeinen Künstlerausbildung benutzt wurden. Leider sind derlei Sammlungen trotz gelegentlicher Ausstellungen und Katalogpublikationen in ihrer usprünglichen Ordnung und damit in ihrem

Gebrauchswert kaum noch rekonstruierbar. Ansatzweise läßt sich dies für die Photographien der Architektursammlung der Technischen Universität München nachvollziehen, deren Bestand auf Ankäufen seitens der Lehrer und Mitarbeiter sowie auf gestifteten Nachlässen einzelner Architekten oder Professoren beruhte. „Als 1868 die Architektenausbildung von der Akademie an die neuerbaute Polytechnische Schule [seit 1877 Technische Hochschule] in München wechselte, ließ Ludwig II. der Architekturfakultät ‚als Vorbild und Dokument' eine Sammlung von Architekturzeichnungen überstellen. ... Diese Sammlung vorbildlicher Zeichnungen, bald erweitert und ergänzt durch Modelle, Gipsabgüsse von Architekturteilen und Bauaufnahmen, stand entsprechend der historistischen Architekturauffassung der zweiten Hälfte des 19. Jahrhunderts im Zentrum der Architektenausbildung: Die erste Studienhälfte umfaßte mehr als zwanzig Wochenstunden Übungen im Zeichnen, zumeist vor und nach diesen Vorbildern, und auch in der zweiten Studienhälfte wurde das Entwerfen im Stil der Antike, des Mittelalters oder der Renaissance an dieser Beispielsammlung geschult."[81] Nicht weniger als sieben verschiedene Sammlungen – von den Nachlässen einmal abgesehen – sind durch Stempel auf den Bildern ausgewiesen, sechs davon mit Sicherheit aus der Zeit vor dem Ersten Weltkrieg: ‚Architectonische Sammlung', ‚Mittelalterliche Baukunst', ‚Sammlung für Decor und Perspektive', ‚Modellsammlung Hochbau', ‚Plansammlung für Civilbaukunst', ‚Königlicher Specialcommissär für das neue Gipsmuseum München' und ‚Kunstgeschichtliche Sammlung der Technischen Hochschule'. Die Bestände dieser Sammlungen samt einiger Teilbestände aus Architektennachlässen sind heute in einer (topographischen) Ordnung zusammengefaßt.

Die mit der Signatur ‚Architectonische Sammlung' versehenen Photographien scheinen die frühesten Erwerbungen des Hauses gewesen zu sein; sie sind zumeist Reisephotographien aus Italien, aber auch Einzelstücke aus den photographischen Dokumentationen im Umfeld der französischen ‚Commission des Monuments Historiques'. Die Sammlung ‚Mittelalterliche Baukunst' stammt zu ihrem größten Teil aus den letzten zwei Jahrzehnten des 19., wenn nicht aus den Anfangsjahren des 20. Jahrhunderts – sie dürfte in erster Linie als Anschauungsmaterial für den baugeschichtlichen Unterricht gedient haben. Dafür spricht auch, daß es sich bei den Blättern dieser Sammlung meist um kaschierte Großformate handelt; sie konnten in Seminaren von zehn bis zwanzig Teilnehmern eingesetzt werden, während man bei großen Vorlesungen mit Diapositiven arbeitete. Die Bilder der ‚Kunstgeschichtlichen Sammlung' ergänzen diesen Bestand; sie mögen aus Einzelbestellungen bei den ab 1898 existierenden, auf kunstgeschichtliche Objekte spezialisierten

Bildagenturen sowie dem späteren Archiv Foto Marburg herrühren. Die Blätter der ‚Sammlung für Decor und Perspektive' enthalten weniger, wie vielleicht anzunehmen wäre, Vorlagen für das Abzeichnen von Ornamenten und Strukturen als Aufnahmen von Gebäuden und Interieurs mit beispielhaft arrangierten Verzierungen, Stukkaturen und kunstgewerblichen Gegenständen. Sie steht in engem Zusammenhang mit den wenigen Blättern des ‚Königlichen Specialcommissärs für das neue Gipsmuseum München'. Auch diese zeigen weniger gipserne Nachbildungen alter oder anerkannter Kunst als den Einsatz des Materials in gegebener Architektur. Die beiden übrigen Bestände entsprechen inhaltlich der ‚Architectonischen Sammlung', ohne daß wie dort zwischen Hochbau und Civilbaukunst differenziert werden kann; möglicherweise repräsentierten sie lediglich die beiden Lehrstühle von Neureuther (Hochbau) und Geul (Zivilbau), die als erste am Polytechnikum eingerichtet worden waren.

Unterlagen über die Einrichtung und den Aufbau dieser Photosammlungen existieren nicht; durch steten Gebrauch und häufige Neuordnung sind ursprüngliche Sammlungsbestände nicht mehr nachvollziehbar; aus dem vorhandenen Material läßt sich keine Definition des Motivschatzes herleiten. Es ist gerade das Charakteristikum einer solchen Sammlung, daß ihr Medium nicht autonom gesehen wurde; der technischen Genese photographischer Bilder entsprang ihre hohe Glaubwürdigkeit, ihre Repräsentativität, die im didaktischen Prozeß als medialer Ersatz des Genius Loci benutzt werden konnte. Noch bevor Studenten zur obligatorischen Reise nach Italien schritten, konnten sie im einführenden Zeichenunterricht nicht nur mit abstrakten Details und Rissen, sondern wirklichkeitsnahen Bildern der Gebäude konfrontiert werden, die sie zu beachten hatten oder für sich entdecken konnten. Damit war allerdings auch ein Auswahlraster vorgegeben, das zur Einschränkung von Wahrnehmung führte: Nur was photographiert vorhanden war, konnte am Ort wiedergefunden, wiedererkannt und positiv rezipiert werden. Ebenso wichtig wie derlei Erinnerungsmuster, die zur üblichen Kritik am touristischen Blick gehören, werden andere Wahrnehmungsebenen, die des Bildvergleichs im synchronen Sehen. Erst durch häufige Überprüfung des Gesehenen im Vergleich mehrerer Bilder entwickeln sich jene Formkomplexe, die als Motive erinnerlich bleiben und sich vor alle andere Wahrnehmung schieben. Dabei verliert sich mit der Zeit die Quelle einer Wahrnehmung – und damit ihr Medium; allein die ausgesuchte und überprüfte Mitteilung, hier also das Motiv, bleibt übrig. Aus Motivschätzen speist sich, was Joseph Gantner als Präfiguration künstlerischer Arbeit definiert hat.[82] Daher kam Motivschätzen eine fundamentale Bedeutung im didaktischen Prozeß der

Künstlerausbildung zu, die oft erkannt, jedoch selten richtig eingeordnet worden ist – nämlich auf einer vordiskursiven Ebene der Wahrnehmung, in der Konstitution von Vorlieben, Vorurteilen und den daraus resultierenden Entscheidungen für eigenes, kreatives Arbeiten.
Deutlich wird dies an dem von Zeichen- und Architekturlehrern immer wieder begonnenen Versuch, mittels eigener Sammlungen von Photographien als Motivschätzen für studentische Reiseskizzen und durch die Zusammenstellung von Vorlagenmappen für zeichnerische Detailstudien auf derlei Konstituierungen schülerischer Kreativität einzuwirken. Die übliche Form solcher Sammlungen dürften etwa die 42 Kartons mit unsortierten Materialien – Skizzen, Stichen, Zeitschriftenausrissen und Photographien – repräsentieren, die der Münchener Gewerbeschullehrer und Zeitschriftenherausgeber Leopold Gmelin seinem Institut hinterlassen hat. Neben der Unterscheidung nach Format sind die Kartons grob nach topographischen, historischen und Sachgebieten sortiert; die Materialien entstammen den Dezennien vor und nach der Jahrhundertwende. Ihre Heterogenität in Herkunft und Form läßt sie nicht zu einem möglichen Motivschatz werden; Gmelin dürfte sich jeweils auf Anfrage an das eine oder andere in diesen Schachteln erinnert und es dann hervorgekramt haben. Der Zufall ist in diesen Sammlungen mehr als Prinzip: Er läßt die Auswahlraster des Lehrers nicht zum Diskurs zu, wahrscheinlich nicht einmal bis zur eigenen Bewußtseinsschwelle.
Den Versuch einer intentionalen Präfiguration im didaktischen Prozeß unternommen haben könnten zwei größere Kollektionen in der Architektursammlung der Technischen Universität München. In beiden Fällen waren die Sammler Lehrer an einer Kunstgewerbeschule, selbst auch nicht ohne Erfolg als Architekten tätig, jedoch nicht so profiliert, daß es zu einer der im 19. Jahrhundert üblichen Architekturpublikationen mit eigenen Entwürfen gereicht hätte. In beiden Fällen ist die Quellenlage zu ungewiß, um sicher sagen zu können, ob die Mappen tatsächlich im Unterricht verwendet worden sind. Beide Mappen enthalten neben Originalzeichnungen der Sammler auch gestochene, radierte und gedruckte Blätter sowie Photographien. Auf ihren didaktischen Hintergrund verweisen beide Sammlungen durch den Umstand, daß die Bilder einzeln oder in Gruppen auf Kartons gleicher Größe geklebt wurden und entsprechend beschriftet oder sortiert worden sind. Damit ist die erwähnte Beliebigkeit des Zettelkastens ausgeschlossen und eine syntaktische Ebene von Bezügen der Bilder untereinander geschaffen, die diskursiv wirksam werden kann.

Ludwig und Emil Lange

Der Nachlaß Lange umfaßt das Werk zweier Architekten, Vater: Ludwig Lange (1808-1868) und Sohn: Emil von Lange (1841-1926). Der Vater war von 1847 bis zu seinem Tod Professor für Baukunst an der Akademie in München und mit zahlreichen Bauten außerhalb Bayerns erfolgreich, der Sohn ab 1868 Zeichenprofessor und von 1875 bis 1912 Direktor der Kunstgewerbeschule in München; sein Werk umfaßt einige Wohnbauten in Bernried und am Starnberger See.[83] Im Münchner Architekturmuseum befindet sich eine Kollektion von Skizzen, Studien und kleinen Zeichnungen, die zum größeren Teil vom Vater angefertigt wurden, dazu eine Menge graphischer Blätter und auch einige Photographien, alle auf Karton kaschiert. Da alle Kartons von gleicher Beschaffenheit sind, ist anzunehmen, daß die Zusammenstellung und Montage dieser Vorbildsammlung en bloc erfolgte, vielleicht gar erst nach einer eigentlichen Lehrtätigkeit, eventuell für eine didaktische Publikation oder aber als entsprechend gemeinter Block im Nachlaß. Mit Sicherheit stammen Kompilation und Montage von Emil von Lange, da die Sammlung zwar zahlreiche Skizzen von Ludwig Lange enthält, alle Photographien aber zweifelsfrei auf später als 1868 zu datieren sind und ein ganzes Konvolut von Stahlstichen mit 1879 bezeichnet ist. Die Verteilung der einzelnen Materialien auf der Fläche eines Kartons sowie die Sortierung der Mappen in einem Kasten legen den Schluß nahe, daß Emil von Lange die Sammlung erst nach seiner Pensionierung, also kurz vor oder nach dem Ersten Weltkrieg, in der vorliegenden Form angelegt hat.
Einige Kästen enthalten keine Photographien. Alle anderen sind wenigstens teilweise mit photographischen Bildern ausgestattet, wobei diese quantitativ den kommerziellen Stichen, Rissen und Buchillustrationen gleichen. Die meisten Photographien sind auf eigene Kartons geklebt und stehen nicht in unmittelbarem Zusammenhang mit den sie umgebenden Zeichnungen oder Stichen. In den Kästen, die der Architektur gewidmet sind, dominieren unter den Photographien Albuminkopien von Ansichten aus Nürnberg, Arbeiten eines Photographen, was die Vermutung nahelegt, daß es sich um ein größeres Konvolut oder Mappenwerk gehandelt hat, das in diese Sammlung eingearbeitet wurde. Ähnliches findet sich in anderen Kästen, gelegentlich mit den gleichen Aufnahmen der Veroneser Photographenfamilie Lotze, die auch Friedrich von Thiersch der Hochschule hinterlassen hat. In diesem wie in anderen Kästen zeigen Photographien baukünstlerische Details wie Fenstergewände und -profile, Portale oder Ausschnitte aus ganzen Fassaden; sie sind von Lange sicherlich nicht bestellt, sondern als fertige Produkte

Sammlung Lange, unbezeichnetes Blatt mit Skizzen und Photo aus St. Sebaldus, Nürnberg, Architekturmuseum der TU München

Konradin Walther, Dom zu Como, Domkuppel Würzburg, Band I, Blatt 66, Architekturmuseum der TU München

gekauft oder aus Bildmappen entnommen worden. Relativ selten sind dagegen photographische Reproduktionen graphischer oder gezeichneter Blätter. Während in den meisten Fällen die Photographien auf eigene Kartons geklebt wurden und somit innerhalb einer Mappe nur in losem und erläuterungsbedürftigem Bezug zu den anderen Materialien stehen, sind die wenigen Kartons interessant, auf denen Photographien gemeinsam mit Zeichnungen versammelt sind. Hier zeigt sich, daß Lange keineswegs die Photographie allein als Medium eines Formenschatzes verstand, sondern mit ihr durchaus auf Wirkungen zielte, die ikonologische Zusammenhänge verdeutlichen oder aber einen Ort charakterisierten. Möglicherweise hat Lange noch ein Register mit Herkunftsnachweisen geplant, denn die Skizzen sind teilweise mit kleinen Hinweisen auf technische Details versehen. Noch steht hier ein formales Interesse im Vordergrund, das sich nicht besonders um mediale Zusammenhänge schert und sich wenig um eine Differenzierung von Form und Motiv bemüht, obwohl Motivisches immer wieder Anlaß zur Formkompilation ist und eher auf komplexere Wahrnehmungszusammenhänge verweist als auf die bloße Fixierung des einmal Gesehenen.

Konradin Walther

Ein anderes Konvolut in der Architektursammlung der TU München ist leicht erschließbar. Konradin Walther (1846–1910) hat es zusammengestellt und beschriftet, allerdings nicht weiter erläutert. Walther hatte in Stuttgart bei C.F. Leins studiert, stand in bester Beaux-Arts-Tradition, als er in den Jahren 1871/1872 die obligatorische Studienreise durch Italien antrat, von der er mit einem umfangreichen Konvolut an Reisezeichnungen zurückkam. Die geradezu üppige Ausstattung seiner überaus präzisen Zeichnungen mit Farben und Darstellungsmodi unterschiedlicher Art mochte Anlaß für professorale Mahnungen gewesen sein, sich als Architekt doch nicht allzusehr auf die Architekturdarstellung einzulassen, da die Tätigkeit als Architekturmaler einen eigenen Beruf umfasse.[84] Doch Walther war ab 1873 in Nürnberg als Architekt aktiv und erfolgreich, mit Hotelbauten, Villen, Bankgebäuden im ‚altdeutschen Stil' sowie mit Erweiterungen und Restaurierungen älterer Profanbauten, insbesondere Schlössern.[85] Ab 1874 war er bis zu seinem Tod Professor für Architektur an der Nürnberger Kunstgewerbeschule. Im Zusammenhang seiner Lehrtätigkeit wie auch als Anregung für eigene Entwürfe entstand ein umfangreiches Konvolut von zeichnerischen und photographischen Bauaufnahmen. Während alle Zeichnungen als eigenhändig anzusehen

sind, stammen die meisten Photographien aus den Quellen kommerzieller Reisephotographie: vor Ort gekauft oder in Form von Mappen über Verlage bezogen. Die Zeichnungen umfassen entweder Ergebnisse der Studienreise nach Italien oder undatierte Skizzen deutscher Baudenkmäler. Aus Beschriftung und Aufmachung der Sammlung ist zu schließen, daß Walther diese Arbeit vor der Jahrhundertwende abgeschlossen hatte. Da er vor seiner Pensionierung starb, ist von einem Gebrauch für Unterrichtszwecke auszugehen.
Das Besondere an Walthers Sammlung ist ihr Umfang und ihre Ordnung. Auf nicht weniger als 1500 Folio-Blättern mit je zwei bis vier Abbildungen, die unter 1202 Nummern in vier Bänden geordnet sind, entfaltet Walther ein Kompendium der Architektur und des Kunstgewerbes von enormen Ausmaßen. Innerhalb der ersten 101 Nummern auf 231 Folios werden Querbezüge zwischen italienischen, antiken oder orientalischen Beispielen und deutschen Bauten hergestellt. Dabei beziehen sich die Formvergleiche vordergründig auf Details, was die unterschiedlich syntaktische Nutzung ähnlicher Formen heraushebt. Von einigen Randthemen abgesehen, erscheint die Sammlung als Kompendium in der Art eines Vorlagenwerks des Historismus: Für richtig und gut erachtete Bau- oder Kunstwerke wurden gesammelt und bei Bedarf hervorgeholt. Eine sprachliche Reflexion über die Sammlungsmodalitäten findet sich nicht, letztlich ist der pragmatische Gebrauch entscheidend. Die starke Gewichtung im Kunstgewerbe dürfte unterschiedliche Gründe gehabt haben; zum einen war das Konzept der Schaffung kompletter Ausstattungen unter dem Begriff des ‚Gesamtkunstwerks' im sakralen wie im profanen Bereich häufig diskutierte Basis einer Stilfindung im späten Historismus, was auch bedeutete, daß sich der Architekt für kleine Details zuständig fühlen konnte; zum zweiten waren gerade seit den Minutolischen Publikationen photographische Sammlungen von Kunstgewerbe im didaktischen Gebrauch beliebt, ließen sich doch architektonische Formfragen auf kunstgewerbliche Gegenstände übertragen und umgekehrt; zum dritten war Walther offensichtlich mit der Schaffung und/oder Bewahrung einer kunstgewerblichen Vorbildsammlung in seiner Schule betraut, worauf eine ganze Reihe von Amateurphotographien verweist.
Erstaunlich an Walthers Sammlung ist der sorgfältige Umgang mit den Darstellungsmodalitäten, selbst auf Kosten der Fixierung spezifischer Formen. Während die Sammlung Lange dem einzelnen Lineament unbedingtes Primat einräumt, dafür aber den Zusammenhang einer Form durchaus vernachlässigen kann, hat Walther in seiner Kompilation den umgekehrten Weg beschritten. Sicher mochte das einzelne Ornament wichtig sein, von größerer Bedeutung war jedoch der Formkomplex. Dies erschloß sich aus den Kom-

binationen verschiedener Medien. Sie lieferten Wahrnehmungsvorgaben, die intentional eingesetzt werden konnten: Der Vergleich zweier Bauten über zwei mediale Instanzen hinweg förderte eine Abstraktion, die nicht vorderhand der reinen Formerinnerung zugute kam, sondern mehrere Formen und insbesondere Formzusammenhänge zu einem Motiv verdichtete. Dadurch wurde aus einem summierenden Formenschatz, wie er noch die Kompilation der Langes bestimmte, bei Walther ein integrierender Motivschatz.[86] Damit erwies er sich als Zeitgenosse Christian von Ehrenfels' und dessen Lehre von den Gestaltqualitäten[87], wahrscheinlich ohne spezifische Kenntnis von deren theoretischen Implikationen, aber mit der sichtbaren und sicheren Pragmatik eines Gewerbelehrers. Der konstruktive Hintergrund aller Gestalt und eines jeden Motivs blieb in allen Zeichnungen sichtbar – dies konnte die Photographie nicht leisten.

Allzuweit sollte die analytische Differenzierung zwischen den Konvoluten Langes und Walthers nicht getrieben werden; zum einen bleibt durch die fehlenden Erläuterungen beider Sammlungen ein interpretatorisch unauflösbarer Rest, zum anderen enthält jede Sammlung Teile der anderen; zum dritten stammen beide von Lehrern einer Kunstgewerbeschule mit hohem praktischen Curricular-Anteil, was die Verfolgung theoretischer Argumente, sollte sie denn geplant gewesen sein, erheblich eingeschränkt hätte.

Anonym, Trajansplatz Rom, um 1860, aus: Ausstellungskatalog Photography and Architecture, Montreal 1982

Theodor Creifelds, Bau der Rheinbrücke bei Coblenz, 1863, aus: Ausstellungskatalog Ins Innere des Bilderbergs, Berlin/Göttingen 1988

Vom Überblick zum Meßbild – Bildformen der Architekturphotographie in der zweiten Hälfte des 19. Jahrhunderts

Mit den unterschiedlichen Gebrauchsformen der Photographie im architektonischen Ausbildungs- wie Arbeitsprozeß gingen Bildformen einher, deren Erfolg weniger auf einer Verschränkung von Herstellungs- und Gebrauchsinteressen beruhte als auf einfach strukturierten ökonomischen Vorgängen des Zusammenhangs von Aufnahme, Vervielfältigungstechnik und Distribution. Diese Bildformen lassen sich zwar im einzelnen beschreiben, jedoch kaum zu einer Stilgeschichte der Architekturphotographie umformen, wie anhand der ihnen zuzuordnenden Stichworte vermutet werden könnte. Auch als Typologie sind sie kaum zu fassen, da weitgehende Überschneidungen ihrer Anfertigung wie ihres Gebrauchs keine klaren Trennlinien zwischen den betreffenden Formkomplexen ziehen lassen.

Über drei Kanäle erreichte die Photographie den Ausbildungs- und Arbeitsgang von Architekten des späten 19. Jahrhunderts; und es läßt sich die Behauptung wagen, daß sich an diesen Einflüssen bis zur weitgehenden Durchsetzung elektronischer Bildverarbeitungsverfahren im architektonischen Entwurfsprozeß kaum etwas geändert hat, ja, daß die Trägheit dieser Einflußnahme manche Stilmoden und vor allem deren Kodierungen historischer Bauten oder Formen noch zur Unzeit gefördert haben mag. Jeder dieser drei Kanäle hat eine diskursive Potenz, die dem einzelnen Bildnutzer kaum aufgegangen und wirksam geworden ist, bevor eine eigene Entwurfstätigkeit sich über die Bevorzugung spezifischer Darstellungsformen festzuschreiben begann.[88] Diese Potenz ist um so größer, je weniger bedeutend der Ursprung des Gewußten ist; das wird speziell deutlich für die historisch gering geachtete Reisephotographie. Ihre Wirkung beruhte darauf, daß sie als anonymes Produkt ohne Gestaltung mit dem Objektivitätsanspruch technischer Reproduktion gesehen, gekauft, gesammelt und in die eigene Arbeit integriert wurde, und sei es über einen allgemeinen Einfluß auf das Weltbild. Die architektonischen Mappenwerke mit beispielhaften Bauten aus deutschen, europäischen und nordamerikanischen Städten hatten dagegen eine begrenzte Funktion und Reichweite; auch war ihre Distribution wesentlich spezialisierter und damit ihre Wirkung stärker rational eingegrenzt. Das Meßbild als dritte Bildform schließlich ist rein technischen Ursprungs und sollte allein der Information dienen; sein ästhetischer Eigenwert hat als Paradigma der Moderne vorbewußt die Sehweise von Architekten und Kritikern beeinflußt.

Reisephotographie

Das Kompositum Reisephotographie hat mehrere Bedeutungsebenen: Es kann das aktive Photographieren von Reisenden ebenso beschreiben wie die vorgefertigten Bilder, die Reisende kaufen konnten. Um letzteres geht es hier in erster Linie, wenn auch der Übergang zu ersterem nicht immer sauber festzulegen ist, weil das in Rede stehende Phänomen von aktiv photographierenden Touristen eingegrenzt wird – im Vorfeld von den heute als Künstlern anerkannten Pionieren der Landschafts- und Architekturphotographie, später von Myriaden photographierender Pauschaltouristen, denen seit einiger Zeit eine „intelligente Automatik" „sogar die manuelle Wahl der motivabhängigen Brennweite [...] auf Wunsch" abnimmt, wie manche Herstellerprospekte behaupten. Historisch ist die Reisephotographie etwa auf die Zeit von 1860 bis 1890 einzugrenzen. Das hat technische wie ökonomische wie rezeptionsspezifische Gründe.

Materiell sind Reisephotographien erst einmal Papierbilder in mittleren oder großen Auflagen. Im Gegensatz zu den mühsamen Versuchen der sogenannten Pioniere dieser Bildleistung beruhten sie auf dem seit Mitte der 1850er Jahre allgemein etablierten und vergleichsweise komfortablen Nassen-Kollodium-Verfahren zur Herstellung von Negativen. Das Resultat waren Glasplatten von enormer Schärfe und Detailzeichnung, relativ dünn und daher schnell und in großer Stückzahl kopierbar. Da die Negative am besten in gleicher Größe auf Rahmen kopiert wurden, hatte ein typischer Reisephotograph drei Photoapparate mit Negativen in den Maßen späterer Kopien zu transportieren: im großen Format von etwa 25 x 35 cm – das bis auf 60 x 80 cm wachsen konnte – als klassischer Verkaufsgröße für die Touristen der Grand Tour; im Format der Visitkarte von etwa 12 x 16,5 cm für den Versand von Bildern an Daheimgebliebene oder andere Interessenten, auch für den Verkauf in größeren Serien; sowie als zweiäugige Kamera für Stereokarten im Format von etwa 10,5 x 10,5 cm, die fast ausschließlich über

Verlage und Händler exportiert wurden. Schon diese Ausrüstung, aber vor allem das Kopieren und der Vertrieb sorgten dafür, daß die Produktion von Reisephotographien niemals die Tätigkeit eines Einzelnen, sondern immer eines größeren, manufakturähnlich geführten Betriebes war.
Vorläufer hatte die Reisephotographie in den diversen Publikationsstrategien früher Photobuchverleger von Lerebours bis Blanquart-Évrard. Doch deren Werke waren Buch- oder Heftlieferungen und damit offensichtlich nicht für einen expandierenden Markt von Touristen geeignet – sie boten sich in Preis und Aufmachung genau jenen Käufern an, die eine Reise rund ums Mittelmeer ohnehin bezahlen konnten, und die wollten das Flair des Vor-Ort-Gewesenseins durch das Mitbringen von Bildern erhalten. Genau diese Suggestion, der ab Mitte der 1850er Jahre diverse Unternehmer mit Bildverkaufsständen in der Nähe großer Touristenattraktionen nachzuhelfen suchten, markierte auch das Ende einer begrifflich eng gefaßten Reisephotographie. Um 1880 wurde die Trockenplatte, später der Rollfilm zum eigentlichen Bildträger der Photographie; industriell gefertigte Filme ersetzten die Präparierung einer Platte vor Ort und ermöglichten jedem Reisenden das eigene Photographieren. Zumindest vom letzten Jahrzehnt des 19. Jahrhunderts an war die Reisephotographie von zwei Bildformen existentiell bedroht, der sich um 1900 eine dritte anschloß: Neben der Amateurphotographie der Reisenden war dies die ab 1875 für den Postverkehr zugelassene Bildkarte, die sich im Gegenstand wie formal erheblich von der Reisephotographie unterschied, sowie die ab 1900 in großer Zahl und Auflage erscheinenden Bildhefte und -bände im Autotypie-Rasterdruck, für die die Reisephotographie-Agenturen zwar noch Bildmaterial liefern, die sie aber nicht mehr prägen konnten. Für das Selbstphotographieren von Reisenden wurde zudem der Topos des Einschlusses der eigenen Person oder geliebter Mitreisender vor dem jeweiligen Monument zum wesentlichen Agens, was den historischen Begriff der Reisephotographie endgültig verdrängte.
Materiell und distributiv ist die Reisephotographie durch die Technik ihrer Vervielfältigung bedingt: die Kopie auf ein dünnes Papier mit einer in Eiweiß eingelagerten Silbernitratschicht. Das Papier hatte extrem glattgestrichen zu sein, die spätere und bis heute für viele Photopapiere typische Zwischenlage aus Barytium war noch unbekannt; demzufolge war das Papier äußerst dünn und neigte entsprechend zum Rollen wie zum Reißen. Die hygroskopische Albuminschicht führte zu einer bestandsgefährdenden Austrocknung des Trägerpapiers und demzufolge häufig zum Bruch der ebenfalls sehr dünnen Bildschicht. Diese Gefahren, zu der das starke Ausbleichen bei ungenügender Wässerung hinzukam, waren schon Mitte der 1850er Jahre bekannt, wurden

aber nur teilweise durch das Aufziehen auf große Trägerkartons ausgeglichen, da diese seit Einführung des Zellstoffpapiers 1837 derartig sauer waren, daß sie zu weiterem Ausbleichen des Bildes und zur Auflösung des Bildpapieres führen konnten. Wie wichtig das Thema Haltbarkeit von Albuminkopien für die Existenz der Reisephotographie war, zeigt sich bei einem kurzen Blick auf die Menge produzierter Bilder. Die Brüder Alinari und ihre Photographen hatten bis 1890 über 150.000 Negative mit Motiven aus Italien und Frankreich hergestellt; im Nachlaß des Reisephotographie-Unternehmers Francis Frith fand Bill Jay um 1970 noch 60.000 Negative und über 200.000 Albuminkopien[89]; die Zahlen der anderen großen Reisephotographie-Agenturen[90] dürften entsprechend gewesen sein. Werden noch die kleinen Bildlieferanten[91] hinzugezählt, so kommen leicht zwei oder drei Millionen Bildmotive zusammen, die sich aber weitgehend überschnitten und (mangels entsprechender Urheberrechtsgesetze) voneinander gegenseitig abgesehen oder abkopiert wurden.

Was durch die Reisephotographie gezeigt wurde, war von den Touristenströmen abhängig. Die Heimatländer der wichtigsten Photographen und der allermeisten Touristen – England, Frankreich, die deutschen Staaten – waren zwar auch Bildthema, aber doch nicht in dem hohen Maße wie auf den Routen der *Grand Tour*.[92] Für sie sollte grob gerechnet von einem Kanon einer halben Million Aufnahmen ausgegangen werden. Entlang dieser Routen war das ganz große Geschäft der Reisephotographie zu machen; entsprechend zahlreich sind die erhaltenen Bilder. Weniger attraktiv war bis ans Ende des 19. Jahrhunderts ein Abstecher nach Griechenland, ganz im Gegensatz zu der Wertschätzung, die diesem Land von angehenden Architekten entgegengebracht wurde.[93] Es war, aus welchen Gründen auch immer, ebensowenig direkter Programmpunkt wie Spanien, das in der Reisephotographie nur eine marginale Rolle spielte. Rar sind Bilder und Berichte aus Mittel- und Südamerika, während Darstellungen aus Asien, speziell Indien und China fast ausschließlich im kolonialen Kontext rezipiert wurden, inklusive des sich in unzähligen Genre- und erotischen Motiven äußernden Rassismus.

Wenig wichtig für den kommerziellen Erfolg einzelner Reisephotographie-Motive war der kunsthistorische Wert oder das Alter eines Objekts. Die Bildmotive wie auch die Bildformen der Reisephotographie haben sich wie alle anonymen Konsumgüter im Verfahren des trial and error etabliert: Was nicht verkaufbar war, verschwand bald von den Ständen und konnte nur in den Archiven der Agenturen überleben. In dieser Weise hat sich ein Kanon von Bildformen ergeben, der sich in der privaten Amateurphotographie ebenso wenig fortgesetzt hat wie in der ab 1900 einsetzenden Tourismuswerbung, der sich somit als Spezifikum der Reisephotographie beschreiben läßt. Dies hing eng mit der ursprünglichen Funktion von Reisezeichnung und -photographie zusammen, Basis aller erzählten oder geschriebenen Reiseberichte zu sein. Für die Bildproduktion hieß dies, daß jeder Anspruch auf ästhetische Eigenständigkeit zurückgenommen wurde zugunsten einer möglichst anonymen Erscheinungsform. Das hat der Reisephotographie den schlechten Ruf der Konventionalität eingetragen, zumal das reproduktive Selbstverständnis aller Architekturphotographen des 19. Jahrhunderts einem an innovativen Kategorien ausgerichteten Kunstverständnis strikt zuwiderlief. Da die Agenturen der 1860er bis 1880er Jahre kaum Dokumente hinterlassen haben, können in der Hauptsache nur zufällige Übereinstimmungen von Archivbeständen wie einzelne Angaben zu Bildverkäufen Hinweise für die Verbreitung von Motiven geben. Anders wird dies erst in der späteren Bildband-Produktion, wo sich Auflagenzahlen mit Wirkungen parallel setzen lassen.

Exposition eines jeden Reiseberichtes war der weit schweifende Blick über das Geschehen. Dies implizierte einen erhöhten Standpunkt, von dem aus topographische Bezüge herstellbar waren, am besten in der zu Beginn des 19. Jahrhunderts so wichtigen Kavaliersperspektive.[94] Sie forderte eine gewisse Winkeltreue, also geringe perspektivische Verzeichnung: Die technisch durchaus mögliche Panoramaphotographie schied damit weitgehend aus, da sie die Illusion des Im-Bild-Seins erzeugte.[95] Panoramen wurden fast nur als Leporellos mit diskreten, durch Bruchkanten getrennten Einzelaufnahmen verkauft. Die Überblicks-Aufnahmen hingegen breiteten viel Raum aus, verzichteten weitgehend auf die perspektivische Wirkung einer Vordergrundgestaltung und suchten einen klaren Bildabschluß durch den Horizont. Die Sehweise entsprach etwa dem, was sich in der zweiten Hälfte des 19. Jahrhunderts als industrielle Selbstdarstellung im Stahlstich auf dem Briefkopf etablierte.[96] Es dürften überkommene Wahrnehmungskonventionen gewesen sein, die die Käufer der Bilder dazu brachten, diese Sicht dem Panorama vorzuziehen; wie in aller Reisephotographie wurde hier einmal mehr der Aspekt des Anonymen als Grundlage der Erzählung wesentlich. Der Vergleich zu den Firmenbriefköpfen sollte nicht zu der voreiligen Annahme verführen, daß die Etablierung dieser Sehweise einer etwaigen ‚Industrialisierung des Blicks' zu parallelisieren gewesen sei; vielmehr dürfte der umgekehrte Schluß naheliegen, daß der Selbstdarstellung von Industriebetrieben und ihrer Besitzer eine ähnliche Betrachtungsweise zugrunde lag wie der eines militärischen Eroberers, die des Unterwerfens.

Aus der Romantik übernommen und weniger weit verbreitet, als zu vermuten wäre, war die pittoreske Sicht.[97] Ihr eignete ebenfalls der erhöhte Standpunkt; hinzu kam aber ein Vordergrund mit Genre-Charakter, der einerseits zur Kategorie der Genre-Szenen selbst hinführte, andererseits aber auch die Rahmung einer Sicht durch dunkle Bildteile zeigen sollte, dem Blick durchs rußgeschwärzte ‚Looking Glass' entsprechend.[98] In der Reisephotographie waren die pittoresken Sichten nahezu immer mit einem Überblick verbunden, hinzu kamen Vordergrund- oder Randszenen. Sollte ein solch passender Vordergrund bei der Aufnahme weder anzutreffen noch einfach zu arrangieren gewesen sein, wurde dem Geschehen gelegentlich mit einer Photomontage nachgeholfen. Darstellungen von Parks und Gärten gehörten ebenfalls in die Kategorie des Pittoresken; sie sind verhältnismäßig selten geblieben, da sich dafür offensichtlich nur englische Reisende interessierten, die eine lange Tradition von Gartendarstellungen kannten. In die Kategorie des Pittoresken gehörten prinzipiell auch die häufigen Nachbearbeitungen von Reisephotographien durch Handkolorierung oder Chromolithographie sowie die nachträgliche Veränderung der Jahres- und Tageszeit im Bild.

Die quantitativ wie begrifflich wichtigste Bildform der Reisephotographie war die Objektdarstellung, speziell in der Architekturphotographie. Hier wurde die mimetische Wahrhaftigkeit im Sinne einer Schaffung von Wirklichkeit vor aller Augen bedeutend.[99] Eine Aspekt der Objektdarstellung ist der Bezug eines Objekts zu seinem Umraum; für die Architekturphotographie ist dies als Paradigma der Moderne zu einer ideologischen Frage geworden. Hier läßt sich feststellen, daß kein Gebäude ohne räumliche Zusammenhänge darstellbar schien und es durchwegs mit Randszenen, kleineren Perspektiven neben der großen Form sowie diversen Hinweisen auf Größenmaßstäbe gezeigt wurde. Doch hat gerade diese Art der Darstellung wichtiger Bauwerke aus der Geschichte der Architektur eine typische Folge des 19. Jahrhunderts wenigstens mitverursacht: die Freistellung oder Freilegung von Baudenkmälern in städtischem Umraum. Das römische Pantheon galt bis weit in die 1850er Jahre hinein als nahezu unphotographierbar, weil allzuviele moderne Gebäude an ihm klebten. Hippolyte Taine beklagte sich noch 1864 über die große Schmach, die dieser Tempel dadurch habe erleiden müssen. Erst nach 1870 war der Blick auf die Rundung von Bau und Kuppel frei von störender Stadtgestalt. Aus der Frage der Überbauung und der Vereinzelung des aufgenommenen Objekts, die ihr spiegelbildliches Pendant in den Planungen beispielsweise der Kölner Domumgebung samt ihren Freilegungsstrategien hatte[100], dürfte der mediale Kanon einer Monumentalisierung erwachsen sein, der gerade in der Sprache kunstwissenschaftlicher Forschung eine spezifische Dynamik entwickelte.[101] Wie die Photographen der ‚Mission Héliographique' suchten die meisten Reisephotographen einen möglichst axialen Standpunkt vor der wesentlichen Objektseite oder -ecke auf, erhoben sich mittels eines Gerüsts oder eines gegenüberliegenden Hauses auf die Mitte der aufzunehmenden Fassade und bevorzugten eher eine seitliche Flucht denn eine vertikale.

Am Beispiel des Forum Romanum wie anderer Plätze Roms läßt sich die Nähe der Reisephotographie zum Stadtbild zeigen, in der Unübersichtlichkeit perspektivischer Beziehungen wie in der ständigen Veränderung des Objekts in der Zeit; beides sind Paradigmen einer Wahrnehmungskritik der Moderne.[102] Zum einen erscheint das Forum auf den zumeist anonymen Bildern zwischen 1860 und 1870 fast immer als chaotischer Steinhaufen mit nur wenig Differenzierung in Raumtiefe und Volumina; selbst die sonst so bedeutungsschwer inszenierenden Brüder Bisson können den Umfang der Massen kaum ins Bild fassen. Bis um 1870 strukturiert eine Serpentine in vielen Bildern den Hintergrund, um 1882 ist auch sie verschwunden. Menschen sind auf den Bildern nie zu finden, was nicht unbedingt für alle Objektdarstellungen der Reisephotographie typisch ist – die berüchtigten Katzen, denen das Forum gehört, sind jedoch (wegen der langen Belichtungszeiten) auch nicht sichtbar. Typisch sind zwei gegenläufige Blicke: der Überblick etwas von oben herab, unterhalb des Kapitols stehend; hier präsentiert sich das Forum als Grabungsfeld mit relativer Längenausdehnung – dies ist der Blick vieler, meist anonym gebliebener Reisephotographen aus den 1870er und 1880er Jahren; bereits früher etablierte sich die Sicht über das Forum weg zum Kapitol hin, von einem tiefer gelegenen Standpunkt aus, der die versunkene Größe Roms stärker thematisiert. Dabei referierte dieses Bild in seinen drei oder vier möglichen Variationen weniger die Sicht eines Gianbattista Piranesi als wiederum eine Form der Stadtphotographie, nur zeitlich verlangsamt: Die Stadien der Ausgrabungen zwischen 1850 und 1870 waren zwar kein Thema der Bilder, erzeugten aber eine jeweils andere Stadgestalt durch die Differenzierung der Betonung von Vorder- und Hintergrund, durch die Veränderung der Höhenunterschiede zwischen Ausgrabungsebene und neuerer Stadt. Kaum einem Reisenden, kaum einem angehenden Architekten in dieser Zeit wird aufgegangen sein, wie kurzlebig das von ihm mitgenommene Bild dieser Situation wirklich gewesen ist.

In der Objektdarstellung der Reisephotographie erhält das Detail zusätzlichen Wert; literarisch erst einmal als pars pro toto von ohnehin ruinösen Architekturen, zum anderen aber auch als Bildvorlage historischer Architekturpraxis in der Heimat der Reisenden. Dennoch ist dies ein eher kleiner Bereich der kommerziellen Reisephotographie gewesen. Erst ab etwa 1890 dürfte die Anregung durchreisender Architekten Auslöser von Aufnahmen gewesen sein, wie bei zahlreichen Bildern von Verona der dortigen Photographenfamilie Lotze; meist haben die Photographen Auftragsbilder diesen Typs anschließend frei angeboten. Ähnliches gilt für die Darstellung von Skulptur in der Reisephotographie. Richard Lotze hat um 1880 die Tür von San Zeno in Verona wie vorher Jakob August Lorent den Löwen vor San Marco in Venedig aus eigenem Antrieb und auf eigene Rechnung photographiert, was wohl für die meisten, an Ort und Stelle verkauften, Bilder von Einzelskulpturen anzunehmen ist. Wie Skulpturen aufzunehmen seien, um einen Titel Heinrich Wölfflins zu paraphrasieren[103], hat keiner der Reisephotographen genau gewußt. Die Gebrüder Alinari und ihre Mitarbeiter hielten sich an die Regel, die schon William Henry Fox Talbot seinem Buch *The Pencil of Nature* 1844 mitgegeben hatte: je heller das Bildwerk, desto dunkler der Hintergrund.[104] Das war nicht nur technisch das Einfachste, sondern immer auch das Eindrucksvollste – und hat sich bis in heutige Skulpturenkataloge erhalten.

Aus heutiger Sicht das merkwürdigste und daher wohl auch bekannteste Gebiet der Reisephotographie ist das Genre. Es fand sich als Randbereich in architektonischen Objektdarstellungen und auf manchen pittoresken Ansichten: In mehr als einer Hinsicht demonumentalisierend wirkte bei vielen römischen Bauten der Blick auf den Umgang mit ihnen – die allgegenwärtige Wäsche vor den Tempeln vermengte den kolonialen Blick des Nordeuropäers mit der Lust am Genre.[105] Zudem ist in der Genre-Darstellung der Reisephotographie nahezu alles möglich und erlaubt gewesen. Einerseits begründete sich in diesen Inszenierungen eine massenmediale Ikonologie trivialisierender Profanisierung; andererseits wurden in der Reisephotographie alle nur erdenklichen Sexualpraktiken bildlich antizipiert, mit allen Ebenen der Verachtung für die dargestellten Akteure – gleich, ob es Kinder, Halbwüchsige, Drogenabhängige oder Frauen anderer Kulturkreise waren, immer fanden sich männliche Wünsche und Phantasien des 19. Jahrhunderts in aller Deutlichkeit auf den Genreszenen der Reisephotographien wieder.[106]

Mappenwerke

Weit weniger spektakulär als die Reisephotographie nimmt sich in architektonischen Photographie- und Vorbild-Sammlungen eine andere Species aus, die als Zwischenform von Buch und Bild kaum noch ausfindig zu machen ist: kommerziell produzierte Mappenwerke mit Sammlungen von Photographien, die vorbildhafte Bauten zur eigenen Nachbearbeitung zeigen. In mehrfacher Hinsicht müssen sie als Mischform gelten: Distributiv zwischen Buch und Einzelbild, drucktechnisch zwischen Originalabzug und Buchdruck, aufnahmetechnisch zwischen Reisephotographie und Meßbild angesiedelt, dabei im Gebrauch und vom Benutzerkreis sehr eng definiert, ist es heute alles andere als einfach, eine Übersicht derartiger Mappenwerke zusammenzustellen, geschweige denn eine kritische Bewertung dieser Gattung vorzunehmen.

Mappenwerke sind Vorbildsammlungen. Deren Tradition ist im 19. Jahrhundert fest etabliert und hat in der Frühzeit der Photographie bereits zahlreiche Anläufe stimuliert; sie kann als eine unter mehreren Bedingungen der Erfindung dieses Mediums gesehen werden. Photographische Mappenwerke der zweiten Hälfte des 19. Jahrhunderts lassen sich nach intendierten Käuferschichten differenzieren, die in den dargestellten Objekten fixierbar sind: Wohn- und Repräsentationsbauten als Vorbilder für Architekten, Ingenieurbauten für ebensolche, kirchliche Kunstdenkmäler für Priester und Handwerker oder Bildhauer und Maler, Interieurs für Bauherren, Handwerker und Architekten. Eine kleinere, aber nicht unwesentliche Gruppe bildeten die Mappenwerke zu historischen Gebäuden, deren Zielgruppe weniger exakt zu bestimmen ist: Aus der Denkmalpflege kommend, waren sie für Bauherren wie Architekten interessant, verloren in diesem Zusammenhang gegen Ende des Jahrhunderts aber an Bedeutung. Photographische Mappenwerke sind, wie die Reisephotographie, auf die Zeit zwischen 1860 und 1900 einzugrenzen und haben wie diese eine relativ einheitliche Erscheinungsform, die technisch wie ökonomisch bedingt war. Sie bestanden fast immer aus einer Anzahl loser Kartons in festem Umschlag und konnten bei großer Anzahl in Schubern oder Prunkschachteln und gelegentlich in Holzkästen gesammelt sein. Die Kartons hatten Buchformate von Quart bis Großfolio; bei historischen Serien, gleich ob profan oder sakral, war fast immer noch eine preiswerte Oktavausgabe wie eine Stereokartenserie aufgelegt worden – hier mußte der Photograph die entsprechenden Kameraformate bei der Aufnahme verfügbar haben.

Von der Positivtechnik her teilen sich die Mappenwerke mit Architekturphotographien in zwei große Gruppen: Die früheren bis 1870 waren nahezu ausschließlich als Kopien im Albumin-Auskopierverfahren ausgeführt, die späteren dann ebenso ausschließlich als Lichtdrucke. Im Gebrauch überschnitten sich beide Verfahren, und gegen Ende des Jahrhunderts fanden sich noch Mappen im Autotypie-Rasterbuchdruck sowie im rasterlosen Kup-

fertiefdruck, was für die Herstellung photographischer Bildbände üblich wurde. Während Mappenwerke mit Albuminkopien wie Einzelbilder der Reisephotographie das jeweilige Original auf einen Karton geklebt zeigen, ist bei Lichtdruckmappen das Bild häufig direkt auf den Trägerkarton aufgedruckt; daher sind diese Trägerkartons dünner als die der Mappen mit Albuminkopien, jedoch stärker als die Trägerpapiere anderer Druckverfahren.
Verbreitung und Distribution von Mappenwerken unterscheiden sich bei näherer Betrachtung der inhaltlichen Kategorien. Am weitesten verbreitet scheinen Mappenwerke gewesen zu sein, die sich mit historischen Objekten beschäftigten. Unter diesen wiederum überwogen ganz im Sinne historistischer Baupraxis einerseits städtische Bürgerhäuser und andererseits mittelalterliche Kirchen samt Ausstattungen. Beide Gruppen zielten auf Käufer aus mehreren Schichten: Reisende, Architekten, kirchliche wie weltliche Bauherren, Kunstwissenschaftler und Bildungsbürger. Entsprechend breit gefächert erscheinen auch die Bildformen und -themen innerhalb einer Mappe. Von den ersten, der ‚Mission Héliographique' nahestehenden Versuchen denkmalpflegerischer Inventarisation mittels Photographie, wie sie nach Hermann Emden in Frankfurt vor allem Jakob August Lorent in Mannheim betrieb, reichte ein weit gespannter Bogen bis zu den mehr oder minder erfolgreichen, in ihrer Arbeit ökonomisch ausgerichteten Sammelbildproduzenten, die durch Namen wie Christian Friedrich Brandt aus Flensburg oder Carl Friedrich Mylius aus Frankfurt zu charakterisieren sind, über die auf Architektur und Kunst spezialisierten Hermann Rückwardt aus Berlin oder Johannes Nöhring aus Lübeck bis hin zu großen Photolichtdruckbetrieben wie denen von Joseph Albert aus München, Friedrich Ferdinand Albert Schwartz aus Berlin oder Theodor Creifelds aus Köln.
Was die letzteren in ihren Mappen zeigten, waren Variationen über die reisephotographische Objektdarstellung samt einiger pittoresker Sichten speziell auf Höfe, Klöster und Kreuzgänge. Die übrigen mühten sich redlich, eigene Formen zu finden, die vom Publikum angenommen würden, scheiterten zumeist jedoch an technischen oder marktstrategischen Unzulänglichkeiten. Mappenwerke zu historischen Objekten wurden wie Bilder der Reisephotographie gesammelt, entweder von Touristen oder von interessierten Laien, von Architekten als Studienvorlagen oder von Schulen für eigene Vorlagensammlungen. Für diesen Gebrauch waren Mappenwerke insofern gut geeignet, da sie, anders als Bücher, nicht auf medialer Eigenart bestanden: sie wurden auseinandergenommen und in bestehende Sammlungen eingearbeitet. Johannes Nöhring lieferte seine Bilder in relativ dünnen Mappen aus, was zur Folge hatte, daß in den Konvoluten von aufgeklebten Vorla-

geblättern bei Emil von Lange und Konradin Walther zahlreiche Nöhring-Bilder zu finden sind, von denen aber nicht mehr auf den Inhalt ursprünglicher Mappen zurückgeschlossen werden kann. Dies ist etwas anders bei den – selteneren und schwerer nachweisbaren – Mappen mit Photographien zeitgenössischer Bauten. Sie waren von vornherein für eine fest umrissene Zielgruppe konzipiert: Private wie öffentliche Bauherren und Bauunternehmer sollten diese Mappen kaufen, um sie als Vorbilder zu nutzen. Den Bauherren hatten derlei Mappen einen Überblick über die jüngste Architekturmode zu bieten, den Unternehmern waren diese Mappen Handreichungen zur gefälligen Nachahmung. Die Bilder hatten einen Zweck zu erfüllen; das diktierte ihre Form. Die früheren Mappenwerke sind zwischen 1865 und 1878 erschienen, bestanden fast durchwegs aus kaschierten Albuminkopien und klassifizieren ihre Objekte nicht. Die späteren Mappenwerke wurden zwischen 1886 und 1910 publiziert, sind nahezu ausschließlich Lichtdrucksammlungen gewesen und verzeichneten relativ genau Ort, Bauherren und Architekten der abgebildeten Gebäude.

Die Sehweisen der Photographen folgten einem festen Kanon: Private Bauten wie Villen oder Stadthäuser wurden aus Augenhöhe eines stehenden Menschen aufgenommen, der Sicht des Flaneurs entsprechend. Der Blick fiel immer etwas schräg auf das Gebäude, in einem spitzen Winkel zur Fassade; zugleich wurden durch den niedrigen Standpunkt Giebel und Obergeschosse samt ihrer dekorativen Applikation überproportional ausgezogen, also eindrucksvoller als bei der Betrachtung durch das selbst die Vertikalen korrigierende Auge. Der schiefe Winkel war insbesondere bei der Darstellung von Wohngebäuden funktional bedeutsam: Er erleichterte annähernd die Übernahme von Tiefendimensionen durch nachschaffende Bauunternehmer. Für öffentliche Gebäude galt dies nicht. Erstens konnten die Staatsbaumeister, die in der Provinz Bahnhöfe, Amts- oder Landgerichte, Gymnasien, Kasernen oder Museen zu bauen hatten, Bauaufnahmen aller Art lesen und umsetzen, zweitens waren öffentliche Bauherren weniger mit monumentalen Ansichten als mit dem tatsächlichen Vorhandensein eines Gebäudes in der Hauptstadt zu beeindrucken. Hier hatte eher der freie Blick auf Dimension und Umraum des Bauwerks zu herrschen, was ebenfalls diagonale Sichten auf die Fassade evozierte, aber die Bauvolumina stärker betonte. Daher sind die meisten dieser Gebäude von erhöhtem Standpunkt photographiert worden, mit deutlichem Blick auf Vorplatz und Gartenanlage, wenn möglich aus dem neutralen Winkel von 45°.

In den frühen Mappen nicht vorhanden und auch in den späteren selten sind Ansichten von Bürogebäuden wie Verlagshäusern oder Kaufhäusern.

Hier war offensichtlich der Konkurrenzdruck der Bauherren allzu groß, um den eigenen Bau als Vorbild ausgeben zu können. Wenn solche Ansichten in Mappenwerken vorhanden sind, rekurriert ihr Bild auf Traditionen der ‚Mission Héliographique', etwa auf Edouard Baldus' Blick auf den Louvre: frontale Sicht aus mittlerer Höhe mit starkem Sonnenlicht zur Vermittlung der Tiefendimension. Architektonische Mappenwerke mit zeitgenössischen Bauten blieben in Deutschland fast ausschließlich auf Berlin beschränkt, sofern sie bürgerlicher Bautätigkeit zuzuordnen waren. Dies verweist einmal mehr auf den Vorbildcharakter der Gattung, zumal die wenigen anderen Mappen aus Landeshauptstädten wie Hannover oder Stuttgart mit je acht oder fünf Bildern außerordentlich klein sind.

1868 erschien im Verlag von Eduard Quaas zu Berlin eine Mappe mit 26 Blättern, *Wohnhäuser, Villen und öffentliche Gebäude Berlins aus der neuesten Bauperiode von c. 1850 bis 1868* zeigend und von C. Brasch photographiert. Seine Aufnahmen folgten dem skizzierten Kanon und waren an der Oberkante abgerundet, weil der Bildkreis damaliger Weitwinkelobjektive relativ klein war; immerhin entsprach dies auch einer Konvention der Atelier-Portraitphotographie, wodurch sich die Bilder als Portraits der Sachen für ihre Besitzer präsentierten. Dem standen die übertriebenen Proportionsverschiebungen entgegen: Die den Betrachtern zugewandte Ecke des Gebäudes war ungebührlich groß, die Oberkante des Bauwerks als Fluchtlinie gänzlich irreführend. Die Kartons, auf denen die Albuminkopien aufgeklebt waren, enthielten immer den gleichen aufgedruckten Text: Titel, Verleger und Photograph des Mappenwerks, aber keine Angaben zu den Architekten, Bauherren oder Nutzungen der Gebäude. Der Titel mit der zeitlich eingegrenzten Bauperiode fixierte das Werk als einmalige, nicht periodische Publikation.

Dies traf für ein zweites Konvolut nicht zu, das kurze Zeit später sein Erscheinen begann und über mehrere Jahre fortgeführt wurde: *Villen, Wohnhäuser und öffentliche Gebäude von Berlin, Potsdam und Umgebungen. Total-, Front- und Seiten-Ansichten nebst Details. Original-Aufnahmen nach der Natur*, bei Lichtwerk ab 1873 erschienen und von M. Panckow photographiert. Im Gegensatz zum Titel zeigten seine Bilder die Gebäude fast ausschließlich in diagonaler Sicht, wenn auch nicht so verzogen wie die von Brasch, weshalb er auf die abgerundete Oberkante verzichten konnte, seine Bilder also sachgemäßer wirkten. Auch wählte er gelegentlich höhere Standpunkte, selbst für einzelne Villen, so daß die Brauchbarkeit dieses Mappenwerks für Nachahmer deutlich größer war. Dem entsprach auch die Distributionsform: Kleinere Mappen von je fünf Blatt erschienen ein- oder zweimal jährlich, repräsentierten damit den jeweils neuesten Querschnitt der Bautätigkeit und blieben aktuell. Da die frühesten Architekturzeitschriften noch keine Photographien abdrucken konnten und andere Vertriebsformen wie der Nachdruck großer Pläne durchaus teuer waren, schien das Panckowsche Werk genau richtig im Markt positioniert. Soweit an den dargestellten Gebäuden und ihrer Bauzeit ablesbar, ist es bis weit in die 1880er Jahre hinein erschienen, hat also die wirtschaftliche Rezession des neugegründeten Kaiserreiches einigermaßen unbeschadet überstanden.

Ab 1886 erschienen in Berlin die *Architectonischen Bilderbögen* des Lichterfelder Photographen Wilhelm Wicke.[107] Diese wurden als Lichtdruck auf Kartons von knapp 30 x 42 cm ausgeführt, von denen jeweils acht bis zwölf in einem Heft zusammengefaßt waren; zehn Hefte machten einen Band, und bis 1902 sind insgesamt fünf solcher Bände erschienen; kein Bestand dieser Sammlung hat sich eigen- und vollständig erhalten. Wicke hat nicht nur eigene Photographien, sondern – wie aus Bildsignaturen ablesbar – Arbeiten einer ganzen Reihe Berliner Photographen, darunter F.A. Schwartz, G.J. Junk oder F. Haberland verlegt. Die Sichten variierten gegenüber den früheren Mappen: Erstens wurden zahlreiche Geschäftshäuser und Hauszeilen abgebildet, die eine frontale Darstellung verlangten; zweitens enthielten die Bilderbögen zahlreiche Abbildungen öffentlicher Gebäude, die aus größerem Abstand, mit mehr Umraum und von höherem Standpunkt aus photographiert waren. Die Technik der Weitwinkelphotographie war bis zum Ende der 1880er Jahre erheblich verbessert worden; Wicke und die für ihn arbeitenden Photographen haben die seinerzeit avancierteste Technik genutzt. Die Zielgruppe schien sich verändert zu haben, die von diesen Bilderbögen angesprochen werden sollte: Nicht mehr der nachschaffende Bauunternehmer wurde angesprochen als vielmehr der vermögende Bauherr, dem eine größere Vielfalt an Formen zur Verfügung stand als je zuvor. Eher proklamatorisch war die Deklarierung dieser Mappen als Mittel der Architektenausbildung; als solche sind sie wohl nur wenig genutzt worden, sonst wären sie besser in Architektursammlungen nachweisbar.

Die aufwendigste Lichtdruckproduktion, die sogar als ledergebundenes Großfolio geliefert wurde, war die vom Berliner Photographen und Architekten Hermann Rückwardt herausgegebene Sammlung von Architekturteilen und -details aus dem Jahre 1895.[108] Zwar zeigte Rückwardt, insbesondere in der ersten Hälfte seines Mappenwerks, Gebäude nicht nur aus Berlin, doch dem Titelanspruch gemäß kein einziges Bauwerk ganz. Seine riesigen und prägnant mit starken Schatten aufgenommenen Bildtafeln von außerordentlichem Detailreichtum wandten sich definitiv an die Architektenkollegen des Photographen, denen das Erfinden eigener Formen und Applikationen schwerzu-

C. Brasch, Wohnhäuser, Villen und öffentliche Gebäude Berlins, aus der Bauperiode etwa 1850 bis 1868, Berlin: Quaas 1868

Preußische Meßbildanstalt, Au-Bad bei Kassel, Interieur, um 1910, aus: Carl Gerber, Deutsche Bilder, 1. Reihe, München 1921

fallen schien. Die Bilder ordneten sich ganz ihrem Zweck unter: Rückwardts perfekte und an eigener Architekturaufnahme geschulte Bildkompositionen wurden zugunsten einer Detailsammelwut vernachlässigt, die kein anderes Mappenwerk auszeichnete. Als Musterbuch war es einerseits noch den Stichwerken des mittleren 19. Jahrhunderts verpflichtet, auch in seiner radikalen Beschränkung auf die Detailschilderung. Im Hinblick auf den Einsatz des Lichts zur Unterstützung der Plastizität selbst auf Kosten der Schattenzeichnung verwies es auf photographische Darstellungsformen, die sich erst nach dem Ersten Weltkrieg etablierten. Im Gegensatz zu früheren Sammlungen war an Wickes Bilderbögen wie an Rückwardts Mappenwerk die zunehmende Betonung großer Repräsentationsbauten auffällig. Städtische Wohnbauten wie Reihen- und Mietshäuser waren kaum noch Thema; offensichtlich wurden diese zu Objekten stadtplanerischer Ambitionen oder waren vollends der freien Spekulation überlassen.

In den Repräsentationsbauten spiegelte sich am Ende des 19. Jahrhunderts zunehmend der Erfolg eines einzelnen Architekten; er mußte für die Verbreitung seiner Ideen selber sorgen, um neue und größere Aufträge zu erhalten. Dies ließ sich – neben der Publikation in den gängigen Bauzeitschriften – durch die Verteilung einzelner Lichtdruckblätter an mögliche Interessenten gut unterstützen. Es kann vermutet werden, daß sich die Architektur als Ware und der Architekt als Produzent in diesen Bilderbögen deutlich spiegelten, eine Tendenz, die sich mit dem Beginn der Moderne verstärken sollte. Mit den 1880er Jahren setzte eine Bildpublizistik ein, die die Arbeit eines Architekten, möglichst ein Objekt, in den Mittelpunkt stellte und dadurch zur Wirtschaftswerbung für das Konsumgut Architektur wurde.[109] Allerdings sollte dabei nicht übersehen werden, daß mit der zunehmenden Diskussion über eine insbesondere Photographen betreffende Novellierung des Urheberrechts um 1898 auch die Arbeit von Architekten einen dem englischen Gebrauchsmusterschutz entsprechenden Rechtsstatus erhielt und derlei Publikationen die Konstituierung rechtlicher Ansprüche gegen Imitationen sicherstellen konnten.[110]

Industrie- und Ingenieurbauten

Anders verliefen die Entwicklungslinien samt resultierender Darstellungsmodi bei den Aufnahmen von Ingenieur- und Industriebauten. Nicht sicher ist, ab wann sie darstellungswürdig wurden. Hier hatten in weit höherem Maße als bei Wohn-, Repräsentations- oder Sakralbauten technische Überlegungen und Probleme Vorrang, wenn es um die Auswahl passender Darstellungsmodi ging; dazu gab es eine lange Tradition des anonymen Ursprungs im Ingenieur- und Industriebau, die weder der visuellen Repräsentation durch Photographie bedurfte noch an der Darstellung einzelner Baulösungen interessiert sein konnte.

Die Darstellung des Fabrikgebäudes im Bild erfolgte weitgehend in Anlehnung an Modi von Funktionsbauten wie Justizgebäuden, Rathäusern, Kasernen oder Schulen: Die Sicht über Eck aus Augenhöhe eines stehenden Menschen unter hell bedecktem Himmel, die an der vorderen Ecke hoch verzogen war und deren Plastizität sich an eventuell vorhandenem Fassadenschmuck orientierte. Dieser Kanon war so streng, daß ihm – ohne Not, die sich aus enger Straße, umstehenden Gebäuden oder einer spezifischen Verkehrssituation ergeben hätte – noch die Aufnahme der Behrensschen AEG-Turbinenhalle von 1908/1912 folgte. Ein weiterer, auch für die Photographie gebräuchlicher Darstellungsmodus fand sich in derselben Ansicht, die den Stahlstich auf dem Firmenbriefkopf bestimmte; sie zeigte die ganze Fabrik durch eine Schrägsicht von oben, mit stark nach vorn fluchtender Perspektive. Diese aufgrund technischer Schwierigkeiten – hoher Standpunkt, für viele Photographen noch ungewohnte Weitwinkeltechnik – etwas seltener realisierte Sicht kam der Überblicksaufnahme der Reisephotographie am nächsten und war insbesondere für weit ausgebreitete Industriegelände üblich. Axiale Sichten gab es nur wenige, meist Interieurs; sie zeigten lange Flure, große Foyers oder riesige Werkhallen.

Zur Definition des Ingenieurbaues gehört das Primat des Konstruktiven, und dies ist unbedingt mit der Transparenz aller Herstellungsprozesse verknüpft. Hier setzte die Photographie ein, mit der nahezu jeder größere Bau von einigem konstruktiven Interesse durch Serien von Zustandsbildern dokumentiert wurde. Eine der frühesten Serien dieser Art galt zwar keinem Bauwerk, sondern einer großtechnisch gefertigten Skulptur, läßt sich aber gleichwohl als Muster aller kommenden Darstellungen begreifen: Alois Löcherers Serie vom Guß und Bau der Bavaria-Skulptur in München.[111] An ihr hatte der Photograph über mehrere Jahre hinweg gearbeitet; dies sollte in den folgenden Jahrzehnten für viele Ingenieurbauten gelten. Ob Messehallen oder Eiffelturm, ob Bahnhofsbedachung, Werkhalle oder Hafenanlage, immer wurden große Bildserien von Bauvorhaben angefertigt, bei denen ein architektonisch-konstruktives oder öffentlich-legitimatorisches Interesse zu vermuten war. Manche typischen Bauformen des 19. Jahrhunderts wie Gewächshäuser oder Passagen sind uns teilweise über konstruktive Bildserien,

andererseits aber auch durch repräsentative Einzelphotographien bekannt, mögen hier also für eine Mischform stehen.
Die deutlichste Ausprägung einer technisch orientierten Photographie von Ingenieurbauten findet sich bei Brücken.[112] Kaum ein anderer Bautyp stand so im Mittelpunkt des 19. Jahrhunderts, kaum ein anderes Bauwerk war konstruktiv so aufwendig, gefährlich und nur unter großen Verlusten an Menschen und Material herzustellen. Eisenbahn und Wasserstraße bedurften im 19. Jahrhundert der Überbrückung und Unterquerung; sie waren ohne sie gar nicht denkbar. Die Konstruktion großer Brücken speziell über Wasserläufe wie den Rhein, die Donau oder die Elbe war eine Aufgabe von enormem logistischen Ausmaß; kein Wunder, daß zur Risikovermeidung jeder Schritt zwecks besserer Wiederholung dokumentiert, das heißt: photographiert wurde. Der auch als Verleger und Reisephotograph aktive Theodor Creifelds hat zwischen 1860 und 1880 wohl alle größeren Brückenbauten über den Rhein, aber auch ihre Ersatztechnologien wie etwa Trajekte und Pontons photographisch dokumentiert. Dabei kam es ausschließlich und ganz im Gegensatz zur Reisephotographie auf prozessuale Momente im Bild an, auf die Position von Hilfskonstruktionen, Holzgerüsten, Widerlagern und Zwischenstücken. Sicherlich konnten die Aufnahmen nicht ohne Unterbrechung der täglichen Arbeit bewerkstelligt werden; möglich ist auch, daß sie am Sonntag mit den herbeigerufenen und entsprechend hierarchisch postierten Architekten, Ingenieuren, Vorarbeitern und Arbeitern angefertigt wurden. Dennoch ist Ziel dieser meist im Format großer Reisebilder hergestellten Photographien immer eine Dokumentation spezifischer Bauzustände, die für spätere Wiederholungen oder für Reparaturen oder gar zur Rekonstruktion nach Unfällen verwendbar waren.
Auffällig ist in diesem Zusammenhang, daß die Bildserien, wie sie sich in heutigen Sammlungen präsentieren, nur selten von repräsentativen Bildern des fertigen Objekts in der Art einer Architekturaufnahme – also ohne Menschen oder nur mit einer einsamen Staffagefigur, aus der typischen Übereckansicht oder in strenger Axialität – abgeschlossen wurden. Das Material des Bauens diktierte die Bildform: Dünne Eisenträger wurden konstruktiv zu filigranen Gebilden verknüpft, die kaum ein architektonisches Volumen konstituierten, das sich per Photographie flächig darstellen ließ. Für die Photographen des späten 19. Jahrhunderts hatten die Ingenieurbauten zudem den Nachteil, daß sie unter einem extrem überbelichtenden Himmel detailreiche Texturen zu zeigen hatten, was weder Optik noch Chemie der Photographie perfekt gelingen wollte. Der Rekurs auf prozessuale Momente erlaubte den Photographen mithin eine Rücknahme sonst unbedingt not-

wendiger Präzision in der Darstellung, was den Aufnahmen von Ingenieurbauten einen Reportagecharakter zu verleihen schien. Daneben bildete sich für Ingenieurbauten in den 1880er und 1890er Jahren ansatzweise ein Bildkanon heraus, den sich die Avantgarde der 1920er Jahre noch einmal neu erarbeiten mußte. Das reichte von strenger Axialität über erste Diagonalkompositionen insbesondere bei hohen Türmen bis zur perspektivischen Falle, die sich im Blick von oben nach unten und auf gegenläufige Gebäudekanten ergaben. Allerdings ist für derartige Beispiele zu konzedieren, daß es sich um Einzelstücke ohne jede Repräsentativität für ihre Zeitgenossenschaft handelte und daß diese Bilder erst in den letzten Jahren gefunden wurden, mithin den Zeitgenossen weithin unbekannt geblieben sein dürften. Dagegen haben sich gelegentlich Bildformen etabliert, die historisch nie wieder aufgetaucht sind. Krönender Abschluß beispielsweise aller Bildserien vom Bau einer Eisenbahnbrücke wurde die Registrierung eines Ereignisses, das im Brückenbau selbst als Generalprobe inszeniert wurde: die Belastungsprobe mit möglichst vielen und schweren Lokomotiven. Ob die Aufnahme technisch zu begründen war, wie eine Anregung in der *Deutschen Bauzeitung* von 1894 nahelegte, die empfahl, zwei Vergleichsaufnahmen vom unbelasteten und vom belasteten Zustand extrem zu vergrößern, um durch Inkongruenzen etwaige Schubfehler zu entdecken, mag dahingestellt bleiben.[113] Mit Sicherheit war eine solche Belastungsprüfung ein spektakuläres Ereignis; wenn die Lokomotiven wieder abgefahren waren und die Brücke weiterhin stand, konnte dann vom gleichen Standort aus die obligatorische Bildpostkarte photographiert werden. An derlei Schnittstellen von repräsentativer und technischer Abbildung zeigt sich die gegenseitige Legitimation von Kunst und Technik auf einem Niveau, das unterhalb rationaler Wahrnehmungsschwellen diskursive Wirkungen entfalten kann.

Meßbilder

Die Photogrammetrie kennt wie die meisten Erfindungen des 19. Jahrhunderts eine mehrfach gegliederte Entwicklung, der oft genug zwei oder mehr Stränge vor der eigentlichen Erfindung und ihrer Bekanntgabe zugrunde liegen. In diesem Falle sind es zwei Ebenen der Nutzung: die militärische Kartographie für die terrestrische Photogrammetrie und die Ausbildung von Architekten beim Bauaufmaß für die nicht-terrestrische Photogrammetrie. Mathematisch beruhen sie auf ähnlichen Operationen, und es verwundert nicht, daß das Primat des militärischen Gebrauchs zu den logischen Kon-

sequenzen führte, die in der Architekturphotogrammetrie schier unüberwindliche Probleme bei der Überführung von Bildern in Meßdaten nach sich zogen. So ist die algebraische Projektionsgeometrie, die der österreichische Militärgeograph Theodor Scheimpflug um 1907 publizierte, nicht nur schnell zum Standard aller logischen Operationen bei der Überführung von Meßbildern in Karten und Zeichnungen geworden, sondern auch in ebensolcher Geschwindigkeit zur Minimalausrüstung professioneller Photographie vor geradlinigen Objekten (Scheimpflugsche Regel) geworden.[114]
Die Geschichte der photogrammetrischen Bauaufnahme wie auch des Vertriebs der dabei entstandenen Photographien als eigenständiger Motive ist in Deutschland fest mit einem Namen verknüpft, mit dem von Albrecht Meydenbauer. Er hatte als Prüfungsarbeit 1857 die exakte Bauaufnahme der Nikolaikirche in Brandenburg verfertigt, und als ersten Auftrag durfte er 1858 dasselbe für den Wetzlarer Dom bewerkstelligen. Ein von Hause aus armer Bauführer wie Albrecht Meydenbauer hatte kaum eine andere Wahl, als sich zu Beginn seines Berufslebens solchen Aufgaben zu stellen. Ein Beinahe-Unfall bei der Aufmessung der Wetzlarer Domfassade führte Meydenbauer zu der Idee, derlei Bauaufnahmen mittels Photographie zu beschleunigen. Ihm konnte nicht an einer bildhaften Photographie gelegen sein, da deren zentralperspektivische Sicht für technische Zeichnungen im konservatorischen wie restauratorischen Tagesgeschäft wegen der mangelnden Tiefenmeßbarkeit unbrauchbar war, sondern allein an einer photographischen Vorlage für meßtechnisch exakte Umzeichnungen – das Ergebnis exakter Bauaufnahmen waren keine lavierten und aquarellierten Architekturzeichnungen, sondern technische Blätter mit exakten Maßstäben und Vermaßungen: Ingenieurzeichnungen.
Ein ursprünglich zur militärischen Exploration feindlicher Gebiete bestimmtes Verfahren wurde seiner Präzision wegen zur Bauaufnahme umfunktioniert; die phototechnischen Voraussetzungen waren von einem Mitschüler Meydenbauers auf der Berliner Gewerbeschule, von dem Photochemiker Hermann Wilhelm Vogel, geschaffen worden. Um eine größtmögliche Wiedergabequalität seiner photographischen Aufnahmen zu erreichen, hatte Meydenbauer auf Vogels Anraten zu sehr großen Negativformaten gegriffen. Für schwer zugängliche Standorte bei der Aufnahme war das kleine Format 13 × 18 cm vorgesehen; Standard aller Bilder jedoch waren die Aufnahmen mit den Meßkammern im Format 40 × 40 cm. Da die Negative außerordentlich kontrastarm entwickelt wurden, ließen sich von ihnen nicht nur in kurzer Zeit große Mengen konventioneller Kontaktabzüge (Kopien) herstellen; sie eigneten sich auch vorzüglich zur Rasterung für das ab 1892

eingeführte Autotypieraster-Druckverfahren, das bis in die 1980er Jahre den Buchdruck beherrschen sollte. Die Preußische Meßbildanstalt hatte zumindest teilweise ihre eigenen Unkosten zu decken, weshalb ein großer Teil der photographischen Aufnahmen zur Kartierung auch als Reisephotographie vertrieben wurde. Dies bestimmte bald die Auswahl der aufgenommenen Objekte: Neben jenen, an denen gerade Bau- und Restaurierungsmaßnahmen anstanden oder die von akutem Verfall bedroht schienen, wurden auch die abgelichtet, deren Bild im Vertrieb durch Verlage einigen Erfolg versprach. Mit dem Bildmaterial der Meßbildanstalt konnten sich Institutionen im Abonnement versorgen lassen. Mit Fug und Recht konnte Meydenbauer schon 1905 seine Institution ein ,Denkmal-Archiv' nennen, als das es, mehr denn in seiner ursprünglichen Intention der Bereitstellung technischer Grundlagen für Bauarbeiten, diente; zu diesem Zeitpunkt waren etwa 5000 Aufnahmen angefertigt worden.[115] Als im Todesjahr Meydenbauers 1921 sein Archiv der Staatlichen Bildstelle Berlin hinzugefügt wurde, war dieser Bestand bereits auf knapp 20.000 Aufnahmen angewachsen; hinzu kamen jetzt diverse Sondersammlungen (etwa Gottfried Sempers Entwürfe) und Reproduktionskataloge, die unter dem Titel *Preußische Meßbildanstalt* vertrieben wurden. Im Katalog von 1935 verzeichnete die Anstalt 21.500 Meßbildaufnahmen, zu denen bis 1945 nur wenige hinzukamen. Der Gesamtbestand dieses Archivs – 1945 sollen es 76.000 Negative von rund 3000 Gebäuden gewesen sein, was auf eine Anzahl von Doubletten und Reproduktionsnegativen schließen läßt – hat sich bis auf rund 4000 Negative erhalten. Weniger aufgrund des Negativbestandes als durch erhaltene Positive konnten Meydenbauers Meßbilder im ursprünglichen Sinn eingesetzt werden: zur Restaurierung und Ergänzung kriegs- oder katastrophenzerstörter Bauten – womit der abstruse Kreislauf der zivilen Nutzung von Militärtechnologie einmal mehr geschlossen wäre.

Meydenbauers Meßbildverfahren und -anstalt entstanden aus den Bedürfnissen der Architektenausbildung heraus und haben innerhalb einer ingenieurhaften Tradition des Berufs ganz eigene Ausprägungen erfahren. Daß der Bezug technokratischen Restaurierens zu ästhetischem Handeln nie ganz verloren gegangen ist, betonen alle Theoretiker einer die Photogrammetrie benutzenden Denkmalpflege. Doch die Nähe derartiger Bemühungen zu den aus Gewerbeschul-Traditionen stammenden Vorbildsammlungen ist offensichtlich nicht gesehen worden: Aus dem peinlich genau nachzuarbeitenden, virtuell unübertreffbaren Formenschatz für historisch denkende Architekten wurde die technische Grundlage der Arbeit restaurierender Bauführer. Möglich geworden war dies erst durch die Trennung von Architektur

und Denkmalpflege sowie durch die in Motivschätzen angelegte Ablösung von direkten Vorbildern eigener Arbeit. Diese Transformation hatte die Nutzung größerer Bildsammlungen mit sich gebracht und wurde subkutan in Details des Umgangs mit Bildern realisiert.
Die mangelnde mathematische Basis der frühen stereometrischen Bauaufnahme mittels Photogrammetrie führte neben dem großen Bildformat zu drei einander korrelierenden Spezifika der Meßbildphotographie: einer sehr breiten Stereobasis von mehr als zwei Metern, der Verwendung starker Weitwinkelobjektive sowie der Praxis einer Bevorzugung von Schrägaufnahmen mit möglichst einem spitzen Winkel als Fluchtlinienbezug. Die breite Basis und der spitze Winkel führten dazu, daß selbst bei Gesamtansichten großer und tiefer Kirchenräume, für die sich schon in den 1850er Jahren selbstverständlich der Kanon einer exakt axialen Plazierung im Westwerk etabliert hatte, mindestens leichte Schrägsichten zum Standard wurden. Wie weitgehend sich dieser Standard wiederum etablierte, läßt sich an der um 1900 einsetzenden Handbuch-Literatur zur Architekturphotographie ablesen, die jede Axialität bei der Aufnahme von Kirchenräumen strikt ablehnte und als Fehler brandmarkte. Für Außenansichten wurden dagegen oft bizarr verkantete Übereck-Blicke von Südwest benutzt, die aus mittlerer Höhe – aus einem gegenüberliegenden Haus oder von einem Gerüst herab – eine gleichmäßige Darstellung von Gebäudesockel wie Turmspitze und/oder Apsidenrund zu garantieren hatten. Zur Vermeidung komplizierter Winkelfehler durch die zusätzliche Berechnung von Höhen im Bild wurde weitgehend versucht, Meßbilder mit starrer Kammer aufzunehmen, was mit Ausnahme der erwähnten Kircheninteriurs auch meist gelang. Bildnerisch war dies ein Rückschritt aus der Zeit der Mappenwerke in die Frühzeit der ‚Mission Héliographique', allerdings unter Maßgabe veränderter Perspektivfluchten. In manchen Mappenwerken der 1860er Jahre fanden sich zwar stark überzogene Eckansichten großer, vornehmlich öffentlicher Gebäude zur Unterstützung der Visualisierung ihrer Repräsentativität, doch kaum jemals in solch übersteigerter Form wie im Meßbild.
Auch bei der – selteneren – Aufnahme architektonischer Details im Innenraum hatte die Meßbildanstalt immer ihre rechnerische Grundlage vor Augen, was im Gegensatz zur etwa gleichzeitigen Mappe solcher Details von Hermann Rückwardt zu zwar meßbaren, aber kaum noch anschaulichen Ergebnissen in der Wiedergabe wichtiger Ornamente oder Detaillösungen führte. Zum einen springen zufällig im Vordergrund befindliche Bauapplikationen oder Reliefs überproportional weit ins Bildfeld hinein; zum anderen wird ihre dem Blick normalerweise entzogene Raumtiefe weit über ihre Flächenwirkung

hinaus betont. Dies wäre alles nicht weiter verwunderlich, wenn es sich bei den Objekten einer solcherart geometrisierten und standardisierten Photographie um Industrie- oder Ingenieurbauten gehandelt hätte. Doch Hauptgegenstand einer nicht-terrestrischen Photogrammetrie und Arbeit der Preußischen Meßbildanstalt war die anerkannte Kunst des europäischen Christentums in Form von Kirchen und Klöstern sowie profane Befestigungs- oder Schloßanlagen. Der technisch begründbare, sich in der Distribution jedoch verselbständigende Kanon der Meßbildphotographie schlug sich als Umkehrschluß der repräsentativen Einzeldarstellung großer Industriebauten in einer technisch anmutenden Wahrnehmung sakraler Objekte nieder. Im Gegensatz zu den vereinzelten Vorformen avantgardistischer Technikdarstellung im photographischen Bild hatte die Meßbildphotographie einen von jeder Schönheit und Bildkomposition abstrahierenden Wiedergabemodus geschaffen, der moderner anmutet als die zwanzig Jahre später erfolgten Gehversuche einer Generation technikgläubiger Künstler.

Die Akzeptanz dieses Bildkanons der Photogrammetrie in der breiten Öffentlichkeit ist ökonomischen Gesichtspunkten gefolgt. Die Preußische Meßbildanstalt war über die langsame und daher wenig rentable Abgabe von zeichnerischen Bauaufnahmen hinaus auf den Verkauf ihrer photographischen Arbeitsvorlagen angewiesen. In den 1890er Jahren waren die Abnehmer vor allem Institutionen im Bereich von Akademie, Universität und Denkmalpflege; ab etwa 1900 setzte der Boom der Bildbandproduktion und des Bildpostkartenverkaufs ein, von dem die Anstalt kräftig profitierte. Kaum ein Postkartenständer am Ort eines Baudenkmals, der nicht einige Ansichten aus der Meßbildanstalt vertrieb, und kaum ein Bildband zu alter Kunst, der nicht einige Tafeln nach Meßbildern enthielt. Die Gewöhnung an extreme Weitwinkel und an starke Diagonalsichten, wie sie die Meßbilder aus eigentlichen Unzulänglichkeiten ihrer eigenen Technik heraus übermittelten, war so stark, daß erst eine ideologisch überhöhte Monumentalphotographie um 1930 für deren Ablösung sorgte.

Der hier nur grob skizzierte, in seinen Verästelungen kaum ganz zu fassende Überblick von Bildformen der Architekturphotographie um 1900 macht deutlich, daß die Pluralität möglicher Kodierungen von Zeichensätzen als Matrix bereits zu jener Zeit gegeben, wenn auch in ihren Folgen kaum bewußt gewesen war. Die Verbindung von technischem Bauwerk und repräsentativer Ansicht, von architektonischem Denkmal und strikt technischer Wiedergabe sowie die Akzeptanz einer medial sich anonym konstituierenden Reise- und Bildpostkartenphotographie von touristischen Objekten wie einiger explizit ausgearbeiteter Sehweisen auf beispielhafte Neubauten verdeutlichen einen Umgang mit medialen Prägungen, der einem umgangssprachlichen Gebrauch grammatikalischer Bezüge ähnelt.[116] Wo und wie die Photographie sprachähnliche oder vorsprachliche Nutzungen erfahren hat, soll im folgenden beispielhaft dargelegt werden.

Vorbild und Abbild – der Gebrauch von Architekturphotographie zwischen Historismus und Moderne

„Sein ganzes Zimmer war ringsherum gleichsam getäfelt mit Pappkästen, die nach Begriffen geordnete Photographien enthielten; auf diesem Material spielte er mit unfehlbarem Gedächtnis wie auf einer Klaviatur, und so konnte er bei allem, was er zeichnete und anordnete, sofort irgendein Bildchen aus diesem Schatze auftauchen lassen [...] Alle Bilder, die gewürdigt wurden, in dieser Sammlung Aufnahme zu finden, waren Erlebnisse, die er einmal gehabt hatte: Sie war ein Herbarium seiner künstlerischen Entzückungen."[117]
Der von seinem Schüler Fritz Schumacher so Beschriebene war der Münchner Architekt und Lehrer Gabriel von Seidl und mochte von Person wie Verhalten her als Konvention historistischer Praxis architektonischen Entwerfens kritisiert werden. Was diese plastische Beschreibung jedoch deutlich herausstellte, war das quantitative Moment des Umgangs mit der Photographie – ein Umgang, bei dem das einzelne Bild wie sein Urheber immer weniger bedeutend wurden.
Zwischen 1880 und 1900 waren sowohl die technischen Mittel der Photographie einschließlich ihrer Verbreitung durch den Druck ausgereift als auch die gängigen Bildformen etabliert, auf deren vorsprachlicher Konvention sich ein spezifischer Umgang mit ihnen verlassen konnte – die Photographie war zum Medium geworden, der Gebrauch medialer Bilder diskursiv bedeutender als deren Produktion. Er ist allerdings recht schwer zu erschließen, da er weitgehend vor jeder sprachlichen Reflexion stattfand, darüber hinaus in einer Form der Angstabwehr als funktionale Kategorie geradezu verdrängt wurde – als ob damit eine Ebene der Kreativität bloßgelegt und kritiserbar geworden wäre.
Die Auswahl der in diesem Kapitel vorgestellten Architekten mag willkürlich erscheinen, ist jedoch in bezug auf die Etablierung von Konventionen, nach denen der architektonische Entwurfsprozeß und die Kritik seiner Ausführung abliefen, hinreichend sinnvoll. Neben den deutschen und amerikanischen

Architekten des Übergangs vom Historismus zur Moderne sind es in erster Linie Architekturtheoretiker gewesen, die an diesem Übergang wenigstens mittelbar beteiligt waren, indem sie selbst photographierten oder mit Photographien illustrierten Unterricht abhielten.

Henry Hobson Richardson

Es mag verwundern, daß ein Architekt aus den USA den Reigen der intensiven Bildnutzer der Photographie beginnt, doch kaum jemand scheint seine Vorstellungen vom Bauen und insbesondere seine stilistischen Ideen – eine neoromanische Attitüde des Arts-and-Crafts, die sich in dicken Rustikamauern, Rundbogenfenstern und steilen Schieferdächern darstellte – so massiv mittels Photographie propagiert zu haben wie eben Henry Hobson Richardson (1838–1886).[118] Diese Einschätzung wurde bereits wenige Jahre nach seinem Tod getroffen, gemeinsam mit der Feststellung, „daß dank der Photographie die Gebäude Richardsons noch kaum fertiggestellt zu sein brauchten, um nicht schon im ganzen Land bekannt zu sein und sofort imitiert zu werden"[119]. Die Herausgeber der Zeitschrift *American Architect*, die solche Zeilen schrieben, attributierten damit gerade diesem Architekten, nicht stilbildend, sondern modemachend gehandelt zu haben, was der um 1900 allgemein in Ungnade gefallenen Bauweise Richardsons galt. Dies war ein kleines Stück Selbstkritik der Zeitschrift, denn als eines der ersten amerikanischen Architekturjournale hatte es 1876 mit dem Erscheinen seiner ersten Nummer begonnen, Lichtdrucke von Photographien beispielhafter Bauten beizulegen, später auch einzuheften – und eine der frühesten Abbildungen dieser Art galt H.H. Richardsons Trinitätskirche in Boston. Richardson hat die immens hohen Druckkosten weitgehend selbst getragen, wie das Journal dankbar vermerkte; er hat also gewußt, warum er diesem Medium einen so hohen Stellenwert einräumte.

Richardson hat Photographie in zwei Formen angewandt, die bis heute für den Mediengebrauch von Architekten typisch sind: Zum einen hat er auf Reisen Photographien gekauft, zum anderen hat er seine Bauten in fertigem Zustand aufnehmen und für eine breite Distribution dieser Bilder sorgen lassen. 1882 – vier Jahre vor seinem Tod und lange, nachdem er seine neoromanischen Stilpräferenzen hatte etablieren können – unternahm er mit einigen Mitarbeitern eine Reise durch Spanien und Frankreich; dabei wurden zahlreiche Aufnahmen am Ort, also Reisephotographien, gekauft. Teilweise zeigten die Bilder typische, schon im Werk Richardsons vorhandene, aber nun durch die Geschichte bestätigte Einzelmotive, doch für die meisten kann gelten, was er seiner Frau schrieb: „Allein der Versuch zu zeichnen wäre töricht, da ich kaum Zeit habe, mir die Dinge genau anzusehen, was eine unbedingte und unablässige Voraussetzung für eine intelligente Skizze ist."[120] Die Photographie hatte sicherzustellen, daß *en passant* Gesehenes mitgenommen und zu Hause *en detail* studiert werden konnte. Einem erfahrenen Architekten wie Richardson war es nicht mehr darum zu tun, den überwältigenden Eindruck alter Baukunst für die Erinnerung als Basis eines späteren Lebenswerkes zu erhalten; ihm ging es lediglich um eine bessere Grundlage für die Erarbeitung kommerzialisierbarer Einzelheiten, darin dem eingangs erwähnten Gabriel von Seidl ähnlich.

Der weitaus größere Teil an Photographien in H.H. Richardson Studio betraf die fertigen Bauten des Meisters. Die Photographen blieben anonym, doch ihre Arbeit wurde hoch geschätzt: Im Atelier ist 1884 eine Bildergalerie zum Empfang von Besuchern und Kunden eingerichtet worden, wo die neuesten Bauten in Photographien präsentiert wurden; in der Bibliothek war ein ganzes Areal der Aufbewahrung und Präsentation von photographischen Alben wie Einzelblättern vorbehalten; der Gang zwischen den Einzelbüros der Assistenten und Schüler wurde ebenfalls mit Photographien fertiger Bauten geschmückt. Fast alle Gebäude waren in ähnlicher Manier aufgenommen: aus mittelgroßer Entfernung über Eck von einem Standpunkt in normaler Augenhöhe, was die intendierte Monumentalität unterstützte, ohne die Proportionen zu verziehen. Da Richardson seine Bauten gern auf leichten Anhöhen errichtete, ergaben sich für die entsprechenden Photographien Untersichten, die jedoch perspektivisch nicht übertrieben dargestellt wurden. Teilansichten durch Arkadenbögen und über Mauervorsprünge durften in größerem Umfange als Gesamtansichten mit Licht- und Schattenwirkungen operieren.

Für die Publikation dieser Photographien nutzte Richardson zwei Strategien: Zum einen beließ er die Bilder als photographische Dokumente und zum anderen beförderte er, wo dies nötig erschien, die Umsetzung in brauchbare graphische Druckvorlagen. Auch wenn keine Quelle Angaben zur Größe der Albuminkopien macht, die heutigen Büchern und Ausstellungen zur Vorlage dienen, so ist doch anzunehmen, daß es sich um repräsentative Formate in der Art großer Reisephotographien handelte. Es ist als sicher anzunehmen, daß Richardson die große Glaubwürdigkeit einer photographischen Abbildung mit der Imaginationskraft einer ansprechenden Zeichnung verbinden wollte und konnte, denn: „bei aller Qualität als Künstler war Richardson doch ein sehr guter Geschäftsmann und Weltenbürger."[121]

Mag sein, daß es genau dies war, was die Herausgeber des *American Architect* zur Abkanzelung einer über Photographie erzeugten Stilmode veranlaßte; zutreffend ist es ohnehin nur für einen, der damaligen Öffentlichkeit bekannteren Teil des Richardsonschen Œuvres, für die privaten Landhäuser und die Kirchenbauten. Die Sakralbauten waren durch gigantische, nie gebaute Projekte präsent, während die letzte Schaffensphase des Architekten mit der modernsten Bauaufgabe seiner Zeit verknüpft war, dem Hochhausbau. Sein *Marshall Field Wholesale Store* galt für lange Zeit als beste Lösung der Bewältigung großer Baumassen, war Vorbild für Arbeiten von Sullivan & Adler oder anderen – und wurde 1930 abgerissen. So sind die einzigen erhaltenen Aufnahmen die Bilder, die das Gebäude übereck, mit starker Flucht in die Seitenstraßen hinein, aber aus mittlerer Höhe zeigen: Ein so großartiges Bauwerk bedurfte auch nach der Einschätzung seiner Entwerfer keiner weiteren Monumentalisierung mehr. Die über mehrere Stockwerke reichenden Blendbögen, die nach oben gestuften Rustikaversätze und Quadergrößen brauchten nicht weiter photographisch dramatisiert werden, sondern ließen sich nach Art einer Meßbildaufnahme trocken registrieren. Ob Absicht oder nicht, gerade diese technische Form der Abbildung repräsentierte neben der Detailzeichnung die Bauaufgabe und damit potentielle Bauherren. Richardson hat photographische Arbeiten wohl nicht als Hilfsmittel der Kommunikation von Bauprojekten eingesetzt. Er selbst pflegte nahezu ausschließlich Grundrisse und Querschnitte anzugeben, aus denen nach gängigem Atelier-Repertoire Ansichten von Mitarbeitern entwickelt wurden. Richardsons Ideenskizzen wirken im Strich fahrig, sind obendrein kleinteilig und zeugen vor allem in späteren Jahren wenig von den Fähigkeiten, die einem Beaux-Arts-Studenten angestanden hätten. Als einer der ersten Architekten verkörperte Henry Hobson Richardson jenen Umgang mit der Photographie, der allgemein bis heute gilt: Mit relativ geringer Aufmerksamkeit wurden Photographien – einzeln oder in Büchern – als Vorbilder gesammelt und verbreiteten sich eher subkutan im Vorfeld der Entwurfstätigkeit; als Beweisstücke fertiggestellter Bauten waren sie dagegen Werbung und hatten Akzeptanzqualitäten im Umgang mit Mitarbeitern, Klienten, Presse, Preisrichtern und möglicherweise auch der Nachwelt zu entwickeln.

Friedrich von Thiersch

Einen breitgestreuten Umgang mit der Photographie pflegte Friedrich von Thiersch (1856–1921), was um so mehr verwundern mag, als er von Zeit-

Henry Hobson Richardson, Hampden County Courthouse, Springfield MA; links: anonyme Photographie, 1876; rechts: Zeichnung von David Gregg, 1886, aus: Mary N. Woods, The Photograph as Tastemaker: The American Architect and H. H. Richardson, in: History of Photography 14, 1990.2.155-163

Friedrich von Thiersch, Justizpalast München, Bauzustandsaufnahme mit eingezeichneter Kuppel, 1892, Architekturmuseum der TU München

genossen und Schülern zum „Meister aller Architekturzeichner" gekürt worden war.[122] Wie Henry Hobson Richardson verkörperte er selbst noch historistische Tendenzen, wies jedoch mit einer Pluralität von Bauaufgaben und Formlösungen sowie als Lehrer über die stilistischen Grenzen seiner Zeit hinaus. Nicht zu Unrecht ist er als Ziehvater der ersten Generation moderner Architekten anzusehen.[123] Mit Sicherheit war der erfindungsreiche Zeichner, der Darstellungsformen des Barock wie etwa die Kombination von Schnitt und Perspektive wiederbelebte und als Kanon in die neuere Architektur um 1900 fest einführte, nicht auf die Photographie als Darstellungsmittel im Entwurfsprozeß angewiesen gewesen – und dennoch scheint er sie in vielfacher Hinsicht genutzt zu haben.

Mit Sicherheit ist davon auszugehen, daß zahlreiche Blätter der photographischen Sammlungen in der Technischen Universität München auf seine Anregung hin gekauft worden sind; wenigstens die an zahlreichen Kartons sichtbare Stempelsignatur *Architectonische Sammlung* verweist auf die Thierschsche Lehrtätigkeit. Seine eigenen Photographien sammelte er in Mappen. Die Funktion der Bilder darin ist am deutlichsten bei Bildern der Objekte zu erkennen, die Friedrich von Thiersch als stilistische Vorbilder anerkannte: den oberitalienischen Profanbauten der Hochrenaissance. So enthält eine Mappe des Nachlasses etwa 70 großformatige Albuminkopien auf stabilen Foliokartons; sie zeigen oberitalienische Bauten, meist jedoch keine Gesamtansichten, sondern Interieurs, Fassadendetails, Türen, Fensterstürze und Skulpturen. Fast zwei Drittel dieser Ansichten ist von dem Veroneser Photographen Richard Lotze oder einem seiner Mitarbeiter angefertigt worden; sie zeigen Motive aus Verona und Mantua. Da sich Thiersch zwischen 1894 und 1897 mehrfach in Italien aufhielt und dorthin Exkursionen veranstaltete, ist es gut denkbar, daß er dem Photographen entweder Aufträge zur Ablichtung bestimmter Bauformen gab oder aber wenigstens Wünsche diesbezüglicher Art äußerte, so daß ihm bei einem der nächsten Besuche die gewünschten Bilder zum Kauf angeboten werden konnten. Es ist jedenfalls kaum anzunehmen, daß so spezielle Ansichten wie die von Fensterleibungen des profanen Wohnbaus im 16. Jahrhundert als reisephotographische Andenken allein in Erwartung späterer Käufer aufgenommen wurden.

Die Funktion solcher Bilder im Œuvre des Architekten – über die gleichwertige Funktion als Unterrichtsvorlage hinaus – dürfte in der Eigenart des Thierschschen Späthistorismus zu suchen sein, kein Detail zu kopieren, sondern bis in kleinste Nuancen hinein sich zu eigenständigen Formfindungen lediglich anregen zu lassen. Ein so vorsichtig-konservativer Versuch, den Historismus zu überwinden, basiert auf gleichzeitigen Gestaltvorstellungen und damit einem weit gefaßten Motivbegriff, wie er sich in den 1890er Jahren andeutet; die Photographie erhält dabei die Funktion eines Formgedächtnisses, eines ganz individuellen Motivschatzes. Thiersch erweist sich in diesem Gebrauch von Bildern noch als historistischer Zitatsucher, wenn auch in einem freien Kontext möglicher Assoziationen.

Völlig anders und wesentlich zeitgemäßer erscheint dagegen sein Gebrauch der Photographie bei der Bearbeitung größerer Bauaufgaben. Während der Ausführung des ersten Bauabschnittes seines Münchner Justizpalastes in den Jahren 1892 bis 1897[124] ließ er den Photographen Johann Seiling Bauzustandsaufnahmen machen, die in ihrer Bildform der Abbildung von Ingenieurbauten entsprachen: Nach Vollendung eines spezifischen Bauabschnittes wurde mit der Kamera ein Standort gesucht, von dem aus dieser Abschnitt am besten zu überblicken war und der die technischen Prämissen des Gebauten am deutlichsten sichtbar werden ließ. Insgesamt sind rund 50 solcher Bauzustandsaufnahmen vom Münchner Justizpalast überliefert. Der mögliche Vergleich mancher dieser Aufnahmen zu Schinkel und Beuths *Vorbildern für Fabrikanten und Handwerker* ist durch die Führung der Perspektivfluchten im Vordergrund nachvollziehbar und verweist über den direkten Dokumentationsgebrauch auf ein pädagogisches Interesse der Bildvermittlung. Zudem hatte eine außergewöhnliche Maßnahme immer genau dokumentiert zu werden. Im Herbst 1892 war dies die Errichtung des 1:1-Modells eines Fassadenjochs der unteren drei Etagen mit Rustika, Fenstern, Giebeln und plastischem Fassadenschmuck sowie einer Ecklösung mit Pilastern, Gebälk und Kranzgesims. Die beiden Photographien zeigen deutlich die Gerüstkonstruktionen und den immensen Aufwand, der offensichtlich notwendig war, um der mangelnden Vorstellungskraft eines Auftraggebers Genüge zu tun. Bei späteren Bauzustandsbildern wurden ebenfalls hölzerne Hilfskonstruktionen in den Vordergrund gestellt; sie erläuterten konstruktive Besonderheiten des Baus. Der Auftrag zu derlei Bildern dürfte durchweg vom Architekten gekommen sein, der sich damit als Zeitgenosse einer an der Konstruktion ausgerichteten Baugesinnung ausweist.

Wie immer bei derartig großen Bauprojekten, haben die Details noch während der Ausführung Veränderungen erfahren. Auch hier hatte die Photographie eine Hilfe anzubieten, die Thiersch gelegentlich nutzte: Auf einem Bild des weitgehend hochgezogenen Rohbaus mit bereits eingerüsteter Kuppelschale hat er die genaue Form der den Bau bekrönenden Laterne mit Bleistift und Deckweiß eingetragen, um die genaue Wirkung von Laternenhöhe und -durchbruch testen zu können. Doch im Gegensatz zu späteren Generationen von Architekten nutzte er die Überzeichnung von Photographien nur selten und für kleinere Korrekturen der Wirkung seiner Bauten. Als der Justizpalast 1897 fertiggestellt war, wurde er von dem Münchner Architekturphotographen Carl Teufel repräsentativ photographiert: übereck, im städtischen Umraum, mit und ohne Verkehr, mit und ohne städtisches Grün, meist aus leicht erhöhter Position aufgenommen. Doch in der Festschrift, die 1897 zur Eröffnung erschien, fehlten diese Bilder; stattdessen wurde die Festschrift von einer zeichnerisch erstellten und lithographierten Ansicht vom Karlsplatz aus geziert, die alle Merkmale eines ‚Photographismus' aufwies: Zentralperspektive übereck aus Augenhöhe, Vordergrundfiguren, Schattenlavierungen und weiche Übergänge bei exakter Kantenzeichnung. Offensichtlich konnte Friedrich von Thiersch seinen Auftraggebern in dieser Festschrift noch keine Photographie zumuten.

Nicht nur das umfangreichste, sondern auch das vielseitigste Konvolut an Photographien im Nachlaß Friedrich von Thierschs ist das des Neubaues der Wiesbadener Kuranstalten. Schon im Vorfeld der Baubeauftragung nutzte er die Photographie zur Werbung, indem er drei mal zwei große Phototafeln anfertigen ließ, die er den zögerlichen Stadtvätern im Dezember 1902 vorlegte. Je eine Tafel im Format 50 x 60 cm zeigte, randlos und in einer unscheinbaren Aufnahme, eine der drei wichtigen Straßenansichten der Kurhausfront; die jeweils zweite bestand aus dem gleichen Bild, nur war auf die Vergrößerung mit weißer Gouache und schwarzer Tusche das zukünftige Erscheinungsbild nach der Thierschschen Planung eingetragen. Wie stolz der Architekt auf seine Erfindung war, zeigt sich an der Signatur der überarbeiteten Blätter, jeweils rechts unten auf der Vorderseite. Während der entsprechenden Bau- und Verwaltungsratssitzung hatten Assistenten die Bildpaare in die Höhe zu halten – die Unmittelbarkeit des so erzeugten Eindrucks war sicher für eine positive Entscheidung von Bedeutung; vielleicht half aber auch nur die Tatsache, daß Thiersch als photographische Unterlage das Bild der alljährlichen Parade zu Kaisers Geburtstag benutzte.

Friedrich von Thiersch hat die Photographie in großem Umfang zu Dokumentationsaufgaben herangezogen, hat mit ihr gelegentlich Überzeugungsarbeit geleistet, hat sie im Unterricht eingesetzt und als Gedächtnisstütze für historische Einzellösungen verwendet: Welchen Einfluß das Medium auf seine Entwurfsprozesse hatte, ist damit nicht gesagt. Als Zeichner hing Friedrich von Thiersch malerischen Auffassungen an, seine legendäre Qualität und Sicherheit im Ad-hoc-Entwurf aller Art von Perspektiven gab ihm alle Freiheit in der Wahl seiner Darstellungsmittel. Es bedurfte für die Entwurfsarbeit wie für die zur Überzeugung der Bauherren unbedingt notwendigen Perspektiven keiner photographischen Hilfsmittel; selbst die Übermalung des alten Wiesbadener Kurhauses blieb im Œuvre singulär. Nicht einmal zur Wahrung kommunikativ sinnvoller Konventionen bei Kundenvorlagen hat Friedrich von Thiersch auf photographische Gestaltungsformen wie Aus- und Anschnitt oder Überschneidung zurückgreifen müssen; deutlich wird dies vor allem bei den großen Perspektiven, die er privater wie öffentlicher Klientel präsentierte. Thiersch legte seine Perspektiven zwar farbig an, aber keineswegs naturalistisch mit blauem Himmel oder grünem Vorgarten. Er führte alle Bauten in Übereckansichten vor, ließ aber die Fluchtlinien weit bis zum Bildrand auslaufen, variierte die Standpunkthöhen des Betrachters nach Gutdünken – alles deutliche Verweise auf die Tradition der *Beaux-Arts*-Zeichnung und auf den ihr zugrunde liegenden Theaterprospekt und am Ende des 19. Jahrhunderts eine deutliche Zurückweisung aller möglichen Photographismen im eigenen Entwurfsdenken. Dies hat Thiersch weitgehend auch seinen Schülern vermittelt, was für die nächsten beiden Generationen deutscher Architekten andere Konsequenzen hatte als für die Schüler eines österreichischen Zeitgenossen von heute ungleich höherer Bedeutung: Otto Wagner.

Otto Wagner

Unter den Lehrern der Avantgarde war Otto Wagner (1841–1918) bei weitem der Älteste. Sein Zeichentalent war ebenso legendär wie das des jüngeren Kollegen Friedrich von Thiersch, doch steht sein Name mehr als jeder andere für den Übergang vom Historismus zur Moderne. Dies hat mit seiner Ausbildungs- und Lehrtätigkeit zu tun, die nicht nur berühmte Schüler wie Joseph Maria Olbrich oder Josef Hoffmann zeitigte, sondern auch eine frühe Form des für die Moderne so bedeutsamen Werkunterrichts praktizierte.[125] Sein eigener Lebensweg führte ihn erst spät in die Nähe des Jugendstils; vor allem an den Bauten an der Wiener Stadtbahn in den 1890er Jahren ist sein vorsichtiger Weg zur Überwindung historistischer Prägungen ablesbar. Otto Wagner beschritt dabei einen eigenwilligen Weg, indem er die Reliefierungen der Fassadenabwicklung auflöste und sich ganz auf flächige Wände mit viel Platz für malerische Dekorationen und flache Schmuckelemente konzentrierte. Diese Entwicklung eines Konzepts des Raumumbaues aus Flächen hat er selbst durch vier Publikationen zeichnerischer Entwürfe verdeutlicht.[126] Das gleichmäßige Lineament und die Konzentration auf gemäßigte Perspektiven in den Zeichnungen korrelierte einem starken Wechsel in Ausschnitten, Rahmungen und Bildfüllungen, auch dem intensiven Einsatz klarer, nahezu ungebrochener Farben. Dieser Bildkanon schien sich erst in den 1890er Jahren soweit gefestigt zu haben, daß er als typische Erscheinungsform Wagnerscher Entwürfe zu gelten hat. Und die häufig reproduzierten Perspektiven aus extrem schmalen Hochformaten für Stadthäuser, aber auch eine Seitenfassade des Wiener Postsparkassenamtes, tauchten erst nach der Jahrhundertwende auf.

Damit ergibt sich – neben der Überlegung, daß der ab 1893 als Zeichner fest angestellte Schüler Joseph Maria Olbrich an diesem Bildkanon hätte teilhaben können – eine augenfällige Nähe der Zeichnungen zum Schaffen des Wiener Photographen Hugo Henneberg. Mehr als alle anderen Mitglieder der *Kunstphotographie*-Bewegung widmete sich Henneberg der Darstellung von Landschaft und Architektur; seine großformatigen Arbeiten waren als mehrfarbige Gummidrucke angelegt und operierten auch mit extremen Seitenverhältnissen. Seine erst 1906 publizierte, aber schon vor 1900 entstandene Arbeit *Villa Falconieri* zeigte ein schmales Hochformat, das durch zwei undifferenziert schwarz gegebene Baumgruppen an der Seite noch gesteigert wurde; der eigentliche Gebäudekomplex ist in seiner Gänze gar nicht zu sehen, aber aus den wesentlichen Bauteilen – Loggia, Giebel, Fensterreihung – gut zu erschließen. Das Bild deutete auf ein Spezifikum von Hennebergs Arbeit hin: Architektur war ihm Anlaß zum Bild, war als Symbol bildnerischer Ideenwelt nutzbar.

Genau das dürfte Otto Wagner über den formalen Anlaß eines extremen Ausschnittes hinaus interessiert haben. Wagners groß angelegte, zeichnerischen und kolorierten Perspektiven enthielten bedeutungstragende Elemente, die über eine erzählerische Präsentation zukünftiger Ansichten hinausgingen. Dazu gehörten Stadtsilhouetten, Gewächsgruppen und Figurenarrangements, in Körpersprache, Kleidung und Farbigkeit jenseits der üblichen Staffagen. Deutlich sichtbar ist die Abhängigkeit dieser zeichnerischen Erfindungen von photographischen Bildformen. Die Analogie des Bildkanons zu Darstellungsweisen der Photographie beschränkte sich nicht allein auf vordergründige Übernahmen. Einerseits war gerade im Vergleich zu einem ähnlich hochgelobten Zeichner wie etwa Friedrich von Thiersch bei Otto Wagner das Wiederfinden photographischer Gestaltungsmittel allzu auffällig, um unübersehbar zu bleiben; andererseits korrespondierte die Oberflächenorientiertheit Wagnerscher Entwürfe insbesondere bei den Außenwänden zahlreicher Bauten dem Spezifikum des Mediums Photographie, selbst oberflächenorientiert zu sein. Gerade die Betonung des Raumausschnittes, in dem die Flächigkeit der Architektur besonders zum Ausdruck kam, entsprach einem eminent photographischen Sehen; die deutliche Übereinstimmung mit manchen Eigenarten der Kunstphotographie um 1900 verwies auch auf eine Ähnlichkeit in der medialen Steuerung von intendierten Wahrnehmungsvorgängen.

Darauf deutete bei Otto Wagner der Gebrauch der Farbe in den Perspektiven und Fassadensichten; bei ihm waren zumeist Tuschzeichnungen und Risse auf weißem Papier farbig angelegt, nicht dagegen Lichtpausen mit ihrem gelblichen Ton. Die Farbigkeit betonte vor allem den rein weißen Baukörper, setzte bei kleineren Details mit opulenten Materialschilderungen ein – etwa in den Marmorinkrustrationen an Wohnhäusern – und verfremdete manche bildbestimmenden Elemente, beispielsweise die Kuppeln der Stadtbahnhöfe, durch übertriebene Farbigkeit, etwa ein leuchtendes Orange für das Kupferdach. Die Betonung des weißen, flächig gegebenen Baukörpers wurde oft durch einen dunkel abgetönten Himmel bis hin zum tiefen Nachtblau verstärkt – ein Effekt, den sich die Farbphotographie seit den 1940er Jahren zunutze macht. Otto Wagner antizipierte hier photographische Sehweisen, die dann auch für die Wiedergabe seiner Bauten genutzt wurden.

Im Gegensatz zu Thiersch, der Photographie als Dokumentationsmedium einzusetzen suchte, hat Otto Wagner als einer der ersten Architekten sich die Konventionen des photographischen Sehens durch zeichnerische Entwürfe zunutze gemacht. Verknappung der Perspektivlinien, Betonung des ausschnitthaften Sehens bis zur Nutzung extremer Bildformate und eine Farbigkeit, die es im Medium selbst noch nicht gab, die sich aber als Kanon später fest tradieren sollte, kennzeichneten eine Antizipation gebauter Realitäten, die anschließend nur noch photographisch nachvollziehbar waren – Architektur als Bild, und zwar als ein mögliches, zukünftiges Bild aus dem Photoapparat.

Joseph Maria Olbrich, Josef Hoffmann und Adolf Loos

Drei Wiener Architekten haben in ihren Auseinandersetzungen mit Wagner und der eigenen Entwurfstätigkeit der Moderne den Weg bereitet. In ihrer Absetzbewegung vom hochverehrten Meister konnten sie sich auch von dessen Bindung an photographische Sehweisen lösen. Die Flächigkeit der Wand als Entwurfsgrundlage war ihnen kein Garant der Überwindung von Althergebrachtem; sie konnten sie als gegeben voraussetzen, das Sempersche Theorem der Tektonik war nicht mehr diskutierenswert.[127] Probleme, die die drei Architekten umtrieben, waren auf keiner Darstellungsebene mehr antizipierbar, sondern lediglich als Ideenskizze anzudeuten – alles andere hatte sich am realen Bau zu bewähren. Die Pragmatik ihres Ansatzes bestimmte auch die Form ihres Bildgebrauchs, jenseits aller unterschiedlichen Zeichenkunst, in der Photographie und deren gedruckten Ergebnissen. Dies gilt sogar für die Gegenthese einer vorderhand bildlosen, dafür theorieschweren Moderne, als deren Exponent Adolf Loos zu gelten hat.

Joseph Maria Olbrich (1867–1908) stand als Schüler und angestellter Zeichner in Form und Ausdruck seiner Arbeit Otto Wagner wohl am nächsten.[128] Seines frühen Todes wegen müssen alle abschließenden Bewertungen des Œuvres scheitern, doch die wenigen großen Planungen seines Lebens lassen einen typischen Umgang mit Darstellungsformen erkennen, die auch Otto Wagner nutzte. Das Ausstellungsgebäude der Wiener Sezession wurde durch farbig leuchtende Perspektiven mit eigenwilligem Beschnitt vorbereitet und nach seiner Vollendung trocken mittels schwarzweißer Photographie dokumentiert, ganz im Sinne Wagnerscher Strategien im Umgang mit der Öffentlichkeit. Anders sah es in Darmstadt aus. Dort saß mit Alexander Koch ein Verleger und mit dem Großherzog Ernst Ludwig ein Bauherr, die jeweils eigene und durchaus divergierende Vorstellungen von einer öffentlichkeitswirksamen Präsentation architektonischer Vorhaben hatten. Beiden hatte Olbrich im Vorfeld seiner Bautätigkeit gerecht zu werden; er bewerkstelligte dies weitgehend über zeichnerische Mittel. Dabei hat er die Präzision seiner Vorstellungen durch einen einheitlichen, meist ununterbrochenen Strich in der Federzeichnung betont, womit der Freude des Jugendstils am Lineament Genüge getan war, aber auch die Voraussetzung zu einer Nachstichbearbeitung für Publikationen gegeben war.

Wurden die öffentlichen Ausstellungsgebäude der Mathildenhöhe visuell antizipiert, so wußte sich Olbrich exakt der Farbpalette zu bedienen, die der Verleger Koch für seine lithographischen Kunstblätter, Mappen und Zeitschriftenbeilagen bereithielt. Die Perspektiven waren entsprechend gewählt: Interieurs wurden moderat aus leicht erhöhter Sicht in stumpfem Winkel auf die gegenüberliegende Wand gesehen, gerade als ob soeben die Herrschaften einträten. Die große Ausstellungshalle war dagegen aus starker Untersicht dargestellt, so daß der vom Anstieg müde Kunstfreund sich mit gekrümmtem Rücken den heiligen Hallen zu nähern hatte. Hier hatten Farbe und Perspektive den Entwerfer nicht mehr seiner entwerferischen Mittel zu versichern, hier war die Darstellung zur Reklame geworden. Das wurde offensichtlich auch von den Zeitgenossen so gesehen, denn ein Olbrich besuchender Journalist ließ sich lieber anhand von Photographien gebauter Objekte des Architekten überzeugen als von Perspektiven. Umgekehrt waren die Juroren und Bauherren des letzten großen Werks von Olbrich – des Warenhauses Tietz in Düsseldorf – ihrer Sache so unsicher, daß sie den Darstellungskünsten nicht mehr allein vertrauten, sondern von den wichtigsten Konkurrenzentwürfen Modelle anfertigen ließen.[129] So wenig Olbrich eine Theorie zu seiner Arbeit brauchte, so wenig bedurfte er eines Hilfsmittels wie der Photographie für die eigentliche Entwurfsarbeit; darin ließ er seinen Lehrer Wagner hinter sich. Daß sich in diversen Perspektiven Photographismen fanden, hatte schlicht funktionale Gründe im kommunikativen Prozeß zwischen Bauherren und Architekt.

Ganz anders auf die Photographie angewiesen war dagegen der Wagner-Schüler Josef Hoffmann (1870–1956), der aus der Wiener Schule nach 1903 eine Wiener Werkstätte machte, die als manufakturelles Unternehmen der Möbelherstellung und Raumausstattung in viel höherem Maße als jeder Architekt auf Produktwerbung angewiesen war.[130] Zwar setzte sich aufgrund der hohen Klischee- oder Druckkosten die photographische Abbildung in der Zeitungs- und Zeitschriftenwerbung nur sehr langsam gegen den Holz- und Stahlstich durch und war eigentlich erst nach dem Ersten Weltkrieg allgemein in Gebrauch; doch für kleinere Serien als Werbeprospekte und für mittlere Auflagen als photomechanische Schnelldrucke, die in Zeitschriften wie *Deutsche Kunst und Dekoration* eingebunden wurden, konnte sie schon bis zum halbseitigen Format vergrößert werden.[131] Da Firmen wie die Wiener Werkstätte ihre Kundschaft einerseits mit Einzelmöbeln belieferten, andererseits auch nach Wunsch Gesamtausstattungen entwarfen, hatte sich die Werbung danach zu richten: Zum Kauf von Einzelmöbeln wie von Bestecken, Textilien und anderen Geräten oder Ausstattungsteilen regte eine Anzahl kleinerer Einzelbilder an; für die Einrichtung ganzer Ausstattungen waren persönliche Vorbesprechungen mit Unterstützung der Abbildung prominenter Referenzobjekte sinnvoller. Für ersteres hatten große Mengen von Bildern verteilt zu werden, für zweiteres reichten wenige, dafür perfekte Abbildungen.

Was die Abbildungen von Einzelmöbeln und Haushaltsgerät anging, so etablierte sich am Ende des 19. Jahrhunderts im Gefolge des Stahlstiches eine Darstellungsform, die bis in die 1950er Jahre nahezu bruchlos fortgeführt wurde: das Produktphoto mit Maschinenretusche. Sie bezog ihren Namen nicht von den Druckluftkompressoren, sondern aus ihrer Stellung im Vorbereitungsprozeß des Bilddrucks: Sie wurde als letzte Bearbeitung eines Photos vor der nur noch maschinell ablaufenden Phase von Klischee, An- und Fortdruck gesehen.[132] Wie die Stahlstiche, so wurden auch die photographischen Abbildungen einzelner Objekte freigestellt, d.h. es wurden Hinter- und Vordergrund durch Retusche abgedeckt. Dabei wurde kaum auf das Reflexionsverhalten von Oberflächen gegenüber dunklen und hellen Hintergründen geachtet. Dies änderte sich nach 1905 und mit Nachdruck durch die Herausgabe der Werkbund-Jahrbücher ab 1912, in denen Produktphotographien entweder vor neutralem Karton aufgenommen, durch Spritzretusche ein solcher Hintergrund vorgetäuscht oder aber lediglich abstrakte Räume aus Wand- und Fußleisten angedeutet wurden. Gerade für Hoffmanns Wiener Werkstätten ist dieser letzte Kanon bestimmend geworden; ab etwa 1910 erschien kaum ein Produktphoto dieses Unternehmens, das nicht entsprechend aufbereitet worden war. Damit entsprachen die Wiener Werkstätten den Gepflogenheiten, die vergleichbare Anbieter am anspruchsvollen Markt hochwertiger Möbel und Heimtextilien etabliert hatten; sie wurden nachgerade bildbestimmend für eine Kritik der Produktion dieser Zeit.[133]

Anders sah es für Josef Hoffmann und die idealtypischen Einrichtungen der Wiener Werkstätten aus, die dem Anspruch einer Gesamtkunstwerkskonzeption entlehnt waren und sich selten realisieren ließen.[134] Hoffmanns Ruhm als wichtiger Impulsgeber eines neuen Designs im 20. Jahrhundert beruhte nicht unwesentlich auf einem einzigen Auftrag, dem Bau und der Einrichtung eines Palais für den Brüsseler Bankier Stoclet im Jahre 1905.[135] Die Verwendung allerbester Materialien für Inkrustationen und Dekor, für Mobiliar und Textilien, für Geschirr und Besteck erhielt bei einer auf wesentliche Grundformen reduzierten Gestaltung der einzelnen Teile geradezu normativen Charakter für eine Materialästhetik als Tradition der Moderne. An dieser Traditionsbildung war die Photographie wesentlich beteiligt, obwohl die architekturhistorisch wirksamen Bilder des Palais Stoclet nicht von Hoffmann in Auftrag gegeben worden waren. Nach 1911 ließ Karl Ernst Osthaus den kunsthistorischen Bildverlag von Franz Stoedtner eine Reihe von Aufnahmen des Palais Stoclet machen, von innen wie von außen, von ganzen Räumen wie von Details. Sie waren Bestandteil der von Osthaus konzipierten Wanderausstellung ‚Moderne Baukunst' und darin offensichtlich das größte Konvolut zu einem einzelnen Bauwerk.[136] Die Stoedtnerschen Aufnahmen aus dem Palais Stoclet haben nicht nur durch die Vielzahl ihrer Präsentationen und Nachdrucke auf nachfolgende Architekten gewirkt, sondern durch die adäquate Schilderung ihres Gegenstandes: Der Rechtwinkligkeit des Entwurf entsprach eine weitgehende Frontalität der Sicht. Dabei wurden durch eine geschickte Mischung aus künstlichem und natürlichem Licht die Oberflächen des Materials besonders betont; außerdem vermittelten kleine Durchblicke auf Skulpturen und Ausstattungsstücke am Rande des Bildfeldes jenen Hauch

von Luxus, der die Moderne auch für ein Besitzbürgertum der wilhelminischen Zeit erträglich zu machen versprach.
Es ist kaum anzunehmen, daß Josef Hoffmann auf die Gestaltung dieser Photographien Einfluß gehabt hat. Dafür sprechen auch die Veröffentlichungen anderer Einrichtungen in zeitgenössischen Zeitschriften, die sich kaum von der üblichen Übereckansicht aus erhöhtem Standpunkt abhoben, also jenen *horror vacui* zu verhindern trachteten, der gemeinhin als psychologische Basis überfüllter Interieurs galt.[137] Daß Hoffmann die internationale Rezeption der Stoedtnerschen Sehweise auf das Palais Stoclet zu nutzen wußte, zeigt sich an den meisten Publikationen späterer Gebäude und Interieurs. Deutlich wird dies an zwei großen Ausstellungsbauten: Dem österreichischen Pavillon auf der Werkbundausstellung 1914 in Köln und am österreichischen Biennalepavillon in Venedig von 1934. Hier wurde die Frontalität – und das schräg einfallende Sonnenlicht – nicht mehr durch die Oberflächen und Materialien oder die topographische Situation bedingt, sondern entwickelte sich selbst zur Darstellungsform einer Herrschaftsarchitektur, zu einer Pathosformel. Damit entsprach diese Sehweise auch dem monumentalisierenden Klassizismus der Architektur selbst, schloß sich der Kreis von Entwurf und Rezeption über das technische Medium.
Auf die Entwurfstätigkeit selbst scheint diese Sicht keinen Einfluß gehabt zu haben: Wenn Josef Hoffmann überhaupt selbst zeichnete, dann brauchte er das ganze Spektrum von Darstellungsformen als intentionale Strukturen zur Überzeugung möglicher Kunden, darin Joseph Maria Olbrich nicht unähnlich. Wie jener war er allzu nah an der täglichen Praxis orientiert, um theoretische Gehalte seiner Arbeit zu reflektieren, gar den Gebrauch seiner Darstellungsmittel kritisch zu überprüfen. Und wie Olbrich hatte Hoffmann bei der Planung seiner Gesamtkunstwerke für sich selbst die Notwendigkeit einer zeichnerischen Entwicklung seiner Ideen schon weitgehend hinter sich gelassen, konnte er auf der Basis von Ideenskizzen und Materialstudien den Reichtum seiner Formfindungen spielen lassen.
Etwas anders liegt dies bei Adolf Loos (1870–1933), dem wohl wichtigsten Theoretiker, Pamphletisten oder Autor unter den Architekten seiner Generation in Österreich.[138] Noch weniger als Olbrich und Hoffmann bedurfte er einer graphischen Vorformulierung seiner Ideen, abgesehen von den technischen Gegebenheiten eines jeden Entwurfs. Zudem lag Loos die Überzeugung möglicher Kunden durch eindrucksvolle Perspektiven fern; seine Interieurentwürfe waren oft dürres Lineament oder grobe Schraffur mit knapper Angabe der äußeren Form von Möbeln, Wandstücken und Ausstattungsteilen; ihre Sicht wechselte von Entwurf zu Entwurf und schien lediglich

an der Darstellung von Themen orientiert zu sein, die den Architekten gerade interessierten. Die Verbreitung Loosscher Entwurfsarbeit hat sich offensichtlich mehr über seine schriftlichen Äußerungen fortgesetzt als über Bildserien in architektonischen Fachzeitschriften.

Doch ist auch Adolf Loos einer historischen Bildfalle nicht entgangen. Kurz nach der Publikation seines epochalen Essays *Ornament und Verbrechen* [139] entstand das Haus Steiner in Wien, dessen glattflächige Gartenfront fortan zum festen Bestandteil einer jeden Architekturgeschichte avancierte. Dabei beruht der Ruhm dieses Hauses als zeitlich naher Beleg der durch den Titel des Essays anzunehmenden These von der Verdammung aller Ornamente auf einer einzigen Ansicht einer Fassade: der Aufnahme, die der Wiener Photograph Martin Gerlach jun. um 1930 von der bereits ein wenig mit Efeu bedeckten Gartenfassade für Kulkas Monographie über Loos anfertigte. Gerlachs Gartenansicht hatte die Theorie in der Praxis zu legitimieren, während die noch um 1930 häufig gezeigten anderen Seiten des Gebäudes unterdrückt blieben, die der Differenzierung des Looschen Ansatzes im Text des Essays durch ihre Staffelung kleinteiliger Volumina und durch den Viertelkreisbogen des Seitenprofils stärker gerecht wurden. Prinzipiell stellt sich hier die Frage, ob das Schreiben von Architekturgeschichte anhand von Photographien nicht doch zu einer – der Historiographie ohnehin inhärenten – methodisch wie bildlichen Einseitigkeit führt. Diese Frage drängt sich um so mehr auf, als gerade die Vor- und Frühgeschichte der architektonischen Moderne von der Basis weniger, aber unendlich reproduzierter Photographien aus geschrieben zu sein scheint. Dem Architekten Adolf Loos ist dies zuallerletzt anzulasten, konnte er sich doch mit Fug und Recht als Opfer einer medialen Rezeption auffassen.

Photographisch ist Adolf Loos vor allem in späteren Lebensjahren durch eindrucksvolle Portraits präsent, etwa von Claire Beck oder Trude Fleischmann; seine persönlichen Affären wie seine zunehmende Taubheit waren über die Arbeit hinaus Bestandteil des sozialen Kontextes von Kunst: Klatsch und Tratsch, Gerüchte und Nachreden. Für Loos bedeutete dies eine zunehmende Isolierung in seinem eigentlichen Wirkungsfeld, der Architektur und ihrer Theorie, aber auch, daß seine Bedeutung in diesem Wirkungsfeld sich auf eine Grundsätzlichkeit verlagerte, die sich intentional über Texte und nicht über Bilder realisierte. In einem größeren Versuch über Josef Hoffmann und Adolf Loos ist Beatriz Colomina kurz auf die Rolle der Photographie für die Vermittlung der Ideen beider Architekten und Entwerfer eingegangen.[140] Sie unterstellt dem Medium, jenen Ortsverlust bereits im ersten Jahrzehnt des 20. Jahrhunderts erzeugt zu haben, der sich nach Marshall

McLuhans Thesen vom *Global Village* erst am Ende desselben Jahrhunderts zum Basso Continuo jedweder Kultur- und Medienkritik entwickeln sollte. Sie führt dies an der Differenzierung von Hoffmanns Palais Stoclet und Loos' Essay *Ornament und Verbrechen* aus und sieht bei Loos ein Primat der Idee vor jeder Ausführung. Wenn überhaupt, dann ist Ortsverlust bei Adolf Loos nicht über die Photographie, auch nicht über die Theorie, sondern allein über eine einseitige historische Rezeption zu konstatieren, während umgekehrt das Palais Stoclet als einer der ersten Bauten gerade in seiner Bildrezeption mit dem Stichwort *internationalistisch* zu belegen wäre, also seinen topographischen Ort als Konstituens bereits verloren hätte.[141] Einmal mehr belegt diese These das weitverbreitete Vorurteil von einer theroetisch formulierten und damit vorderhand bildlosen oder unanschaulichen Moderne.

Ähnliche Entwicklungslinien in Deutschland seien beispielhaft an zwei Architekten gezeigt, deren Namen für viele stellvertretend sind – statt Theodor Fischer hätte auch Fritz Schumacher genannt werden können, und Richard Riemerschmid steht für eine ganze Reihe vielseitiger Designer, zu der Henry van der Velde ebenso gehörte wie J.L. Mathieu Lauweriks oder Bruno Paul.

Theodor Fischer und Richard Riemerschmid

In vielem ist Theodor Fischer (1862–1938) seinem Lehrer Friedrich von Thiersch zu deutlich gefolgt, als daß er sich den Ruf hätte erwerben können, den er als Wegbereiter der Moderne verdiente.[142] Allzu geübt war er als Zeichner, allzu bewandert in der Architekturgeschichte, allzu genau waren seine Studien der Proportionslehre, als daß er nicht viel zu vorsichtig mit diesem umfänglichen Erbe der Tradition umzugehen versucht hätte. Soweit sein architekturphotographischer Nachlaß rekonstruierbar ist, hat er im wesentlichen nur Abbildungen fertiger Bauten sowie Modellphotographien gesammelt. Sie spiegeln eine Fortentwicklung des Gebrauchs von Photographie zu dem Umgang, den sein Lehrer Thiersch von diesem Medium machte. Im umfänglichen Korpus der nachgelassenen Photographien finden sich nur sehr wenige Bauzustandsaufnahmen. Für Fischer waren die technischen Vorgänge am Bau nicht mehr so bedeutend, als daß sie ausführlich zu dokumentieren gewesen wären. Weder war der ingenieurhafte Teil des Bauens als Lehrgebiet fragwürdig, noch hatte die Dokumentation des Baugeschehens eine legitimierende Funktion gegenüber Bauherren oder Öffentlichkeit. Die vorhandenen Photographien zeigten, damit auf zwei wesentliche Gebrauchsformen deutend, fertiggestellte Bauwerke und Details. Zum einen praktizierte Theodor Fischer als Lehrer eine Art Werkunterricht; er gab Aufgaben und korrigierte anhand praxisnaher Beispiele bis hin zu tatsächlichen Konkurrenzen, verringerte dafür aber die theoretischen Grundlagen in Form fester Vorlesungen und Seminare. Weniger als sein Lehrer brauchte er Photographien historischer Gebäude zur Erläuterung einzelner Probleme; vielmehr konnte er anhand eigener Arbeiten differenziert kritisieren, also im wesentlichen zeitgemäß bleiben. Zum anderen ergab sich aus seiner Berufspraxis, daß er ständig den Konkurrenzdruck zahlreicher Kollegen im Vorfeld von Auftragsvergaben und Wettbewerben zu spüren bekam, sich mehr als frühere Generationen von Architekten mit der Werbung für die eigene Sache zu befassen hatte.

Theodor Fischer war Gründungsmitglied des Deutschen Werkbundes, und in dessen Umfeld hat sich früh eine sachliche Objektphotographie als Warenpräsentation etabliert. Die Sammlung von Industriebauphotographien durch Walter Gropius ab 1911, die Herausgabe der Werkbund-Jahrbücher ab 1912 verhalf einer recht strengen Darstellung von Bauten und Möbeln vor grauem Hintergrund zum Durchbruch. Das führte zu klaren Produktphotographien architektonischer Lösungen, zum Verkauf von Entwürfen als Waren, und kulminierte 1914 in den Schmölzschen Architekturphotographien von den Bauten der Werkbundausstellung in Köln. Fischers Haupthalle der Ausstellung wurde in strenger Axialsicht wiedergegeben, einmal als breit lagernder Baukörper über die ganze Länge eines Querformats und einmal das Hexagon des Kuppelbaues aus Fußgängerperspektive unterhalb der Freitreppe als monumentalisierendes Hochformat. Doch die eher flächige Gliederung des Baues regte den Photographen nicht zu einem Einsatz starken Sonnenlichts an wie bei den gleichzeitigen Aufnahmen der österreichischen Halle Josef Hoffmanns; die Photographien blieben in Aufbau, Ausschnitt und Linienführung ebenso traditionell wie der ganze Pavillon. Von der Kölner Werkbund-Ausstellung fanden sich in Fischers Nachlaß auch einige Innenansichten, insbesondere des Raumes, in dem er selbst seine Entwürfe präsentierte. Hier wurde bereits jener Medien-‚Mix' praktiziert, der zur modernen Architektenwerbung gehörte: Gleichartig gerahmt hingen großformatige Photographien und zeichnerische Perspektiven neben- und übereinander, dazwischen standen kleinere Modelle und Objektentwürfe.

Photographien mit Einzeichnungen und Übermalungen finden sich in Theodor Fischers Œuvre häufiger; fast immer handelte es sich dabei um Entwürfe für Brückenbauten oder andere Projekte von für die umgebende Landschaft einschneidendem Charakter. Auch sonst hatte die Photographie für Fischers Entwurfstätigkeit einige Bedeutung. Als für den Neubau der Jenaer Universität einige Teile der alten Schloßanlage dieser Stadt abgerissen werden sollten, besorgte sich Fischer einige Photographien, um „sein Gebäude als einen chronikhaften Spiegel" konzipieren zu können, „in dem die Universitäts- und Stadttraditionen ablesbar werden"[143]. Wieder im Sinne Thierschs wurde die photographische Vorlage nicht zur Kopie, sondern zum freien Zitat benutzt, nur war diesmal der Rekurs auf das Zitierte lediglich medial erreichbar, da das Original vor dem Bau des Zitierenden abgerissen wurde.

Ein größeres Konvolut im Nachlaß Fischers zeigt die Bayerischen Geschützwerke der Friedrich Krupp AG in München-Freimann als sachlich industrielle Photographien des fertiggestellten Baukomplexes von innen und außen. Auch wenn Fischer an der in Essen vorbereiteten Planung nur noch Korrekturen anzubringen vermochte, diese Photographien mithin nicht unbedingt Ausdruck seiner eigenen architektonischen Intention sein mögen, so begründen sie hier doch eine These, die für die Darstellung der Moderne in der Architekturphotographie spezifisch ist: Der Kanon *neusachlicher* Photographie als Stilbegriff ist weitgehend in der Industriephotographie um 1912 und in den militärischen Dokumentationen des Ersten Weltkrieges angelegt worden. Für Theodor Fischers spätere Arbeiten wie sein Münchner Ledigenheim von 1927 hat sich der Bildkanon als Architektenwerbung durchgesetzt: diagonale oder axiale Sichten mit knappem Anschnitt und starker Betonung der Bauvolumina durch Sonnenlicht mit Schlagschatten. Damit ist Theodor Fischer seinen Schülern gefolgt, die in den 1920er Jahren so erfolgreich das *Neue Bauen* in *neuer Gestaltung* mit *neuer Photographie* etablieren konnten.

Ein weiterer Protagonist der Vätergeneration moderner Architektur und modernen Designs ist Richard Riemerschmid (1868–1957), der mit Theodor Fischer eng befreundet war und noch vor Josef Hoffmann eine Möbelfabrikation eigener Entwürfe begründen half, die Vereinigten und Deutschen Werkstätten.[144] Auch sein photographischer Nachlaß ist erhalten und läßt Rückschlüsse auf Gebrauchsformen des Mediums zu. Offensichtlich hat Riemerschmid als einer der ersten deutschen Architekten und Gestalter die Werbewirksamkeit einer perfekten, gut gestalteten wie technisch sauber ausgeführten Photographie erkannt, darin Henry Hobson Richardson und der nordamerikanischen Tradition folgend. Ob es um Wohnungseinrichtungen, Ausstellungsräume oder ganze Bauvorhaben ging, immer wurden die fertigen Ergebnisse hervorragend dokumentiert, konnte der Entwerfer die Fachpresse mit exzellenten Photographien versorgen. Sicher publizierte Riemerschmid auch Zeichnungen und farbig angelegte Perspektiven zur Überzeugung zu-

künftiger Bauherren; doch der Schwerpunkt seiner Versorgung der Öffentlichkeit lag eindeutig auf der photographischen Dokumentation. Dazu wurden von jedem Objekt größere Bildreihen angelegt. Der Unterschied Riemerschmidscher Selbstdarstellungen zu denen von Thiersch oder Fischer bestand darin, daß der Architekt mit dem Photographen alle Standpunkte und Blickrichtungen bei einer vorbereitenden Begehung des Objekts besprochen und festgelegt hatte.
Besonders deutlich ist dies in den Serien zu privaten Wohnbauten wie den Häusern Haus in Oberpöcking, Rudolph in Dresden und Frank in Witzenhausen zu bemerken. Jeder Raum von Bedeutung, jedes Detail von Interesse für die industrielle Produktion, jedes Möbel mit Chancen für mögliche Weiterverkäufer wurde photographiert: lichtdurchflutete Räume in dezent fluchtender Übereckansicht aus Standhöhe gesehen, die Oberflächen der Gegenstände detailliert herausgearbeitet. Jede der so dokumentierten Einrichtungen präsentierte sich als begehrenswertes Modell möglicher Varianten, als Ziel bürgerlicher Wohnträume zeitgemäßen wie funktionalen Zuschnitts, dazu jeweils als Prototyp einer sozialen Option auf das billige Meublement des *Deutschen Hausrats*. Die Herstellung solcher Bildserien setzte ein gemeinsames Engagement von Entwerfer und Photograph voraus, das sich im Riemerschmidschen Werk zumindest zeitweise in der bevorzugten Beauftragung einzelner Photographen niederschlug. So arbeitete der Dresdner Photograph Max Fischer – der auf der Rückseite seiner Bilder mit einem schwungvollen Jugendstil-Etikett für seine „Specialität: Aufnahme von Architecturen, Interieur, Sculpturen, Gemälde, kunstgewerbliche Gegenstände" warb – nicht nur an Bauten wie dem dortigen Haus Rudolph mit dem Architekten zusammen, sondern nahm ebenso das Haus Frank in Witzenhausen, das Haus Sultan in Berlin-Grunewald und andere Wohnbauten Riemerschmids auf.
Alle Bildserien trugen deutliche Hinweise auf die Zusammenarbeit von Architekt und Photograph; sie zeigten nicht nur das *schönere Wohnen* in den durchgeplanten – und für die Photographien sicher noch einmal genau arrangierten sowie von alltäglichen und persönlichen Reminiszenzen gereinigten – Räumen, sondern darüber hinaus noch Einzelformen wie Gartentore und Bücherschränke als anderweitig verwendbare, wiederholbare Elemente. Daß derlei Photographien zur Publikation bestimmt waren, daß sich der Aufwand einer solchen Eigenwerbung nur für intensive Öffentlichkeitsarbeit lohnte, zeigen deutlich die Rückseiten der im Nachlaß erhaltenen Abzüge: Auf ihnen hatte Riemerschmid penibel die Veröffentlichungen notiert. Dabei schien er sogar die Streuung der einzelnen Blickrichtungen abgestimmt zu haben, denn die Aufnahmen wurden für die Zeitschriften zu immer anderen

Serien gruppiert. Hier ist die Photographie endgültig und ganz zeitgemäß zum Medium der Wirtschaftswerbung geworden, und zwar vor ihrer Verwendung in gedruckten Anzeigen sowie als Public Relation im redaktionellen Teil der jeweiligen Fachzeitschriften für Architektur, Kunst, Dekoration und besseres Leben. Daß mit Riemerschmids Berufung und Reform der Münchner Kunstgewerbeschule ab 1913 auch die Photographie im Gestaltungsunterricht einen neuen, höheren Stellenwert erhielt, läßt sich an manchen Absolventen dieser Schule und ihrem Gebrauch des Mediums ablesen, wenn es auch keinen spezifischen Kurs in diesem Fach gab.

Die von Thiersch gelegentlich und von Fischer häufiger angewandte Überzeichnung photographischer Vorlagen ist auch bei Richard Riemerschmid nicht selten. Sehr deutlich findet sie sich bei seinem Wettbewerbsentwurf zum Bismarckdenkmal auf der Elisenhöhe nahe Bingerbrück am Rhein. Doch Überzeichnungen dieser Art blieben wie der ganze Denkmalsentwurf nur eine Episode im Œuvre. Allerdings deutete die gelegentliche Einfärbung mancher Photographien, speziell von Gartentoren und anderen Einzelteilen, in monochrom blauer Farbe auf die Weiterverwendung für das damals übliche Photokopierverfahren der Blaupause hin. Während der zwanziger Jahre hat Riemerschmid in derselben Weise mit professionellen Architekturphotographen zusammengearbeitet wie schon vor dem Ersten Weltkrieg; inzwischen war dieses Vorgehen weitgehend etabliert, hatten sich relativ feste Bindungen zwischen manchen Architekten und ‚ihren' Photographen ergeben. Aus den Photographien im Nachlaß wird nicht ersichtlich, mit welchen Photographen er zusammenarbeitete, doch zeigen sämtliche Aufnahmen von Interieurs, Bauten und Einzelmöbeln eine große Affinität zur Photographie der *Neuen Sachlichkeit*.

In Riemerschmids photographischem Nachlaß finden sich zu fast allen Objekten übermalte Photographien. Meist ist dies mit Buntstiften, Fettkreiden oder Gouachefarben bewerkstelligt worden; teilweise sind die in dunklen Tönen gehaltenen Farben lediglich eine Überhöhung der malerischen Raumwirkung, auf die es etwa beim Schauspielhaus oder bei manchen Wohnräumen angekommen sein mag. Oft genug aber zerstören die Übermalungen sämtliche Zusammenhänge von Einzelentwurf und Raumform, lassen bis auf wenige Formen alle Details unter einer dichten Farbdecke verschwinden und lösen alle Blickwinkel auf. Fast wirken diese Übermalungen so, als hätte der Entwerfer in Zuständen tiefer Depression sein Lebenswerk wieder ungeschehen machen wollen, als hätte er mit Farbe das, was er zeichnerisch geschaffen hatte und was in Photographien dokumentiert war, wieder auslöschen wollen. Ein solcherart fetischisierter Gebrauch von Photographie wird psychopathologischen Krankheitsbildern zugeordnet, kann aber auch therapeutische Effekte haben.[145] Da es zu diesen übermalten Photographien bei Riemerschmid keine Aussagen und Dokumente gibt, kann über ihren Entstehungszusammenhang und Sinn nur spekuliert werden – als Antithese zum sinnlichen Vergnügen der Schaffung wohnlich-ästhetischer Ambientes sind sie allemal interessant.

Frank Lloyd Wright

Mit einer Doppelpublikation wurde der amerikanische Architekt Frank Lloyd Wright (1869–1959) schlagartig in Deutschland und auf dem europäischen Kontinent berühmt.[146] Er selbst hat seinen gut einjährigen, von privaten Problemen wie einem begeisterten Kunsthistoriker stimulierten Europaaufenthalt als Zäsur im Leben beschrieben, was sich in Werk und Theoriebildung niederschlug.[147] Es wird auch nicht nur an den äußeren Umständen gelegen haben, daß die Wrightschen *Prairie Houses* für Jahrzehnte in Europa und Japan besser bekannt gewesen waren als in den USA. In Europa fielen Wrights Anregungen auf sehr fruchtbaren Boden, was mit seinen Darstellungsmitteln zusammenhing. Im Herbst 1910, aus Anlaß einer Berliner Ausstellung, publizierte Wright bei Wasmuth ein Mappenwerk von wahrhaft gigantischen Ausmassen: 64 x 40 cm waren die Blätter groß, 64 Blatt Zeichnungen mit einigen Ergänzungsblättern, dazu die Grundrisse auf transparentem Papier als Überleger gedruckt – alles in allem genau 100 Großfolio-Seiten in feinster Lithographie, um das Lineament der Zeichnungen und Risse exakt wiedergeben zu können.[148] Diese erste Ausgabe enthielt nur einen relativ kurzen Text von Frank Lloyd Wright, der die vorgestellten Häuser knapp beschrieb und ein Credo auf das organische Zusammenleben mit der Natur enthielt, das die Befreiung von stilistischen Zwängen notwendigerweise mit sich gebracht hätte.

Da diese erste Ausgabe keine Abbildungen der ausgeführten Bauten enthielt, wurde ein Jahr später eine kleinere Publikation nachgeliefert, die ausschließlich mit Photographien sowie einigen Grundrissen illustriert war.[149] Beide Bücher waren so folgenreich, daß es unter den deutschen Architekten der Moderne kaum einen gab, der nicht auf ihren Einfluß verwiesen hätte. Das zeitliche Primat des Zeichnungsbandes ist sicher nicht zufällig; der Verlag wollte mit dem zweiten Band und dessen photographischen Illustrationen nachweisen, daß das so perfekt Gezeichnete auch realisiert worden war. Beide Bände legten den Schwerpunkt auf Wrights Wohnhäuser, wenn auch die wichtigen Bürogebäude der Larkin Company in Buffalo NY und der City National Bank in Mason City IA ebenso wenig übergangen wurden wie der Unity Church Temple in Oak Park nahe Chicago. Von den Wohnhäusern fanden sich meist auf einem Blatt Außenansichten und auf einem zweiten oder Ergänzungsblatt eine Perspektive des Inneren sowie ein Geschoßgrundriß; dazu als transparentes Deckblatt der Gesamtgrundriß. Die zeichnerischen Außenansichten waren entweder Vogel- oder Kavaliersperspektiven, Firmenbriefköpfen nicht unähnlich, oder aber in spitzem Winkel gesehene Straßenansichten, die den Vordergrund fast immer ganz wegließen, dafür aber mit ausufernd floralem Lineament eine üppige Vegetation aus Bäumen und Sträuchern im Hintergrund des Gebäudes andeuteten. Für das Innere war eine typische Ansicht der Halle, des Wohnraumes oder einer Galerie als Perspektive gegeben, entweder in einer sehr breit angelegten Übereckansicht oder als extrem schmales Hochformat mit steilen Fluchten. Beides verwies wie das Lineament auf Wrights Vorbilder in der britischen *Arts-and-Crafts*-Bewegung, vor allem bei Charles Rennie Mackintosh, sowie auf die Wiener Schule von Otto Wagner. Mindestens in den schmalen Hochformaten der Interieurperspektiven, wie sie sich auch bei der Darstellung des Larkin Building fand, wird eine Affinität zu Wagners Zeichnungen und ihren formalen Eigenarten deutlich, die wiederum mit der österreichisch-amerikanischen Bewegung der Kunstphotographie in Beziehung gebracht werden kann. Eine direkte Beziehung Wrights zu Exponenten der amerikanischen Kunstphotographie wie Edward Steichen oder Alfred Stieglitz läßt sich nicht nachweisen.

Die Photographien des zweiten Bandes fielen gegen die Qualität der zeichnerischen Anlagen und die Raffinesse der drucktechnischen Realisation deutlich ab. Jeder Bau wurde durch eine ganze Reihe von Außen- und Innenansichten dargestellt; meist waren noch kleine Wiedergaben der komplexen Grundrisse Wrights beigegeben, um die Betrachter überhaupt in die Lage zu versetzen, die Bilder miteinander vergleichen zu können. Die Aufnahmen selbst waren durchschnittliche Arbeiten handwerklich perfekter, aber nicht um Interpretation bemühter Photographen, die sicher vom Architekten und von den Bauherren in ihrer Arbeit angeleitet worden waren. Fast durchwegs ergaben sie Nachbearbeitungen der von Wright in den zeichnerischen Perspektiven antizipierten Sichten. Bei den Straßenansichten hatte ein Baumschatten im Vordergrund die zeichnerische Auflösung des Straßenbildes zu leisten, während die üppige Vegetation im Hintergrund des Baues durch Aufnahmen während der Baumblüte oder im Spätherbst, auch durch Photomontagen, als Garant architektonischer Organik betont wurde. Die Interieurs, deren Ansicht Wright durch extravagante Formate und starke Fluchten so unwiderstehlich vorwegnahm, wurden in einzelnen Photographien zwar ebenfalls nachgearbeitet, mußten aber gegen ihre zeichnerische Antizipation abfallen, zumal sie mit Beleuchtungsproblemen kämpften.

Die Halle des *Coonley House* in Riverside IL wurde von Wright in einer bestechenden Perspektive vorweggenommen: Das Hochformat wird von der links ins Bild fluchtenden Balustrade bestimmt, deren Linien am Eßtisch vorbei in die hintere Raumfolge führen und den Blick dann auf die Dachkonstruktion mit den großen Querbindern laufen lassen. Alle anderen Details haben sich der Großform dieser Perspektive unterzuordnen: Es wird der Blick des Eintretenden wiedergegeben, der wahrnehmungspsychologisch so wichtige erste Eindruck. Dieser ist angenehm, ohne daß der Betrachter genau weiß, warum; er erwartet förmlich, daß aus dem linken Bildrand der Hausherr oder jemand anderes tritt – soweit ist die Balustrade auch um die Ecke gezogen –, ihm den Mantel abnimmt und einen kühlen Drink serviert, um ihn dann durch das offene Haus zu führen. Das dazugehörige Photo ist im Ausschnitt verkürzt, ihm fehlt die untere vordere Ecke der Balustrade; außerdem sind die Verhältnisse bezüglich der Breite des Ganges ins Haus hinein anders, so daß der eindrucksvolle Weg nach hinten viel schmaler erscheint; zudem erhält im Photo die Balustrade vorn zu viel und der Hintergrund zu wenig Licht, was die Zeichnung durch ihr egalisierendes Lineament geradezu umgekehrt erscheinen läßt und dem Haus eine idealisierende Luzidität mitgibt.

Immer antizipierte die Zeichnung eine schöne Realität, die die Photographie als Aufzeichnung des tatsächlich Sichtbaren nur unvollkommen darstellen konnte. Kein Wunder, daß Wright die Photographie als Wiedergabeform seiner Bauten strikt abgelehnt hat – sie dagegen für Bauten, aus denen er Anregungen bezog, für wertvoll erachtete. Einen direkten Einfluß der Photographie auf seinen Entwurfsprozeß wie bei Henry Hobson Richardson hätte er zu Recht geleugnet; die Verbreitung seiner Bauideen über Photographie hat er zumindest im Frühwerk soweit abgelehnt, daß er entweder mittelmäßige Photographen beschäftigte, um die Zeichnung aufzuwerten, oder aber keinen kongenialen Bildinterpreten seiner Bauideen fand. Wichtiger ist jedoch, daß er in höherem Maße als Otto Wagner zeichnerisch jene Blickwinkel vorwegnahm, die jeder Photograph in seinen Bauten aufzunehmen hatte. Medial hatte er damit dem Entwurf wieder die geniale Kraft einer Vorwegnahme von Welt zurückgegeben, der die technische Abschilderung der sichtbaren Realität nur hinterherhinken konnte. Es macht sicher einen guten Teil von Frank Lloyd Wrights Mythos aus, daß er diesen Anspruch in das Zeitalter technischer Massenmedien hat hinüberretten können. Einige sind ihm darin gefolgt, haben ihn aber nicht erreichen können.

Peter Behrens

Wrights zeichnerisches Mappenwerk von 1910 galt als „Schulbuch"[150] in einem Architekturbüro, dessen Einfluß auf die architektonische Moderne in Europa schon immer hoch eingeschätzt wurde. Aus heutiger Sicht scheint es möglich, einen Antagonismus zweier Lehrer für die einander zunächst ausschließenden Extreme moderner und faschistischer Architektur in Deutschland zu konstruieren – nämlich den zwischen Peter Behrens (1868–1940)[151] und Heinrich Tessenow (1876–1950)[152], mit einem dritten Exponenten, dem Stuttgarter Fischer-Nachfolger Paul Bonatz (1877–1956).[153] Aus diesen drei Büros oder Klassen lassen sich jene *biographischen Verflechtungen* entwickeln, die die deutsche Architektur des 20. Jahrhunderts so nachhaltig im Guten wie im Bösen beeinflußt haben.[154] In Behrens' Babelsberger Büro haben mit Walter Gropius, Le Corbusier und Ludwig Mies van der Rohe mindestens drei Titanen aus der *heroischen Periode der modernen Architektur* gearbeitet, und das während weniger Jahre vor dem Ersten Weltkrieg. Sie alle haben dort eine hochdifferenzierte Nutzung der Objekt-, Architektur- und Industriephotographie erlebt, die als avancierter Umgang mit den technischen Medien jener Zeit zu gelten hat.

Die Beziehungen des Graphikers und Architekten Behrens zur Photographie kamen nicht von ungefähr. Bis zu seiner Berufung nach Darmstadt dürfte er sie als Reproduktionsmedium ohne großen ästhetischen Eigenwert genutzt haben; ein Einfluß photographischer Bildformen auf die Entwurfstätigkeit ist nicht nachzuweisen. Als einer der Mitbegründer der *Vereinigten Werkstätten* in München wird ihm bald die Notwendigkeit von Katalogphotographien einzelner Möbel und Entwürfe vor Augen geführt worden sein – mit Riemerschmid hätte dies zu einer Qualitätsanforderung an beauftragte Photographen führen können. Doch selbst bei der Abbildung seines eigenen Hauses in Darmstadt und vor allem von dessen Innenräumen legt er offensichtlich keinen großen Wert auf die exakte Wiedergabe von Lichtverhältnissen, Möbelformen und Materialoberflächen; die Bilder sind schummrige Stücke bürgerlicher Gemütlichkeit mit gehobenem Formanspruch.

Behrens' Verhältnis zur Photographie hat sich in Düsseldorf geändert. Als er 1903 sein erstes Wintersemester in der Direktion der Kunstgewerbeschule begann, eröffnete der Chemiker und Photograph Erwin Quedenfeldt seine private *Rheinische Lehr- und Versuchanstalt für Photographie* nach Münchner Vorbild, deren Programm sich ausdrücklich an kunstgewerblichen Unterrichtsideen orientierte.[155] Diese Gründung mochte sogar auf eine Initiative Behrens' zurückgegangen sein, der nach dem Muster des Berliner Lette-Vereins eine speziell Frauen gewidmete Fachklasse für Photographie in seiner Kunstgewerbeschule einrichten wollte, was das zuständige Ministerium im August 1903 aber negativ beschied. Quedenfeldt gehörte der kunstphotographischen Bewegung um 1900 als Außenseiter an, versuchte mittels einiger Verfahrensentwicklungen eine eigene Vermittlerrolle zwischen Graphik und Photographie zu etablieren und war stark im Heimatschutz engagiert. Ab 1909 gab er eine insgesamt 1559 Bilder umfassende Serie mit *Einzelbildern vom Niederrhein* heraus, die weniger den großen Kulturgütern als dem verschwindenden Alltagsleben dieser Region gewidmet war; später kam es zur Zusammenarbeit des Photographen mit dem Düsseldorfer Kunsthistoriker Richard Klapheck. Zwischen Behrens und Quedenfeldt hat es manche Kontakte gegeben, denn zum einen hatten das aktive Mitglied des Düsseldorfer Monistenbundes Quedenfeldt und der dem George-Kreis nahestehende Behrens gemeinsame Interessen, andererseits hat der Gestalter dem Photographen bei der Auswahl und Präsentation seines Mappenwerks *Aus dem alten Düsseldorf* geholfen. Umgekehrt dürfte der immer tüftelnde und technisch perfekte Photograph dem Entwerfer einen Sinn für das tatsächlich in diesem Medium Machbare mitgegeben haben, ohne ihn auf formale Spezifika seines Sehens verpflichten zu wollen. Als Peter Behrens Ende 1907 nach Berlin wechselte, wußte er dank Erwin Quedenfeldt, was die Photographie zu leisten vermochte.

Dies konnte er gleich bei seinen ersten Gestaltungsaufträgen für Emil Rathenau und seine AEG erproben, bei den Entwürfen für elektrische Haushaltsgeräte oder Bogenlampen und deren Präsentation in einem Katalog.[156] Zwar fand er bei seiner Ankunft in Berlin einen Werksphotographen mit eigenem Atelier vor, der schon einiges an Dokumentation geleistet hatte, aber von einer für die Werbung brauchbaren Bildauffassung noch weit entfernt war. Das Dachatelier mit seiner perfekten Tageslichtbeleuchtung wurde für Katalogaufnahmen genutzt. Behrens ließ die Bilder bei der Maschinenretouche nicht auf den üblichen weißen, sondern auf einen hellgrauen Fond setzen, so daß Spitzlichter aus Reflexionen wie Weißhöhungen alter Graphiken erschienen. Das war drucktechnisch zwar etwas teurer, erhöhte aber die Wirkung des Entwurfs erheblich und trug als Strategie schon bald zum Bild der AEG in der Öffentlichkeit, also zur Industriekultur bei.

Was Behrens' Umgang mit der Photographie innerhalb der AEG und im Umfeld seines Architekturbüros auszeichnete, war eine intensive Kontrolle aller Ergebnisse und deren breitgestreuter Verwendung. Keine Photographie verließ Werk oder Studio, die nicht von Peter Behrens überprüft worden wäre; gleichzeitig wurden Photographien aller Art für eigene Zwecke gesammelt. Es wird wohl in Babelsberg gewesen sein, daß Walter Gropius durch die Betrachtung von Tausenden von Industriephotographien zu seinen Erkenntnissen über den modernen Industriebau gekommen ist. Für die Neuplanung von Industriebauten bediente sich Behrens häufig der Überzeichnung von Photographien, seien es von Situationen an Straßenkreuzungen oder zur Anpassung an vorhandene Bausubstanzen. Diese Bilder wurden weitgehend mit Feder und Farbe übergangen und anschließend wieder reproduziert, so daß sie sich als überzeichnete Photographien nur aus perspektivischen Besonderheiten oder eigenartigen Staffagefiguren erschließen. Als Verfahren lag dies so nahe an der täglichen Praxis der Retouche, daß es keine eigenständige Bedeutung erhielt; es verwischte die Grenzen zwischen Geplantem und Gebautem.

Alle Prototypen und Produktvarianten des AEG-Designs wurden durchphotographiert, und es ist denkbar, daß nach diesen Photoreihen über Produktion oder Nichtproduktion eines Entwurfs entschieden wurde; doch auf den Entwurf selbst hat dies keinen Einfluß nehmen können. Vielleicht ist der Begriff *Schulbuch* für Frank Lloyd Wrights zeichnerische Mappe in Behrens' Atelier decouvrierend: Man lernte daraus, aber man mußte das Gelernte nicht unbedingt anwenden. Was jedoch kommenden Anwendungen zum Modell zu dienen hatte, wurde photographisch archiviert – eine Praxis, die das Atelier Behrens implizit aus einem Bereich übernommen hatte, der explizit nicht der Schaffung von Neuem dienen wollte: der Denkmalpflege.

Paul Clemen und die moderne Denkmalpflege

Neben dem Credo „Konservieren statt Restaurieren"[157] kann die Anlegung von Archiven um 1900 geradezu als Garant der Definition einer modernen Denkmalpflege benannt werden. Da in bezug auf die Anlegung eines photographischen Denkmäler-Archivs der Preußische Provinzialkonservator für die Rheinlande nach dem Urteil seiner Zeitgenossen führend war[158], sei an seinem Beispiel der Zusammenhang von Archiv, Konservierungspraxis, Landschaftsschutz und, als Abschluß, auch ein Beispiel der Auswirkung auf Neuplanungen geschildert.

Otto Wagner, Entwurf Villa Wagner, Wien um 1908, aus: Otto Wagner, Einige Skizzen, Projekte und ausgeführte Bauwerke ..., Wien 1889, 1897, 1906, 1922; gemeinsamer Nachdruck, Berlin 1987

Frank Lloyd Wright, Coonley House, Riverside IL, 1909; links: Interieurperspektive, aus: F.L.Wright, Bauten und Entwürfe, Berlin 1910; rechts: Photographie der Halle, aus: F.L.Wright, Ausgeführte Bauten, Berlin 1911

Gebrüder Mies, in die Entwurfsvorlagen-Photographie No.1 eingezeichnete Perspektive des Bismarck-Denkmals auf der Elisenhöhe bei Bingen, 1911, aus: Arthur Drexler (ed.), An Illustrated Catalogue of the Mies van der Rohe Drawings in the Museum of Modern Art, Part I: 1910-1937 in four Volumes, Vol. 1, New York/London 1986

1890 wird der junge Kunsthistoriker Paul Clemen vom Königlichen Conservator Preußens, Ernst Ludwig Persius, mit der Inventarisierung von Kunstdenkmälern in der Rheinprovinz beauftragt; als erste Bände dieser Tätigkeit erscheinen 1892 Inventare der Kreise Moers und Wesel. Diese Bände waren zum größten Teil mit zeichnerischen Bauaufnahmen lokaler Architekten, dazu mit Clemens Zeichnungen illustriert; die wegen hoher Druckkosten wenigen Photographien in Autotypierasterdruck entstammten entweder älteren Bildreihen zu einzelnen Gebäuden oder photographischen Lokalarchiven. Mit der Qualität dieser Bilder unzufrieden, ließ Clemen sie für die Drucklegung überretouchieren oder beschneiden. Es ist anzunehmen, daß zu dieser Zeit der Wunsch nach einem Archiv der aufgenommenen Denkmäler entstand. 1891 wurde die Stellung des Preußischen Provinzialkonservators als autonomer Denkmalpflegebehörde angeregt und 1893 Paul Clemen für die Rheinlande als erster angestellt. Zwischen der Einstellung und der ersten Sitzung einer etatierfähigen Versammlung vergingen gut 15 Monate – eine Zeit, die als Lehrzeit Clemens zu gelten hat, in der er sich jene Fähigkeiten erwarb, die für die vielfältigen Aufgaben eines Denkmalpflegers nötig waren. Darunter fiel auch das Photographieren. Es wurden zwei Reisekameras angeschafft; über ihre Nutzung vermeldeten die ab 1896 erscheinenden, jährlichen *Berichte über die Thätigkeit der Provinzialkommission für die Denkmalpflege in der Rheinprovinz und der Provinzialmuseen zu Bonn und Trier* jedoch nichts.[159] Dafür wurde umso mehr Wert auf den jährlichen Zuwachs an Aufnahmen für das mit dem Amt des Conservators gemeinsam eingerichteten Denkmal-Archivs gelegt, über dessen Bestand und seine Finanzierung penible Berichte vorliegen. Möglich, daß die zumindest teilweise an der Metzer Dombauhütte verbrachte Lehrzeit des Konservators ihm einigen Aufschluß über die Funktion und den Aufbau früherer Bildarchiv brachte, denn neben Großbritannien war Frankreich das einzige Land mit einer beachtenswerten Denkmäler-Archiv-Tradition.

Die Wertschätzung des Archivs ließ sich von Anfang an auch ökonomisch fixieren: Pro Jahr wurden zwischen 1894 und 1900 jeweils rund 2000 Mark für den Ankauf von Photographien aus Meydenbauers Meßbildanstalt verwendet, immerhin dieselbe Summe, die sonst zur Restaurierung eines mittelgroßen spätgotischen Altars ausreichte. Was dazu gesammelt wurden, belegten immer wiederkehrende Sätze wie die folgenden aus dem Jahre 1897: „Neu erworben wurden weitere Messbildaufnahmen rheinischer Bauwerke der [...] Meßbildanstalt [...] und eine größere Anzahl neuer photographischer Aufnahmen aus dem Regierungsbezirk [...] Durch die Königlichen Regierungen wurden vollständige zeichnerische und photographische Aufnahmen aller zum Abbruch bestimmten oder wesentlich veränderten Baudenkmäler überwiesen. Endlich wurden die Aufnahmen, Pläne, Projektzeichnungen, Photographien von den mit Unterstützung der Provinzialverwaltung ausgeführten Restaurationsarbeiten an Baudenkmälern dem Denkmälerarchiv einverleibt. Von den restaurierten Glasgemälden in [...], den Altargemälden in [...] sowie den Skulpturen zu [...] wurden vor Beginn der Restauration große Photographien angefertigt, die den alten Zustand genau zeigen." Damit ist nicht nur die Trennung zwischen zeichnerischer und photographischer Aufnahme von Bauwerken obsolet geworden, sondern zugleich exakt beschrieben, was als Definition einer ‚modernen' Denkmalpflege gelten kann.

Um 1900 setzten sich zahlreiche Theoretiker und Architekten für ein Umdenken in der Denkmalpflege ein, das nicht mehr die vollständige Rekonstruktion, die Vollendung, gar die Verbesserung fehlerhafter oder ästhetisch unbefriedigender Lösungen früherer Jahrhunderte zum Ziel hatte, sondern lediglich die Konservierung eines vorhandenen, gleichsam gewachsenen Zustandes, in dem sich ein Denkmal darbot. Insbesondere Hermann Muthesius und Theodor Fischer versuchten ihre Zeitgenossen auf einen behutsamen Umgang mit der Geschichte einzuschwören, in wilhelminischer Zeit kein leichtes Ansinnen. In Analogie zur Einführung umfassender Denkmäler-Archive mit ihrem Zeitbezug der jeweiligen Aufnahme wurde für die praktische Arbeit des Denkmalpflegers der Grundsatz ausgegeben, Restaurierungen behutsam unter Erhaltung des größtmöglichen Bestandes an vorhandener Substanz und implizit unter Wahrung der Reversibilität des eigenen Eingriffs durchzuführen. Daß zu diesem Behufe ein sorgsam geführtes, der Öffentlichkeit und vor allem den beteiligten Architekten und Künstlern ständig zur Verfügung stehendes Denkmäler-Archiv eingerichtet wurde, setzte sich als Forderung ebenfalls um 1900 durch.

Zu diesem Zeitpunkt war Paul Clemen mit der Debatte über die Form der zu sammelnden Photographien schon einen Schritt weiter. Auf dem Zweiten Tag für Denkmalpflege in Freiburg 1901 hatte der Eutiner Professor Haupt die Forderung nach einem zentralen Denkmäler-Archiv für das ganze Reich unter anderem mit der notwendigen Qualität und dem daraus resultierenden Preis der photographischen Aufnahmen begründet.[160] Ein Jahr später, 1902 in Düsseldorf, pflichteten ihm einige Kollegen bei, doch Paul Clemen, der schon im Vorjahr knapp die Vorzüge seines provinzialen Archivs geschildert hatte, widersprach ihm vehement mit Argumenten, die ein längeres Zitat rechtfertigen:

„Ich möchte [...] berichten, daß wir hier alles sammeln, was uns überhaupt in die Hand kommt, alte und neue Stiche und Lithographien, wirkliche

Gelegenheitsblätter jeder Art, die etwa von kunsteifrigen Pastoren bei der Einweihung einer restaurierten Kirche publiziert werden, vor allem Photographien jeder Art, von der lumpigsten mit einem kleinen Kodak aufgenommenen Liebhaberphotographie an bis zu der schönen Gelegenheitsphotographie eines eifrigen kleinstädtischen Photographen, Ansichtskarten – wir haben beispielsweise hier in unserem Denkmälerarchiv vollständige Serien aller möglichen Ansichtskarten, die seit 5 Jahren erschienen sind – und endlich alle Arten von zeichnerischen Aufnahmen [...] Die lumpigste Pause und die zerrissenste Aufnahme ist uns doch noch immer würdig, dem Denkmälerarchiv einverleibt zu werden und wir haben jetzt seit sechs Jahren die strikte Bedingung gestellt bei allen Unterstützungen [...], daß nach Abschluss selbst einer kleinen von uns unterstützten Restauration das gesamte Material an Aufnahmen vor und nach der Restauration, an Werkzeichnungen dem Denkmälerarchiv übergeben wird, wo es deponiert wird, genau katalogisiert wird, gereinigt, aufgeklebt wird, und natürlich sowohl den Behörden, den lokalen Kirchen- und Kommunalbehörden, wie den Behörden des Staates und der Provinz und ebenso allen Gelehrten, Künstlern, Architekten jederzeit in der liberalsten Weise zur Verfügung steht [...]"[161] Clemen fuhr mit einem internationalen Vergleich fort und verwies auf die Reisephotographie in den Mittelmeerländern als Bildquelle. In seiner – wegen des häufig gegen ihn geführten Angriffs auf seine hohen Gestehungskosten und Preise – eher mißmutigen Antwort bestand Albrecht Meydenbauer auf einer Unterscheidung zwischen den ‚schönen' Bildern, die Clemen als allgemeine Quellen dienten, und seinen streng wissenschaftlichen Arbeiten.[162] Abgesehen davon, daß er damit ein frühes Beispiel für die Einschätzung schöner Abbildungen als prinzipiell dysfunktional lieferte, deutete Meydenbauer auf ein grundsätzliches Problem photographischer Archive hin: die Wertschätzung der visuellen Quelle.

Clemens Hinweis auf die letztlich anonymen Ursprünge seiner Bildquellen machte seinen archivalischen Ansatz so modern: Nur die Quantität der Quellen zählte, nicht die Qualität des einzelnen Bildes. Quantität aber war eine der beiden Voraussetzungen der Montage als moderner Bildgenese. Die andere Voraussetzung enthielt Clemens Ansatz ebenfalls: die Abhängigkeit des Dokuments von der Zeit, die Fixierung der Quelle in ihrer Aussage auf den Zeitpunkt ihrer Entstehung. Damit ging er weit über den Gebrauch der Photographie hinaus, den Architekten von Thiersch bis Loos, von Richardson bis Wright praktizierten: Deren Archive waren auf unbestimmte Dauer angelegt, mediale Versuche der Schaffung von Denkmälern, die für die Pflege von Denkmälern bereits als untauglich sich erwiesen hatten. Die Debatte um die Photographie als Medium von Denkmäler-Archiven war mit der Düsseldorfer Tagung erledigt. Auf einer späteren Denkmalpflegetagung, 1908 in Mannheim, sprach neben Paul Clemen ein Kunsttheoretiker, der die Photographie ebenso polemisch wie differenziert für sein Anliegen des Heimatschutzes einsetzte: Paul Schultze-Naumburg. Aber da wurde das Medium selbst schon nicht mehr thematisiert.

Clemens Verhältnis zur Photographie war pragmatisch bestimmt. Dokumentarische Aufnahmen hatten die Übergänge von Vor- zu Nach-Zuständen bei Restaurierungen festzuhalten; Bilder aller Art sollten wenigstens ansatzweise die Erinnerung an Bauwerke stimulieren, die den Zeitläuften erst unlängst zum Opfer gefallen waren. Daß dies an der Schnittstelle von Landschaftserhalt, Denkmalpflege und Neuplanung ebenfalls zu einem durchaus modernen Gebrauch medialer Mittel führt, erhellt das Beispiel der Planungen zum Bismarckdenkmal am Rhein auf der Elisenhöhe bei Bingerbrück. Zum hundertsten Geburtstag des Staatsgründers sollte den unzähligen Bismarcktürmen und -denkmälern ein endgültiges, großes Bauwerk von hohem Symbolwert hinzugefügt werden, das seinen Ort auf der Westseite des Rheins haben sollte, in der Nähe des Niederwalddenkmals.[163] Im Auftrage der Denkmals-Ausschüsse, die die Tätigkeit aller Bismarck-Verehrer zu koordinieren hatte, wurde eine Vorbereitungskommission für das Denkmal gebildet, der neben Wilhelm Kreis drei Kunst- bzw. Bauhistoriker angehörten: Max Schmid, Paul Clemen und Emil Dessoir. Clemen und Schmid lösten einander im Amt des Vorsitzenden und Herausgebers von Festschriften oder Pressemitteilungen ab.[164] Sie formulierten eine umfängliche Ausschreibung des an alle Kunstschaffenden Deutschlands gerichteten, offenen Wettbewerbs; Paragraph 4 betraf die einzureichenden Unterlagen und die Form der Wettbewerbsbeiträge, unter d) hatten die Konkurrenten einzureichen: „Perspektivische Ansichten, eingetragen in die vom Ausschuß zu beziehenden Aufnahmen der Elisenhöhe."[165] Das bedeutete, daß gerade jene Ansichten, die das Preisgericht am ehesten überzeugen konnten, auf die normative Grundlage photographischer Landschaftsveduten gestellt worden waren. Vier Ansichten der Elisenhöhe hielt die Vorbereitungskommission bereit, schwarzweiße Lichtdrucke der renommierten Firma Römmler & Jonas in Dresden. Ihr Preis war in den Wettbewerbsunterlagen erhalten und verhältnismäßig niedrig, was die Teilnehmer bewog, fleißig ihre Entwürfe in sie einzuzeichnen. Wie die Vorbereitungskommission stolz vermeldete, hatten sich 596 Bildhauer und Architekten diese Unterlagen kommen lassen, von denen 379 ihre Entwürfe einreichten, und die nach dem Urteil der Jury 100 besten wurden in einer photographisch illustrierten Festschrift publiziert. Alle vier Lichtdrucke sind der Festschrift als Tafeln im Vorwort beigegeben; und aus den nachfolgenden Reproduktionen der Entwürfe lassen sich klare Präferenzen für einzelne Bildmotive entnehmen.

Das erste Bild war vom Fuße der Elisenhöhe her den Berg hinauf photographiert worden; es implizierte eine starke Untersicht über einen kahlen Weinberg hinweg auf das zukünftige Bauwerk vor kalkweißem Himmel. Der Aufbau war auf Monumentalität ausgerichtet, die Perspektive steil und das landschaftliche Umfeld karg. Dagegen bot die zweite Aufnahme einen ruhigen Blick über den Rhein im Vordergrund auf eine breit lagernde Anhöhe mit nahezu waagerechtem Horizont; hier waren die landschaftlichen Reize ringsum bildbestimmend. Die dritte Aufnahme variierte die zweite, nur steiler, näher an den Berg heran und weiter von unten gesehen; in ihrer Frontalität hätte sie eine moderne, axiale Untersicht auf das Denkmal gefordert – dafür war die Zeit wohl noch nicht reif. Die vierte Abbildung zeigte den Rheinbogen mit der Elisenhöhe in einer seitlichen Ansicht von Norden her. Das Bild selbst war von starken Kontrasten geprägt: Während links der Rhein und oben der Himmel fast völlig weiß erschienen, waren rechts der Altarm und die bewaldete Anhöhe sehr dunkel gegeben, so daß die monumentale Wirkung sich allein aus der Einzeichnung einer Silhouette von selbst ergeben mußte. Es wundert nicht, daß die meisten der im Buch reproduzierten Photobearbeitungen der ersten Abbildung folgten, bot sie sich doch von der Perspektive her geradezu für diese Aufgabe und die ihr inhärente Monumentalität an. Von den nahezu 120 Abbildungen der Festschrift basierten 18 auf diesen überzeichneten Photographien, von denen 16 Bearbeitungen des ersten Lichtdrucks mit dem Blick die Weinberge hinauf waren. Nur zwei folgten dem zweiten Lichtdruck-Vorschlag mit ihrem Blick über den Rhein; die beiden anderen Aufnahmen fanden sich im ganzen Buch nicht wieder. An diesem Wettbewerb nahm alles teil, was seinerzeit als Bildhauer und/oder Architekt Rang und Namen hatte, und so wundert nicht, daß sich beispielsweise im Nachlaß von Richard Riemerschmid eine Überzeichnung der vierten Abbildung mit seinem Denkmalsentwurf fand. Auch junge Architekten nahmen an dieser Konkurrenz teil: Im Nachlaß Ludwig Mies van der Rohes sind zwei der vier überarbeiteten Photographien nachzuweisen, wiederum die No. 1 und dazu die No. 4.[166] Mies hielt sich genau an die Wettbewerbsbedingungen, so daß bei der dramatischen Sicht von unten die erstrebte monumentale Wirkung sich gar nicht entfalten konnte; dies ging besser bei der Sicht von Norden, und aus ihr hatte er dann noch eine zeichnerische Aufnahme entwickelt, die sich ebenfalls erhalten hat.

Keiner der Teilnehmer dieses Wettbewerbs hatte die Überzeichnungen aus eigenen Stücken eingeführt; vielmehr hatten die vorbereitenden Denkmals- und Landschaftspfleger sich dieses medialen Mittels bedient, um über alle gewünschte Monumentalität hinweg die Raumbezüge und Größenordnungen der Rheinlandschaft aufrechterhalten zu können. Auch wenn nicht nachweisbar ist, daß Paul Clemen die Idee hatte, eine Konkurrenz auf photographischer Basis stattfinden zu lassen, so hätte es doch gut zu seinem Bildgebrauch innerhalb von Denkmalpflege und Heimatschutz gepaßt. Daß gerade dieser Gebrauch rund zwanzig Jahre später durch Ideologisierung und polemisch-propagandistischen Mißbrauch dikreditiert wurde, ändert nichts an seiner vormaligen Modernität: Das Bildarchiv wurde zum Ausgangspunkt des Neuentwurfs, noch vor der Begehung des ausgesuchten Terrains. Der *Genius loci* war durch mediale Prothesen ersetzt, die Architektur konnte sich von räumlichen wie regionalen Bindungen befreien und damit letztlich international werden. Das Bismarck-Denkmal ist im übrigen nie gebaut worden – ein medial wie materiell geführter Weltkrieg hat es verhindert.

Bruno Taut, Treppe im Glashaus der Kölner Werkbundausstellung 1914, photographiert vermutlich von Hugo Schmölz, aus: Kurt Junghanns, Bruno Taut 1880-1938, Berlin 1983

Vom Archiv zur Montage – Photographie als Medium der architektonischen Moderne

Definitionen der Moderne für die Architektur gibt es mehr als genug, ihnen soll hier keine neue hinzugefügt werden. Immer wird darin ein radikaler Bruch mit überkommenen Verhaltensmustern und Stilformen suggeriert, den Protagonisten und Theoretiker subjektiv so empfunden haben mögen, der sich aus historischer Warte aber auf die Verschiebung von Gewichtungen verkleinert. Für die Koppelung von Medien und Design, von Perspektive, Photographie und architektonischem Entwurf gilt dies in besonderem Maße, kann eine solche Koppelung doch als definitorischer Garant von Modernität gedacht sein. Anhand diverser Veränderungen im Gebrauch des Mediums Photographie und seiner technischen Derivate während des Entwurfprozesses sowie als Publikationsmittel architektonischer Ideen soll versucht werden, eine mediale Definition der Moderne zu unterstützen und zugleich zu relativieren. Einmal mehr sei dies an einer kleinen Auswahl von Protagonisten demonstriert.

Als objektiver Vermittler von Fassaden samt Applikationen und rhetorischen Versatzstücken, als panoramatisches Medium des Überblicks war die Photographie bis weit nach 1900 unbestritten und unbefragt. Erst ihre Verwendung in massenkommunikativen Zusammenhängen, ihre Nutzung in einer weit über die Kollegenschaft hinausweisenden Fach-Publizistik[167], ihre Brauchbarkeit zur Architektenwerbung in Zeiten ruinösen Wettbewerbs unter ökonomischem Druck brachte einzelne Architekten dazu, sich mit diesem Medium der Darstellung näher zu befassen. Unabhängig vom Beweischarakter wurden der Photographie Gestaltqualitäten zugeordnet, die an Bedeutung zunahmen, als sich das Schwergewicht architektonischen Entwerfens vom Auf- zum Grundriß, von der Fassade zum Volumen verlagerte. Im Zusammenhang einer medienübergreifenden Avantgarde aller bildenden Künste in den zwanziger Jahren begannen einige Architekten auch mit der eigenen Herstellung von Photographien. Andere arbeiteten eng mit spezialisierten Photographen zusammen, denen sie im Gespräch oder durch nachträgliche

Bildauswahl gewünschte Standpunkte und Sichtachsen, mithin Reproduktions- und Rezeptionsvorlagen als stilkritisches Repertoire angeben konnten. Typischerweise verwendeten weniger die radikalen Vertreter der architektonischen Moderne das Medium zur Arbeit und Selbstdarstellung als vielmehr jene gemäßigten Reformarchitekten, die das Bild deutscher und österreichischer Architektur in den Zeitschriften prägten und damit bereits vor 1933 auch ein Ende der Moderne signalisierten. Photographismen als Bild- wie Zeichenform fanden sich bei konservativen Architekten und repräsentativen Bauaufgaben wie Sakralbauten oder großen Villen. Die Vertreter der gemäßigten Moderne mit zumeist akademischer Ausbildung waren es, die der Photographie neben Skizze, Studie, Gemälde, Modell und tatsächlicher Ausführung einen eigenständigen Platz in der Hierarchie ihrer Gestaltungsmittel zuwiesen. Die Ausschnitthaftigkeit photographischen Sehens prädestinierte das Bild der Kamera für die mediale Rolle der Studie im klassischen Werkprozeß. Zugleich übernahm die Photographie eine vorsprachliche Funktion, die zwar die tatsächliche Ausführung referierte, aber auch auf anderen Ebenen einsetzbar war: Sie versicherte den Betrachter der realen Existenz des Dargestellten, vermittelte einen Schein des Authentischen. Doch im Gegensatz zur traditionalistischen Stilprägung über formale Eigenarten ist es gerade die Flüchtigkeit dieses Scheins gewesen, die die Protagonisten der architektonischen Moderne in ihrer Theoriebildung interessierte; denn vom Gebrauch ihrer Lehrer, den diese von der Photographie machten, lernten sie in erster Linie die unbedingte Verfügbarkeit des Mediums, seine Brauchbarkeit für Querverweise aller Art – und damit seine ideale Eignung zur Legitimation jeder, aber auch wirklich jeder Konzeption und Theorie. Und dafür bestand in den *heroischen Zeiten der Moderne* erheblicher Bedarf.

Walter Benjamins berühmter Essay hat der Epoche ein weiteres Stichwort geliefert, das in kaum einem Titel als Assoziation fehlen darf: Die Verfügbarkeit technischer Reproduktion(smittel) ist nachgerade zum Garanten der Moderne geworden, wobei in steter Folge von Laszlo und Lucia Moholy-Nagys gemeinsamem Manifest *Produktion – Reproduktion*[168] bis zu Walter Benjamins auratischem Schwanengesang auf die Unverwechselbarkeit des Originals[169] die Bedeutung der materiellen Existenz reproduktiver Mittel und Medien negiert, geradezu ängstlich ausgeklammert wurde. Im Gegensatz zu den Vorreitern einer modernen Architektur, die sich die Wirkung photographischer Vorlagen auf die eigene Tätigkeit primär wie sekundär, im eigenen Entwurfsprozeß wie in der Kommunikation mit Bauherren, erst erarbeiten mußten, konnte die Generation derjenigen, die die Architektur nach dem Ersten Weltkrieg prägen sollten, auf ein breit angelegtes, oft schon gar nicht mehr ins Bewußtsein dringendes Repertoire technischer Reproduktions- und Gestaltungsmittel zurückgreifen. Nicht nur die Photographie war verfügbar, auch die Photokopie hatte sich erheblich verbessert; nicht nur Qualitäten und Sehweisen einzelner Bilder veränderten sich, sondern vor allem der Zusammenhang von Bildern untereinander – das Medium war ein quantitativ bestimmtes Fundament gesehener, aber nicht erlebter Bilder und Bauten geworden.

Die folgende Auswahl einzelner Protagonisten der Moderne ist willkürlich. Nach einem radikalen Vertreter einer bildlosen Moderne (Bruno Taut), der sich deren Abbildung dennoch nicht entziehen konnte, soll mit Erich Mendelsohn ein Architekt ins Licht gerückt werden, der nach seiner zeichnerisch-expressiven Phase selbst zur Kamera griff und darüber hinaus perfekte Photographen für sich arbeiten ließ, damit also in die Nähe der Reformarchitekten oder Traditionalisten rückte. Le Corbusier steht wie Walter Gropius für die breite Nutzung großer Bildmengen aus Archiven und Mappen zur eigenen Theoriebildung in Publikationen und Vorträgen, aus denen sich eine spezifische Strategie des Umgangs mit Medien nach erfolgreicher Bautätigkeit entwickelte. Von Gropius über das Bauhaus und Hannes Meyer ist der Weg zu Ludwig Mies van der Rohe nicht weit, der einen ganz anderen, aber mindestens ebenso zeitgemäßen Ansatz von Bildsynthese vertrat, indem er sich der Photomontage widmete. Gegenproben zu dieser Auswahl seien dem Beginn des nächsten Kapitels vorbehalten, um Kontinuitäten und Diskontinuitäten des bildlichen Diskurses deutlicher aufscheinen lassen zu können.

Bruno Taut

„Einwurf: Was ist Perspektive? – Wenn eine Leiche ein Auge zukneift. Der Architekt des Mittelalters konnte bauen, weil er *nicht* darstellende Geometrie und Perspektive zeichnen konnte. Cornelius Gurlitt wird diesen Einwurf verzeihen. Er weist doch selbst nach, daß die Baukraft den mittelalterlichen Architekten verließ in dem Maße, in dem er dem aufkommenden Wissenschaftsfimmel erlag. Wozu überhaupt die Frage nach ‚Richtigkeit'! Kunst ist kein Einmaleins. Und Bilder können wunderbar sein und total ‚falsch'; ja, sie müssen es sein. Das tote Kuhauge ‚sieht' ‚richtig'; es hat einen ‚Augenpunkt' und vor allem: es ist ein Auge. Wie sieht nun aber die lebende Kuh mit ihren beiden nach zwei verschiedenen Seiten gehenden Augen? Möchte uns Gurlitt die Kuhperspektive konstruieren? Eine interessante Auf-

gabe. Was der Kuh recht ist, ist dem Menschen billig. Seine Augen sind zwar nach vorn gerichtet, aber es sind doch zwei und dazu in ständiger Bewegung. – Kurz und gut: hat neben anderem wissenschaftlichen Kram die Perspektive den mittelalterlichen Architekten zugrunde gerichtet, so wollen wir als größtes Hemmnis zum Bauen sie zuerst zum alten Plunder werfen. Zeichnen als Ding für sich ist krassester Gegensatz zum Bauen. Wir zeichnen unsere Absichten, wie es uns gerade paßt, – auch mal perspektivisch."[170] Wie alle Texte aus dem *Frühlicht* entbehrt auch dieser nicht einer gewissen Polemik, hinter der sich handfeste Sehnsuchtsmuster verbergen: Der Verlust aller Darstellungsaufgaben wird zu einem utopistischen Ansatz des Nicht-mehr-darstellen-Wollens umgedeutet. Bei einer derart theoretisch-unangewandten Bezüglichkeit architektonischen Denken wird jedoch die Bindung der reinen Idee an Sprache und Darstellung zum zentralen Problem; auch darin folgte Bruno Taut, der trotz fehlender Signatur als Autor des zitierten Textes gelten kann, wenigstens teilweise zeitgenössischen Ansätzen der Kunstwissenschaft.[171]
Bruno Tauts (1880–1938) rege Publikationstätigkeit[172] hat ein Paradoxon kaum überdecken können, das für seine späte Rezeption innerhalb der architektonischen Moderne mitverantwortlich ist: Trotz Zeitschriftengründung und Buchpublikationen war sein Verhältnis zu medialen Vermittlungsformen eher gespannt. Die Photographie wurde im *Frühlicht* allenfalls als Reproduktionsmittel für zeichnerische oder malerische Entwürfe sowie als Wiedergabehelfer für Modellbauten akzeptiert. Noch am Ende der siebziger Jahre hatte Julius Posener Schwierigkeiten beim Beschaffen von Bildmaterial zu zerstörten Bauwerken aus Tauts früher Tätigkeit. So ist Bruno Taut, wie vor ihm Adolf Loos, in seinem Frühwerk auf einen gut dokumentierten Bau fixiert worden und dabei wiederum auf ein eher untypisches Bild der ursprünglich vom Gebäude angefertigten Serie.
Es handelt sich um den Pavillon der Glasindustrie auf der Kölner Werkbundausstellung von 1914; ein kleiner Rundbau aus Betonrippen, deren Zwischenräume mit farbigen Glasbausteinen aufgefüllt sind, eine Kathedrale des Lichts im Reflex der Zeitgenossen, eher eine Sainte Chapelle aus heutiger Sicht. Nachdem der Bau während des zweiten Kriegsjahres gesprengt wurde, war er der Architekturgeschichtsschreibung nur in den Photographien präsent, die der Kölner Photograph Hugo Schmölz als akkreditierter Messephotograph von ihm gemacht hatte. Hier hat mit der Zeit eine bildliche Reduktion stattgefunden, die in der Tat einen Bruno Taut in seiner Ablehnung perspektivischer Darstellung hätte bestätigen können.

Von den Außenansichten sind fast nur noch jene präsent, die den Bau allein zeigen, was seine Größe vollständig verunklärt – zudem unterstützt durch eine weitere Reduktion auf eine Ansicht der Eingangsfront mit einigen Treppenstufen aus relativer Untersicht, was den Pavillon schmaler und höher, also sakraler wirken läßt. Ähnliche Tendenzen lassen sich beim Gebrauch von Abbildungen des Innenraums feststellen: Die Kaskade eines Wasserfalls zwischen zwei Treppen als zentraler Aufgang zum Obergeschoß wird – obwohl Kernstück der zeitgenössischen Kritik – nur noch selten nachgedruckt, während eine zentrale Sicht auf den oberen Innenraum samt einiger Ausstellungsobjekte wegen der Lichtwirkung und ihrer Analogie zu späteren Kaufhausentwürfen Tauts häufiger gezeigt wird.

Doch das meistbenutzte Bild dieses Baues zeigt die eher schmale Treppe an der zweiten Innenhaut des Pavillons, über die die Besucher zum ersten Raum des Obergeschosses steigen mußten. Hugo Schmölz hatte die Angewohnheit, über die bestellten Photographien eines Gebäudes hinaus noch einige Sichten nach eigenem Gutdünken aufzunehmen und den Kunden anzubieten: Sie waren die erfolgreichsten Bilder. Eine solche Aufnahme ist das Bild der Wendeltreppe, das gelegentlich beschnitten oder als spiegelgekonterte Montage gezeigt wird. Nicht zu übersehen ist, daß diese Rezeption weitgehend aus den sechziger und siebziger Jahren stammt und von daher mit den Intentionen von Bruno Taut selbst recht wenig zu tun hat – am wenigsten mit dem Teil seines Œuvres, der erratisch zwischen zwei pragmatischen Blöcken eines sozial engagierten Bauens steht und oft genug den Blick auf die wirklichen Erfolge dieses Architekten verstellt. Jedoch bleiben auch die Texte Tauts, aus denen mögliche Intentionen zu lesen wären, im Hinblick auf die Darstellungsmodi unklar; das patzige „Wir zeichnen unsere Absichten, wie es uns gerade paßt" steht ja im Gegensatz zu den detaillierten Kleinstrukturen beispielsweise der ‚Stadtkrone' mit ihrer konservativ historistischen Formensprache. Bruno Taut mißtraute der Zeichnung, mehr noch, er mißtraute aller Darstellung von Architektur.

Dies hing explizit mit seiner sozial definierten Auffassung vom Bauen zusammen, die weit über alles hinausging, was auf Seiten der Architekten im Kontext produktiver Kategorien dazu gesagt oder geschrieben wurde. Tauts intensives Nachdenken über die Beziehung von Architekt und Gesellschaft läßt sich einerseits nicht auf eine plakativ sozialistische Attitüde ohne realistische Verwirklichungschance reduzieren; zum anderen ist der Initiator der ‚Gläsernen Kette' kein weltfremder Esoteriker gewesen. Er errichtete in seinen Texten ein komplexes Theoriegebäude, das nahezu alle zeitgenössischen Strömungen des Denkens absorbierte und sich dennoch nahtlos in eine der

quantitativ erfolgreichsten Strategien des sozialen Wohnungsbaues umsetzen ließ. Der Nachteil des Tautschen Ansatzes besteht allerdings in seiner Unanschaulichkeit, und um die geht es im Zusammenhang technischer Medien. Angelpunkt vieler Sätze von Bruno Taut ist das Beschwören einer Gemeinschaft, sei es einer von Gleichgesinnten in der ‚Gläsernen Kette' oder im ‚Arbeitsrat für Kunst', oder sei es die Gemeinschaft der Bewohner großer, genossenschaftlich organisierter Siedlungen. Gemeinschaft hat er selbst praktiziert, indem er in seinen ersten Berliner Wohnbauten auf den Entwurf eines Grundrisses verzichtete und sich auf die Fassadengestaltung beschränkte, oder indem er seine größten Siedlungen für die GEHAG gemeinsam mit Martin Wagner schuf. Jeder Versuch einer Zusammenfassung von Bruno Tauts gesellschaftstheoretischem Ansatz läuft auf einen Begriff des ‚sozialen Körpers' hinaus, wie er im Umkreis von Joseph Beuys erneut in die Kunstdebatte eingeführt worden ist.[173] Mit Deleuze und Guattari wäre dieser Körper als organlos zu bezeichnen[174], eben auch als gläsern und damit unter „Verlust der Mitte"[175]. Die notwendige Körperhaftigkeit architektonischen Entwerfens für die Gesellschaft hatte jedoch Konsequenzen für die Wahrnehmung des Geplanten wie des Gebauten.
Zum einen definierte sich der Raum nicht über Standpunkt und Blickwinkel, sondern über die Differenz von Innen- und Außenraum. Das hatte zur Folge, daß große Siedlungsanlagen wie Berlin-Britz ihre Form „nicht [...] aus einer vorgefaßten künstlerischen Idee, sondern aus den sozialen Forderungen und den Bewegungen des Geländes [...]"[176] bezogen. Konsequenterweise reduzierte sich im Falle der Siedlung Britz die im Grundriß und auf Luftbildphotographien manieriert anmutende Hufeisenform des Zentralbaues auf eine isomorphe Umschreibung des gegebenen Geländes. Die Differenz von Außen- und Innenraum war für Bruno Taut mehrfach gestaffelt, was sich in der Bezeichnung des Balkons als *Außenwohnraum* niederschlug, und somit nur über die Bewegung innerhalb der gesamten Anlage zu erfassen. Damit müssen alle Photographien der Anlage, wie sie die GEHAG von Arthur Köster anfertigen ließ, als für die Intentionen des Architekten marginal angesehen werden, gerade noch als Andeutungen einer möglichen Repräsentation von gebauter Gesellschaftsform zu gebrauchen.
Zum anderen sah Bruno Taut, der sich lange nicht zwischen den Berufen des Malers und des Architekten zu entscheiden vermocht hatte, in der Architektur eine fundamentale Bedeutungsträgerin: die Farbe. Sie wurde von ihm ganz traditionell als Körperfarbe verstanden und körperhaft behandelt, als integraler Bestandteil eines jeden Volumens – und dies sowohl bei den Berliner Wohnbauten vor 1914, bei den Ausstellungsbauten in Leipzig und

Köln wie in sämtlichen späteren Siedlungen. Oft genug war gerade die Farbigkeit der Tautschen Bauten zum Zankapfel und zentralen Kritikpunkt an seiner Arbeit geworden, doch ihr hoher Stellenwert für die Rezeption ist unbestritten. Sei es, daß die Buntheit zum Programm der Veränderung bestehender Siedlungen in Magdeburg gehörte oder daß die ‚Rote Front' in Britz einer ohnehin abweisend erscheinenden Häuserzeile der aufgesetzten Gemütlichkeit einer Beamtensiedlung gegenübergestellt wurde, immer waren die Farben bis zu Fenstern und Türen oder der Typographie von Drucksachen festgelegt und aufeinander abgestimmt. Photographisch war dies nicht adäquat zu dokumentieren, denn neben den Problemen einer damals noch unentwickelten Farbphotographie warf dieser Umgang mit der Farbe die Frage auf, inwieweit die intendierte sinnliche Erfahrung medial zu vermitteln sei.
Bruno Taut war keineswegs ein Gegner medialer Übertragungsformen, wie er auch kein Gegner industrieller Produktion war; außerdem hat er mit seiner umfangreichen Aktivität als Essayist Sprache weitgehend medial eingesetzt. Wenn es sein mußte, hat er die Photographie auch in seine Essayistik einbezogen, etwa durch polemische Bildgegenüberstellungen in seinem Buch *Die neue Wohnung* von 1924.[177] Doch blieben derlei Übungen, die zudem mit ihrer groben Retouche und ihrer unsauberen Montage sich deutlich als Fälschung und damit als Stilmittel zu erkennen gaben, selten. Auf die Bruno Tauts Entwurfstätigkeit hat die Photographie keinerlei Einfluß gehabt. Zum einen nahm der direkte Einfluß von Darstellungstechniken auf die Entwurfsprozesse in der Moderne ohnehin rapide ab, da es weder Ornamente noch Proportionen aus der Geschichte zu übertragen gab. Zum anderen hatte Bruno Taut im Gegensatz zu manchen seiner Kollegen tatsächlich selbst noch alle Möglichkeiten der Indienstnahme von Darstellungstechniken zur Hand. Daß er dieses Können nutzte, um über einen gesellschaftlichen, also kommunikativen Begriff des Bauens sinnliche Wirkung jenseits aller Darstellungstechnik und medialer Sekundärstrategie zu erreichen, ist ein weiterer Beleg für die Radikalität seines Denkens, die ihm eine singuläre Position innerhalb der architektonischen Moderne sichert.

Erich Mendelsohn

1919 stellte ein zweiunddreißigjähriger Architekt in der Kunsthandlung von Paul Cassirer zu Berlin unter dem Titel *Architekturen in Eisen und Beton* ein Konvolut von Skizzen vor, das seinen Schöpfer schlagartig bekannt machte,

ihm Einladungen zu Vorträgen und Zeitschriftenbeiträgen sicherte und letztlich für den Beginn einer Karriere des wohl meistbeschäftigten Architekt der Weimarer Republik verantwortlich war: Erich Mendelsohn (1887–1953).[178] Zuvor hatte er ein Architekturstudium bei Theodor Fischer in München absolviert und lediglich eine Kapelle auf dem jüdischen Friedhof seiner Heimatstadt Allenstein realisieren können. Mit dieser Ausstellung betonte er nachdrücklich die Bedeutung des zeichnerischen Entwurfs, und dies zu einem Zeitpunkt, als die Unanschaulichkeit vielfach zum Programm erhoben wurde. Erich Mendelsohn hatte die Skizzen und Entwürfe während des Ersten Weltkrieges hergestellt; sie entwickelten sich zu den 1919 ausgestellten großen Blättern durch Reihen kleinformatiger und oft flüchtiger Gedanken, die ihre letzte Fassung im Gegensatz zu früheren Notierungen als langsam geführte Konturzeichnung erhalten hatten. Zur Vorarbeit dieser Umzeichnungen nutzte Mendelsohn alle technischen Mittel seiner Zeit, von der Lichtpause mit ihrer Vergrößerungsmöglichkeit bis zur Kontaktkopie mit ihrer Verkehrung von Schwarz und Weiß.
Zum größten Teil zeigten die Zeichnungen *Industriekomplexe* in breit gelagerten Dreiviertelansichten aus Fußgängerhöhe, der Flaneursperspektive der Photographie architektonischer Mappenwerke, deren starke Überhöhung der vorderen Ecke Mendelsohn ebenfalls übernahm. Unphotographisch war die Konturierung, von der die Zeichnungen lebten und die für deren Einordnung in den Zusammenhang eines architektonischen Expressionismus gesorgt haben. Typisch ist auch, daß diese Ansicht bei den Bleistift- oder Kohle-Vorzeichnungen noch gar nicht vorherrscht; es finden sich speziell in den Briefzeichnungen noch Grundrisse, Schnitte und Ansichten aus allen Richtungen. Für die bei Cassirer gezeigten Blätter mag also vermutet werden, daß sie ähnlich der Wrightschen Entwürfe, jedoch mit anderen Mitteln der Darstellung tatsächlich Gebautes antizipieren sollten, daß der Zeichner sich als Architekt präsentierte und nicht als Visionär, und daß es dazu eines Rekurses auf Konventionalisierungen in der Wahrnehmung bedurfte, die bei aller Freiheit der Form technische Machbarkeit über die Nutzung aus der Photographie stammender Bildmittel suggerieren sollte.
Die Erprobung dieses Repertoires an der Realität ist bei Erich Mendelsohn nur einmal geleistet worden, beim *Einsteinturm,* und auch der konnte nicht vollständig in dem Material realisiert werden, für das er geplant war. Eingebunden in ein größeres Gelände mit Observatorien, als Auftrag vermittelt durch einen Assistenten Einsteins und fundiert durch diverse Gespräche zwischen Architekt und Physiker, entstand ein Labor experimenteller Physik, das als *architecture parlante* sich selbst darstellen sollte. Aufgeführt wurde

es nur zum Teil als Betonbau, sei es aufgrund der schwierigen Verschalung oder aufgrund nachkriegsbedingter Materialknappheit; ab Oberkante Erdgeschoß ist der Turm ein verputzter Ziegelbau. Zusätzlich mußte ein Großteil der technisch notwendigen Laboratorien in ausufernde Räumlichkeiten unter der Erde verlegt werden, so daß sich das Gebäude schließlich als Denkmal eines Gedankens und seines Urhebers präsentierte, Darstellung einer Ausdrucksform jenseits aller Funktion.
Deutlich wird dies durch einen Vergleich der Gebäudesituierung mit den Photographien des Berliners Arthur Köster aus dem Jahre 1922, die den Bau in alle Monographien des 20. Jahrhunderts getragen haben. Für Köster, der ab 1919 die photographische Dokumentation des Wasmuth-Verlages leitete und sich um 1925 mit seinem jüngeren Bruder als Architekturphotograph selbständig machte, war dies der erste größere Bildauftrag nach dem Ersten Weltkrieg, und es ist anzunehmen, daß Architekt und Photograph miteinander über die Standorte, Beleuchtungen und Ausschnitte gesprochen haben. Neben der notwendigen Übernahme der in der Zeichnung antizipierten Sicht aus Dreiviertel-Vorderansicht auf das Bauwerk finden sich in dieser Serie Axialsichten aus größerer Entfernung auf Vorder- und Seitenfront, daneben aber auch jener berühmte Ausschnitt aus der nordwestlichen Fassadenrundung, in der mit tiefstehendem Sonnenlicht der Putz eine betonähnliche Hautoberfläche erhält. Dieses Bild enthüllt bei genauem Hinsehen die Grenzlinie zwischen Beton- und Putzbau, läßt aber auch die Wasserspeier zu expressionistisch skulpturalen Einzelformen werden. Sämtliche Aufnahmen des Einsteinturmes sind auf plastische Wirkungen hin angelegt, über die Lichtführung und den Einsatz tiefstehender Sonne als Beleuchtung; die im Bild entstehenden Schattenflächen ersetzen mehr als genug die der Photographie fehlende Kontur. Daß alle von Köster angefertigten Ansichten des Einsteinturms auf die Umgebung dieses Gebäudes innerhalb eines Observatoriengeländes mit spezifischen Einzelformen keine Rücksicht nahmen, ließ sich von Zeitgenossen allein über Robert Petschows Luftaufnahme aus dem Jahre 1924 erschließen, die die ganze Situation zeigte und die formale Wirkung des Mendelsohnschen Turmes nicht unerheblich relativierte.
Arthur und Walter Köster haben für Mendelsohn weiterhin alle Bauten photographiert; die große Monographie des Architekten aus dem Jahre 1930 ist fast ausschließlich mit deren Bildern illustriert.[179] Und da Mendelsohn in den zwanziger Jahren sehr viel baute, dürften die häufig publizierten Photographien mehr als andere stilbildend gewirkt haben. Für ihre Bilder entwickelten die Kösters ein Repertoire, das zur Darstellungsform moderner Architektur an sich avancierte, lange bevor Stilkriterien wie *Neue Sachlichkeit*

oder *Neues Sehen* in der Photographie etabliert waren. Ansatzweise schon im Frühwerk des Kölner Photographen Hugo Schmölz und im Werk des Münchners Edmund Wasow nachweisbar, fand sich dieses Formvokabular später bei allen Jüngeren. Als Repertoire formaler Syntaxen diente es der typologischen Erkenntnishilfe und hatte für die Architekten legitimatorische Funktionen. Es bestand aus technischen Elementen – starke (Rot-)Filterung eines wolkenlosen oder -reichen Himmels, Aufrechterhaltung der Senkrechten bei jedem Standpunkt – sowie aus Verhaltensformen gegenüber dem Motiv: Standpunkt in Fußgängerhöhe, strenge Axial- oder nur leichte Diagonalsicht unter minimaler Einbeziehung umgebender Bau- bzw. Landschaftsteile – und sollte vor allem eines: die Plastizität der Baukörper herausstellen.
Im Falle Erich Mendelsohns mußten die Kösters dieses Repertoire gelegentlich dehnen, da die Kurvaturen der großen Warenhausbauten zu großem Abstand und exakten Winkeln vor der Fassade zwangen. Für alle großen Gebäude wurde – in Absprache mit dem Architekten oder in seinem Beisein – eine Bildserie angefertigt, die neben der Wiederholung zeichnerischer Perspektiven sich wirkungsspezifischen Details zu widmen hatte. So durften in diesen Serien die Blicke von außen auf Treppentürme und Fensterbänder nicht fehlen, während im Inneren lange Flure mit unendlichem Tiefensog wie lichtdurchflutete Ambientes vorherrschten. Unerläßlich waren immer auch ein oder zwei Nachtaufnahmen mit erleuchteten Fensterbändern und Treppenhäusern, speziell für Erich Mendelsohn. Von der Wirkung her konnte ein solches Repertoire an Darstellungsformen in einer werbenden Architekturphotographie unterschiedlich beurteilt werden: Möglich war sowohl die Interpretation als leichte, luftige Lebensform einschließlich der notwendigen bürgerlich-kapitalistischen Hintergründe ihrer Bereitstellung als auch die Feststellung einer den Bauten inhärenten Monumentalität, die dieses Repertoire vermittelte. Wie weit es damit den kanonisierten Blick auf faschistische Architekturen vorbereitete, ist weniger eine Frage der Gestaltung denn eine der Nutzung der so entstandenen Bilder.
Für Erich Mendelsohn und seine umfangreiche Bautätigkeit in der Waren- und Bürohausarchitektur waren diese Bildserien notwendiger Bestandteil sekundärer und tertiärer Strategien: Mit Bildern wurden Kunden von der Qualität seiner Entwürfe überzeugt, und über die Publikationen in Fachzeitschriften, Monographien und großen Publikumsillustrierten wurden neue Bauherrenkreise erschlossen. Dabei liefen Bildrepertoire und Zielgruppenausrichtung parallel: Die Modernität der Darstellung, die mit ihr vermittelte Leichtigkeit wie Monumentalität konnten als Vorspiegelung kommenden Warenwerts ökonomisch direkt genutzt werden – die Architektur war Be-

standteil einer Werbestrategie geworden. Wie wichtig derlei Verknüpfungen von Architektur, Warenverkehr und *Public Relation* waren, wurde an dem Auftrag deutlich, den Erich Mendelsohn nach Abschluß seiner Arbeiten zum Verlagshaus Mosse erhielt: nach Amerika zu fahren, dort Architektur zu photographieren und über sie zu berichten. Nicht mehr der Architekt hatte sich gegenüber dem Auftraggeber und der Öffentlichkeit in seinem Entwurf und durch dessen Darstellung zu legitimieren; der Auftraggeber legitimierte sein ökonomisches Interesse durch die Beauftragung des Architekten, die Grundlagen seiner Entwurfstätigkeit in einem anderen Medium zu visualisieren und damit verfügbar zu machen.
1924 fuhr Erich Mendelsohn in die Vereinigten Staaten, um für das Mossesche *Berliner Tageblatt* oder ein etwaiges Buchprojekt Notizen und Photographien zu machen; 1926 erschien als erstes Produkt dieser Bemühung der Bildband *Amerika. Bilderbuch eines Architekten*.[180] Der Band wurde 1928 in erweiterter Form und mit geänderten Bildautoren-Vermerken neu herausgegeben; ihm folgte 1929 ein weiteres Buch, das den photographischen Vergleich zwischen *Rußland Europa Amerika* beinhaltete.[181] Das Amerika-Buch wurde von der zeitgenössischen Kritik euphorisch aufgenommen, mehrfach aufgelegt und gilt heute als photohistorische Inkunabel. Es enthielt bereits alle Formen des Neuen Sehens, die Laszlo und Lucia Moholy-Nagy in ihrem Werk *Malerei Fotografie Film* aus demselben Jahr noch verbal antizipieren mußten, und es hat Medienkünstler wie El Lissitzky nachhaltig beeinflußt.
In ihm wurden erstmalig aus dem Film stammende Bildsequenzen realisiert wie ein photographischer Schwenk über die Fifth Avenue in New York, wurde stringent eine Perspektive des Blicks in die Höhe – *Froschperspektive* – bei allen Hochhäusern und Silos durchgehalten; selbst die Nachtaufnahme ist mehrfach vertreten. Die Optik war für alle Aufnahmen gleich: Eine eher kurze Normalbrennweite oder ein schwaches Weitwinkelobjektiv ließen die stürzenden Linien der Schrägsichten nur um so steiler fallen, während der Paradigmenwechsel einer panoramatischen Sicht über die New Yorker Hafenfront mit derselben Brennweite bei exakt horizontaler Kameraausrichtung ohne Umbau möglich war. Bei aller Würdigung der photographischen Leistung dieses Reisebuchs ist die Bedeutung seiner Objektauswahl in bezug auf Mendelsohns architektonisches Schaffen selten diskutiert worden. Sicher referieren die großen Silos aus Buffalo und Chicago über die Gropiussche Monumentalität des Industriebaus[182] hinaus auch Bezüge zu den Mendelsohnschen Fabriken in Luckenwalde und anderswo, doch bleiben derartige Referenzen ephemer.

Arthur Köster (Phot.), Erich Mendelsohn, Einsteinturm, Potsdam 1921, aus:
Erich Mendelsohn, Das Gesamtschaffen des Architekten, Skizzen, Entwürfe, Bauten,
Berlin 1930

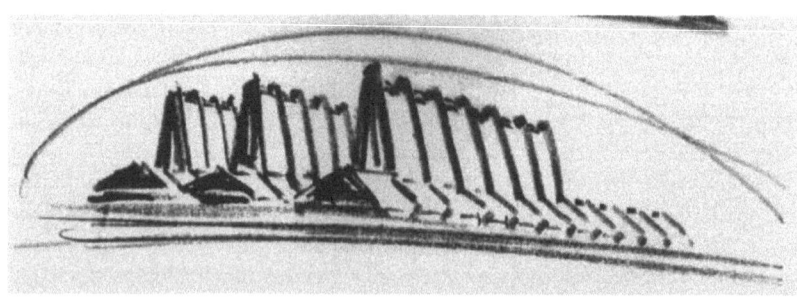

Erich Mendelsohn, Textilfabrik für Leningrad, Ausschnitt einer Entwurfszeichnung, 1925, aus: Ausstellungskatalog Fünf Architekten aus fünf Jahrhunderten, Berlin 1976

Die durchwegs en passant gegebene Sicht auf diese Silos mit ihren beliebigen Anschnitten und leichten Winkelfehlern war eine radikale Absage an jedwedes monumentale Pathos, das Gropius den Photographien nur hatte entnehmen können, weil er nie vor Ort gewesen war; diese Sicht war erst einmal Dokument schierer Größe ohne jeden kulturellen Anspruch, Darstellung reiner ‚Maschinerie' ohne dekorative Fassade, aber auch ohne graphischen Selbstwert im Blick. Die schon von Rezensenten wie El Lissitzky bemerkte Enttäuschung des Architekten über die absolute Kultur-, d.h. Geschichtslosigkeit amerikanischer Bauten schlug sich in einer interesselosen Reproduktion des Gegenstandes Hochhaus oder Industriebau nieder, die dem gelangweilten und zerstreuten Blick eines flanierenden Touristen entsprochen haben mag. Doch relativiert sich ein solches Urteil bei der Betrachtung der Bilder, die Mendelsohn von seinem Besuch in der Sowjetunion mitbrachte und in *Rußland Europa Amerika* publizierte: Sein höheres Engagement für die neue Gesellschaftsform, die in der UdSSR erprobt wurde, fand keinen Niederschlag in einer spezifischen Bildform, es sei denn in der Rücknahme aller im Amerika-Buch geübten photographischen wie filmischen Formfindungen.
Der eigene Gebrauch der Photographie blieb im Leben und Werk Mendelsohns Episode, doch eine von besonderer Bedeutung. Sie erhellt gleichsam in beiden Richtungen die Diskrepanz zwischen einem utopisch-expressionistischen Œuvre aus Zeichnungen und einem erfolgreichen Geschäftsbetrieb bei der tatsächlichen Baurealisierung. Mendelsohns Zeichnungen wirkten nach der Aufnahme einer regen Bautätigkeit in den frühen zwanziger Jahren eher utopisch denn realistisch, was auch an der zunehmenden Auflösung der bislang die Darstellung dominierenden Kontur lag. Wesentlich stärker als diese hatten die frühen Zeichnungen jedoch die Dreiviertelansicht bestimmt, als eine quasi-photographische Bildkonvention, die die Umsetzung des Lineaments in eine dreidimensionale Form und damit die Vorstellung eines kaum durchgearbeiteten Entwurfs als realisierbaren Baues ermöglichte. Mendelsohn selbst hatte sich gegen utopistische Interpretationen seiner Arbeit gewandt, war auch mit der Etikettierung als Expressionist keineswegs glücklich – seinen „die Extreme harmonisierenden" Bemühungen lagen vorsprachliche Konventionen zugrunde, die sein Denken pragmatisierten.[183] So ist die den photographischen Ausflügen parallele Auflösung der Kontur in nahezu allen späteren Entwurfsskizzen – bis zu den kalifornischen Krankenhaus-Entwürfen – meist mit einem Bogen über der gesamten Ansicht verbunden, der als nicht-euklidischer Raum verstanden werden kann, als einfache Rahmung jeder Ansicht, als transzendierendes Motiv der aufgehenden Sonne oder eben als Bildkreis eines photographischen Objektivs. Diese Bildkreis-

Begrenzung fand sich ebensooft auf primitiven Photographien anonymen Ursprungs wie auch in der Arbeit eines Walker Evans oder August Sander, denen handwerkliche Konventionen bei der Architekturabbildung wenig bedeuteten, wenn ihnen das Motiv wichtiger als die gegebenen technischen Möglichkeiten war. Wie der Bildkreis als Begrenzung jeder photographischen Abbildung diente, so mochte für Erich Mendelsohn eine gleichartige Konvention die Fassung seines Entwurfs bereits im Anfangsstadium kommunikabel und damit letztlich realisierbar gemacht haben; außerhalb eines solchen Rahmens ist kein Fluchtpunkt denkbar.

Eine gewisse Rolle mag hier auch gespielt haben, daß Erich Mendelsohn seit Beginn der zwanziger Jahre nur noch mit einem Auge sehen konnte und sich etwaiger Tiefendimensionen konstruktiv versichern mußte. Unabhängig vom eigenen Gebrauch des Photoapparates für die Berichterstattung über amerikanische, sowjetische oder europäische Architektur ist Mendelsohns zeichnerisches Œuvre weitgehend durch Darstellungskonventionen charakterisiert, die ihren Ursprung in einem massenhaften Gebrauch der Perspektive, wie ihn die Photographie vorbereitet hatte, nicht verleugnen können. Die Modernität seines Vorgehens lag in der weitgehenden Reduktion und hohen Abstraktion dieser zeichnerischen Mittel, die aber aufgrund jener Konventionalisierung nie den Übergang zur Machbarkeit als gebauter Architektur verloren. Die eigene photographische Tätigkeit mochte aus dieser Sicht nachgerade als Beleg einer solchen Abstraktion dienen: Die vorsprachliche Konventionalisierung war nicht an gegebene Bilder gebunden, sondern vermochte sich den neuesten Tendenzen des Bildermachens selbst anzupassen. Erich Mendelsohns Bildhaftigkeit war von ähnlicher Radikalität wie Bruno Tauts Bildlosigkeit.

Als Mendelsohn in der sechsten Auflage seines Amerika-Buches die Bildnachweise korrigieren mußte, gab er einen Assistenten als zweitwichtigste Bildquelle an. Zuvor hatte er zeitweise mit einem anderen Architekten im Büro zusammengearbeitet, der schon vor ihm nach Amerika gegangen war, ihm die Bekanntschaft von Frank Lloyd Wright vermittelt hatte und mit ihm das Vergnügen des eigenen Photographierens ein Leben lang teilte: Richard Neutra (1892–1970).[184] Dieser legte immensen Wert auf erstklassige Interpretationen seiner Bauten durch Photographien, regte sie durch eigene Bilder noch zusätzlich an und nutzte dieses Medium wie kaum ein anderer zur ständigen Kommunikation und Werbung für sein architektonisches Schaffen. Für die Zeit nach dem Zweiten Weltkrieg ist seine intensive Zusammenarbeit mit Julius Shulman von großer Bedeutung; in Europa ließ er sich die Photographen seines Vertrauens durch Vorlage von Arbeitsproben

vermitteln.[185] Für Architekten seiner Generation selten, hat er sich gelegentlich über Photographie und Photographen geäußert, aus der Sicht des Auftraggebers.[186]
Der Einfluß des Mendelsohnschen Amerika-Buches auf die Photographie seiner Zeit ist unübersehbar: Von Berenice Abbott bis zu Edward Steichen reicht die Reihe bekannter Photographen, die sich an denselben Objekten mit ähnlichen Sichten versucht haben. In der Sowjetunion hatte Alexander Rodtschenko mit photographischen Schrägsichten auf technische Bauten eine ganze Debatte um Modernität und Formalismen initiiert, während in Deutschland die von Moholy-Nagy antizipierte Verwendung aller nur möglichen Blickwinkel schnell Schule machte und Eingang in große Ausstellungen wie die Stuttgarter *Film und Foto* fand, wobei sich Querverweise und Überschneidungen zur sowjetischen wie amerikanischen Entwicklung finden lassen. Die Verselbständigung eines Sehens, das auf technische Gegebenheiten zurückzuführen ist, als gestalterische Form zog eine Veränderung der Wahrnehmung nach sich, die wiederum neue Konventionen etablierte. Erich Mendelsohns New Yorker Wolkenkratzer sind uns in dieser Schrägflucht so geläufig, daß die Innovation ihrer Sicht gar nicht mehr bedacht werden kann; um so schwerer fällt das Aufdecken von Konventionalisierungen in zeichnerischen Darstellungen, die derlei Sichten als gegeben implizieren. Der Architekt war den Photographen nicht nur in der Wahl der Stilmittel eine kleine Zeitspanne voraus, sondern auch im Bereich der Etablierung vorsprachlicher Bedeutungen. Was Mendelsohn gegenüber Zeitgenossen wie Le Corbusier oder Walter Gropius auszeichnete, war sein eigener Zugang zu diesen Mittel, während jene sich auf vorgefertigtes photographisches Material berufen mußten, um ähnliche moderne Umwertungen vornehmen zu können.

Le Corbusier

1923 erschien in Paris ein Buch, „das sich als eine der einflußreichsten, meistgelesenen, dabei am wenigstens verstandenen Architekturpublikationen des 20. Jahrhunderts erweisen sollte"[187]: *Vers une architecture* von Charles Edouard Jeanneret, der sich Le Corbusier nannte (1887–1965).[188] Das meist zitierte und am häufigsten mißverstandene Kapitel betonte unter dem dunklen Titel *Augen, die nicht sehen* durch Bildgegenüberstellungen und Leitsätze eine enge Verknüpfung der Ingenieurs(bau)kunst mit der Antike.[189] Es referierte Beobachtungen, die Le Corbusier während seiner „nützlichen Reise" in den Orient um 1911 gemacht hatte, und enthielt zwei Arten von Bildern:

133

Gesamtansichten und Detailaufnahmen der Akropolis und anderer griechischer Tempel sowie Photographien von Flugzeugen und Automobilen. Nicht nur die Gegenüberstellung war bemerkenswert, sondern auch die Form der Bilder selbst.

Die Aufnahmen der Tempel, insbesondere die des Parthenon, stammten nicht von Le Corbusier, sondern von dem Genfer Photographen Frédéric Boissonas. Dieser hatte in Zusammenarbeit mit dem schweizerischen Kunsthistoriker Daniel Baud-Bovy bei mehreren Griechenland-Aufenthalten in den Jahren 1903 und 1907 zahlreiche Bilder der Akropolis und des Parthenon angefertigt, die einerseits von archäologischem Interesse getragen waren, andererseits sich auf Traditionen der Reisephotographie beriefen, für die noch ein Desiderat an Griechenland-Bildern bestand, und die den Wissenschaftler wie den Photographen als gelehrige Schüler von Auguste Choisy und seiner Baukonstruktionslehre auswiesen. Le Corbusier war zwar mit einem Photoapparat auf Reisen gegangen, konnte aber Bilder wie die in diesem Kapitel von *Vers une architecture* gezeigten nicht anfertigen. Der immense Aufwand, den Boissonas für Details wie den Blick auf Säule und Architrav des Parthenon betreiben mußte, war einem Bildungsreisenden weder möglich noch schien es ihm notwendig – er fertigte viele Zeichnungen an und schuf einige ephemere Photographien.

Die Skizzen verraten Vertrautheit mit photographischen Abbildungen. Le Corbusier hatte in seiner Heimatstadt La Chaux-de-Fonds die Kunstgewerbeschule besucht und war dort seinem Zeichenlehrer Charles l'Eplattenier verpflichtet, der ihn das Zeichnen im Sinne textiler Flächenornamentik lehrte. Wenn der junge Jeanneret auf einer Bildungsreise gleich drei Zeichenstile für seine Reiseskizzen einsetzte, so ist das ein Reflex auf die kunstgewerbliche Schulung, möglicherweise ein Hinweis auf die zeichnerische Perfektion im Büro Behrens, dem er kurz vor dieser Reise für eine Weile angehört hatte, aber auch auf eine Prägung des Sehens durch technische Medien. Nur so ist zu erklären, daß gerade die Zeichnungen des Parthenon, die sich mit dreidimensionalen Darstellungsproblemen wie Schatten oder Rahmenbegrenzungen von Vorder- und Hintergrund auseinandersetzen, wie abgezeichnete Photographien wirken. Ob Jeanneret 1911, als er Athen besuchte, die Boissonasschen Aufnahmen gekannt hat, vermag ich nicht zu beurteilen. Eine erste Mappe dieser Bilder war bereits erschienen, eine zweite besaß zwar einen Copyright-Nachweis aus dem Jahre 1910, wird aber allgemein mit dem Erscheinungsjahr 1913 angegeben.[190] Sicher aber war dieses Material greifbar, als Le Corbusier um 1922 seine Artikelserie im *L'Esprit Nouveau* begann, die in *Vers une architecture* mündete: Sie war vom selben Verleger Albert Morancé herausgegeben worden. Die Abbildungen von Flugzeugen und Automobilen als modernen Gegenstücken zur antiken Architektur entstammten gängigen Publikationen seiner Zeit: Der geradezu wahnhafte Aviatiker Le Corbusier dürfte die Kataloge der jährlichen Flugzeug-Ausstellungen von Le Bourget gesammelt haben, denen die Kanzeln und Gesamtansichten schnittiger Sportflugzeuge entnommen sind, während die Automobile durch Inserate in Illustrierten, Abbildungen in Zeitschriften und Prospekten verfügbar waren. Flugzeuge wie Automobile waren in *Vers une architecture* durch ein neues Genre präsent: die Werbephotographie.[191] Bis um 1925 bestand diese in erster Linie aus retouchierter Produktphotographie, wobei sich die Retouche auf die Auflösung oder Auslöschung von Umraum und Hintergrund sowie auf die Glättung von Oberflächen und Reflexen bezog. Beides konnte Le Corbusier gut brauchen: Der Appeal strikter Technizität in einer doppelten Medienschleife von Produktion und Reproduktion war ein wirksames Mittel zur Betonung nichtklassischer, zukunftsorientierter und nicht belegbarer Aussagen zur kommenden Baugeschichte. In den drei anderen Büchern, die dem Erstling auf der Basis von Artikelreihen aus *L'Esprit Nouveau* folgten, spielte die Photographie eine nicht ganz so fundamentale Rolle im Argumentationsgang – sie wurde illustrativ eingesetzt.[192] Lediglich im Buch zum Städtebau wurde ein weiteres Moment des Bildgebrauchs bei Le Corbusier deutlich, die Verwendung von Luftbild-Schrägaufnahmen. Seine Vorliebe für das Fliegen als ultima ratio moderner Fortbewegung neben dem schnellen Autofahren und deren Einfluß auf städtebauliche Konzeptionen ist bekannt. Offensichtlich ist auch der Zusammenhang militärischer Luftaufklärung und der Grundriß-Orientierung moderner Architektur, um die weitgehende Nutzung von Luftbildern für die Durchsetzung etwa eines Plans wie dem der *Ville Contemporaine* als mehr denn die bloße Übernahme des Blicks auf Architekturmodelle anzusehen. Sicher mußten Planungen wie die einer Dreimillionenstadt Modell bleiben, doch machten sie durch Luftbilder mit eingezeichneten Silhouetten die mögliche Realisierung anschaulich.

Die Umzeichnung der Luftbild-Schrägaufnahmen in Perspektiven, etwa bei dem Blick eines Piloten im Landeanflug auf den Flughafen/Hauptbahnhof inmitten der Bürotürme, verzichtete auf alle Photographismen mit Ausnahme der Fluchtpunkt-Perspektive. Kein Schatten fiel ins klinisch reine Geviert des neuzeitlichen Arbeitslebens, auch keiner von den hohen Türmen auf die dahinterliegenden alten Viertel von Paris; kein Volumen wurde durch Grauwerte gebildet, weder von den Fensterbändern der Türme noch von den Pavillons noch von den Bäumen in den Grünzonen; die Diskretheit gleichzeitiger Bewegungsabläufe in der Stadtphotographie war zu Punktformen atomisiert. Der Architekt entwarf mit dem Plan das Bild einer Architektur – mediales Gegenstück zu den Photographien mit eingezeichneten Wolkenkratzern des Plan Voisin. Umgekehrt wurde der ‚Plan Obus' für Algier von 1932 durch eine Modellphotographie bekannt, die den anthropomorphen Schwung der Stadtautobahn mit den Wohnblöcken darunter und daneben in einer Luftbild-Schrägaufnahme der Bucht von Algier vorführte. Auch hier sprachen die Zeichnungen, die Le Corbusier seinem Plan mitgab, eine andere Sprache, eine der Leichtigkeit mediterraner Durchleuchtung und der luftigen Durchlässigkeit von innen und außen.

Um 1930 hatten sich bei Le Corbusier die zeichnerischen Mittel der frühen zwanziger Jahre soweit gefestigt, daß sich die Ergebnisse als stilistisch eigenständig präsentierten: Bei aller Bindung an die Zentralperspektive mit starken Fluchten und einem leicht neben der Bildmitte liegendem Fluchtpunkt hatten die Zeichnungen kaum Ähnlichkeit mit möglichen Photographien derselben Ansichten. Dazu trugen nicht nur die menschlichen Figurinen bei, sondern auch die von ihnen evozierte Leere. Diese Leere hatte Le Corbusier für die photographische Dokumentation seiner Bauten gesucht, insbesondere der Villen vom Ende der zwanziger Jahre: Die Villa Savoye mußte vor dem Bezug der Besitzer aufgenommen werden, die Villa in Garches nach dem Auszug ihrer Eigentümer – die von diesen angefertigten Photographien mit Einrichtung, heute selbstverständlicher Bestandteil der Exegese seines Werks, hat er zeitlebens nicht verifiziert.

Mit diesem Aufbrechen des Primats der Photographie im zeichnerischen Werk wirkte Le Corbusier dem Wrightschen Konzept eines persuasiven Photographismus in der zeichnerischen Antizipation von Raumwirkungen entgegen: Die Differenz zwischen dem Detailreichtum der Prairie-Villen-Interieurs und der Reduktion auf Wesentliches in den algerischen Wohn-Salons bestand in einer Umkehrung der Mittel. Die Photographie medial als vorsprachliche Konvention anerkennend, hatte Wright photographisch gezeichnet, während Le Corbusier von Photographismen zu abstrahieren versuchte. Wie bei Adolf Loos hat diese Reduktion eine sprachliche Vorformulierung mindestens in den vier Büchern der *Esprit Nouveau*-Reihe erfahren, doch ist sie aufgrund der Verwendung vorgefundener Bildmittel wie gegebener Photographien aus Mappen, Büchern und Katalogen sinnlich anschaulicher geblieben. So hat der *Plan Libre* dem *Raumplan* einen größeren Wirkungskreis voraus, weil er visuell präziser vermittelt worden ist.[193] In Deutschland konnte dieser differenzierende, aber für die Moderne grundsätzlich bestimmende Übergang – außer bei Mies van der Rohe – erst nach dem Zweiten Weltkrieg rezipiert werden. Dann geschah dies jedoch heftig und im Zusammenhang anderer Traditionen des Bildgebrauchs, für die der Name einer Schule bestimmend wurde: das *Bauhaus*.

Walter Gropius

Kaum ein deutscher Architekt – Mies van der Rohe einmal mehr ausgenommen – hat die Architektur des 20. Jahrhunderts so beeinflußt wie Walter Gropius (1883–1969).[194] Auch er hat, wie Le Corbusier, nach einigen frühen Bauten anfangs mehr durch theoretische Beiträge, dann als Organisator großer Ausstellungen gewirkt und mit zwei Fabrik(um)bauten noch vor dem Ersten Weltkrieg die Verbindung von Architektur und Industrie in einer Weise geknüpft, die für den Rest des Jahrhunderts prägend wurde.
Über Gropius' Verhältnis zur Photographie sind wir dank seines Archivs gut unterrichtet, auch wenn er sich zum Medium selbst nicht geäußert hat. Für seine Tätigkeit als Architekt ist sicher die Aussage Winfried Nerdingers bestimmend, daß schon der Student Walter Gropius nicht zu zeichnen in der Lage war, und dies ausgerechnet als Schüler Theodor Fischers.[195] Die zeichnerische Unfähigkeit führte zwar zu einem vorzeitigen Studienabbruch, nicht aber zur Aufgabe des Berufsziels: Wenn schon früher Studenten einander die Perspektiven für Prüfungen abkaufen konnten, dann konnte ein architektonisch denkender Entwerfer wie Walter Gropius auch auf die eigene Zeichnung verzichten. Dies bedeutete allerdings, daß alles, was zu Papier gebracht wurde, sprachlich vorfixiert war, daß jedes Detail konstruktiv oder strukturell legitimiert und endgültig festgelegt zu sein hatte. Die andere Möglichkeit des Verweises auf zuvor Gebautes durch die Vorlage entsprechender Photographien war bereits gegen Ende des 19. Jahrhunderts, etwa bei Thiersch, Fischer und Seidl, schon so weitgehend Praxis geworden, daß darüber wenig nachgedacht wurde. Alles, was Walter Gropius vor- oder ausführte, bezog sich auf Photographien. Dies war um so wichtiger, als kaum ein Architekt des 20. Jahrhunderts mehr Vorträge zu seiner Arbeit und zum modernen Bauen gehalten hat als er – und alle waren mit Lichtbildern illustriert. Für das Verhalten des Architekten gegenüber der Photographie hatte dies zwei Konsequenzen: Zum einen mußten ständig neue Bilder von historischen oder aktuellen Objekten beschafft werden, zum anderen hatten die Abbildungen der eigenen Bauten perfekt zu sein, sollte doch das jeweils Gesagte möglichst im eigenen Werk kulminieren. Walter Gropius' Medium

war daher nicht die einzelne Photographie, sondern das *Bildarchiv*, weit mehr als bei jedem anderen Architekten des 20. Jahrhunderts. Im Prinzip begann dies bei der Arbeit, die Gropius im Büro Behrens und für Karl-Ernst Osthaus zu leisten hatte. Das Babelsberger Büro, in dem Gropius nach eigenem Bekunden die Rolle eines „Faktotums" spielte, besaß ein großes Bildarchiv nach dem Vorbild der AEG, das neben Behrens' eigenen Arbeiten vorbildhafte Bauten aus aller Welt enthielt. Aus diesem Archiv heraus und unter Hinzuziehung der Dienste Franz Stoedtners im Auftrage Karl-Ernst Osthaus' entstanden mehrere Wanderausstellungen, die die Werkbundideen vom modernen Bauen, von der guten Ausstattung, vom industriellen Design und von der Verantwortung des Industriellen für die Volkserziehung durch Deutschland tragen sollten. Für die Verbreitung der Bilder wurde eigens eine ‚Photographien- und Diapositivzentrale' gegründet, die neben den Materialien möglicher Ausstellungen die Basis von Lichtbildvorträgen bereitzustellen hatte.[196] Walter Gropius beschäftigte sich mit den Vorbereitungen zu einer großen Ausstellung moderner Industriebauten, die 1914 ein Kernstück der Kölner Werkbundausstellung bildete. Er konnte auf ein größeres Konvolut von Bildvorlagen zurückgreifen, wann immer er es brauchte. Der archivalische Ansatz griff auch bis in die Theoriebildung des Industrie-Architekten Gropius zurück. Der Blick ins photographische Archiv und die Auswahl von Bildern daraus entsprachen dabei nicht mehr dem historistischen Griff nach brauchbarem Decorum und Detail-Vorbild, sondern wurden zum kategorialen Ursprung einer Formfindung jenseits der zeichnerischen Entwicklung wie auch jenseits des tatsächlichen Raumerlebens im gebauten Ort. Die Ablösung der Genese von Architektur aus dem Kontext baulicher Zusammenhänge und zeichnerischer Entwicklung war dabei der entscheidende, moderne Schritt. Die Konsequenzen dieser medialen Ablösung des Bauprozesses vom vorherigen Bauen wiesen bereits in die Richtung einer temporären wie auch einer imaginären Architektur; eine Konsequenz, die Walter Gropius in manchen späten Texten erahnt, aber gefürchtet haben mag.[197]

Ein wichtiger Begriff Gropiusscher Theoriebildung um 1911, der der *Monumentalität*, ist direkt aus dem verwendeten Bildmaterial herzuleiten. Dieses Material stammte aus Mappenwerken und dem, was Architekten, wie Behrens oder Poelzig, oder öffentliche Baudirektionen für die Sammlungen zur Verfügung stellten. Die Mappenwerke der Industriebauten kamen aus den USA, wo einzelne Regionen, Städte oder Länder Konvolute von Photographien als Werbung für die Industrie-Ansiedlung herausgaben; diese Mappen konzentrierten sich mehr auf die industrielle und verkehrstechnische Erschließung als auf die Schönheit von Stadt und Land. Wie in der deutschen Industriebau-Photographie herrschte in derartigen Bildern ein konventioneller Kanon monumentalisierender Elemente vor, von der möglichst axialen oder exakt diagonalen Sicht aus der Höhe eines stehenden Menschen bis zur Auswahl eines stark konturierenden Sonnenlichts bei voluminösen Objekten oder einer diffusen Beleuchtung bei flächigen Bauten. Die Bilder waren, soweit sie in Ausstellungen wie die von 1914 gelangt sind, unterschiedlich groß; es gab es keine Beziehung zwischen der Bild- und der Objektgröße, weder in der Kölner Ausstellung noch in Gropius' Lichtbildvorträgen. Bildform und -größe hatte für die von Gropius angestellten Bildvergleiche besondere Bedeutung, denn er hatte die vorgeführten Objekte zum Zeitpunkt der Vorträge nicht besucht. Als er 1928 eine erste große Studienreise durch die Vereinigten Staaten unternahm, war er als Architekt schon so weit gefestigt und mit anderen Aufgaben betraut, daß der Einfluß persönlicher Wahrnehmung nicht mehr wirksam werden konnte.

Die Konfrontation mit Industriebauten war für den Theoretiker Walter Gropius ebenso wenig konstitutiv wie für den ausführenden Architekten, denn sonst hätte er zeitlebens nicht einen immensen Wert auf ein perfekt geführtes persönliches Bildarchiv gelegt. Alle seine Bauten waren photographisch hervorragend dokumentiert. Dabei fällt die ungewöhnliche Homogenität eines Bildmaterials auf, das jeweils zeitgenössisch und lokal gebunden entstanden ist, also nicht Ausdruck einer intensiven Beziehung oder Zusammenarbeit zwischen Architekt und Photograph sein kann. Wenigstens für seine frühen Bauten dürfte der Einfluß eines AEG-typischen Darstellungsmodus aus repräsentativer Konvention und sachlichem Anschein wesentlich gewesen sein; seine endgültige Form mit normativem Charakter für alle späteren Darstellungen fand das Abbild Gropiusscher Bauten in den Bildern, die Hugo Schmölz von der Werkbund-Fabrik auf dem Kölner Messegelände hergestellt hat. Wie beim Glashaus von Bruno Taut kann aus den Bildern nicht auf eine Absprache zwischen Architekt und Photograph über mögliche Standorte oder perspektivische Darstellungen geschlossen werden, doch hatte Gropius zu diesem Zeitpunkt das Verfahren etabliert, das seinen weiteren Umgang mit Photographen bestimmen sollte: Aus einer großen Serie von unabhängig entstandenen Bildern wurden einige ausgewählt, die unendlich reproduziert wurden; die anderen sind entweder von den Photographen vernichtet worden oder sonstwie untergegangen.

Das Resultat war eine spezifische Kollektion, die als Archiv jede Wahrnehmung auf Architekt und Werk prägte. Was Walter Gropius auswählte, folgte neueren Darstellungsformen, die sich in Zeitschriften, Mappen oder Ausstellungen präsentierten, sowie spezifischen Details des jeweiligen Baues, die als singularisierte Elemente jene Authentizität zu vermitteln hatten, die als Destillat medialer Vorprägung den Entwurf wie seine spätere Wirkung bestimmte. So waren die Abbildungen des ersten Bauabschnittes der Fagus-Werke noch fest an die Tradition repräsentativer Industriebau-Photographie gebunden und verwiesen auf die drucktechnischen Probleme flächiger Tonwertdarstellung; der Himmel ist trotz Sonnenscheins meist fahlgrau. Gesamtansichten des Werkes überwogen, dazu kamen diverse Aufnahmen mit inszenierten Arbeitsabläufen. Die Werkbund-Fabrik präsentierte sich dagegen in axialen Sichten oder aus leichter Aufsicht – gleichsam als Luftbild-Schrägsicht in der Tradition der Stahlstich-Briefköpfe – und setzte mit mehreren Bildern auf die Betonung wesentlicher Details wie der seitlichen Treppentürme.

Gropius hat durch diese Praxis der Bildauswahl dazu beigetragen, daß erst nach neueren Forschungen sein Anteil an diesen Fabrikbauten, die jeweils Umbauten vorhandener Strukturen gewesen sind, belegt werden konnte. Es war das Repertoire der Kölner Fabrik, das Gropius in späteren Serien seiner Gebäude für wichtig hielt; ein Repertoire, das beim Photographen keine Kenntnis etwa amerikanischer Vorbilder oder großer Archive voraussetzte, das in seiner Auswahl aber durch den Architekten und Vortragsredner eine enorme Streuung erfahren hatte und somit normative Kraft für nahezu eine Dekade der Abbildung von moderner Architektur erhalten sollte. Diesem Repertoire war zu eigen, daß es bei aller Betonung auf voluminöse Darstellung die Größenordnung des Gebauten zu verschleiern suchte, sei es zur Monumentalisierung des authentischen Details, zur Unterdrückung als störend empfundener Strukturen oder zur Demonstration ornamentloser, moralisch legitimierbarer Bescheidenheit. Deutlich wird dies in den Arbeiten des Photographen Albert Renger-Patzsch zur Dokumentation des zweiten Bauabschnittes der Fagus-Werke. Auch hier dürfte der Photo-Auftrag kaum vom Architekten, sondern vom Bauherrn oder einem Zulieferer gekommen und der Photograph aus dem Umkreis von Karl-Ernst Osthaus vermittelt gewesen sein; er schuf neben den üblichen Gesamtansichten, Interieurs, Flur- und Treppenhausbildern, die vor allem den veränderten Horizontalduktus der Werks- und Verwaltungsgebäude durch eine leichte Obersicht betonten, noch eine ganze Reihe von ausschnitthaft gesehenen Details, die photohistorisch Karriere machten: Renger-Patzsch übernahm drei von ihnen in sein epochales Buch *Die Welt ist schön*.[198] Spätere Ausstellungen des Photographen zeigten neben diesen Bildern noch knapp beschnittene Versionen der Gebäudeansichten, die zwar die stützenlose Ecke kappten, dafür aber die Fensterbänder eindrucksvoll in die Tiefe fluchten ließen. Walter Gropius hat diese Bilder nur zum Teil in sein eigenes Bildarchiv übernommen; sie lösten sich wohl zu stark von den Intentionen des Architekten ab und behaupteten zuviel ästhetischen Eigensinn.

Als der zweite Bauabschnitt der Fagus-Werke vollendet war, ging ein weiterer Bau seiner Vollendung entgegen: das Bauhaus-Gebäude in Dessau. Für Walter Gropius war der Ort einer von ihm ins Leben gerufenen Schule Träger wie Signal einer ideellen Konzeption. Kernstück aller Bauhaus-Historiographie ist eine umfangreiche Bildserie, die Lucia Moholy von den Dessauer Bauten angefertigt hat.[199] Einer einzigen Baustellen-Aufnahme des Werkstattbaues aus dem Januar 1926 folgten zahlreiche Bilder aller Gebäude, im Oktober und November 1926 aufgenommen; zur Eröffnung des Komplexes lagen sie gedruckt und als Pressebilder vor. Walter Gropius hatte sogar den Bildunterschiften Sperrvermerke beigegeben, die eine vorzeitige Publikation vor dem Eröffnungstermin verhindern sollten. Diese Architekturphotographien waren von äußerster Schlichtheit und Präzision: Frontal oder aus einem Winkel von meist 45° wurde jedes Gebäude gezeigt, meist unter diffusem Licht, nur gelegentlich durch schräg einfallendes Sonnenlicht hervorgehoben. Fast immer bezog Lucia Moholy bei Gesamtansichten die Umgebung mit ein, selbst wenn diese die Sicht behinderte; der Himmel wurde durch keine Filterung dramatisiert, sondern erschien meist kalkig weiß.

Bei entsprechender Anordnung der Bildgruppen ergibt sich für jedes Gebäude eine spiralförmige Annäherung: Panoramatischen Übersichten aus allen Himmelsrichtungen folgten Halbtotalen einzelner Gebäudekomplexe und Fassadenschilderungen, schließlich Nahsichten wesentlicher Architekturstücke, wie Ecklösungen oder Eingangssituationen. Interieurs hat Lucia Moholy lediglich in den Meisterhäusern photographiert, von einigen Flur-Durchblicken im Werkstattbau abgesehen. Das Wohnhaus Gropius, als erstes der Meisterhäuser fertig und eingerichtet, wurde vollständig aufgenommen, selbst Ansichten der Waschküche und des Gästebettes fehlten nicht. Hier ging es um architektonische Erfindungen *en detail*, auch um Möbelentwürfe und Musterlösungen haushaltstechnischer Fragen, wie sie zur gleichen Zeit im *Neuen Frankfurt* und anderen Zeitschriften diskutiert wurden. Alle Innenaufnahmen von Lucia Moholy sind ohne zusätzliche Lampen oder Aufhellschirme entstanden, Probleme des Hell-Dunkel-Kontrastes bei den großen Fensterflächen suchte sie durch die Wahl eines geeigneten Aufnahme-Zeitpunktes und durch nachträgliche Behandlung des Negativs zu meistern.

Alle Architekturphotographien von Lucia Moholy waren bis zur Kunstlosigkeit sachlich, erhoben keinerlei Anspruch auf Eigengestaltung, sondern

nahmen sich gegenüber ihrem Gegenstand soweit als irgend möglich zurück. Vorbilder für ihre Arbeit gab es nicht; mit Gropius fand über die Bilder keine Auseinandersetzung statt. Weitgehend unbelastet war Lucia Moholy von ästhetischen Kategorien des Pittoresken, die die Handwerksphotographie jener Jahre prägten. Sie sah die Architekturbilder als Reproduktionen zur Multiplikation gestalterischer Ideen an, weiter nichts. Publizistisch waren diese Bilder außerordentlich erfolgreich: Zeitungsbeilagen und Illustriertenseiten wurden mit ihnen ausgestattet, die Zeitschrift *bauhaus* und andere Kunst- wie Avantgarde-Blätter druckten sie. Eine recht umfangreiche Bildpostkartenserie von den Motiven sorgte ebenfalls für Verbreitung; manche Aufnahmen wurden über die Bildagentur Mauritius verkauft. Etwa die Hälfte der rund 120 Bilder umfassenden Serie fand Eingang in das *Bauhausbuch No. 12*, das den Bauhausbauten in Dessau gewidmet war.[200]
1927 konnte Lucia Moholy ihrem Dokumentationsauftrag an den Dessauer Bauten nicht mehr nachkommen. Daher beauftragte Walter Gropius den Studenten Erich Consemüller mit einer weiteren photographischen Dokumentation all dessen, was noch nicht aufgenommen war.[201] Es entstanden etwa 300 Bilder, in erster Linie Produktphotographien aus den verschiedenen Werkstätten, dazu aber auch Innenansichten des Bauhaus-Gebäudes, die Lucia Moholy nicht mehr hatte photographieren können, weil die Einrichtung noch nicht fertiggestellt war. Hinzu kamen Bilder von der Bauhaus-Bühne und ein umfangreiches Konvolut von Reproduktionen der Vorkurs-Arbeiten. Im Gegensatz zu den Architekturphotographien von Lucia Moholy sind die Arbeiten von Consemüller sorgfältig durchkomponierte Einzelstücke von einiger Raffinesse in Lichtführung und Grauwertverteilung. Es ist sicher anzunehmen, daß er Gropius' Objektkartei kannte, vor allem die Aufnahmen von Hugo Schmölz und Albert Renger-Patzsch. Letzterer dürfte größeren Einfluß auf Consemüllers Sehen gehabt haben: Renger-Patzschs Aufnahmen aus dem Objektschauraum der Fagus-Werke waren deutlich Vorbilder für Consemüllers Ansichten der Dessauer Aula, eine hochdramatische Ansicht des studentischen Atelierhauses paraphrasierte eher eine Außenaufnahme der Fagus-Werke als eines der Bilder von Lucia Moholy, und die als Taufbecken wiedergegebenen Waschtische in der Bauhaus-Werkstatt verwiesen auf Vorläufer aus Renger-Patzschs kunsthistorischen Publikationen. Auch Erich Consemüllers Photographien waren im Bauhausbuch No. 12 enthalten; obendrein wurden sie von der Bildagentur Stoedtner vertrieben.
Daneben gab es einige Einzelstücke zum Bauhaus-Gebäudekomplex, an denen Walter Gropius besonders gelegen haben muß. Ein Bild, das wie Lucia Moholys Serie als Postkarte publiziert wurde und in kaum einer Veröffentlichung

über das Bauhaus fehlen durfte, war jene Luftaufnahme aus dem Junkers-Flugzeug, die sicher mehr bedeutete als nur eine Anspielung auf Corbusiers Aviatik-Begeisterung. Der Blick aus dem Flugzeug war Garant eines wirklich neuen Blicks auf Architektur, der zugleich einer der ältesten Betrachtungsformen entsprach: der Sicht auf das Modell. Nur so erschien Walter Gropius die Authentizität des ausgewogenen, aber asymmetrischen Grundrisses des zu Dessauer Bauhauses vermittelbar – selbst um den Preis einer allzu offensichtlichen und damit die Glaubwürdigkeit des Bildes einschränkenden Retouche.

Eine ganz andere Sichtweise wird durch eine kleine Serie repräsentiert, die erst vor wenigen Jahren publiziert wurde: sechs farbige Ansichten von Innenräumen des Dessauer Bauhauses sowie der ‚Meisterhäuser'. Sie sind eine rare Bildquelle: Es sind die einzigen Zeugnisse ausgeführter Farbgestaltungen in diesen Gebäuden. Die Entwürfe stammten von Hinnerk Scheper und sind in Oskar Schlemmers Wandmalerei-Klasse erarbeitet worden. Die wechselvolle Geschichte dieser sechs Farbdiapositive hat allerdings ihr ureigenes Spezifikum, die Farbigkeit, so weitgehend verändert, daß der Rückschluß auf einen vermuteten Originalzustand kaum noch möglich erscheint. Unbekannt sind Anlaß und Ursprung dieser Bilder. Eines von ihnen, das den Eßplatz im Haus Gropius zeigt, wurde 1930 mit dem Urhebervermerk *Agfa/Berlin* publiziert. Stilistisch sind diese Sachaufnahmen ebenfalls nur schwer einzuordnen; vom Sehen her stehen sie Lucia Moholy näher als Erich Consemüller, doch konnte sich erstere nicht erinnern, jemals farbig photographiert zu haben. Die Datierung der Bilder ist nach den abgebildeten Interieurs auf die Zeit zwischen Herbst 1926 und Frühjahr 1928 festzusetzen. Immerhin zeigt die bloße Existenz solcher Aufnahmen, daß alle Bereiche der Architekturdokumentation im und am Bauhaus genutzt wurden, und daß die farbige Fassung von Wänden und Objekten im Raum wichtiges Gestaltungsthema gewesen war. Gropius selbst hat diese Bilder zu Beginn der fünfziger Jahre neu reproduzieren lassen – aus welchem Anlaß, ist mir nicht bekannt. Nach seinem Weggang vom Bauhaus war Walter Gropius ein arrivierter Architekt, die Zusammenarbeit mit Adolf Meyer schon aufgekündigt und durch ein größeres Büro mit spezialisierten Mitarbeitern ersetzt. Walter Gropius' Verhältnis zur Photographie näherte sich dem eines jeden erfolgreichen Architekten: Von Bauherren und Zulieferern finanzierte Bildserien guter Photographen wurden ihm zur Begutachtung vorgelegt, daraus einiges Passende ausgewählt und ins Archiv übernommen. Die unermüdliche Vortragstätigkeit ließ bereits vor 1933 nach, das Archiv war nicht mehr alleinige Quelle von Inspiration und Legitimation. Um Gropius' Emigration über Großbritannien in die USA zwischen 1933 und 1937 ranken sich diverse Legenden; er konnte sein gesamtes Archiv sowie Materialien mancher Bauhaus-Schüler oder -Mitarbeiter mitnehmen. Dies schuf in einzelnen Fällen durchaus Probleme von Copyright und Freundschaft[202], hat aber insgesamt den Bestand des Bauhauses in der Geschichte des 20. Jahrhunderts gesichert. So wie sich seine Einstellung zur Architekten-Ausbildung über die Jahrzehnte änderte, so wird ihm das Fehlen eigener Fähigkeiten zum direkten Ausdruck von Ideen via Zeichnung zunehmend schmerzlich bewußt geworden sein, was den Rückgriff auf mediale Vorprägungen negativ bewertete. In seinem *Blueprint of an Architect's Education* von 1939 rangierten Bücherwissen und intellektuelle Ausbildung bereits nach der schöpferischen Vision, ohne daß damit gesagt war, wie sich diese darzustellen habe. So war Gropius wieder am Anfang seiner Laufbahn angelangt, als er gemeinsam mit Adolf Meyer einen Entwurf für das Bismarckdenkmal auf der Elisenhöhe vorgelegt hatte, der damals weder preiswürdig erschien noch publiziert wurde; er bestand aus der Nachzeichnung einer Photographie – natürlich der eindrucksvollen Ansicht von unten, den Berg hinauf. Auch in einem Entwurf für ein Alfelder Krankenhaus wurde die direkte Einzeichnung in eine Photographie praktiziert – ohne Erfolg. Da hatte die Arbeit auf der Basis eines Bildarchivs doch den Vorzug größerer Abstraktion und stärkerer intellektueller Prägung; beides hat Walter Gropius intensiv genutzt. Die wenigen ihm selbst zugeschriebenen Photographien sind von so geringer Qualität, daß sie meist als *Amateurphotographien* bezeichnet werden. Gropius' direkter Nachfolger am Bauhaus richtete als erster eine Architekten-Ausbildung ein, hatte sich mit diesem Abbildverfahren wie mit anderen auseinandergesetzt und selbst photographiert.

Hannes Meyer

„Radio, Marconigramm und Telephoto erlösen uns aus völkischer Abgeschiedenheit zur Weltgemeinschaft."[203] Diese Heilsbotschaft moderner Technik samt moralischem Impetus fand sich in einem programmatischen Text, der 1926 in der Zeitschrift des Schweizerischen Werkbundes erschien und den Abschluß eines Lernprozesses signalisierte, der den Autor nicht nur unter die Avantgarde technikeuphorischer Architekten seiner Zeit katapultieren sollte, sondern ihm mittelbar auch die Einladung zu einem Lehrstuhl am Dessauer Bauhaus eintrug. Er stammte von Hannes Meyer (1889–1954), der 1927 die erste Klasse für Architektur am Bauhaus übernahm und nach

Gropius' Weggang 1928 Direktor wurde.[204] Der Lernprozeß wandelte einen liberal-aufgeschlossenen Genossenschafts-Architekten, der sein Handwerk unter anderem bei Georg Metzendorf im Arbeiterwohnungsbau der Firma Krupp gelernt hatte, in einen radikal sozialistisch argumentierenden Propagandisten des *Neuen Bauens*, dem zudem jede Art der Formfindung auf konstruktivistischer Basis recht war, so sie nur zum gewünschten Ziel einer gesellschaftlichen Veränderung beitrug.

Ein solches Mittel der Formfindung konnte auch die Photographie sein; meist wurden seine Bilder unter dem Signet *coop* publiziert – einem Theaternamen aus der Zusammenarbeit mit dem Genfer Ehepaar Jean-Bard. Die meisten dieser Photographien waren Material- und Kompositionsstudien; sie sind häufig im Kontext des Bauhauses ausgestellt worden, jedoch vor Meyers Berufung dorthin entstanden. Wie andere Architekten und Architekturtheoretiker seiner Zeit benutzte Meyer seine Kamera gelegentlich als visuelles Notizbuch, wobei er sich souverän des neuesten Bildrepertoires bediente; am Bauhaus kamen Portraits und Vorlagen für Werbegraphiken hinzu. Zur dem Bauhaus-Engagement vorausgehenden Lehrzeit gehörten die Abbildungen der *coop*-Vitrine, die in ihrer kompositorischen Perfektion auf der Grenze von Produktphotographie und künstlerischer Eigenart standen. Spätere Photographien aus der Zeit um 1930 waren reportagehafte Schilderungen einzelner Aktionen in der Öffentlichkeit, die für Meyer den Charakter einer (prozessual bestimmten) Produktphotographie trugen.

Die wesentliche Leistung des Bauhaus-Direktors Hannes Meyer waren die Verwissenschaftlichung und gesellschaftliche Neuorientierung des Unterrichts. Die Orientierung an einem industriellen Design-Begriff ist bis heute umstritten; ihre fatale Rezeptionsgeschichte begann mit Walter Gropius' Terminierung des Bauhauses auf die Zeit von 1919 bis 1928 bei der ersten Retrospektive in New York 1938. Als Bestandteil dieser Verwissenschaftlichung und Ausrichtung an objekt- wie projektorientierter Lehre wurde 1929 Walter Peterhans zum Leiter einer neugegründeten *Fachklasse für Fotografie* ans Bauhaus berufen. Sein Grundkurs in diesem Fach umfaßte eine verfeinerte Produktphotographie mit Detailreichtum in der Oberflächenwiedergabe und in der Nuancierung minimaler Abschattungen bei verflächigender Darstellung auch voluminöser Objekte. Diese Interpretation eines reproduktiven Handelns per Photographie hatte, wie zahlreiche Absolventen des Peterhansschen Kurses belegen, pädagogische Meriten, schränkte den Photographen selbst in seiner Arbeit jedoch ein. Das Resultat ist ein Rezeptionsproblem von Walter Peterhans: Bruchlos stehen in seinem Œuvre feinste Stilleben, eher

grobe Portraits und eine monumentalisierende Architekturphotographie nebeneinander.
Im Jahre 1930 photographierte Peterhans die von Hannes Meyer, Hans Wittwer und einer Reihe Bauhäuslern entworfene Bundesschule des ADGB in Bernau bei Berlin, die kurz zuvor fertiggestellt, eingerichtet, aber noch nicht in Betrieb genommen worden war.[205] Die Bildserie umfaßte alle Bereiche einer Baudokumentation: Gesamtansichten – wie bei den Dessauer Bauten um eine Junkers-Flugaufnahme ergänzt –, Halbtotalen von Eingang und Erholungsplatz, vor allem aber Innenaufnahmen mit Blicken durch die großen Fenster nach draußen. Außen und innen, Natur und Bau sollten ineinander übergehen; Peterhans wählte bevorzugt den späten Nachmittag als Zeitpunkt der Aufnahme, um durch Baumschatten bis ins Haus hinein oder durch Baumsilhouetten als Bekrönung der Baukörper eine gelungene Integration dieser Gegensätze vorzuführen. Bei den Innenaufnahmen überwogen extreme Weitwinkelsichten meist in rechtem Winkel zur Wand, die durch Stuhl- oder Tischreihen sowie lang fluchtende Fensterbänder noch betont wurden. Gelegentlich waren Menschen als Staffage in die Bilder gesetzt, doch wurde auch deutlich, daß die Schule noch nicht benutzt war – die Personen dienten als Größenmaßstab. In bezug auf Beleuchtung, Bildaufbau und monumentalisierende Behandlung des Objekts zeigt die Bildserie eine enge Verwandtschaft zur gleichzeitigen Arbeit von Werner Mantz, Hugo Schmölz und Albert Renger-Patzsch.
Sowohl im Hinblick auf die erzieherische Vergewisserung eigener Gestaltungsmöglichkeiten im Medium Photographie als auch auf die Bedeutung perfekter Photographien zur Verbreitung eigener Bauten wie der dahinterstehenden Ideen hatte die Arbeit von Hannes Meyer Ähnlichkeit mit dem Ansatz von Erich Mendelsohn. Dieser doppelte Gebrauch kann als typisches Verhältnis moderner Architekten zur Photographie gewertet werden, denn er fand sich in der darauffolgenden Generation bei den meisten Architekten und war somit selbstverständlich. Im Gegensatz zu Mendelsohn hat Meyer jede zeichnerische Eigenart zugunsten einer Normierung zu unterdrücken gesucht, was ihm soweit gelungen ist, als er seine (und Hans Wittwers) Axonometrien und Perspektiven jenen schattenlosen Gebilden annäherte, die in den achtziger Jahren als Plotterausdrucke große Anforderungen an räumliche Vorstellungskraft stellten. Er löste damit für sich jenes Problem einer bildlosen Moderne, das bei Bruno Taut noch als gordischer Knoten aus expressivem Gestus und prinzipieller Verweigerung erschien.
Als Bauhaus-Direktor stand Hannes Meyer zwischen zwei Titanen der an Heroen nicht armen Moderne: Walter Gropius und Ludwig Mies van der

Rohe. Beide markieren letztlich auch die Extreme eines Gebrauchs von Photographie für die Ideenfindung und -verbreitung in Architektur und Unterricht. Die Radikalität von Hannes Meyer, die seiner Rezeption so lange im Wege stand, lag nicht in seinem Umgang mit massenkommunikativen Mitteln; da waren die beiden anderen Bauhaus- und Moderne-Propagandisten weiter.

Ludwig Mies van der Rohe

„Mies van der Rohe (1886–1969) kann nicht in die utopische dialektische Kontinuität des Begriffs ‚moderne Bewegung' eingereiht werden. Jeder Versuch, ihn in diese Mystifizierung mit einzubeziehen, erschwert unweigerlich das Verständnis seines Werkes. An einem Schicksal beteiligt, das nicht das seine ist, bleibt Mies noch immer eine ‚unergründliche Sphinx', rätselhafter Ausdruck einer ‚Rückkehr zur Klassik' und zugleich deren radikalste Negation."[206] Nebulös wie dieser Satz nehmen sich viele Versuche analytischer Annäherung an diesen Monolith der Architektur des 20. Jahrhunderts aus. Hier soll den vielen Eigentümlichkeiten und Brüchen in Leben, Werk und schriftlichen, meist aphoristisch verkürzten Äußerungen des berühmten Architekten eine weitere hinzugefügt werden: Mies' Vorliebe für eine spezifisch moderne photographische Darstellungsform, und dies neben einer früh entwickelten, bis in die Vorformen von Ideenskizzen durchschlagenden Zeichenkunst.

Mies' Medium war die Photomontage. Diese Aussage mutet erstaunlich an, dreht sich doch nahezu die gesamte Beschreibung und Kritik von Mies van der Rohes Lebenswerk um Begriffe wie Vereinfachung, Reduktion, Klassizität oder Materialgerechtigkeit – also um das Gegenteil von Polyvalenz, Polyperspektivität und Polymorphie, die der Photomontage zugeschrieben wird. Hinzu kommt, daß Mies mit keiner Silbe auf dieses Bildverfahren eingegangen ist, obwohl es sein gesamtes Arbeitsleben begleitet und in ebenso hohem Maße auf seine Lehre[207] wie auf die Kritik seiner Arbeit eingewirkt hat.[208] In seiner Dessauer und Berliner Lehre hatten seine Formen der Photomontage keine Bedeutung für den allgemeinen Unterricht, was eine Übernahme stilistischer oder ikonologischer Eigenarten in der Rezeption verhindert haben mag. Insgesamt muß der Begriff der Photomontage recht weit definiert werden, um für die verschiedenen Erscheinungsformen im Miesschen Œuvre praktikabel zu sein.

Das beginnt mit der Ein- oder Überzeichnung photographischer Vorlagen, wie sie sich bereits bei Friedrich von Thiersch findet und ab 1910 als Vorgabe bei Wettbewerben genutzt wird, auch jener Auslobung des Bismarck-Denkmals auf der Elisenhöhe am Rhein, an der sich, neben anderen jungen Architekten der noch nicht formierten Moderne, die Gebrüder Mies beteiligten. In der zu diesem Wettbewerb gehörenden Publikation herausragender Entwürfe war Mies zwar vertreten, jedoch mit einer Ansicht, die nicht auf den vier vorgegebenen Photographien basierte. Daß er sich exakt an den Kodex der Ausschreibung gehalten hat, belegen nachgelassene Zeichnungen zum Wettbewerb, deren bekannteste auf der dramatischen Photographie des Weinberges basiert. Die Methode der Einzeichnung dürfte Mies als Sproß eines Aachener Steinmetz-Unternehmens nicht unbekannt gewesen sein, wurde sie im bildhauerischen Bereich um 1900 als Übermalung von Blaupausen sowie als Einzeichnung in partiell abgeschwächte photographische Papierbilder extensiv genutzt.

Für Mies brachte die Zeit vor dem Ersten Weltkrieg eine Auseinandersetzung mit Vorbildern wie Schinkel und Gilly sowie mit der niederländischen Architektur. Frank Lloyd Wrights Werk in der Wasmuthschen Doppel-Publikation festigte Mies offensichtlich in der Wahl seiner zeichnerischen (reduzierenden) wie photographischen (induzierenden) Mittel. Das läßt sich gleich bei den ersten Entwürfen feststellen, mit denen er 1922 an die Öffentlichkeit trat: zwei Hochhaus-, ein Bürohaus- und drei Landhaus-Entwürfe, teilweise als Wettbewerbsbeteiligungen entstanden, teilweise als Vergewisserungen neuer Ansätze, die Hans Richter in seiner Zeitschrift *G* publizierte. Zu jedem Objekt entstanden Zeichnungen und manchmal ein Modell; veröffentlicht wurden Modell- und übermalte Situationsphotographien.

Begonnen wurde die Serie mit dem Hochhausentwurf für die Berliner Friedrichstraße vom Herbst 1921, eine Wettbewerbsbeteiligung, mit der Mies selbst erst später an die Öffentlichkeit trat. Er sandte eine zweiteilige Tafel von knapp 140 x 100 cm Größe ein, auf die ein Großfoto der Friedrichstraße mit Blick über die Weidendammer Brücke kaschiert war; darauf war mit Gouache, Tusche und Bleistift jene hoch aufragende Perspektive des gläsernen Turmhauses angebracht, die für Furore unter den Berliner Architekten sorgte und den bis dahin nur mäßig bekannten Mies van der Rohe ins Rampenlicht der Öffentlichkeit stellte. Grundriß und Ansicht sind nicht in Übereinstimmung zu bringen. Mies wollte mit der Montage die Idee des gläsernen Turms zum Ausdruck bringen, ohne die grundstücksbedingten Einschränkungen berücksichtigen zu müssen. Unterstützt wird eine solche Vermutung

durch den Gebrauch des Photokartons als Ausstellungsobjekt der Novembergruppe, wo es auf Realisierbarkeit nicht ankam. Neben der gegen den Grundriß ausgezogenen Spitze des Hochhauses zur Weidendammer Brücke mußte das Bauwerk den Blick auf das wichtige Erdgeschoß mit seiner (im Wettbewerb geforderten) Passage zum Bahnhof Friedrichstraße verhindern; die dunkel übermalte Brücke wirkt als Mauer, die jede Perspektivflucht unterbricht. Mies hat daher auf der Basis des ursprünglichen Photos noch eine weitere Perspektive gezeichnet, in der die Brücke nicht mehr vorkam; die rahmenden Gebäudekomplexe rechts und links behielten ihre charakteristischen Silhouetten – es ging um die gleiche Ansicht wie zuvor, doch als Idee bereinigt und auf das Wesentliche, die kristalline Struktur konzentriert. Diese Zeichnung hat Mies in seiner ersten Publikation verwendet, bei der Emigration in die USA mitgenommen, 1939 ausgestellt und sie zeitlebens für eine wichtige Manifestation seines Œuvres gehalten.
Die Übernahme photographischer Konventionen in die (Ein-)Zeichnung hinein war um 1920 nicht nur bei Mies van der Rohe zu finden; sie fand sich bei den Interieurs von Frank Lloyd Wright und als ähnlich vorsprachlich fundierte Konvention bei Erich Mendelsohn. Doch Mies ging mit diesen Konventionen aus Perspektive und Belichtung um wie mit *objets trouvés*: Er fand sie vor und arbeitete sie in seine Vision ein. Damit stand er – die Freundschaft zu Hans Richter ist Garant für diese Verbindung – den Methoden von Dada und Surrealismus näher als dem Expressionismus eines Mendelsohn. Deutlich zu sehen war dies an einem Detail der Miesschen Zeichentechnik, das sich in den Umraum-Darstellungen des Hochhaus- und des Bürohaus-Entwurfes sowie in der Behandlung von Licht und Schatten innerhalb dieser Gebäude zeigte: Die Schraffur eines dicken Kohlestiftes entsprach dem Collageverfahren der Frottage, und dies ganz im Gegensatz zur sich in den zwanziger Jahren etablierenden Praxis der Verwendung von Kohlezeichnungen für große Architekturperspektiven, wie sie von konservativen Lehrern und Juroren geschätzt wurde. Daß dieses Verfahren direkt mit einem nach-dadaistischen Montagebegriff zusammenhing, ist aus einer Vielzahl von Zusammenhängen abzuleiten: von der Tatsache, daß Max Ernst zur gleichen Zeit mit Photomontagen experimentierte, über Hans Richters Verbindungen zu Film und Photographie, die sich auch im Programm der Zeitschrift *G* niederschlagen, bis zum, ebenfalls aus dadaistischer Tradition stammenden, Präzisionismus der von Mies im *Frühlicht* mitgegebenen Texte zum Hochhaus.
Die Zeichnungen von Büro- und Hochhaus wurden in der *Frühlicht*-Publikation durch einige Modellphotographien des zweiten Hochhausentwurfes

Walter Gropius, Bauhaus Dessau, Luftschrägaufnahme eines anonymen Werksphotographen der Junkers-Flugzeugwerke, 1926, aus: Leonardo Benevolo, Geschichte der Architektur des 19. und 20. Jahrhunderts, Reinbek 1964

Ludwig Mies van der Rohe, IIT Campus Chicago, Photomontage 1941, aus: Ausstellungskatalog Mies Reconsidered, Chicago 1986

Ludwig Mies van der Rohe, Wettbewerbsentwurf Hochhaus Friedrichstraße, Berlin 1922, zweite Fassung der übermalten Photographie, aus: Ausstellungskatalog Mies Reconsidered, Chicago 1986

ergänzt, der eine Vervollkommnung des Ideengehaltes im ersten war. Sie folgten vom Modell wie von der photographischen Wiedergabe her den üblichen Verfahren der Zeit um 1920, mit der Ausnahme eines Bildes, das dieses Modell von schräg unten zeigte. Die Vorderkante bildete im Photo einen ähnlichen Abschluß wie die Mauer der Weidendammer Brücke in der übermalten Photographie von der Friedrichstraße, doch hier schien die gegenläufige Kante mit ihrer schwarzen Dreiecksfläche zur linken unteren Bildecke hin die Dynamik der Sicht die Hochhausschluchten hinauf zu verstärken. Noch bevor Mendelsohn sich die amerikanischen Hochhäuser mittels eigener Kamera in gleichem Winkel zur Verfügung stellte und damit eine Welle ähnlicher Sichten in der Photographie auslöste, hatte Mies diesen Blick wörtlich modellhaft einmal – und ein für allemal – realisiert. Daß dieser Blick erst in den Photographien der Chicagoer Turmhäuser wiederkehrte, ist ein Rezeptionsproblem, das mit Mies' Intentionen nicht viel zu tun haben dürfte; doch zeigte sich während dieser Erprobungsphase, wie nahe der Architekt mit seinen Visionen den Avantgardisten seiner Zeit stand.
Von den Hoch- zu den Landhäusern war in Mies' Terminologie ein wesentlicher Sprung: Das *Bauen* wurde zum entscheidenden Momentum der Arbeit, und beim Bauen ist das Material die Grundlage. Material war für Mies gegeben: Eisenbeton oder Backstein, Glas und Stahl für Fenster und Rahmen galten als selbstverständlich.[209] Soweit die Ansichten der Landhäuser noch überliefert sind, reflektierte deren zeichnerischer Duktus einerseits eine gelegentliche Nähe zu Erich Mendelsohns Konturzügen, andererseits auch eine Übernahme frottageartiger Materialprägung, jedoch nicht mehr so stark wie in den Hochhausentwürfen. Der stilistische Vergleich zu Frank Lloyd Wrights *Prairie Houses* drängt sich ebenfalls auf, vor allem bei den Dreiviertel-Übereck-Ansichten, die Wright in seiner Berliner Ausstellung und Publikation von 1910 bevorzugt gezeigt hatte – doch die Unterschiede wiegen schwerer: Wrights feines Lineament war einem Licht-Schatten-Spiel gewichen, das bei aller Ähnlichkeit in Perspektive und Position auf dem Papier kraftvoller erschien und weniger vom Haus preisgab. Mies vertraute bei diesen Entwürfen stärker als je zuvor und jemals danach auf die Kraft des Wortes; sein Text zum *Industriellen Bauen* für die Zeitschrift *G* war mit streng axialen Montageaufnahmen illustriert. In drei Vorträgen der Jahre 1923, 1924 und 1926 nutzte Mies wie Gropius das Lichtbild zur Illustration, jedoch mit engerer Anbindung von Bild und Text. Die vorgeführten Diapositive kulminierten beim Vortrag nicht in perfekten Ansichten eigener Bauten oder Entwürfe, sondern blieben streng an die Argumentation gebunden.

Bis in die dreißiger Jahre hinein entwickelte Mies kein neues Verhältnis zur Photomontage, sondern hielt sich weiter an erprobte Verfahren – auch aufgrund von Wettbewerbsvorschriften. Ein typisches Beispiel dafür sind de Entwürfe für Büro- und Geschäftshäuser, die als Großbauten das Bild einer Straße oder eines Platzes erheblich verändern. Wie schon beim Bismarckdenkmal am Rhein etablierte sich in den zwanziger Jahren sowohl bei Auslobern als auch bei Bauherren die Sitte, Architekten in vorhandene Photographien einer Umraum-Situation den geplanten Neubau einzeichnen zu lassen.

Mit einem Baukomplex war Mies' Name in den zwanziger Jahren unauslöschlich verbunden: mit der Stuttgarter Weissenhofsiedlung.[210] Unabhängig von Mies' eigener Bauleistung in diesem Komplex, von seinen unterschiedlichen Gesamtplanungen und seinem Engagement für die Hinzuziehung internationaler Architekten ist sie für ihn das erste große Medienspektakel gewesen. Dies wird ihm wiederum geholfen haben, der Photographie im Lehrkonzept des Bauhauses unter seiner Leitung einen hervorragenden Platz einzuräumen, doch ist er während der Weissenhof-Arbeit mit eigenen Montagen oder Überzeichnungen zurückhaltend geblieben. Insofern ist es blanke historische Ironie, daß eine einzige Photomontage für die Rezeption der Weissenhofsiedlung und vielleicht der Bauhaus-Architektur insgesamt zum Sinnbild wurde: die *Weissenhofsiedlung als Araberdorf*. Sie zeigte einen Blick über die beiden Wohnblockreihen, deren obere von Mies stammte; dieser Blick war als Pressebild häufig publiziert worden und wurde auch als Postkarte vertrieben. Die Montage bestand in der Einfügung von Menschengruppen in Beduinenkostümen und Kamelen; da die eingefügten Figuren aus einer Reportage in der ‚Berliner Illustrirten Zeitung' des Jahres 1929 stammten, ist die Montage etwa auf dieselbe Zeit zu datieren. Die Siedlung ist auf dem Bild im Sinne einer kolonialistischen Sicht auf arabische oder nordafrikanische Wohnquartiere völlig übervölkert; mit dem Begriff der Überfremdung (der ja der Sinn der Arabermetapher war) sollte die Angst vor Überfüllung und Chaos geschürt werden.

Die Bildpostkarte mit der Montage ist bis zum Ausbruch des Zweiten Weltkriegs in Stuttgart von mehreren Verlagen vertrieben worden. Die Frage nach dem Ursprung dieser eindeutig polemisch gemeinten Montage und nach ihrer Priorität gegenüber dem verbalen Verruf der ganzen Bauausstellung entspricht wohl dem Suchen nach dem Ursprung von Henne und Ei: Jedenfalls klebte das Etikett des *Beduinendorfes* bis in Reichstagsdebatten und nationalsozialistische Hetzparolen hinein fest an der Stuttgarter Siedlung. Das war sicher die Absicht der anonym gebliebenen Monteure; aus der wütenden

Ablehnung der Moderne durch die ‚Block'- und ‚Bauhütte'-Architekten um 1930 war ganz schnell ein primitiver Rassismus erwachsen, der im Nazi-Deutschland zu Krieg und Holocaust führen sollte.

Viel ist über das Ende des Berliner Bauhauses unter Mies geschrieben worden, einiges auch über Mies' eigene Anpassungsversuche an die Nationalsozialisten nach 1933[211], doch wenig hat die Problematik so erhellt wie eine einzige Zeichnung dieses Architekten, nämlich die seines Wettbewerbsbeitrags zur Berliner Reichsbank 1933. An diesem Wettbewerb haben ein letztes Mal viele Architekten teilgenommen, die in der Moderne von Bedeutung waren und nicht durch jüdische Herkunft oder politische Opposition für ein weiteres Leben in diesem Land von vornherein ausschieden. Mies unterbreitete neben detaillierten Plänen seines massiv blockhaften Bauentwurfs auch eine perspektivische Zeichnung, die in ihrer delikaten Schraffur auf der zeichnerischen Oberfläche steinerne Wirkung demonstrierte (eine aus der Steinmetzarbeit stammende Zeichentechnik). In der Weichheit aller Linien und Auflösung aller Konturen bereitete sie jene Photographismen vor, die nach dem Zweiten Weltkrieg festes Zeichen konservativer Entwürfe werden sollten.

Doch Mies wäre nicht einer der distanziertesten Anwender persuasiver Techniken in der zeichnerischen Antizipation von Gebautem gewesen, wenn er nicht auch in diesem Fall zu ganz eigenen Erfindungen gekommen wäre: Neben der Wettbewerbsperspektive finden sich in seinem Nachlaß zu diesem Projekt einige Vorentwürfe in einer gleichsam photographischen Perspektive, die jeweils von einem Bildrahmen gefaßt ist. Dieser Rahmen wird oft genug von der Perspektive durchschnitten, läßt den Straßenraum im Vordergrund größer werden oder den Seitenrand des Baukomplexes breiter – es ist die zeichnerische Vorbereitung einer lapidaren Formulierung in photographischer Sicht, die einem ungekonnten Amateurphoto oder der Art von Gropius' Bauzustandsaufnahmen und Le Corbusiers Reisephotographien entspricht. Manche dieser flüchtig notierten Ansichten enthalten noch Andeutungen von Schatten, eine sogar die Sonne im strahlenden Gegenlicht; bei anderen sind Formverläufe dagegen so weit aufgelöst, daß der Rekurs auf ein Gebäude wie das der Wettbewerbszeichnung schwerfällt. Nach diesem Wettbewerb und einigen erfolglosen Ausstellungsentwürfen hat der Architekt erkannt, daß sich eine Anpassung an den Nationalsozialismus keinesfalls auszahlt; spät, doch nicht zu spät, emigrierte Mies van der Rohe in die USA.

Nach 1926 gewannen auratische Termini in seinem Denken eine neue Rolle, die sich in Bauten wie dem Barcelona-Pavillon und der Villa Tugendhat realisierten. Die Transzendierung der Beziehungen von Innen- und Außenraum, von Mensch und Umwelt verdichtete sich in einer Gestalt, die von alltäglichen Gebrauchsmustern abstrahierte. Die Öffnung des Raumes in den Übergang von innen und außen, in den spezifischen *Miesian Space*[212] hinein, konnte auf Bezugspunkte oder -flächen nicht verzichten. Wo immer eine photographische Abbildung des Barcelona-Pavillons oder eines Raumdetails des Hauses Tugendhat aufgenommen und publiziert wurde, hatte sie entweder in geschickt plazierten Skulpturen und Möbeln oder aber in minimalen Ausformungen von Treppenhandläufen und Fensterkanten eine Bezugsebene, die unterhalb der Wahrnehmungsschwelle angesiedelt, jedoch mehr oder minder bedeutungstragend, weil Garant aller Größen war. Dies um so mehr, als die Bilder menschenleer waren und somit menschlicher Maßstäbe dringend bedurften.

Haus Tugendhat und Barcelona-Pavillon thematisierten in erster Linie die Öffnung von innen nach außen, die endgültige Realisierung eines *plan libre* auch als Lebensform. Entsprechend sind von beiden Häusern die Innenaufnahmen – mit dem notwendigen Blick nach draußen – berühmter geworden als die seinerzeit ebenso häufig hergestellten Außenansichten. Fluchten an Fenstern entlang, axiale Sichten über knappe Raumachsen mit abruptem Ende vor flachen oder gebogenen Wänden bestimmen das Bild dieser Bauten, mehr als die in der damaligen Presse beliebten Diagonalen über Möbel hinweg auf die Außenfronten zu. Eine einzige Außenaufnahme des Barcelona-Pavillons hat in den letzten Jahrzehnten etwas Karriere als Raumdarstellung gemacht – weniger weil sie das Gebäude in eindrucksvoller Manier oder erläuternder Absicht zeigt, sondern weil am rechten Bildrand eine Fahne heftig flattert, Sinnbild der Vergänglichkeit eines Baues, der auf kurze Zeit geplant und dem eine noch kürzere Zeit der Dauer beschieden war. Der Autor dieser Bilder ist mir nicht bekannt geworden; stilistisch kann man sie in einen Zusammenhang mit der Arbeit der Brüder Köster stellen.

In den dreißiger Jahren zeichnete Mies van der Rohe einige Atriumhäuser, die das Raumbild von Barcelona-Pavillon und Haus Tugendhat umdrehten: Nichts mehr kam vom freien Plan nach außen, nichts mehr war dem Betrachter offen zugewandt. Dafür umschloß das Haus seine Schätze, seine Räume und seinen Hof. Was geborgen wurde in den Atriumhäusern, hat Mies über Montagen preisgegeben: preziöse Materialproben, fein plaziert in ein Gespinst von zarten Linien. Funktional gesehen, sparte er sich mit dem Einmontieren von Materialien in die Zeichnung die Herstellung von Raumbezügen über fluchtende Hilfslinien, doch bedeuteten die montierten Objekte mehr: Sie waren Ikonen, die wie Reliquien behandelt wurden, freischwebend im Raum montiert ohne Reliquiar, doch mit der Bedeutung des heiligen Zentrums. Dem Blick von außen nach innen bei den Atriumhäusern entsprach die Montage edler Materialien in liturgischer Funktion; sie unterwarf alle Linien der Sehrichtung auf das Eigentliche und Unsagbare. Nicht einmal perspektivischer Fluchten bedurfte es mehr. Eine reduziertere und zugleich transzendierendere Form der Material- und Photomontage ist kaum denkbar. Wenn Photographien in diese nach innen gekehrten Räume montiert wurden, dann waren es Reproduktionen von Kunstwerken, vornehmlich von Skulpturen, seltener Malereien und gelegentlich von materiellen Oberflächen wie Stein oder Holz. Ohne es zu kennen, kommentierte Mies mit diesen Montagen Walter Benjamins etwa gleichzeitig entstandenen Essay *Das Kunstwerk im Zeitalter seiner technischen Reproduzierbarkeit* einschließlich dessen verzweifelter Suche nach den Resten des Auratischen, die Walter Gropius mit der Wendung ins Authentische bereits hinter sich gebracht hatte. Das Enigmatische der Atriumhaus-Entwürfe mag neben ihrer ephemeren Existenz im Œuvre auch darin liegen, daß die Orientierung nach innen mit ihrer religiösen Überhohung privatistisch bleibt, ohne Bezug zur Außenwelt und ohne kommunikative oder funktionale Ebene in der Formensprache. Dies mag mit Isolationen und Verwundungen der NS-Zeit zusammenhängen, was aber kaum zur Erklärung ausreicht.

In den USA vollzog Mies mit einem berühmt gewordenen Unterrichtsobjekt den Benjaminschen *shift* vom kultischen zum ausstellerischen Gebrauch des (montierten) Kunstwerks, in seinem *Museum for a Small Town*. In die photographische Übereck-Ansicht eines Flugzeughangars des Architekturbüros Albert Kahn montierte Mies einige perspektivisch zulaufende Materialstücke, die als Kunstwerke erkennbar waren, auch wenn sie auf kein bekanntes Werk rekurrierten. Ihre Materialität schien direkt dem künstlerischen Produktionsbetrieb entnommen zu sein: Oberflächen von der Art einer Blattvergoldung, einer Inkrustation und einer Malfläche sind erkennbar. Andere Montagen dieses Entwurfskonzeptes entsprachen eher dem Atriumhaus-Sehen: ikonenhafte Präsentation von reproduzierten Leinwänden und Skulpturen im Umfeld zart angedeuteter Raumkanten – so sahen manche Studienarbeiten dieser Entwurfsvorgabe aus. Doch die Materialpräsentation verwies über die Verschiebung der Bedeutung sakraler Momente im Kunstwerk hinaus auf eine pragmatische Ebene: auf die im Steinmetzhandwerk gängige Arbeit der Polychromie, Fassung oder materiellen Imitation.[213] Möglich, daß sich Mies im Rekurs auf die spirituellen Grundlagen seiner Entwurfsarbeit wieder der handwerklichen Basis seines Denkens versichert hat.

Dies wird recht deutlich bei einer Betrachtung der Photomontagen, die zur Planung des *Illinois Institute of Technology* in Chicago hergestellt wurden. Das IIT war sicher eine der umfänglichsten Hochschulplanungen jener Jahre

in den USA und von daher auch eine, die der gesellschaftlichen Legitimation besonders bedurfte. Selbstverständlich gehörten zu Stadtplanungen jener Größenordnungen bereits seit den zwanziger Jahren Luftbild-Schrägaufnahmen mit eingezeichneten Bauten. Insofern waren Mies' Photomontagen eingeführte Formen der Veröffentlichung. Innerhalb des Œuvres und seiner Entwicklung der verwendeten Darstellungsmittel ergab sich durch das der Planung zugrunde liegende Raster der Chicagoer City eine Assoziation, die auf der Unübertragbarkeit des Ortes und damit auf einer spirituellen, wenn nicht religiösen Komponente dieser Sicht beruhte: Die streng symmetrische, jedoch in sich versetzte Plazierung der einzelnen Institutsgebäude verwies auf die in mittelalterlichen Domen unter der Vierung im Fußboden eingelassenen *Labyrinthe* als Symbolen des Lebens und Leidens.[214]
Seit den Chicagoer Institutsbauten hat Mies van der Rohe ganz wesentlichen Wert auf die Ausgewogenheit von Größenverhältnissen in der Platzgestaltung an und vor seinen Gebäuden gelegt; das Resultat war zumeist eine so delikate Balance, daß schon minimale Eingriffe späterer Besitzer oder Verkehrsführungen die ursprüngliche Wirkung zerstören konnten. Doch wohl nie ist die prinzipielle Bedeutung, die Mies dieser Ausgewogenheit zumaß, so deutlich geworden wie in den Montagen zum IIT-Campus. Die relative Flachheit der Gebäude unterstrich den flächigen Charakter der Montage in Luftbild-Schrägaufnahmen, die die Grundriß-Orientierung der Gesamtplanung unterstützte. Die Hervorhebung der Grundfläche unter den IIT-Bauten hat dabei mehr als absetzenden Wert gehabt: Die Baukuben erhoben sich auf ihr wie in einem flachen Relief, und in ihrer weißen Reinheit erreichte sie ikonenhafte Wirkung einer profanen Planung. Auch diese Montage verwies schon auf spätere Lichtbrechungen der dunklen Skelettkanten an den Bauten mit den weißen Innenflächen der Wände. Der spirituelle Habitus des Ganzen – Wissenschaft als Symbol reinen Geistes in der Gesamtfläche der Stadt – ist unübersehbar und in erster Linie über die Mittel der Montage hergestellt.
Bei den vielen Photomontagen, die Mies' Büro im Zusammenhang diverser Wohnraum- oder -bauplanungen am Beginn der fünfziger Jahre verließen, ist die spirituelle Komponente nicht mehr gefragt gewesen. Ob es sich um Appartements am Lake Shore Drive oder in anderen Hochhäusern handelte oder ob es einsame Wohnhäuser inmitten wilder Naturlandschaften waren, immer wurde den zukünftigen Bauherren oder Mietern mittels eines Aussichtspanoramas, das nur von dünnen Fenstersprossen unterbrochen war und sich am Ende eines aus knappen Federstrichen angedeuteten Wohnraumes befand, die künftige Weite beim Blick aus dem Fenster suggeriert – pure Werbung für die Ware Wohnung. Es waren diese Montagen, die zu Beginn

der fünfziger Jahre für den Ruf des Wohnhochhausbauers Mies van der Rohe in der Bundesrepublik sorgten.[215] Hier wurden Sehnsüchte möglicher Bewohner von Wohnungen geweckt – mit den ursprünglichen Intentionen einer architektonischen Moderne und der Suche nach einem adäquaten Darstellungsmittel ihrer Intentionen hatte dies nichts mehr zu tun.
Sieht man vom propagandistischen Gebrauch der Photographie *für* und vom polemischen Gebrauch des Mediums *gegen* die Durchsetzung, Legitimation und Klassifikation der architektonischen Moderne einmal ab, so bleibt bei Walter Gropius und Ludwig Mies van der Rohe als bestimmendes Element ein Sehnsuchtsmuster übrig: Das durch Prothesen wie Archive und Techniken wie Montage erweiterte Repertoire visueller Möglichkeiten sollte zu klassisch anmutenden, einfachen Wirkungen sowie zu deren Legitimation eingesetzt werden – und zwar dergestalt, daß hinter einmal erreichte Positionen nicht wieder zurückgefallen werden konnte. Diese Hoffnung mußte sich als trügerisch erweisen, war sie doch zu knapp an den zivilisatorischen Prozeß einer linearen Evolution gekoppelt. Der avancierte Bildgebrauch allein – Verarbeitung großer Quantitäten von Ausgangsmaterialien über das Bildarchiv sowie Verdichtung realitätsnaher Details in Antizipation möglicher Wirklichkeit durch die Photomontage – war kein Garant eines künstlerischen, sozialen und architektonischen Fortschritts, um den es der Moderne insgesamt ging. Was alle Modernisten der zwanziger Jahre erfahren mußten, war, daß dieser technische Fortschritt mitsamt seiner Option auf Erkenntniszuwachs sich exakt für jene Ziele einspannen ließ, die ihren Intentionen zuwiderliefen, die einige von ihnen zeitlebens bekämpft hatten. So war denn auch das Alter der meisten hier vorgestellten Architekten von Resignation gezeichnet, von Rückfällen in althergebrachte Darstellungsmuster, vom Rekurs auf akademische Entwurfs- und Unterrichtsformen.
Hinter dem avancierten Bildgebrauch in Archiv und Montage stand ein ethisches Momentum des technischen Sehnsuchtsmusters, und das war für Gropius wie Mies unverzichtbarer Bestandteil sowohl der eigenen Entwurfsgrundlagen als auch der Legitimation aller Entwurfsergebnisse. Dieser Verlust technizider Ethik markierte nicht nur die *dunkle Seite der Aufklärung*, sondern war als zeitgleiche Komponente *desselben* Bildgebrauchs so omnipräsent, daß im Rückblick erstaunen mag, wie wenig die Protagonisten der Moderne davon erfahren oder erahnt haben mochten. Jede Bildtechnik ist prinzipiell gegenüber der Verwendung ihres Einsatzes in kommunikativen Prozessen neutral und damit in jede gewünschte Richtung steuerbar – das war genau der Grund einer intensiven Zuwendung durch die Väter und Söhne der heroischen Moderne. Doch während die Theoretiker der modernen Archi-

tektur noch ihre Legitimation mittels spezifischer Bildtechniken zu perfektionieren suchten, wandten all jene, denen die Moral aufgeklärten Wissens gegenüber ihrem eigenen Bauwillen nachrangig war, das ganze Repertoire photographischer Gestaltungsmittel und vor allem der Distributionsformen für ihre Zwecke ungeniert und ungehindert an. Das Ende der Moderne ist weniger durch die Ereignisse um 1933 in Deutschland zu datieren als durch die Verschiebung des Interesses an medialen Vermittlungen von den CIAM-Idealen weg zur Realisierung ökonomischer und politischer Ziele mittels massenkommunikativer Techniken – auch in der Architektur, und vor allem durch die Photographie.

Gebrüder Dransfeld (Phot.), Fritz Höger, Chilehaus Hamburg, 1925, aus: Walter Müller-Wulckow, Bauten der Arbeit und des Verkehrs aus deutscher Gegenwart, Königstein 1926; originale Bildunterschrift: „... Spitze photographisch unnatürlich übertrieben ..."

Mediale Modernisierung für faschistische Formen – Architektur und Photographie im NS-Staat

Präludium: Die Gegenmoderne in den zwanziger Jahren

Eine strikt am Fortschreiten der Moderne ausgerichtete Architekturgeschichtsschreibung übersieht beim Wechsel von den zwanziger in die dreißiger Jahre, der oft als Abreißen eines Entwicklungsfadens geschildert wird, einige fundamentale Fakten: Erstens, daß die Moderne keineswegs die einzige, nicht einmal die publizistisch wie quantitativ überragende Bauform der zwanziger Jahre war; zweitens, daß der moderne Impetus selbst nach 1929 erheblich nachließ, während seine Wirkung auf die allgemeine Bau- und Entwurfstätigkeit als nachhaltig und kaum mehr reversibel erschien; und drittens, daß es bis etwa 1936 keineswegs als gesichert zu gelten hatte, ob nicht doch die architektonische Moderne zur eigentlichen Bauform des NS-Staates werden würde[216]. Alle diese Faktoren, die eine Kontinuität historischer Prozesse über die diskrete Aufreihung stilistischer oder funktionaler Spezifika stellen, sind in hohem Maße von medialer Rezeption abhängig und weitgehend als Wirkungsästhetik beschreibbar. Unbestreitbar bleibt allerdings der publizistische Kampf einer großen Zahl konservativer Kräfte gegen die architektonische Moderne, dessen polemische Schärfe unter dem ökonomischen Druck der Weltwirtschaftskrise um 1930 so immens zunahm, daß eine propagandistische Ablehnung alles Modernen durch das nationalsozialistische Regime aus Gründen des politischen Pragmatismus geboten schien.

Es ist kein Widerspruch, daß die Heroen der Moderne in der Architektur dieselben Lehrer hatten wie diejenigen, die sich schließlich als deren aktiven Gegner präsentierten. Schlüsselrollen fielen Theodor Fischer und Peter Behrens zu, auch im Hinblick darauf, wie ihre Schüler und Mitarbeiter mit den entwurfstechnischen Hilfestellungen sowie den werbepsychologischen Möglichkeiten der Verwendung von Photographie bei Entwurf, Planung und Werbung umgegangen sind. Im Hinblick auf das konservative Potential waren typischerweise für beide die jeweils kürzeren Lehrzeiten stärker schulbildend als die langen und im eigenen Œuvre prägnanteren Stationen: Aus Fischers

Lehrtätigkeit ging die *Stuttgarter Schule* um Paul Bonatz und Paul Schmitthenner hervor, aus Behrens kurzer Episode die *Düsseldorfer Schule* um Wilhelm Kreis. Nicht alle Exponenten dieser Schulen waren Gegner der Moderne, aber sie waren mit wenigen Ausnahmen auch nicht deren Befürworter. Was sie in erster Linie interessierte, war das Bauen selbst: viele Aufgaben übertragen zu bekommen, viele Aufträge auszuführen und viel Geld zu verdienen, vor allem jenseits der zwar publizitätsträchtigen, aber wenig einträglichen öffentlichen Wettbewerbe. Dazu bedurfte es einer neuen Errungenschaft der zwanziger Jahre: der Architektenwerbung.

Eine solche Werbung gab es schon vor dem ökonomischen Schub der deutschen Wirtschaft um 1925, in Form von Festschriften zur Eröffnung großer Bauten. Doch orientierten sich diese noch nicht eindeutig auf den jeweiligen Architekten und sein Schaffen. Ab der Jahrhundertwende führten diverse Zeitschriften und Publikationsreihen beispielhafte Interieurs und Wohnbauten vor, doch auch diese beschrieben mehr die Bauaufgabe und vermittelten die Werbung für den Architekten eher indirekt. Beide Strategien wurden in den zwanziger Jahren fortgeführt und zunehmend auf einzelne Architekten hin personalisiert. Es entstand eine neue Publikationsform: die werbende Architekten-Monographie. Sie unterschied sich von früheren Büchern wie etwa der Publikationen Wrightscher Entwürfe von 1910 und 1911 durch einen medial anderen Anspruch und eine Verschiebung in der anzusprechenden Leserschaft als Zielgruppe: Nicht mehr jungen Berufskollegen zum Vorbild und bereits ausgesuchten Bauherren zur Überredung wurden die Illustrationen jetzt dargereicht, sondern allen möglichen Auftraggebern als Kostprobe, lange vor jeder Beauftragung.

Entsprechend hatten Aufmachung und Bebilderung funktional zu sein. Die Einleitung sollte nur wenige Angaben über Leben und Werk des vorgestellten Architekten enthalten und bereits bei oberflächlicher Lektüre die Spezifik des jeweiligen Entwurfsverfahrens herausstellen, die meist als Stil proklamiert wurde. Die Abbildungen hatten die pragmatische Qualität der Durchführung von gegebenen Bauaufgaben hervorzuheben: Photographien fertiger Bauten von innen und außen wurden mit technisch anmutenden Fassaden- und Grundrissen kombiniert; die zeichnerische Perspektive als Werbemittel kam in diesen Büchern selten vor. Da die vorgestellten Architekten sich meist auf der Höhe ihres Erfolgs oder kurz davor sahen, präsentierten die Monographien fast durchwegs nur einen kleinen Ausschnitt des Œuvres der letzten zwei oder drei, maximal fünf Jahre. Finanziert wurden derlei Werke einerseits durch die Architekten selbst, andererseits wie schon frühere Festschriften durch nachgeschaltete Anzeigen von Bauhandwerkern und Zulie-

ferern. Dazu gehörten ab 1925 auch die Photographen: Oft genug läßt sich nur aus den Anzeigen auf die Provenienz der Abbildungen schließen. Dies ist nahezu der einzige Unterschied zur heutigen Praxis, wo derlei Bände inzwischen sowohl für Architekten wie für Photographen zu werben haben und deshalb von beiden gemeinsam finanziert werden. Zusätzlich zu diesen Monographien erschienen noch eine Reihe von Sammelbänden zu einzelnen Bauaufgaben, die in ähnlicher Weise entstanden: Herausgeber und Verlag (oft mit der Redaktion einer Architekturzeitschrift identisch) sammelten Abbildungen, ordneten sie in geeigneter Weise, gaben ihnen ein sehr knappes werbendes Vorwort mit und beschränkten die Bildunterschriften auf das allernötigste Minimum. Die erfolgreichste Reihe dieser Art erschien in einem Verlag, der den Bildband als Massenmedium eingeführt hatte und in seinem Programm bildungsbürgerliche Ziele verfolgte; wahrscheinlich war die Aufnahme in einen solchen Band, von dem mehr als 50.000 Exemplare verlegt wurden, die wirksamste Architektenwerbung: Walter Müller-Wulckows *Blaue Bücher*.[217] Diese Bände schufen den Kontext für eine langsame Durchsetzung moderner Ideen aus Architektur und Design, indem sie die kommunikative Grundlage bürgerlicher Akzeptanz als Ambiente für Bauherren aus Industrie und Verwaltung sowohl in dienstlichen als auch in privaten Zirkeln bereitstellten. Dieser Zusammenhang konnte von den Architekturzeitschriften mit ihrer Bindung an Wettbewerbe und wechselnde Themenstellungen nicht normativ vorgeführt werden, noch weniger von den architekturbezogenen Bild-Text-Geschichten der großen Illustrierten.
Funktional derartig eingeengt, war der formale Kanon des Abbildens früh festgelegt: Die Werkbund-Jahrbücher, die Schmölzschen Aufnahmen der Kölner Ausstellung von 1914, das Behrenssche Archiv eigener Bauten für die AEG und öffentliche Auftraggeber garantierten eine gleichermaßen technisch perfekte wie repräsentativ anmutende photographische Bauaufnahme. Doch diese Annahme trügt, denn um 1925, als die ersten Monographien und Sammelbände erschienen, konnte von einer fixierten Sehweise noch keineswegs gesprochen werden, schon gar nicht von einer, die photohistorisch gern mit dem malerischen Begriff einer *Neuen Sachlichkeit* verknüpft wird.[218] Das galt sowohl für die radikalen Exponenten der Moderne wie für die moderaten Zeitgenossen oder ihre Gegner. Arthur Köster brauchte einige Jahre, um sich von dem, am Potsdamer Einsteinturm exemplifizierten, skulpturalen Sehen zugunsten einer strengen und sachlichen Schilderung architektonischer Bauformen zu lösen. Ein klassisches Beispiel für die problematische Tauglichkeit des Abbildungsverfahrens Photographie zur Wiedergabe komplexer Gebäudestrukturen etwa des architektonischen Expressionismus

ist die Publikation des Högerschen *Chilehauses* in Hamburg mit seinem ebenso charakteristischen wie medienwirksamen Spitzwinkel nach Osten. Die Schiffssymbolik dieses Winkels noch vor aller Dampfermotivik der Moderne ergab sich bereits aus der Aufgabenstellung, den Wünschen des Bauherren und aus einer Zeichnung Högers.[219] Diese Perspektive brauchten die Photographen der Firma Dransfeld in Hamburg nach Vollendung des Baues nur nachzuvollziehen; sie taten dies nicht einmal annähernd, was Winkel und Ausschnitt anging. Dennoch wurde ihre Aufnahme in der ersten Auflage von Müller-Wulckows *Bauten der Arbeit* mit der Bildunterschrift kommentiert: „Spitze photographisch unnatürlich übertrieben."[220] Abgesehen von der philologischen Fragestellung, wie (un)natürlich eine photographische Abbildung sein kann, demonstrierte dieser Kommentar nicht nur völlige Unwissenheit über die Baugeschichte des Chilehauses samt seiner bereits publizierten Zeichnung, sondern auch noch Unsicherheit gegenüber den Regeln einer Abbildungstechnik, die ja mittels Büchern die eigentliche Anschauung des Bauwerks antizipieren und weitgehend ersetzen sollte.
1924 wurde am Kölner Hansaring der Bau eines Hochhauses begonnen, das der Architekt und Bauspekulant Jakob Koerfer in Eigenregie geplant und hat aufführen lassen.[221] Im Frühjahr 1925 bestellte er beim Kölner Photographen Hugo Schmölz einige Ansichten des noch nicht ganz vollendeten Gebäudes; von der Haupt-Straßenansicht, die unter kräftigem Sonnenlicht den Hochhausturm des breit gelagerten Komplexes durch einen Standpunkt auf Fußgängerhöhe und starke Untersicht zum kommenden Wahrzeichen des neuen Köln stilisierte, ließ er eine Anzahl von Kopien bestellen, die er möglichen Mietern der darin angebotenen Büroräumen und Investoren der zugehörigen Anlagen vorlegte. Der Erfolg war durchschlagend: Binnen weniger Wochen war der Bau vollständig belegt, nach kaum drei Monaten präsentierte sich das Gebäude im Glanz diverser Leuchtreklamen und Geschäftsdekorationen.[222] Dieser Vorgang begründete die Etablierung eines festen Kanons architektonischer Werbephotographie, der sich in den späten zwanziger Jahren geradezu formelhaft wiederholen sollte. Es war ein amerikanisches Repertoire an Gestaltungsmitteln: Starkes Sonnenlicht akzentuierte die Plastizität der Bauvolumina, hinzu kamen dunkler (unter deutschen Wetterbedingungen nur mittels Filterung, Photomontage und Dunkelkammertricks erreichbarer) Himmel mit hell aufragendem Baukörper samt leuchtend konturiertem Gesimsabschluß, perspektivische Überhöhung durch Standpunkt in Fußgängerhöhe, weitgehende Axialität, Vermeidung aller vertikalen Fluchten bei starker Überdehnung der horizontalen Fluchten, oft durch Fluchtpunkte jenseits des Bildes.

Schon im 19. Jahrhundert hatten die Produzenten der architektonischen Mappenwerke Menschen aus den Photographien verdrängt; nunmehr wurde auch darauf geachtet, daß durch die Wahl geeigneter Jahreszeiten und das Abpassen geeigneter Bauzustände wie äußerer Vollendung ohne Dekoration ein möglichst reines Bild vom Formwillen des Architekten übermittelt wurde. In seiner Reinheit konnte ein solches Bild zudem den medialen Übergang von technizider Entstehung zu uneingeschränkter Funktionalität evozieren, konnten Faktur und Faktizität zusammenfallen. Die Reinheit ist ein primäres Kriterium aller Konsumwerbung, geradezu ihr *basso continuo* – und die Architektur richtete sich danach aus. Am Ende der zwanziger Jahre konnte kein Architekturbuch und kaum eine Fachzeitschrift ohne die blendend weißen Volumina gestaffelter Baukuben auskommen, die bei freistehenden Wohnhäusern durchwegs von unten gezeigt wurden und damit jene Höhenlage demonstrierten, die einen über den alltäglichem Dreck erhob. Bewohnbarkeit wurde anhand eines solchen, sich selbst dauerhaft stimulierenden Programms aus werbender Abbildung, architektonischem Konzept und rückkoppelnder Resonanz seitens der Kritiker zweitrangig, wie sich an den Debatten um die Villen von Le Corbusier und Mies in bezug auf deren Brauchbarkeit für familiäre Ambientes ablesen ließ.

So sehr sich dieser Kanon unspezifisch über die ganze stilistische Bandbreite der Moderne legte, weil er als Gebrauchsform normativen Charakter erhielt und damit als unausweichlich erschien, so stark differenzierte er sich nach einzelnen Bauaufgaben aus. Die geschilderte Monumentalität des Koerferschen Hochhauses in Köln blieb innerhalb seiner Bauaufgabe fast singulär, so wie sich das ganze Feld der gebauten Turm- und Hochhäuser am Ende der zwanziger Jahre als stilistisch ausgesprochen konservativ darstellte.[223] Die zeitgenössischen Photographen waren zumeist damit beschäftigt, die technischen Probleme der Hochhaus-Photographie einigermaßen in den Griff zu kriegen und deren Erscheinungsbild dem von Industriebauten anzupassen. Unbedingte Nähe der abbildenden Darstellungsform zur Praxis gleichzeitiger, von kurzfristigen Moden abhängiger Werbephotographie war für die Architekten von Bedeutung, deren Klientel sich selbst im Besitz zu repräsentieren suchte (und damit für die Weitergabe von Aufträgen große Bedeutung erhielt) oder aber eindeutig wirtschaftliche Interessen mit ihren Bauten verfolgte. Von Seiten der Bauaufgaben handelte es sich in erster Linie um Wohnhäuser mit repräsentativer Funktion, daneben um Geschäfts- oder Bürohäuser inclusive Innenausstattung, und gelegentlich um Industriebauten mit repräsentativer Ansichtsseite. Als Architekten kamen für derlei Aufgaben in Frage: etablierte, moderate Moderne, ebenso moderate Konservative etwa aus der

Stuttgarter Schule. Diese Architekten unterhielten Ende der zwanziger Jahre größere Büros, deren äußeres Erscheinungsbild eine ebensolche Bedeutung gehabt haben mag wie die eigentliche Entwurfsarbeit. Viele dieser Architekten waren zu Beginn der zwanziger Jahre Anfänger gewesen, als Mitarbeiter in größeren Büros oder als Studenten in den Werkstätten ihrer Professoren beschäftigt. Aus dieser Zeit rührte zumeist die erste Begegnung mit der Photographie; manch einer, wie der Bonatz-Schüler Franz Fels, wurde selbst Architekturphotograph und somit berufener Interpret einer Schule. Die meisten trafen am Beginn ihrer Karriere mit einem oder mehreren Architekturphotographen zusammen und lernten schnell die Spreu vom Weizen trennen. Umgekehrt hatten die meisten Architekturphotographen zu Beginn der zwanziger Jahre mit wirtschaftlichen Schwierigkeiten zu kämpfen und waren zu Konzessionen bezüglich ihrer kommenden Kundschaft bereit – eine Rechnung, die sich am Ende des Jahrzehnts für beide Seiten und Mitte der dreißiger Jahre für die in Deutschland Verbliebenen ungemein ausgezahlt hat. Als Paul Bonatz sich intensiv um die Beauftragung für einige städtebauliche Konzepte in Köln bemühte, nahm er seine Studenten mit und versorgte sie mit kleineren Aufträgen zu Wohnhäusern des Kölner Besitzbürgertums. Diese jungen Architekten hatten entweder nicht das Geld oder nicht das Interesse, sich von ihren Bauten gute Photographien herstellen zu lassen, obwohl sie sie zur eigenen Pressearbeit in den Architekturzeitschriften dringend brauchten. Da ergab es sich gut, daß der Photograph Hugo Schmölz es hervorragend verstand, den ohnehin reichen Bauherren eine Anzahl Photographien anzubieten und zu verkaufen, von denen dann kostenlose Zweitdrucke an die Architekten gingen – die ihn dann empfahlen, wenn es wieder einmal etwas zu photographieren gab. Bei diesen Aufnahmen war die Sprache der architektonischen Werbephotographie noch nicht gefunden, waren noch Rückgriffe auf die Sicht der Mappenwerke mit hellem Himmel, diagonalen Straßenfluchten und einzelnen Staffagefiguren die Regel. Die meisten Architekturphotographen jener Jahre arbeiteten gleichzeitig für Architekten der Moderne und konservativer Prägung mit nahezu gleichen Bildformen; der Photograph wird ohne näheren Auftrag nach einer losen Absprache mit einem Mitarbeiter des Architekturbüros seine Standpunkte selbst gesucht haben. Das Repertoire war vorhanden: Außenaufnahmen bei strahlendem Sonnenschein mit kräftigen Schlagschatten, mit wenig Umraum und meist in axialer Sicht; Innenaufnahmen unter Betonung lichter Weiten meist leicht diagonal gesehen, möglichst mit Ausblick und unter Hervorhebung einzelner Möbelstücke, deren Entwurf vom selben Architekten stammte und die als sündhaft teure Einzelstücke das Portrait des stolzen

Besitzers abrundeten. Gelegentlich verband einen Architekten auch eine Freundschaft mit einem Photographen, sicher die beste Voraussetzung für kongeniale Interpretationen, die sich wiederum zu beiderseitigem Nutzen kommerzialisieren ließen. Dies führte, wie im Fall der Bekanntschaft von Hugo Schmölz mit dem Fischer-Schüler Dominikus Böhm, zu einer differenzierten Darstellungsweise, in der Spezifika der Architektur jenseits konventioneller Formvokabulare sichtbar gemacht werden konnten. Böhm war während der frühen zwanziger Jahre mit einigen Kirchenbauten in formaler Nähe zum Expressionismus bekannt geworden, mit seinen bewegten Spitzbögen, verschachtelten Kreuzgratgewölben und gekurvten Backsteinwänden samt sichtbaren Betonbindern ein Antipode der Bartningschen Kristallformen.[224] Die Bedeutung des 1926 nach Köln übergesiedelten Werkschul-Professors wäre nicht so deutlich geworden, hätte er in seinem Photographen nicht einen Interpreten gehabt, der durch eigenwillige Bildmittel die Eigenart seines Bauens darzustellen verstand. Offensichtlich wurde dies an den photographierten Kirchen-Interieurs: Durch geschickte Schrägsichten wurden die Räume von Dorfkirchen vergrößert und große Hallenkirchen verkleinert, durch eine ausgefuchste Lichtregie die tatsächliche Lichtführung aufrechterhalten und dennoch das im Dunklen liegende Gewölbemotiv vorgeführt, durch extreme Standpunkte am Boden mit Schrägsicht nach oben sogar ein Kruzifix expressiv überhöht – alles differenzierte Bildmittel, die sich nicht einfach in den Kontext der architektonischen Werbephotographie einordnen ließen.

Derlei interpretatorische Leistungen, so sehr sie heute einen künstlerischen Rang der Architekturphotographie jener Jahre begründen mögen[225], sind und bleiben Einzelfälle von eher untergeordneter Bedeutung für die Visualisierung des architektonischen Gesamtgeschehens am Ende der zwanziger Jahre. Folgenreicher war dagegen der Versuch eines deutschen Photographen, den aus den USA stammenden werbephotographischen Kanon in die antike Architektur rückzuübersetzen, und dies – Ironie der Geschichte – in amerikanischem Auftrag. Über einen Sammler vermittelt, vom Metropolitan Museum in New York erteilt, gelangte 1927 der Auftrag, griechische Skulpturen sowie die Athener Akropolis zu photographieren, an den bislang durch je eine Publikation zum Naumburger und zum Bamberger Dom bekanntgewordenen Photographen Walter Hege; die Bilder wurden für eine Ausstellung sowie für eine Publikation gebraucht.[226] Was Hege aus Griechenland mitbrachte, waren Perfektionierungen bislang geübter Attitüden gegenüber diesem Baukomplex: Neben der notwendig starken Sonneneinstrahlung mit kontrastreicher Betonung aller Reliefs in Baukörper und -schmuck und dem dunklen Himmel als oberem Bildabschluß wurden die Bauten durch Untersicht und Verkürzung der Bildraumtiefe (mittels extremer Teleobjektive) dergestalt monumentalisiert, daß sie medial jedem menschlichen Zugriff entzogen schienen. Der Kontext ihrer deutschen Publikation verband die Werbung für die Antike und ihre unvergängliche Architektur mit jener Kritik an der Moderne, die die Suche nach gestalterischen Innovationen mit dem pejorativen Attribut ‚modisch' ausstattete. Medial wurde damit einerseits die Linie einer konservativen, ihre kolonialen Ursprünge kaum verhehlenden Reiseliteratur in Wort und Bild fortgeführt, andererseits eine Streuung von bürgerlichem Bildungsgut evoziert, auf dessen Basis eine wirksame Kritik der (von Hege nicht geschätzten) Moderne zu erfolgen hatte.

Walter Hege evozierte mit seinem Griechenland-Bildband, dem durch die dreißiger und vierziger Jahre noch eine Reihe anderer folgten, eine vorsprachliche, unreflektierte Begeisterung für das ewig Wahre mit kurzfristig wirksamen, massenkommunikativen Mitteln. Konsequenterweise wurde Hege von seinem väterlichen Freund und Förderer Paul Schultze-Naumburg bereits 1930 in eine neugegründete Fachklasse Photographie ans faschistische Weimarer Anti-Bauhaus berufen, wo er sich schon im Februar 1930 als gläubiger Nationalsozialist zu präsentieren verstand.[227] Damit war er jenem gnadenlosen Wettbewerb entzogen, der nach dem Börsenkrach von 1929 gleichermaßen unter Architekten und Photographen einsetzte. Selbst große Architekturbüros mußten sich auf ein bis zwei Mitarbeiter verkleinern, und die gerade noch heißlaufende Konjunktur war tiefer Hoffnungslosigkeit gewichen. Die größeren Büros konnten gerade noch die letzten werbenden Monographien abschließen und 1930 veröffentlichen; auch Müller-Wulckows Bände erschienen noch in neuen Auflagen. Dennoch war nicht zu übersehen, daß diese Publikationen kaum zur Werbung neuer Kunden dienen konnten. Was sich zwischen 1926 und 1929 etabliert hatte, war eine moderne Art der Abbildung für alle Arten von Bauten, die aufgrund ihres monumentalisierenden Kanons und nach ihrer Absicherung durch Heges Antikenrezeption sämtliche Differenzierungen von Baustilen der Moderne oder ihrer konservativen Gegenspieler medial nivellierte – eine Voraussetzung für den intentionalen Einsatz des Massenkommunikationsmittels Photographie im NS-Staat war auch im Bereich der Vermittlung architektonischen Entwurfsgeschehens geschaffen.

Motiv: Deutschland soll schöner werden

1933 publizierte Emil Kaufmann in Wien seine Studie *Von Ledoux bis Le Corbusier. Ursprung und Entwicklung der autonomen Architektur*[228] – die nach Julius Pontens *Architektur, die nie gebaut wurde*[229] zweite Schrift zur Einleitung einer Renaissance jener Schule des französischen Klassizismus, die heute unter dem Stichwort *Revolutionsarchitektur* bekannt ist. In seiner Argumentation leitete Kaufmann die Modernität des Gezeigten weniger von den Bauformen selbst her als von deren sprachähnlichem Gebrauch. Wesentlich war ihm dabei die Reduktion der Bauformen auf stereometrische Grundmodelle oder sprachlich fixierbare Symbole, denen ein Kanon neuartiger, mindestens stark eingeschränkter, oft singulärer Nutzungen entsprach – von Boullées Kenotaph für Isaac Newton in Form einer Kugel bis zu Lequeus Rinderstall in Form einer Kuh. Ohne diese zu benennen, lud Emil Kaufmann im Verlauf seiner Studie zur Auffindung ähnlicher Motive in der Architektur der Moderne ein: Das Dampfermotiv bei Le Corbusier und anderen ist seit Ernst Blochs berühmtem Verdikt hinlänglich untersucht worden.[230]

Das schmale Buch hatte seinerzeit einen jungen Architekten interessiert, der zuvor Hochschulassistent bei Heinrich Tessenow gewesen war: Albert Speer. Einem betulichen Modernismus im Gefolge gartenstädtischer Reformbewegungen verpflichtet, hatte Tessenow mögliche Fortschritte der Architektur vor allem in bescheidenen Maßstäben, in der Rücknahme persönlicher Selbstdarstellung eines Architekten hinter die gründliche Bestimmung funktionaler und ökonomischer Kriterien gesehen. Speer, primus inter pares einer Gruppe von gleichermaßen modernitätssüchtigen wie karrierebesessenen Technokraten[231], sah in der von Kaufmann gezogenen Linie von der *Revolutionsarchitektur* bis zu Le Corbusier die faszinierende Möglichkeit einer Legitimation eigener Großentwürfe jenseits Tessenows bescheidener Attitüden.

1933 konnte Albert Speer in Abstimmung mit den Aktivitäten des Propagandaministeriums[232] einen vorhandenen Kanon von Darstellungsformen und Gebrauchsweisen der Photographie übernehmen, der – der Konsumwerbung entsprechend – sprachähnlich wie vorsprachlich zu nutzen war. Die Reproduktionstechnologie Photographie hatte am Beginn der dreißiger Jahre eine solche Verbreitung erlangt, daß sie nicht mehr in jeder Betrachtung auf ihren Ursprung zurückverfolgt werden konnte. Das Reproduzierte mußte existent sein, denn sonst hätte es nicht reproduziert werden können; mithin war die Vermittlung über das Medium Photographie objektiv im banalsten positivistischen Sinne des Wortes. Daß die Reproduktion in quantitativer

Massierung qualitative Veränderungen nach sich zog, war denen bewußt, die mediale Techniken für sich einsetzten; unter den Bedingungen der Weltwirtschaftskrise nach 1929 waren dies die Architekten, die alle Register der Werbung zogen, um irgendetwas irgendwie in irgendeinem Stil zu bauen. Emil Kaufmann hatte in seinem Büchlein auf autonomisierende, letztlich tautologisierende Tendenzen in der Architektur um 1930 reagiert, und Albert Speer mußte bewußt geworden sein, daß hier die Klammer war, die eine pragmatische Modernität mit bequemer Anwendung restaurativer Symbolik verband. Aus der *architecture parlante* war das *Wort aus Stein* geworden, selbst wieder ein Mißbrauch des literarischen Topos, den Victor Hugo in *Nôtre Dame de Paris* so gefaßt hatte: „Die Baukunst begann wie jede Schrift. Zunächst war sie Alphabet. Man richtete einen Stein auf, und das war ein Buchstabe ...".[233] Genau umgekehrt war der Weg, den Albert Speer und mit ihm die Architekten der Staatsarchitektur des NS-Regimes gingen: von der theoretisch vorformulierten, modernen Struktur zur symbolisch-theatralischen, reaktionären Bildsprache im Gebauten.[234] Die Photographie erfüllte in diesem Zusammenhang auf mehreren Ebenen wesentliche Aufgaben. Eine Photomontage Herbert Bayers aus dem Jahre 1936 – veröffentlicht im Katalog der *Deutschland-Ausstellung* zur Olympiade in Berlin – bildete gleichsam die Matrix medialer Kommunikation durch Architektur. Links die schier endlosen Kolonnaden von Schinkels Altem Museum als menschenleeres Photo, das durch Licht- und Schattenführung große Tiefe erhielt; darin eingeklinkt ein Ausschnitt des Schinkelschen Theaterprojekts als Zeichnung aus starker Untersicht und mit menschlicher Staffage. Rechts ein Blick in das Rund des großen Olympiastadions, dem in der Mitte ein Modellphoto desselben Baues zu einem früheren Planungsstadium eingesetzt war. Am Seitenbruch auf geschweiften Buchformen in vier Sprachen der Kurztext: „Der Klassizismus, seines strengen Stiles wegen der Preußische Stil genannt, ist am reinsten in Berlin verkörpert. Das neue Deutschland schafft seinen eigenen Stil." Das reale Photo des Schinkel-Baues korrelierte dem Anspruch auf Klassizität, hatte repräsentativen Charakter. Die kleine Zeichnung verwies auf das Primat der Idee, auf die Genialität des Baumeisters – und in der für jeden Leser nachvollziehbaren Folge auf Hitler als den Baumeister der Nation, als den er sich selber sah. Das Architekturmodell stand für den utopischen Gehalt jeder Planung städtebaulicher Dimension und ließ gleichwohl die Machbarkeit anklingen, die im großen Bild der rechten Seite evoziert wurde. Das Medium der Photomontage verklammerte die Modernität technisch-objektivierter Realitätsschilderung mit der erzählerischen Qualität eines architektonischen Bilderbogens aus dem 19. Jahrhundert. In dieser Verbindung von Restauration und Moderne ist der persuasive Charakter einer *architecture parlante*, den Schinkel für einen despotischen Herrscher mit eigenen künstlerischen Ambitionen pragmatisierte, zu einer Verunklärung von Gebautem und Beabsichtigtem verkommen, an deren Auflösung weder Architekt noch Bauherrn gelegen war.

Die vulgäre Version der Bayerschen Montage war in einer etwa gleichzeitigen Ausgabe des *Illustrierten Beobachters* unter dem Titel „Deutschland soll schöner werden" zu finden. Rechts der Durchblick vom Troostschen Mahnmal für die Toten des Hitlerputsches von 1923 zu den Klenzeschen Propyläen, einem bayerischen Gegenstück zu Schinkels funktionalisierter *architecture parlante*, streng axial gesehen mit gliederndem Licht – vom Bauwerk ist fast nichts zu erkennen. Links der Baumeister am Werk im milden Licht der Genremalerei und mit allen Insignien der den Deutschen so wichtigen Gemütlichkeit. Die Modernität seiner Planungsmethode als verbal gegebener Auftrag ist erst aus heutiger Sicht zu verstehen und wäre damals allenfalls auf symbolischer Ebene erklärbar gewesen. Auf der rechten, wahrnehmungspsychologisch wichtigeren Seite war hier wie auf Bayers Montage eine Verknüpfung von Antike und Moderne zu finden, jedoch unter anderen Voraussetzungen: Die Schönheit Deutschlands repräsentierte ein Totenmal.[235]

Hitlers großdeutsches Reich bedurfte historischer Klammern, sei es zur Legitimierung langfristiger Ansprüche an Vergangenheit und Zukunft oder zur pragmatischen Begründung kurzfristiger Aktionen, von positiven Manifestationen auf Parteitagen und Massenveranstaltungen über territoriale Machtarrondierungen in Österreich, der Tschechoslowakei und Polen bis zur bürokratisch-industriellen „Endlösung der Judenfrage". Kommunikationsmittel waren die Massenpresse, der Rundfunk, geplant auch das Fernsehen. In abgestuften Hierarchien wurden meinungsbildende Klassen angesprochen, die diese historischen Klammern deutschen Bildungsidealen entsprechend didaktisierten. Ihnen hatte die Photographie vorsprachliches Erinnerungsmaterial zu liefern, das emotionale Stimulantien bereithielt – für die Architektur bedeutete das eine Perversion der Denkmalpflege in dumpfe Heimatschutz- und Konservierungs-Ideologeme. Dieser arbeitsteilige Prozeß medialer Steuerung war auf mehrere Photographen verteilt, je nach beruflicher Spezifikation ihrer Arbeit in den zwanziger Jahren, unter den Bedingungen einer ästhetischen Moderne. Walter Hege lieferte die Grundmuster deutscher Größe durch eine monumentalisierende Interpretation von Kunst, die wiederum Vorbildfunktion für kommende Architekturplanungen und deren Visualisierung hatte. Sein Film über den Bamberger Dom trug den Titel *Das Buch aus Stein* – die Lesart wurde mitgeliefert. Hege hatte nicht nur medial

Herbert Bayer (Photomontage), Doppelseite aus: Offizieller Katalog der Deutschland-Ausstellung zur Olympiade Berlin 1936

Heinrich Hoffmann (Phot.), Illustrierter Beobachter, Sonderbeilage zur Olympiade Berlin, August 1936

Erich Baumann (Phot.), Albert Speer, Obersalzberg („Berghof' Adolf Hitlers), aus: Mit der Reichspost durch Deutschland, Berlin o.J. (1937)

Karl-Hugo Schmölz (Phot.), Albert Speer, Modell der ‚Reichshauptstadt Germania', Durchblick zur großen Halle, Berlin 1939, aus: Albert Speer, Architektur. Arbeiten 1933-1942, Berlin 1978

die Antike zu modernisieren, sondern die herbe Strenge des deutschen Mittelalters direkt mit der griechischen Antike zu verknüpfen, während Max Baur als ehemaligem Postkarten-Verleger die Aufgabe zugefiel, für das pittoreske Motiv zu sorgen, das massenkommunikativ unverzichtbar war, weil es positive Leitbilder bot. Heges Aufnahmen appellierten direkt an das Bildungsbürgertum, Baurs Photos an die untere Mittelschicht und ihre Sehnsucht nach Harmonie und Gemütlichkeit. Diese Form der Arbeitsteilung läßt sich auf die Arbeit der meisten deutschen Architekturphotographen in den dreißiger Jahren projizieren.

Den Übergang von funktionaler Moderne zu formaler Restauration zeigte Erich Baumanns Aufnahme von Hitlers Wohnhaus auf dem Obersalzberg. Die streng axiale Sicht ließ die Rasterstruktur offenkundig werden, mit der sich dieses Gebäude, bei allen alpinen Dach- und Applikationsformen, als typisches Produkt des 20. Jahrhunderts darstellte. Aufgefangen wurde diese Modernität durch die filmische Kulisse von Wald und Bergwelt, in die der Bau gebettet war. Immer wieder ist auf die Theatralik der NS-Architektur hingewiesen worden, allzu selten jedoch unter Bezug auf diejenigen Photographien, mit denen diese Architektur unter das Volk gebracht wurde. Architektur als Filmkulisse war in den zwanziger Jahren ein ähnlicher Topos wie der Ozeandampfer – beiden fühlte sich ein Albert Speer, in der Tradition von Paul Ludwig Troost und unter dem Regiment der Leni Riefenstahl stehend, verpflichtet. Ob das Gespielte auf dem Obersalzberg ein Heimatfilm, auf dem Berliner Sportfeld eine Dokumentation oder unterm Brandenburger Tor ein Historienschinken war: Die Architektur war dem kommunikativen Sofortgebrauch nachgeordnet, gerade als historisches Wahrzeichen.

Thema: Bauaufgaben und ihre Visualisierung

Mit der neuen Regierung und ihrer Etablierung während des Jahres 1933 wuchs die allgemeine Hoffnung auf ökonomische Stabilisierung und für die Architekten auf neue Aufträge. Doch der Konkurrenzkampf der Weltwirtschaftskrise hatte hart gemacht, und so begann erst einmal ein Verteilungskrieg um diesen Neubeginn. Wenn auch 1933 noch kaum einer innerhalb der NS-Regierung genau wußte, wie nun das neue Bauen des „Dritten Reiches" auszusehen hatte, wenn auch Hitlers Parteinahme für einen reduzierten Klassizismus in der Folge Behrensscher Ansätze wie bei Paul Ludwig Troost noch als singulär anzusehen war, so waren sich jedoch die meisten Architekten darin einig, wer als Gegner auszugrenzen und welche Bauform als Stil der verhaßten jüngeren Vergangenheit abzulehnen sei: die architektonische Moderne. Wie die Debatten um die Gleichschaltung von Werkbund und BDA belegen, war es eine beliebte Konsensstrategie unter den noch nicht vereinten und bald wieder verfeindeten Konservativen, sich über die Personalisierung der Gegnerschaft selbst aus jeder Stildebatte herauszuhalten und damit alle Optionen offenzulassen. Die Photographie erfüllte in diesem Komplex schon vor der Machtübernahme durch die NS-Regierung eine wichtige Aufgabe. Nicht nur als Medium von Propaganda und Polemik war sie wirksam, sondern auch für die Etablierung jener Strukturen, die ein Überleben der Moderne auf niedrigstem Niveau oder in engen Reservaten des NS-Staates ermöglichten oder umgekehrt für sichtbare Herrschaftsformen genutzt wurden.[236] Um so erstaunlicher mag anmuten, daß ein unkritischer Umgang mit dem seinerzeit produzierten Photomaterial zu krassen Fehleinschätzungen historischer Zusammenhänge geführt hat, die wiederum für lange Zeit den Blick auf die deutsche Architektur im NS-Staat verstellt haben.

Gebhard Fehl hat in seiner Studie zum *Überleben der Moderne unterm Hakenkreuz* eine Hierarchie von Bauaufgaben im NS-Staat herausgearbeitet, die sich auch visuell darstellen läßt. Winfried Nerdinger hat die Etablierung der einzelnen Hierarchie-Ebenen durch Wettbewerbe und Beauftragungen während der ersten Jahre des NS-Regimes aufgezeigt, wie auch den in diesem Kontext als tragikomisch anzusehenden Kampf der modernen Heroen Gropius, Mies et alii um Anerkennung durch ein Staatswesen, das wesentliche Definitionen seiner ästhetischen Identität über die vehemente Ablehnung von deren Arbeit bezog.[237] Die Hierarchie selbst folgte überkommenen Determinismen in der Wirkung von Architektur, die im 19. Jahrhundert ideologisiert worden waren: Je staatstragender und identifikatorisch relevanter die Aufgabe, je größer die ansprechbare Menge von Menschen, desto wichtiger war eine Monumentalisierung der Bauformen, desto symbolhafter hatten Masse und Ornament des Gebauten zu sein. Umgekehrt konnte es Bauaufgaben geben, in denen jedwede Modernität zum Wert an sich und im Bau gespiegelt wurde; dazu gehörten neben rüstungstechnischen Betrieben auch kurzfristige Selbstdarstellungen des Staats wie Messen und Ausstellungen. Daß die zahlreichen, bis 1939 mit Blick auf ausländische Besucher und Investoren engagiert inszenierten Messen und Ausstellungen wahre Inseln des Überlebens für die architektonische Moderne gewesen sein sollen, ist inzwischen Allgemeingut einer NS-Architekturgeschichte.[238] Daß sie es waren, verdanken sie einem wesentlichen Aspekt des modernistischen Anteils an der NS-Herrschaft: Diese Messen waren als Instrument wie kein zweites geeignet, die allgemein etablierte und in ihren Wirkungen anerkannte Konsumwerbung mit politischer Propaganda in unauflöslicher Weise zu verknüpfen.[239] Hinzu kamen handfeste ökonomische Interessen, waren Messen doch nahezu die einzige Möglichkeit, eine angestrebte ökonomische Autarkie mit den notwendigen Erlösen aus Exporten zu verbinden.[240] Was die Modernität von Messebauten, Ausstellungshallen und deren Dekoration anbetraf, so gab es mindestens für die Jahre 1933 bis 1935 im faschistischen Italien erfolgreiche Vorbilder, die es weitgehend zu kopieren galt.[241] Von dort stammten auch zahlreiche motivliche Vorgaben, sowohl in der Gestaltung von Ehrenhallen und Vorräumen in der Auswahl visueller Elemente, vor allem der Großphotographien. Deren Modernität in Aufbau, Flächigkeit, Grauwertverteilung und Typographie war um 1933 kaum zu übertreffen, außer durch sowjetische Messe- und Ausstellungsbeteiligungen, wie sie etwa El Lissitzky in Köln und anderswo gestaltet hatte.

In Messen und Ausstellungen des NS-Staates hatte die Photographie, neben der Dokumentation architektonischer Gestaltung, diverse Funktionen zu erfüllen. Als Bild wurde sie prinzipiell eingesetzt, um vorsprachliche Momente zu evozieren – als Stimmungsträger. Versatzstücke einzelner Bilder, die in riesigen Formaten und in der Art von collagierten Photomontagen zusammengesetzt wurden, hatten auf Reales zu rekurrieren, um jeden Anschein einer Augentäuschung zu vermeiden.[242] Dabei wurde für die Inszenierung kein Aufwand gescheut: von den riesigen, aber relativ langweiligen Bildfriesen in der *Ehrenhalle* der ‚Kamera' 1933 über die großen Montagen der ‚Deutschland-Ausstellung' 1934 bis zum multimedialen Einsatz von Großphotos in der Ausstellung ‚Gebt mir vier Jahre Zeit' 1937. Für letztere galt nicht nur, daß die von Egon Eiermann entworfene Haupthalle mit zahllosen Bildmontagen eine geradezu avantgardistische Modernität vermittelte, über der als störendes Element jedoch ständig der kunstphotographisch ausgeleuchtete Kopf von Adolf Hitler schwebte; auch der Eingangsbereich war auf dem höchsten Stand der Entwicklung: Sechs Großleinwände von je 45 m² Fläche waren mit einzelnen Photographien bedeckt, die in stündlichem Rhythmus ausgewechselt wurden. Die Bilder der Montagen waren fast durchwegs in der Formensprache des *Neuen Sehens* gestaltet, während die Einzelbilder der Großleinwände einen eher statischen, dem Bildjournalismus der Zeit entsprechenden Eindruck erweckten.

Zu jeder dieser großen Ausstellungen und Messen erschien ein Katalog oder Buch, der oder das die visuellen Momente des ja zeitlich begrenzten Geschehens auf längeren Gebrauch hin transponieren sollte. War die ‚Kamera' noch 1933 in Berlin mit einem von Herbert Bayer in bester Manier des *Neuen Sehens* und der *Neuen Typographie* gestaltet, so erschien das Pendant der wandernden Messe bereits 1934 in Stuttgart mit einer krude ins Quadrat gedrückten Fraktur, einem altbackenen Seitensatz und nur noch mit Bildern, die Modernität gar nicht erst ahnen ließen. Die ‚Deutschland-Ausstellung', wohl die dem italienischen Faschismus in Konzeption und Ausführung am nächsten stehende Veranstaltung mit dementsprechend hoher Beteiligung von Exponenten moderner Bewegungen wie Gropius, Mies, Lily Reich und Joost Schmidt, war von einem Katalogbuch begleitet, das sich als zeitgemäß und selbst unter internationalem Blickwinkel als graphisch wie photographisch auf der Höhe der Zeit präsentierte: nahezu quadratisches Format, randlos angeschnittene Bilder, exakt positionierte Texte, serifenlose Typographie.[243] Keine Frage, daß die dargestellten Bildinhalte samt begleitender Unterschriften eine reaktionäre Mischung nationalsozialistischer Phraseologie vorführten; doch konnte insgeheim auf eine Fortführung einer technizid sachlichen Ästhetik gehofft werden.

Ob sich der Messe- und Ausstellungsbau damit als Insel der Moderne über die NS-Zeit hat retten lassen, muß angesichts der massiven politischen Manifestation einer jeder dieser Veranstaltungen fraglich bleiben. Für lange Zeit bestand unter den Architekten der bundesdeutschen Nachkriegszeit wie für manche Architekturhistoriker kein Zweifel darüber, daß sich im Bereich des Industriebaus die Moderne über den ganzen Zeitraum des NS-Staates haben halten können, und sei es an versteckter Stelle: beim Bau großer Lagerhallen, von langen Montageblöcken etwa der Automobilindustrie, von militärischen Anlagen wie Flughäfen, Hangaren und Werften. Faktisch bleibt bei näherer Betrachtung von diesem Mythos nicht allzuviel übrig. Manch funktionaler Grundriß entpuppte sich als hierarchisch gegliederte Aufmarschanlage mit ausgesprochen dysfunktionalen Elementen[244]; und manch eine gläserne Vorhangwand erwies sich als weder funktional gefordert noch baulich begründet, sondern als bloß propagandistische Lichtquelle für eine ehrenvolle Erwähnung beim Amt *Schönheit der Arbeit*. Dem entsprach die visuelle Vermittlung von Industriebauten und Arbeitsräumen: Zum einen war als Dokumentation des Gebauten eine moderate, der Konsumwerbung nahe Modernität gefragt, zum anderen jedoch ein Rekurs auf vorindustrielle Bezüge als propagandistisches Mittel gesucht. Für beides gibt es ebenso zahlreiche wie typische Beispiele.

Schnittstelle zwischen Industrie und Propaganda war eine zweite Bauaufgabe, der im NS-Staat unbedingte Priorität eingeräumt wurde, weil sie in idealer Weise ökonomische, propagandistische und rüstungstechnische Interessen vereinen konnte: die *Autobahn*.[245] Selbst keine eigenständige Idee einer parteilichen oder staatlichen Stelle, sondern Übernahme einer privatwirtschaft-

lichen Initiative, wurde die Autobahn zum Zentrum einer beispiellosen Aktivität, die geradezu die Identität des deutschen Bürgers mit dem Fahren auf diesen Schnellverkehrsstraßen koppelte. Da sich 1933 nur wenige dieses Vergnügen leisten konnten, mußte es als Wunschbild aufgebaut werden: Ökonomisch wie politisch gleichermaßen sinnvoll erschien die Fixierung auf ein individuell anmutendes, dennoch reglementiertes Reisen innerhalb der fest gesteckten Grenzen des deutschen Reiches.[246] Dem Anspruch des Reisens als ästhetischem Handeln hatten die Bauten zu folgen: von der Einpassung der Straße in einen gartenartig verstandenen Landschaftsverlauf über die Mischung aus sichtbarer Technik und verkleideter Tektonik bei Brücken und anderen Großbauten bis zur deutlich hervorgehobenen Modernität von Dienstleistungsbauten, wie Tankstellen und Rastplätzen. Gerade bei Brücken und Randbebauungen wurde unverändert jener Kanon architektonischer Werbephotographie fortgeführt, der sich am Ende der zwanziger Jahre etabliert hatte; er wurde geradezu ‚amerikanisiert': Die Untersichten wurden steiler, die Himmel dunkler und mit mehr Cumuluswolken besetzt, die Plastizität der einzelnen Baukörper durch Licht und Schatten hervorgehoben und die Tektonik der Werk- oder Bruchsteinverkleidungen durch eine hochwertige Aufnahmetechnik überdeutlich sichtbar gemacht.
An den Photographien der Autobahnbrücken arbeiteten kurz vor dem Zweiten Weltkrieg die besten deutschen Architekturphotographen, und sie hatten freie Wahl in ihren Stilmitteln. Starke Schrägsichten von tiefem Standpunkt waren als Großvergrößerungen in Ausstellungen ideale Motive einer propagandistischen Sicherstellung der Realisierbarkeit utopisch wirkender, nur als Modell präsentierbarer Planungen; zudem mußten sie wegen der Modellaufbauten in großer Höhe aufgehängt werden, was eine devote, sakral vermittelte Haltung der Betrachter nach sich zog. Es war Walter Hege, der mit seiner Anwendung dieses monumentalisierenden Sehens auf kunsthistorische Gegenstände jene Profanisierung ästhetischer Rezeption zugunsten der Unterwerfung der Rezipienten unter doktrinäre Einflüße des Ausstellers initiiert hatte – auch er hatte seine Akropolis-Bilder immer über Kopfhöhe anbringen lassen, damit die Menschen zu den Photographien ebenso aufschauen mußten wie zu den Objekten der Devotion selbst.
Die Photographie hatte den einzelnen Bauaufgaben exakt zu entsprechen, weil sie als Transmissionsriemen einer staatlichen, ökonomisch kaum abgesicherten Strategie zur Volksdisziplinierung und Kriegsvorbereitung bei gleichzeitiger Vorspiegelung individueller Freiheiten fungieren mußte. Hier läßt sich eine Dynamik verfolgen, die von unbedingter Modernität in der Wahl der Bildmittel bis zu restaurativer Idyllik und rassistischer Arroganz führt.

Waren die ersten Publikationen zum Spatenstich vom 23. September 1933 für die Autobahn München – Salzburg noch weitgehend mit Illustrationen nach Art des *Neuen Sehens* ausgestattet, wurde für Plakate und Broschüren der ersten vier Jahre NS-Autobahn bevorzugt das Medium Photomontage eingesetzt, so setzte nach 1936 eine ganz und gar restaurative Bildpolitik ein, die sich vor allem über einen Wettbewerb der Zeitschrift *Die Straße* sowie über zwei weit verbreitete Autobahn-Bilderbücher manifestierte.[247] Von der technischen Faszination früher Autobahnbauten war nun allein „Die schöne Straße im Bau und unter Verkehr" übriggeblieben, die visuell mit sanften Schwüngen durch bewaldetes Hügelland sämtliche Klischees des inzwischen rassistisch überformten Heimatschutzes zu fixieren hatte. Das schloß keineswegs die Integration moderner Bildformen zur Darstellung moderner Architekturdetails aus. Erna Lendvai-Dircksen setzte ihre rassistischen Portraitbildreihen an den Arbeitern der Autobahnen fort und legitimierte damit das ständisch geprägte Gesellschaftsbild eines August Sander in seiner pervertierten Fortführung durch den NS-Staat. Wolf Strache dagegen konnte in seinem Photobuch durchaus moderne Bildformen zur Darstellung moderner Architekturdetails einsetzen, blieb aber exakt in dem Kontext, den er für die Moderne als adäquat ansah: Das einzig Moderne im NS-Staat war die Kriegstechnologie, und die war modern vorzuführen. Ein drittes Werk, 1942 als Gedenken an den Autobahnbau-Koordinator Fritz Todt erschienen, versuchte die Modernität auf das Gestaltungsmittel Farbe auszudehnen, unter Nutzung einer sachlichen Bildsprache aus axialer Sicht, knappem Anschnitt und dokumentarischen Motiven. Diesem Versuch war kein Erfolg beschieden.[248]
Wichtiger war die Idyllik einer heimattümelnden Ablichtung fröhlicher Menschen in, auf, vor oder neben schön geputzten Cabriolets der obersten Preisklasse, während der Ferienreise oder des einfachen Ausfluges zum technischen Faszinosum einer neuen Autobahnbrücke oder zu einer der neuen Raststätten. Natürlich schien immer die Sonne, waren die Aufnahmen perfekt, zeigten neben den handelnden Personen meist deutlich das Markenzeichen des mitgeführten Automobils und ließen noch den einen oder anderen Blick frei zur Betrachtung deutschen Kulturgutes der älteren Vergangenheit. Alle Aufnahmen dieser Art hatten Kategorien des Pittoresken zu folgen, die im frühen 19. Jahrhundert als Reisebildnerei etabliert worden waren; die Anstrengungen der Propaganda richteten sich allein darauf, durch die massenhafte Verbreitung derartiger Sehweisen sowohl die Identifikation der einzelnen Staatsbürger mit ihrem Land unabhängig von ihrer realen Lage zu erhöhen, als auch eine Wirklichkeit als gegeben vorzuspiegeln, die nicht existent sein konnte.

So mußten die wenigen Kilometer Autobahn, die vor Kriegsende tatsächlich verfügbar waren, für eine Vorstellungswelt der *freien Fahrt für freie Menschen* herhalten, die sich bis in heutige Debatten über individuell als einschränkend empfundene Verkehrsgesetze fortsetzen – ein größerer und dauerhafter Erfolg als dieser Mischung aus technischer Faszination, pittoresker Idyllik, medialer Kompetenz in der breiten Streuung des visuellen Materials und schamloser Lüge bezüglich der realen Verhältnisse ist in der Geschichte des NS-Staates nur noch in seiner Umkehrung, im Holocaust, gegeben.

Die Idyllik der Autobahn- und Reisebilder am Ende der dreißiger Jahre, die sämtliche Reminiszenzen an *Neues Sehen* und *Neues Bauen* mit Ausnahme weniger technischer Architekturen getilgt hatte, korrelierte den Sehweisen, mit denen der entscheidende Kampf um und vor allem gegen die Moderne geführt worden war: die Durchsetzung traditionalistischer Architekturen im Wohnungsbau. Diese Auseinandersetzung hatte lange vor der Machtübergabe an die Nationalsozialisten begonnen, und sie wurde mit Mitteln geführt, zu der auch die Photographie gehörte. Sei es die rassistische Montage der Stuttgarter Weissenhofsiedlung als Araberdorf, sei es der *Zehlendorfer Dächerkrieg*[249], immer spielte die Photographie eine primär stimmungsgebende, vorsprachliche Rolle. Paul Schultze-Naumburg hatte mit seinen *Kulturarbeiten* lange vor dem Beginn einer Durchsetzung der Moderne mit dem Mittel des Bildvergleichs seine Heimatschutz-Ideologie unterstützt, womit er den späteren Kämpfern gegen die Moderne, zu deren Speerspitze er sich selbst zählte, ein entscheidendes Argument an die Hand gegeben hatte: die Gleichsetzung von *Moderne* mit *Mode*. Waren es in frühen Werken nur die Auswüchse einer hemmungslosen Dekorationssucht gewesen, die er visuell heftig geißelte, so konnte er mit dieser Gleichsetzung die Reduktion des Bauschmuckes als ebenso schamlos bezeichnen – eine Methode, die viele Nachahmer fand, vor allem zu Zeiten eines harten Konkurrenzkampfes um 1930. Immerhin war das am Ende der zwanziger Jahre häufig gebrauchte Mittel der Verunglimpfung durch bildliche Gegenüberstellung bereits so populär, daß es eine zentrale Strategie der Pressesteuerung wurde: Ab 1935 waren überhaupt keine Reproduktionen von Photographien aus der „Systemzeit" (Weimarer Republik) ohne eine Gegenüberstellung mit den Neuerungen des NS-Reiches mehr erlaubt.[250] Aber auch wenn die Auseinandersetzung um das *Neue Bauen* in der Wohnbaufrage am schärfsten geführt worden sein mag, wenn die Auswahl der Bild- und Darstellungsmittel vielfach von Polemik getragen war, so blieb am Ende dennoch nur ein gradueller Unterschied zwischen den Kontrahenten in der Auswahl ihrer Photographen und den Angaben für die Bildform.

Paul Schmitthenner hatte als wichtiger Exponent der *Stuttgarter Schule* in seiner Schrift zum *Bauen im Neuen Reich* von 1934[251] dieselben Methoden verwandt wie vor ihm Schultze-Naumburg und die anonymen Autoren der *Deutschen Bauhütte,* vor allem in der Wahl des Bildausschnitts. Der wesentliche Unterschied zwischen moderner und konservativer Architektur-Werbephotographie lag in der Einbeziehung des Umraumes. Schmitthenners und seiner Schüler Bauten konnten sich als legitime Nachfolger von Goethes Weimarer Gartenhäuschen präsentieren, wenn ihnen nur genug Bepflanzung gelassen wurde – dabei hatte Lucia Moholy die Dessauer Meisterhäuser schon durch einen Kiefernwald hindurch photographiert und Erich Mendelsohn immer darauf geachtet, daß seine Wohnhäuser mit Baumbestand zu sehen waren. Doch ein Kern der Selbstdarstellung nationalsozialistischer Volksfürsorgearchitektur lag wohl darin, daß selbst kleinste Siedlungshäuser den Appeal edler Größe zu erhalten hatten. Eine visuelle Perversion des Gartenstadtgedankens zeigte sich in den Abbildungen der Siedlungsvorhaben, mit denen nicht nur um politisches Verständnis, sondern handfest um Spareinlagen geworben wurden. Unverzichtbar in diesem Kontext waren zwei Bildformen: das Straßenbild und der Blick über den für Aufmärsche notwendigen Dorfanger. Ersteres ließ sich ohne weiteres in konservative Stadtplanungstheoreme integrieren[252] und erfüllte eine einfache Doppelfunktion. Fast immer hatte der Blick über ein kurz abgeschnittenes Stück geraden Weges oder über eine gebogene Straße zu schweifen und damit gartenstädtische Vertrautheit samt ländlich-vorindustrieller Heimeligkeit zu evozieren, dabei aber auch den individuellen Freiraum eines abgegrenzten Eigentumsareals hervorzuheben, der im kleinen die Schutzfunktion des großen Staatswesens nachspielte: die Ausgrenzung aller äußeren Kommunikation. Der Blick über den Dorfanger, ohne den kein Bericht der Zeit zu neuen Siedlungen auskam, verschärfte diese Sehweise noch um den Aspekt, daß dieser Rückgriff auf vorindustrielle Planungsformen ganz der Beherrschung großer Menschenmengen in Aufmärschen, Appellen oder Festzügen gewidmet war und damit Assoziationen zu feudalistischen und gefängnisartigen Unterdrückungsformen freisetzte. Die Bilder über den Anger belegten zusätzlich, wie wenig selbst ein guter Photograph bei schlechter Raum- und Sichtachsenplanung auszurichten vermochte: Die Häuser duckten sich an der Horizontlinie entlang, die Perspektive fluchtete ein wenig an den äußeren Bildrändern, und in der Mitte wurde das Bild von einer riesigen Fläche aus Rasen oder Stein beherrscht, die nichts als Leere evozierte, also das gerade Gegenteil der erwünschten Ländlichkeit und Geborgenheit.

Jene bürgerliche Kategorie einer vorsprachlichen Übereinkunft aus Geborgenheit und ästhetischer Vielfalt namens *Gemütlichkeit* herrschte auch in den Bildern vor, die in allen Illustrierten für die positive Akzeptanz der Herrschenden zu werben hatten: die *Home Stories* der NS-Größen. Schwierig schien es, in diesem Bereich eine Balance aus staatlicher Würde und bürgerlicher Bescheidenheit, aus nachahmenswertem Luxus und vorbildhaftem Geschmack zu halten.[253] Daß dieser Bereich innerhalb der Propagandalenkung des NS-Staates als hochsensibel galt, belegen allein die zahlreichen Ge- und Verbote, die derlei Bilder betrafen: Aufnahmen von Ministern und anderen Staatsgrößen bei Banketten bedurften der persönlichen Zensurvorlage, waren meist verboten und hatten bei gesonderter Erlaubnis noch eine zweite Zensur der Bildunterschrift zu passieren.[254] Vom Volksmund spöttisch verfolgt, in seiner Selbstdarstellung ebenso maß- wie geschmacklos, bot der preußische Ministerpräsident Hermann Göring Anlaß für derlei Zensur- und Bildregelungsmaßnahmen; er war es aber auch, der die Ambientes seiner Lebensführung wie kein zweiter der Öffentlichkeit vorführte und damit Maßstäbe setzte.[255] Neben Hitlers ‚Berghof' war sein Jagdhaus ‚Karinhall' bevorzugtes Objekt einer auch als geschmacksbildend gedachten Interieurphotographie. Dort herrschten mittelweite Überecksichten vor, die selbst im Vordergrund kaum Leere aufkommen ließen; Mittelgründe von oft beträchtlicher Tiefe wurden durch optische Tricks, wie besonders hohem oder niedrigem Standpunkt mit entsprechender Vordergrundgestaltung, überbrückt; die Beleuchtung verwies mit rembrandtesken Spitzlichtern undefinierter Herkunft auf eher dunkle Räume und vermied jeden Anflug lichter Helligkeit oder gar Transparenz; selbst die bei Außenansichten so wesentliche Einbindung des Hauses in eine natürliche Umgebung wurde im Inneren eher zurückgedrängt, kaum ein Fensterausblick wurde gezeigt. Materiell entsprach dieses Sehen den Ausstattungsvorgaben: Dunkles Holz, grobe Textilien, konservative Dekorationen aus Keramik und Zinn prägten das Ambiente. Alles war auf jenes dumpfe Gefühl von Geborgenheit ausgerichtet, das mit dem Begriff der Gemütlichkeit wohl stringent verknüpft zu sein schien.

Komplexer waren die Anforderungen auf der Schnittfläche zwischen staatlicher Lenkung und individueller Entfaltung, für die *Bauten des Sports und der Freizeit*. Ihnen war die Erfüllung staatlicher Repräsentationsaufgaben nach innen wie außen zugedacht, zugleich jedoch eine Vielzahl funktionaler Anforderungen mitgegeben. Keine neue Siedlung kam ohne zentrale Volkshäuser und Vergnügungsstätten aus, die an zentraler Stelle des Grundplanes positioniert waren und ein Gemisch von Aufgaben aus Festhalle, Parteiversammlungsort und Wahlraum zu versehen hatten. Ihre visuelle Repräsentation hatte auf staatliche Großbauten zu verweisen, jedoch nicht mit diesen zu konkurrieren, sondern sich in den Rahmen der Darstellung ländlicher Siedlungsformen zu fügen: Flache Bauten mit steilen und gaubenverzierten Walmdächern, von starker Längenausdehnung und geringer Tiefe wurden im spitzwinkligen Blick über den Dorfanger hinweg gesehen; dazu gab es Nahaufnahmen der Eingangsbereiche sowie der Foyers sowie einige Bilder von Saal und Kantine, alles in diagonaler Ansicht mit klar definierten Fluchtpunkten in nicht allzu weiter Tiefe des Raumes.

Entsprechend war der Bildkanon bei den *Erholungsheimen* der *Deutschen Arbeitsfront*, die als industrielle Betriebsheime oft schon vor 1933 existiert hatten und nun einem einheitlichen Schema von Belegung und Bewirtung untergeordnet wurden. Ihre Funktion hatte traumhafte Dimensionen: Sie sollten eine sorgenfreie Zeit der Erholung vorspiegeln und damit den Staat als sozialen Fürsorger noch vor der Ausführung seiner Pflichten im Gedächtnis verankern. Dies ließ sich auch über die Photographie bewerkstelligen: Die Bilder hatten auszusehen, als ob sie von Amateuren jederzeit nachgemacht werden könnten; die Räume auf den Bildern hatten vorab Ferienstimmung zu evozieren. Von diesen Heimen wurden selten Gesamtansichten gezeigt; statt dessen gab es pittoreske Blicke auf Eingänge und Terrassen sowie in der Mehrzahl Innenansichten. Hier herrschten Blicke auf Sitzgruppen in der Kantine oder im Foyer vor, dazu Details der Ausstattung – Bilder aus den Schlafräumen sind rar. Der Kanon einer auf frühkindliche Schutzinstinkte angelegten Architektur ohne jede gestalterische Innovation übertrug sich nahtlos auf deren Abbildung und hat ihren Architekten ein öffentliches Image beschert, das diesen nach dem Zweiten Weltkrieg durchaus zu schaffen machte. Aufwendiger war die Bildkanonisierung bei Großplanungen wie denen ganzer Badeorte, doch letztlich wurde die Vermittlung des tatsächlich Gebauten an die Öffentlichkeit über denselben Weg einer individuellen Glücksverheißung durch staatliche Fürsorge geleistet.

Sicherlich die ideologisch, politisch und technisch aufwendigste Manifestation der Freizeitgestaltung im NS-Staat war die Bautätigkeit rund um die *Olympiade* 1936 in Berlin.[256] Hier hatten funktional komplexe Aufgaben bewältigt sowie eine Wirkung ins Ausland inszeniert zu werden, was nur durch eine Einbeziehung der ideologisch verhaßten Moderne gelingen konnte. Dem konnte die Visualisierung nur partiell entsprechen, gab es doch einen Widerspruch von staatlicher Repräsentanz und funktionaler Form. Der Herrschaftscharakter von Hitlers akklamatorischen Aufmarschplätzen und -formationen hatte einer Internationalität zu korrelieren, die eine vor Herrschaftsbeginn beschlossene und nicht unumstrittene Friedensveranstaltung namens Olympiade zur Konsolidierung der Reputation der Diktatur nutzen mußte, wollte und konnte. Herbert Bayers Photomontage aus dem Katalog der ‚Deutschland'-Ausstellung mußte daher auf der erwähnten Doppelseite mit dem Text zum „deutschen Stil" den Kunstgriff einer Verwendung von unaktuellen Bildern nutzen: Während das große Hintergrundbild der Seite eine Baustelle zeigte, die den Besuchern der Olympiade gar nicht mehr vorstellbar sein konnte, zeigte das kleine Modellphoto in der Mitte nicht die tatsächlich gebaute, dritte Lösung des Marchschen Entwurfs, sondern eine frühere, modernere, bescheidenere. Den Bildjournalisten der Olympiade wurden keinerlei Vorgaben zur Ablichtung der Bauten gemacht; durch die exakte Auswahl derer, die als deutsche Photographen zu diesem Ereignis zugelassen waren, sowie durch eine perfekte Betreuung und Überwachung dieser Photographen war gesichert, daß die Schere im Kopf, die vorauseilende Selbstzensur so funktionierte, wie sie sich in den späteren Publikationen auch darstellte.[257] Bei der Durchsicht populärer Druckschriften mit photographischen Illustrationen fällt auf, daß immer dann, wenn die Architektur im Bild eine wesentliche Rolle spielte – mit Ausnahme von Luftaufnahmen –, durch Symmetrien oder Untersichten repräsentative Formen betont und damit zum Symbolträger des Regimes wurden.

Für andere Formen von Sport- und Aufmarscharchitektur galt dies in besonderem Maße: für die Bauten des *Parteitagsgeländes* in Nürnberg, für die *Thingstätten* und örtlichen Versammlungsplätze, für die *Ordensburgen* und andere besondere Schulbauten von Partei, Militär und Organisationen im NS-Staat. Sie waren in allererster Linie gebaute Ideologie, nahmen auf keinerlei Internationalität mehr Rücksicht und hatten funktional nicht allzuviele Einschränkungen gegenüber einem vielbeschworenen „Formwillen". Ihre Darstellung in der Photographie war reine Propaganda und schöpfte die werbetechnischen Möglichkeiten des Mediums voll aus. Sie stand damit im Kontext jener Mehrfachcodierung, die die architektonische Repräsentation des gesamten NS-Staatswesens und seines Selbstverständnisses mehr in gesprochenen Metaphern und visualisierten Symbolformen mediatisierte als in tatsächlich ausgeführten Bauten.

Das ideale Medium nationalsozialistischer Architekturplanung und ihrer Verbreitung war das Modellphoto oder der Modelltrickfilm. Dies traf ganz besonders für die Jahre 1938 und 1939 zu, als einerseits das Regime genügend stabilisiert war, um an megalomane Planungen wie die der Reichshauptstadt heranzugehen[258], andererseits aber die Zeit vor dem geplanten Krieg zu knapp wurde, um der Bevölkerung genügend Architektur vorzuweisen, die im Bewußtsein eigener Größe die Kriegs- und Siegeslust noch erhöht hätte.

Es kam also darauf an, Geplantes wie Gebautes unentwirrbar miteinander zu vermengen und diese Mischung medial so zu objektivieren, daß Illusion und Realität ununterscheidbar wurden. Die Wirksamkeit dieser Strategie hat sich bis in die Nachkriegsplanung zahlreicher Großstädte der Bundesrepublik hinein erwiesen. Für diese wahrnehmungstechnische Verwirrung sorgten diverse Kunstgriffe einer inszenierenden Photographie samt deren Plazierung in publizistischen Kontexten aus Text und Graphik, die eine Differenzierung des Sehens unmöglich machten. Führte der Blick auf die Aufmärsche unter dem Brandenburger Tor oder im Nürnberger Reichssportfeld schon im Dokumentarphoto von oben herab, so erhöhte sich im Modellbild der Standpunkt ein weiteres Mal, verringerte dadurch die unbegreifliche Größe des Geplanten und ließ das Alte und Vertraute – wie eben das Brandenburger Tor oder den Kopf des Vordermannes – als spielerische Applikation des Neuen erscheinen.

Dies wurde deutlich bei den Aufnahmen zum Modell der Planungen für Berlin. Sie entstanden parallel zu dem propagandistischen Film mit dem beziehungsreichen Titel *Das Wort aus Stein*[259]; er war als Tonfilm ohne Text mit wagnerianisch musikalischem Getöse untermalt und stellte in reinen Trickbildern, -schwenks und -fahrten vier Großprojekte der NS-Architekturplanung vor. Der Film konnte medial nicht mehr wirksam werden: Termingerecht zu Hitlers 50. Geburtstag im April 1939 fertiggestellt, kam er wegen der kurz darauf einsetzenden Propagandaplanung für den Kriegsbeginn nicht mehr zum Einsatz. Diverse Fahrten dieses Films durch Straßen- und Blockmodelle, denen die Standphotographie zu entsprechen hatte, suggerierten einen erhöhten, dennoch straßennah teilnehmenden Blick, als ob die Betrachter rund sieben Meter groß wären – Übermenschen also. Dies hatte nichts mehr mit der Übersichtsbetrachtung auf ein gegebenes Architekturmodell zu tun, dafür um so mehr mit Perspektiven, wie sie Etienne-Louis Boullée für seine Entwürfe gezeichnet hatte. In der Photographie wurde die fehlende Kamerafahrt des Films durch architektonische Rahmungen aufgefangen, etwa den Blick durch den Triumphbogen; auch dies war in Zeichnungen der ‚Revolutionsarchitekten' vorformuliert gewesen. Dennoch trägt der Vergleich nicht allzu weit, da die funktionale Basis der medialen Verwendung dieser Sichten vollkommen verändert war.

Bildgegenüberstellungen, wie sie mit diffamierender Intention schon von Paul Schultze-Naumburg und seinen Epigonen um 1933 in die NS-Architekturpublizistik eingeführt worden waren, wurden am Ende der dreißiger Jahre nur noch positiv motivierend eingesetzt, vor allem dort, wo die Unterscheidung zwischen Gebautem und Geplanten verwischt werden sollte,

wo Illusion und Realität jene ästhetische Faszination zu produzieren hatten, die für den Faschismus – mit tödlichen Konsequenzen – bereits Politik war. Daß diese Verwischung planmäßig genutzt werden sollte, aber nur wenig vorbereitet und selten konsequent inszeniert war, mögen zwei typische Beispiele aus dem politisch konsolidierten NS-Staat um 1938/39 belegen. Das eine war eine Ausstellungskonzeption zur Verbreitung des öffentlich gar nicht so geschätzten Stilwollens der Machthaber, das andere das letzte Beispiel einer gebauten Inszenierung vor dem Zweiten Weltkrieg.
Am 21. Januar 1938 wurde in München durch Adolf Hitler und den auf Staatsbesuch weilenden jugoslawischen Ministerpräsident Stojadinowitsch die erste ‚Deutsche Architektur- und Kunsthandwerks-Ausstellung' eröffnet. Die Presse war umfassend vorinformiert und zur Berichterstattung aufgefordert worden. In einer Zeit großer politischer Umwälzungen, kurz vor der Annexion Österreichs, wurde am 22. Januar 1938 die Tagesparole ausgegeben: „Alle politischen Dinge müssen für heute gegenüber der Würdigung dieser großen deutschen Auslandsschau zurücktreten."[260] Zwei Tage später wurde die gute Aufmachung der Eröffnungsfeier in den Blättern der Tagespresse gelobt, „doch damit darf die Arbeit der Presse aber nicht zu Ende sein. Es handelt sich in München um die Schau von Werken, die Jahrhunderten ihren Stempel aufprägen sollen. In bebilderten Artikeln, vor allem auch in Leitartikeln muß die epochale Ausstellung weiter behandelt werden."[261] Die ‚Deutsche Architektur- und Kunsthandwerks-Ausstellung' unterschied sich deutlich von ihren Vorgängern. Bislang waren entweder Messen und Industrieschauen oder thematische Ausstellungen zur Architektur gezeigt worden, in denen Modelle und Photographien einen knapp eingegrenzten Bezug zur von ihnen vorbereiteten Realität abzustecken hatten. Das große Modell der Mangfallbrücke auf der Ausstellung *Gebt mir vier Jahre Zeit!* war auf die Herausstellung einer Ingenieursleistung abgestimmt, konnte daher offen die Modernität ihrer Konstruktion unter der Ewigkeit evozierenden Werksteinverkleidung zeigen. Doch die Architekturmodelle des Festzuges zur Eröffnung der ersten ‚Großen Deutschen Kunstausstellung' sowie deren Ausstellungsgestaltung und die wiederverwendbaren Festarchitekturen des NS-Staates ließen in ihrer Form keine Assoziationen mehr an die Modernität militärischer Lichtdome und anderer Manifestationen aufkommen, sondern verwiesen allein auf die an die Person Hitlers und an einen klassizistischen Kanon gebundene Symbolsprache der Staatsarchitektur.
Waren frühere Selbstdarstellungen des Staates Mischformen industrieller wie nationaler Interessensverbindungen gewesen, so war die Architektur durch die Festzüge ab 1937 und durch die beiden Münchener Architekturausstel-

lungen des Jahres 1938 (die zweite ‚Deutsche Architektur- und Kunsthandwerks-Ausstellung' wurde im November 1938 eröffnet und dauerte bis ins Frühjahr 1939) in den Rang einer Kunst erhoben worden, in Übereinstimmung mit der herrschenden Staatsdoktrin vom „Führer" als Baumeister. Für die Ausstellung wie die Medien ihrer Verbreitung hatte dies Folgen im Sinne einer propagandistischen Verschleierung der ökonomisch diktierten Differenz von bereits Gebautem und schon Geplantem; darauf verwiesen auch die meisten Presseberichte. Sie beschrieben „... die Anordnung der Schau, die den baukünstlerischen Ertrag der ersten fünf Jahre zusammenfaßt und in über 120 Großmodellen und 150 Großlichtbildern zugleich die Bauvorhaben einbezieht, die im Entstehen begriffen sind und deren plastische Entwürfe vorliegen"[262]. Der Ausstellungsaufbau war konventionell: Die Modelle standen inmitten großer Säle des West- und Ostflügels im *Haus der Deutschen Kunst*, die Photographien hingen als kaschierte Vergrößerungen an den Wänden. Wieder waren sie über Augenhöhe plaziert, damit die Betrachter zu ihnen aufschauen mußten; als Inszenierung nicht nur ein Gegenstück zum Aufblick auf die einzelnen Architekturmodelle, sondern auch ein Verweis auf die genuine Herkunft der geplanten Staatsmanifestation. Denn die gezeigten Photographien wie die Abbildungen der großen Kunstzeitschriften stellten weniger die ohnehin vorhandenen Modelle dar – wie sie spätere Publikationen über NS-Architektur prägten –, sondern zeigten bereits fertige Bauten, wie die Münchener Ehrentempel und das Nürnberger Parteitagsgelände, sowie die antiken Vorbilder in Aufnahmen von Walter Hege samt einiger Bauten des Klassizismus in Photographien von Max Baur und anderen. Die mediale Botschaft war die von Inspirationsbildern, ausgedehnt auf die Inszenierung einer Ausstellung. Der neue „deutsche" Stil leitete sich von den Vorbildern der Antike und des Klassizismus ab, die vom „Führer" initiierte Überleitung zu deutscher Größe hatte in den Köpfen der Betrachter stattzufinden, durch eine Schraubendrehung des menschlichen Halses vom kleinen Modell zur großen Vergangenheit – ohne jedes reale Bindeglied.
Doch ganz ohne Realität und Bezugsmomente war von deutscher Größe kaum zu künden; mindestens die staatlichen Repräsentationsbauten mußten existieren, um den medialen Vorgriff auf alles, was noch zu kommen hätte, zu garantieren. Und so wurde 1938 in außerordentlicher Geschwindigkeit ein Bauwerk realisiert, das in der zeitgenössischen wie historischen Rezeption der staatlichen Selbstdarstellung des NS-Regimes via Architektur ein zentrale Rolle spielte: die Berliner *Neue Reichskanzlei*.[263] Schon die Baugeschichte verwies auf die primär mediale Bedeutung dieses Bauwerks und weniger auf funktionale Kategorien im architektonischen Sinne. Dem entsprach die Vi-

sualisierung des tatsächlich Gebauten, die via Photographie so vollständig geleistet wurde, daß sich spätere Bauanalysen wie Bildbeschreibungen lesen. Daß dies ein vor Baubeginn intendiertes Kalkül war, geht aus diversen Anordnungen des Propagandaministeriums hervor, die Albert Speer und seinem Stab vollständige Verfügungsgewalt über die Publikation seiner Arbeit gab.[264] Am Reichsluftfahrtministerium war bereits erprobt worden, wie eine Mischung aus Berichtsverboten und Anweisungen zur Veröffentlichung das Interesse der Presse an einem sonst vielleicht als langweilig eingestuften Gebäude wachhielt; nun galt es, derlei Strategien für das eine Bauwerk zu optimieren, das als letztes vor dem kommenden Kriege fertig zu werden hatte.

Die Baudokumentation ist sicherlich von einer ortsansässigen Photofirma durchgeführt worden, weil die enorme Baugeschwindigkeit den Einsatz industrieller Konstruktionen erforderte und damit ein wöchentlich wechselndes Erscheinungsbild bot. Wahrscheinlich hat keine Aufnahme des Bauzustandes den Krieg überlebt. Die visuelle Inszenierung des fertigen Bauwerks wurde parallel zur Funktionsübergabe vorgeplant: Die ersten Aufnahmen, die die Deutschen von ihrer Neuen Reichskanzlei zu sehen bekamen, waren neben nebligen Außenansichten der ersten Januartage 1939 die Bilder des Neujahrsempfangs Hitlers, mit dem dieser das Gebäude öffentlich einweihte.[265] Da hatte er bereits seine Einweihungsrede im Sportpalast gehalten, in der er auf Bauweise und Stil des Gebäudes kein Wort verwandte, sondern allein die Geschwindigkeit seiner Vollendung zum Thema machte. Die Medialität des Gebäudes war so offenbar, daß sie vor die Konnotation von vermeintlicher Ideologie und realer Architektur trat: Die vielfach zitierte Überlänge aller Repräsentationsräume folgte filmischen Kategorien, die der „optischen Aufwertung von Dingerscheinungen"[266] zuzuordnen war, für die Raumfolge wurde eine feststehende und normative Nomenklatur entwickelt[267], nur der Photographie mangelte es an Material.

So schnell die Neue Reichskanzlei erbaut wurde, so langsam erschienen die repräsentativen Kunstberichte über sie, ihre Architektur und ihre Ausstattung. Nachdem die Hitlerrede zur Eröffnung bereits im Märzheft abgedruckt war, erschien die entsprechende Sondernummer der *Kunst im Deutschen Reich* im September 1939, die eigentliche Festschrift erst im Frühjahr 1940. Offensichtlich hatte die photographische Darstellung des Gebäudes mehr Schwierigkeiten verursacht als vorab geplant. Die Lage an der Voßstraße und der Fassadenverlauf ließen keine Abbildungen zu, die im Stil der Werbephotographie mit starken Fluchten und imposanten Untersichten aufwarten oder in der Art des Totenmals mittels strenger Symmetrie Machtansprüche signalisieren konnten, die über Leben und Tod hinausgingen. Dies führte

im Stab Speer dazu, mit den meisten Aufnahmen einen Photographen zu beauftragen, dessen Bilder geradezu das Gegenteil einer Machtvermittlung zu sein schienen: Max Baur. Er hatte sich um 1934 in Potsdam als Postkartenphotograph niedergelassen, bebilderte Dutzende von Heimatkalendern und Jahrbüchern mit konventionellen Bauten, Stilleben oder Landschaften. 1937 war Baurs erstes Buch über Potsdam und Sanssouci erschienen, das ein trivialen Topos begründete: die Architekturaufnahme mit dem blühenden Baum im Vordergrund.[268] Passend zur massenkommunikativen Strategie funktionaler Idyllik führte Baur mit diesem Buch vor, wie eine eher herbe Architektur in gewünschter Monumentalität belassen und in die medial geforderte Vorspiegelung einer heilen Welt eingepaßt werden konnte. Den Erinnerungen des Photographen nach kam der Auftrag zur Aufnahme der Neuen Reichskanzlei direkt von Albert Speer, was für die intendierte Wirkung des Gebäudes angesichts des drohenden Krieges sprach. Die meisten Außenaufnahmen des Sonderheftes und der Festschrift entstanden im Frühjahr 1939, unter kräftigem Mittagslicht und mit exakt eingesetzter Schattenwirkung. Ihrer zugleich monumentalisierenden wie verniedlichenden Wirkung konnte sich nicht einmal der Dichter entziehen, für den die Aufnahme der AEG-Werke nichts hergab: Bert Brecht hat einer Baurschen Photographie einen schwachen Vers seiner *Kriegsfibel* mitgegeben.[269]
Während der größte Teil bekannter Außenaufnahmen des Bauwerks von Max Baur stammte, auch die des Innenhofs und der Gartenseite, so ist die Bestimmung der photographischen Provenienz von Interieurs und Möbelbildern weniger einfach. Die Räume entzogen sich durch ihre schiere Größe jedem Versuch einer Gesamtdarstellung. Da für die Werbeblöcke des Sonderheftes wie der Festschrift zur Reichskanzlei von den einzelnen Zulieferern des Bauwerks unterschiedliche Photographen zur Dokumentation beauftragt wurden, sind drei oder vier Photographen als beteiligt auszumachen: neben Baur noch Walter Hege, Max Krajewski und Karl-Hugo Schmölz. Sie alle schufen Bilder, die unter der Last der unmenschlichen Maßverhältnisse im Inneren des Baues schier zusammenbrachen: Entweder demonstrierten die Bilder die Unbeholfenheit des Photographen, oder sie beschränkten sich auf die Darstellung von Einzelheiten, an denen keine Größen fixierbar waren. So mußten die Maße der Supraporten immer dem Bild als Text beigegeben werden, da die Proportion von Tür und Schmuck etwa stimmte, niemand aber aus den Bildern die absolute Größe entnehmen konnte.
Die differenzierte Funktionalität des bei der Aufnahme intendierten Bildgebrauchs hatte sich als Kalkül im Fall der Neuen Reichskanzlei beispielhaft bewährt: Ihr Klassizismus konnte so vermittelt werden, daß damit sämtliche

Zweifel an der Realisierbarkeit der megalomanen Berlin-Planungen ausgeräumt waren, die Furcht vor der schieren Größe war durch die Postkarten-Idylle der Photographien weitgehend gebannt, und die Mängel eines unsicheren Umgangs mit der Größe des Bauwerks konnten durch Detailansichten des Inneren wenigstens abgefangen werden. Bis in die Wirkung auf spätere Rezeptionen hinein hat sich damit das Primat des Medialen, aber auch des Modellhaften, vor dem Gebauten manifestiert; ganz im Sinne der Propagandastrategien des NS-Staates war es ein Bauwerk auf Zeit, wenn auch in anderer Weise als ursprünglich geplant.

Gemeinsam mit dem Text hatte die Photographie zur Aufgabe, die moderne Nutzung aller Medien für die einseitige Massenkommunikation der NS-Propaganda sowohl zu ermöglichen als auch zu verschleiern. Medien sollten und konnten nicht die Botschaft sein, sondern möglichst effektive Hilfsmittel in der Vermittlung ästhetischer Inhalte und Programme, in denen es für Menschen keinen Platz gab. Der Medientransfer, den die *architecture parlante* als gegenaufklärerisches Moment der Moderne initiiert hatte, die Verschiebung der für alle Kommunikation notwendigen Vertrauensbasis vom Gesagten und Gebauten ins Gezeigte und Geplante wurde durch den Bildgebrauch des Faschismus, insbesondere der zynischen Kampagnenstruktur nationalsozialistischer Propaganda, zu einem beliebig manipulierbaren Medienverbund pervertiert, der mehr auf Verhinderung von Erkenntnis denn auf ihre Gewinnung hin angelegt war. Das Medium selbst war keinesfalls die Botschaft; es hatte geräuschlos zu funktionieren, durfte sich selbst nicht thematisieren. Von daher macht es auch Sinn, daß die Photographie im NS-Staat niemals den Rang einer Kunst haben konnte – sie hätte sich ihrer massenkommunikativen Wirksamkeit begeben müssen. Die Anwendung des in ‚Friedenszeiten' geübten Einsatzes der Medien zum immer ins Auge gefaßten Ziel einer kriegerischen Nutzung ließ nicht lange auf sich warten: Am 1. September 1939 brach Adolf Hitler den Zweiten Weltkrieg vom Zaun.

Coda: Kriegsarchitektur und Kriegszerstörung im Bild

In allen bisherigen Kriegen ging es um das Zerstören und nicht um das Bauen, auch wenn jeder ‚Kriegsherr' hoffte, die im eigenen Land geplanten Vorhaben weiter verfolgen zu können. Alle Maßnahmen des NS-Staates nach dem erfolgreichen Abschluß der Olympischen Spiele in Berlin 1936 und der damit verbundenen internationalen Anerkennung des Regimes liefen auf eine aggressive Expansionspolitik und damit auf einen baldigen Krieg größeren Ausmaßes hinaus. Im Herbst 1937 wurde die deutsche Presse darauf vorbereitet, den bevorstehenden ‚totalen Krieg' mitzutragen[270]; dennoch erwies es sich als gar nicht so einfach, die deutsche Bevölkerung von der Notwendigkeit dieses Krieges zu überzeugen.[271] Eine direkte Verbindung zwischen der modellhaften Baupolitik des Staates und seinen Kriegsvorbereitungen ist wohl nur schwer zu konstruieren; allerdings hat die Tagespolitik auf die Architektur sowie auf deren Darstellung in der Öffentlichkeit massiv eingewirkt.

Das begann im ureigenen Bereich militärischen Handelns, in der Bautätigkeit rüstungstechnischer wie militärischer Objekte. Das Hin und Her der Veröffentlichungspraxis etwa des Baues von Flughäfen gehörte ebenso dazu wie die Überlegungen zur Bekanntgabe einzelner Bauvorhaben im Autobahnbereich oder bei Ministerien wie dem Luftfahrtministerium. Flughäfen waren Großbaustellen, die sich zumindest der ortsansässigen Bevölkerung nicht verheimlichen ließen; selbst bei militärischen Flughafen-Neubauten mußte also mindestens die Lokalpresse in Wort und Bild berichten dürfen.[272] Hierfür gab es einzelne Presseregelungen, die sich durchaus widersprechen konnten; Konsens war hier wie bei den meisten Zensur-Maßnahmen das unbedingte Vertrauen der Machthaber auf die vorauseilende Vorzensur im Kopf der Redakteure, die dafür mit umfangreichen Pressefahrten samt üppiger Betreuung belohnt wurden.

Komplizierter stellte sich der Einsatz militärischer Bauvorhaben im Zusammenhang der Propagandapolitik dar, weil die militärischen Behörden andere Strategien verfolgten als das Propagandaministerium. Aber auch dieses Problem schien bis in die unmittelbare Vorkriegszeit durch diverse Anordnungen einigermaßen handhabbar zu sein, während das Frühjahr 1939 an der Schnittstelle von Architektur und Krieg für die Öffentlichkeitsarbeit chaotisch verlief: Kaum war im Januar die Neue Reichskanzlei fertig geworden, wurde zu Hitlers 50. Geburtstag ein Film aus Architekturmodellen gedreht, bereiteten sich Albert Speer und sein Stab auf eine weitere Großpräsentation des „Germania"-Riesenmodells vor, da mußte zugunsten des Westwalls alle Architekturpropaganda reduziert werden. Doch selbst der Westwall – als Landschaftsbauwerk ‚bildschön' in Szene setzbar – diente nur drei Wochen lang zur kaum noch verschleierten Kriegsvorbereitung und zur Verhüllung der eigentlichen Stoßrichtung des Kriegsbeginns. Unsicherheit prägte die Propagandisten wie die Architekten zu Beginn des Krieges. Das sollte nicht lange so bleiben, denn erst einmal schufen die unerwarteten und schnellen Kriegserfolge das Klima eines schnellen Endes dieses Zwischenfalls und einer

danach um so höheren Geschwindigkeit von Bauausführungen jener megalomanen Planungen, die nun für jede Gauhauptstadt begonnen wurden.[273] Hinzu kamen neue Territorien, die als Reichsgebiet beansprucht und für die schnellstens Planungen vorbereitet wurden, die nicht nur von deutscher Größe künden sollten, sondern prinzipiell auf die Auslöschung bestehender, historisch gewachsener Strukturen hin ausgerichtet waren.[274] Für die photographische Vorwegnahme künftigen Scheins bestand weiterhin großer Bedarf. Im September 1939 erschien ein Sonderheft von *Die Kunst im Dritten Reich (Ausgabe B)* zur Berliner Neuen Reichskanzlei, das allen Redaktionen zum Nachdruck empfohlen wurde, und bis in den Herbst 1941 hinein wurden immer wieder Neubauten und Planungen vorgeführt, wobei die Erstpublikation prinzipiell auf die Kunstzeitschrift beschränkt blieb, während Nachdrucke in anderen Medien einer weiteren Zensur durch das Propagandaministierum unterlagen. Daß es durch Hitlers Strategie der Doppelbesetzung wichtiger Arbeitsbereiche bei derlei Zensurmaßnahmen zu diversen Kollisionen zwischen erst- und nachdruckenden Medien kam, ist an Person und Werk von Peter Behrens gut zu exemplifizieren: In Kunstblättern erschienen Berichte über seine AEG-Hauptverwaltung und Würdigungen seines Lebenswerkes, die in der Tagespresse nicht nachgedruckt werden durften. Derlei Nutzungen einer militärischen Zensursituation zur Verfolgung eigener Ziele blieben ephemer und ließen sich letztlich auf die Konkurrenzen zwischen Rosenberg und Goebbels einerseits, zwischen Giesler und Speer andererseits zurückführen. Bis zum Sommer 1941 änderte sich nichts an der Euphorie, mit der für die Zeit nach dem ‚Endsieg' geplant wurde. Doch der Umfang des Rußlandfeldzugs, das Ausbleiben der schnellen Etappensiege und die beginnenden Angriffe feindlicher Luftverbände auf deutsche Städte ließen Zweifel keimen; im Herbst 1941 hielt es das Propagandaministerium für opportun, die Veröffentlichung von Neubauplanungen zu unterbinden.[275] Damit waren photographische Dokumentationen und Werbungen hinfällig geworden. Die Photographen hatten ohnehin andere Aufgaben zu erledigen; wenn sie nicht für jeden Kriegsdienst zu alt waren, wurden die Architekturphotographen bevorzugt zur Luftbildauswertung eingezogen. Was an Modell- und Arbeitsphotographien entstand, wurde von lokalen Photographen oder von den Architekten selbst hergestellt. Soweit derlei Aufnahmen noch erhalten sind, spiegelten sie die veränderte Situation durch den Verzicht auf Tricktechnik und Überzeugungsstrategie, dienten sie allein der mechanischen Aufzeichnung bestimmter Modell- oder Planungszustände.
Im Frühjahr 1942 wandte sich das Blatt des Krieges; auch die Neubauplanungen wurden zum *Wiederaufbau* umfunktioniert. Und damit wurde eine

ganz andere Art von Architekturphotographie relevant, die das Gesicht des Krieges in der Geschichte und damit in der Architektur prägen sollte: die Trümmerphotographie. Ihre funktionale Rolle sowie deren formale Ausprägung läßt sich in drei Kategorien einteilen: Von Sommer 1942 bis Frühjahr 1944 wurden Trümmer dokumentiert, um nach erfolgtem ‚Endsieg' den Feinden die Rechnungen präsentieren zu können; ab Frühjahr 1943 begann mit einem „Führer-Auftrag" Adolf Hitlers die Kampagne restauratorisch definierter Farbphotodokumentationen; ab Frühjahr 1944 wurden – als Schadensmeldungen und für die Wiederaufbauplanungen – kursorische Dokumentationen von mehr reportagehaftem Charakter angefertigt.

Der zweite große Flächenangriff alliierter Bomber auf eine deutsche Stadt war die *Tausend-Bomber-Nacht* vom 30.Mai 1942 über Köln, die als historische Wendemarke des Zweiten Weltkrieges anzusehen ist; zuvor war nur die Hansestadt Lübeck im März 1942 mit einem ähnlichen, allerdings weniger zerstörerischen Bombardement belegt worden. Das Ausmaß der Zerstörungen dürfte wohl jedem endgültig klargemacht haben, daß dieser Krieg nicht zu gewinnen war, allen Siegesmeldungen von Staatsführung und Armee zum Trotz. Die Kölner Ereignisse wurden zum ersten großen Medienspektakel des Krieges an der Heimatfront und waren Gegenstand diverser Bildreportagen in nahezu allen deutschen Illustrierten; damit wurden sie zum Auslöser einer verschärften Bildpressepolitik, deren rigorose Beschränkungen die tatsächlichen Ausmaße späterer Zerstörungen deutscher Städte zu verschleiern halfen.[276] Bis etwa Anfang 1944 wurden in allen Städten, die Bombenschäden an historischen Bauten zu verzeichnen hatten, an lokale Photographen Aufträge zur Dokumentation übergeben. Da bei diesen Aufträgen sämtliche Negative mit den Bildern bei den Kreisleitungen der NSDAP abzuliefern waren, haben nur wenige Photographien dieser Schadensdokumentationen den Krieg überlebt. Ob sich Nachkriegsaufnahmen wesentlich von denen der Dokumentation in den Jahren 1942 und 1943 unterschieden, läßt sich daher kaum beurteilen. Doch wie die im Krieg entstandenen Bilder aussahen, ergab sich zwangsläufig aus den Arbeitsmitteln der jeweils beauftragten Photographen. Als die jeweiligen Gauleiter oder Oberbürgermeister noch glaubten, den Feinden irgendwelche Rechnungen präsentieren zu können, waren exakte und penible Sachphotographien verlangt. Das Resultat waren Gegenstücke zur glänzenden Perfektion nationalsozialistischer Bau- und Modellphotographie: exakte Trümmer in rechtem Winkel mit rauchendem Innenleben, aber klar als Schadensmeldung zu gebrauchen.

Die zweite Form photographischer Dokumentation wurde 1943 mittels eines „Führerbefehls" initiiert: die Reproduktion *kunsthistorisch wichtiger Decken-*

und Wandmalereien mittels Farbphotographie. Begonnen hatte dies mit einem Wunsch Hitlers aus dem April 1943, einige Wandmalereien visuell zu konservieren[277]; bereits zwei Monate später weiteten sich erste Schätzungen von 30.000 auf 50.000 Aufnahmen aus[278], und im Januar 1944 mußten sich alle beteiligten Photographen mit den Denkmalpflegern zu einer Konferenz in Wien versammeln, weil die Lieferschwierigkeiten der Firma Agfa mit ihrem Color-Material zu Problemen geführt hatte. Die Teilnehmerliste der Photographen las sich wie ein *Who is Who* deutscher Photo-Propagandisten jener Jahre. Die Konferenz brachte nur wenig Erfolg: Die Agfa war nicht in der Lage, durchgehend geeignetes Filmmaterial zu liefern; die Photographen verlangten Schadenersatz für Ausfalltage – und bei der ganzen Aktion entstanden alles in allem relativ wenige Photographien, an denen die Begleitumstände ihrer Genese schließlich wichtiger waren als die Resultate. Der Auftrag selbst lief bis Kriegsende und versorgte bei geringer Arbeit eine Reihe von Photographen recht gut; die letzten Geldmittel wurden noch am 30.März 1945 bewilligt.

An den überkommenen Bildern aus den rund 15.000 Farbphotographien wird ein Mißverhältnis im dokumentarischen Auftrag deutlich, das für ein mediales Verständnis von erhaltenswerter Architektur und ihrem Schmuck, damit von Baukunst im Krieg, symptomatisch erscheint. Gigantische Beleuchtungsapparate hatten das Problem einer minimalen Filmempfindlichkeit des verwendeten Materials zu überdecken, während die Beschränkung des Formats auf das Kleinbild – anderes war nicht lieferbar – von vornherein die Möglichkeiten echter Restaurierungen nach photographischem Befund erheblich einschränkten, wenn nicht gleich zur Farce machten. Was blieb, waren Stimmungsbilder: Auf eigene Faust ließen, dem Beispiel Hitlers folgend, diverse Ministerien ihre schützenswerten Objekte photographieren, um der Nachwelt ein Bild dessen zu erhalten, was zuvor mutwillig verbrannt worden war. Der Führerauftrag und seine Derivate entpuppen sich damit als Internalisierungen der eigenen Propaganda: kriegerischer Medientransfer zur Aufrechterhaltung ästhetischer Traditionen, selbst unter vollständigem Verlust des realen Bestandes.

Als sich Anfang 1944 endgültig das Blatt drehte und der Krieg als verloren zu gelten hatte, wurden in den Städten andere Photographien als Dokumente gebraucht: Marken der Erinnerung an gewesene Stadtbilder waren gesucht. Paul Schmitthenner unternahm in Begleitung des Stuttgarter Oberbürgermeisters Strölin schon 1943 eine Reise nach Köln, um angesichts des Ausmaßes der Zerstörungen den sofortigen Abriß und eine spätere Neuplanung der ganzen Innenstadt zu empfehlen – auf der Basis einer Reihe von Schadensbildern. Die Mitarbeiter der Speerschen Planungsstäbe begaben sich auf Reisen und zogen Schadensbilanzen, aus denen die Konsequenzen für den kommenden Wiederaufbau zu ziehen waren. Die für diesen Zweck entwickelten Schadenskarten und diverse Rundschreiben samt Glossaren lassen in ihrem, wie Durth[279] schreibt, „enzyklopädischen" Anspruch keinen Zweifel daran, wie weitgehend die Zerstörung der Städte als Chance aufgefaßt wurde, sie neu zu ordnen. Dazu bedurfte es keiner peniblen Sachphotographie mehr, eine Schadensbilanz konnte wohl auch keinem Gegner mehr vorgelegt werden. Jetzt hatten die Bilder das ganze Ausmaß der Zerstörung möglichst drastisch vorzuführen, um die Erneuerung als um so besser planbar darzustellen. Verlangt wurden neben den Luftbild-Schrägaufnahmen und -Kartierungen als Planungsunterlagen journalistisch krasse Bilder mit unüberwindbaren Schuttbergen, mit deutlichen Hinweisen auf die Endgültigkeit vorhandener Zerstörungen, mit symbolhafter Aussage vom Wegräumen historischen Schutts. Zynismus und Entlastung zugleich waren derlei Aufnahmen, für die große Pressebild-Agenturen und lokale Bildreporter unterwegs waren: So sehr die spießig-muffige Enge deutscher Kleinstädte für die Mentalität derer, die den Krieg angezettelt hatten, mitverantwortlich gemacht werden konnte, so bequem konnten die Architekten ihre autoritativen Planungen als neue, ebenso funktionale Zwänge legitimieren und damit ungestört verfolgen. In den Nachkriegszeitungen brauchten derlei Bilder noch nicht einmal mehr publiziert zu werden; da reichten allein verbale Erinnerungen aus, um großzügige Planungen unkritisierbar zu machen.

Damit schließt sich der Bogen: Von einer konservativen Baupolitik nach marktwirtschaftlichen Gesichtspunkten, die der Photographie als Werbemittel dringendst bedurfte und einen entsprechenden Bildkanon entwickelte, über die Bildpropagandapolitik der Nationalsozialisten, deren Endpunkt die Verwischung zwischen Schein und Sein, Modell und Realisiertem war, bis zur Kriegsdokumentation, die Zerstörungen als schicksalhaft gegeben, zugleich als Chance vollständigen Neubeginns mediatisierte – ohne daß auch nur irgend eine Position in der sozialen Rolle der Architekten verändert wurde oder der Planungsprozeß selbst befragt werden mußte. Die Nachkriegszeit sah, vor allem in den beiden Deutschlanden, erst einmal die Fortsetzung des laufenden Bildprogramms der Architekturdarstellung.

Karl-Hugo Schmölz, St. Aposteln und Neumarkt, Köln 1939 und 1947, Katalog Köln von Zeit zu Zeit, Köln 1991

Trümmerbeseitigung, Tankstellen und Traumhäuser – die fünfziger Jahre im Architekturbild

Der Wiederaufbau im Bild: Köln

Im Jahre 1947 ließ das Nachrichtenamt der Stadt Köln ein Album mit insgesamt 26 Bildpaaren herstellen. Die Bilder waren als Originalphotographien eingeklebt; sie zeigten jeweils dasselbe Motiv – vor und nach dem Krieg. Offensichtlich sollte das Album wichtigen Kommunalpolitikern mit Baubefugnissen überreicht werden; anzunehmen ist eine Auflage von zwischen 12 und 20 Exemplaren. Zeitpunkt und Bildauswahl waren keineswegs zufällig; denn im April 1947 waren die Trümmer Kölns von den Straßen geräumt, die Planungen für den Neu- oder Wiederaufbau der Stadt jedoch noch in den Anfängen. Im Jahr zuvor hatte der rheinische Denkmalpfleger Paul Clemen seine vieldiskutierte, letztlich wirkungslose Denkschrift zum Wiederaufbau verfaßt, für das Jahr darauf wurde das große Domjubiläum vorbereitet, zu dem die Stadt um ihr geistliches Zentrum herum den Anschein der Aufgeräumtheit verbreiten wollte.

Nun hatten zwar August Kreyenkamp und August Sander in den dreißiger Jahren schon große Bildserien zum alten Köln angefertigt, doch der Leiter des Nachrichtenamtes beauftragte den Photographen Karl-Hugo Schmölz mit der Herstellung des Albums. Dies mag um so mehr erstaunen, als sich Hans Schmitt-Rost, ehemaliger Begleiter der Kölnischen Progressiven, besonders für August Sander eingesetzt hat und gemeinsam mit dem Bürgermeister Robert Görlinger für den Ankauf von dessen Kölner Mappen sorgte.[280] Sander hatte selbst seinem Mappenwerk zwei Konvolute Trümmerbilder hinzugefügt, allerdings unter Vermeidung eines allzu direkten Vergleichs des Vorkriegszustands mit dem Nachkriegszustand.[281]

Auch Vater und Sohn Schmölz hatten bereits einen größeren Grundstock für die jeweils linken Seiten des Albums, die die Vorkriegsaufnahmen enthielten, geschaffen. Karl-Hugo Schmölz war als Architekturphotograph wieder etabliert und gerade mit der Illustration der Festschrift zum Domjubiläum beschäftigt. Zudem war die Photowerkstatt unbeschädigt über den Krieg gekommen und konnte den Service eines umfangreichen Laborauftrages wie der Herstellung von einigen Hundert Kontaktkopien anbieten. Jedenfalls verzeichnet Schmölz' Archivbuch im März 1947 eine Reihe von *Vergleichsaufnahmen* für den Auftraggeber *Nachrichtenamt Köln*. 34 Aufnahmen sind dort aufgeführt, von denen 26 ins Album gerieten. Warum die acht anderen Sujets nicht weiter verwendet wurden, ist weder dokumentiert noch aus Gesprächen bekannt. Es bieten sich bei Betrachtung der Negative jedoch zwei Lösungen an: Zum einen betrafen die Zerstörungen Objekte, die nach dem Wissensstand von 1947 wahrscheinlich nicht wieder aufgebaut worden wären – etwa das Opernhaus, das Rheinische Museum in Deutz oder das Dischhaus –, zum anderen Bauten, bei denen wegen der Trümmerbeseitigung oder Straßenführung ein gleichartiger Standpunkt nicht möglich gewesen war; dies betraf das Interieur von St. Kunibert sowie die Fassaden von St. Severin, St. Mariae Himmelfahrt und des Zeughauses.

Parallel zum Album wurden alle ausgewählten Bildpaare noch in großen Vergrößerungen angefertigt, „die in der Koje der Verkehrsausstellung gezeigt werden sollen, welche Wiederaufbau- und Städtebaufragen der Stadt Köln darlegt"[282]. Derlei Ausstellungen waren zu dieser Zeit häufige Praxis verantwortlicher Baudezernenten, um die Bevölkerung für die jeweilige Wiederaufbau- oder Neuplanung einer Stadt zu gewinnen. In diesen Zusammenhang sind auch das Album und dessen Produktion zu stellen: Wichtige Kommunalpolitiker sollten vom Bewahrens- und Erhaltenswerten überzeugt werden. Das Stilmittel einer exakten Übereinstimmung von Standort, Perspektive und Schattenverlauf war in diesem Zusammenhang mehr als bloße Perfektion, sondern sollte die Rekonstruierbarkeit des jeweiligen Objekts beweisen.

Hans Schmitt-Rost wußte, was er tat, als er Karl-Hugo Schmölz mit diesem Album beauftragte: Gegenüberstellungen formal ähnlicher, doch inhaltlich verschiedener Bilder waren etablierte Praxis denkmalpflegerischer Publizistik und heimatschützerischer Aktivitäten, die im Kampf gegen die Moderne durch die NS-Machthaber genutzt worden war. Schmitt-Rost wollte in deren Sinn keine Propaganda, jedoch eines ihrer Mittel für seine Zwecke nutzen, denn Gegenüberstellungen waren längst zur Konvention geworden. Das Besondere an der Konzeption dieses Albums war die Umkehrung der Blickrichtung: Nicht die Verbesserung des Gegebenen wurde durch die zeitlich spätere Aufnahme repräsentiert, sondern die Verschlechterung. Das Augenmerk richtete sich auf Verluste, die als wiederherstellbar vorgeführt wurden. Die alten Bilder entstammten zum großen Teil einem 1939 aufgenommenen Buch sowie noch älteren Quellen aus den zwanziger Jahren und repräsentierten insgesamt eine bildnerische Tradition aus der Zeit vor 1933. Hinzu kamen einige Bildpaare, bei denen die Auswahl des älteren Motivs von der Nachkriegssituation diktiert worden war. Zwei Vergleichspaare sind den 1931 und 1939 eingeweihten Rheinbrücken gewidmet. Die Abelsche Rheinbrücke zwischen Köln und Mülheim stand lange Zeit für den modernen Brückenbau am Rhein schlechthin und ist auch in der Photographie so rezipiert worden. Die Autobahnbrücke zwischen Rodenkirchen und Köln stammte im Entwurf von Paul Bonatz, und die Schmölzsche Photographie des fertiggestellten Bauwerks schmückte im wie nach dem Zweiten Weltkrieg nahezu jede Veröffentlichung von und über Bonatz.[283] In der sonst so sorgsam gewahrten Kontinuität geschichtlicher Bauten Kölns bei der Auswahl für das Album bedeutet die Hinzufügung der beiden Brücken – unter Auslassung beispielsweise von Bauten des 19. Jahrhunderts oder exemplarischen Architekturen der Moderne aus den zwanziger Jahren – einen deutlichen Bruch.

Die Erklärung hierfür dürfte in der Zielgruppe des Albums zu suchen sein, waren sich doch alle Planer des Wiederaufbaus darüber einig, daß dem Autoverkehr eindeutiger Vorrang vor dem Erhalt mittelalterlicher Stadtbilder einzuräumen sei. Hans Schmitt-Rost wollte sein primäres Anliegen, möglichst viele alte Bauten und die Stadtgestalt zu erhalten, nicht durch bewußte Unterdrückung des modernen Ingenieurbaus für den Verkehr gefährden, was als deutlicher Affront gewertet worden wäre. Die Aufnahmen der Brücken zitieren zudem zwei Bedeutungsebenen, mit denen sich nahezu alle Autoren der Wiederaufbaudebatten beschäftigten: eher theoretisch mit der Brücke als Schnittstelle von Verkehr und Landschaft, von Ingenieurs- und Architektenbau, von rationaler Planung und schöpferischer Gestaltung, sowie praktisch mit der Frage nach möglichen Brücken-Konstruktionen und -Rekonstruktionen angesichts der zerstörten Kölner Rheinüberquerungen.

Karl-Hugo Schmölz stellte sich nach gemeinsamer Vorauswahl der in Frage kommenden Motive mit Hans Schmitt-Rost an dieselbe Stelle, von der aus er das betreffende Objekt vor dem Krieg aufgenommen hatte. Nach dem Abräumen der Schutthalden und vor dem Beginn der Neuplanungen mit Straßenverbreiterungen oder Fluchtlinienänderungen war es bei den historischen Bauten im Stadtkern ein leichtes, die ursprünglichen Standorte wiederzufinden. Schmölz dehnte den Vergleich auf alle Parameter seiner Photographie aus: Er benutzte dasselbe Negativformat, dieselben oder ähnliche Objektive, filterte sein Filmmaterial in gleicher Weise und kopierte anschließend die Positive in ähnlicher Gradation. Was er damit erreichte, war eine surrealistische Dingtransformation sui generis. Ist der Fetischcharakter einer sachlichen Photographie ohnehin offensichtlich, bot er sich zur politisierten

Übernahme im faschistischen Kontext der dreißiger Jahre geradezu an, so steigerte sich die Wirkung bei Bildpaaren mit gleicher Bildform, aber deformierten Inhalten. Der durch Filterung und Wolkenlosigkeit gleichmäßig mitteldunkle Himmel gab den Bildern im Vergleich, besonders aber den Trümmeransichten eine übertriebene Raumtiefe, dem surrealen Raum der ablaufenden Uhren eines Salvador Dalí nicht unähnlich.
Getreu dem Humboldtschen Diktum über Pariser Straßenszenen auf Daguerreotypien lohnt es sich, diese Bilder mit der Lupe anzuschauen. Wo die Sakralbauten wenigstens konstruktive Elemente hatten erhalten können, die ein Wiedererkennen möglich machten, waren Blicke auf Reste ursprünglicher Fassungen oder skulpturaler Ausschmückung reizvoll, ohne daß transzendente Symbolhaftigkeit bemüht werden mußte. Auf den Bildern von Straßenzügen sind jene Formen anonymer Architektur zu finden, die als Behausung und Geschäftsraum bis zum Beginn der Neubauplanungen 1948 dienten. Der Blick von oben auf die Stadt referierte die Filmaufnahmen alliierter Kameramänner, die in den Dokumentationen der Re-Education-Programme auf die Selbstverschuldung der Deutschen an diesen Schäden hingewiesen hatten. Doch zwischen den Hohlräumen der abgebrannten und ausgebombten Häuser machte sich bei genauem Hinsehen wieder eine Minimalarchitektur breit, die von robustem Überlebenswillen kündete.
Karl-Hugo Schmölz war kein Photograph, der allzu intensiv über seine Arbeit nachdachte; doch hat die Wahl des Mittels einer so exakten Übernahme aller früheren Aufnahmespezifika zwecks Vorführung einer Deformation von Dingen und Bauten schon eine wesentliche Bedeutung. Sicher hat der Photograph, der sich immer auch mit der Abbildung romanischer und gotischer Skulptur beschäftigt hat, an eine kathartische Wirkung nicht nur der Trümmer selbst, sondern auch ihrer photographischen Vorführung geglaubt. Wenn man ihn darauf ansprach, war Schmölz sich seiner Mitarbeit und Mitschuld am NS-Staat bewußt; die Begeisterung eines gut Zwanzigjährigen für gigantische Architekturen und megalomane Modelle konnte er in späteren Jahren noch genau vermitteln. Die Trümmerbilder der Vergleichsaufnahmen sind nicht die einzigen Dokumentationen jener Zeit. Dabei variierten die Bildformen nach Auftrag und Gegenstand erheblich. Zum Domjubiläum schuf er Ansichten, in denen der Blick auf den unversehrten Chor monumentalisiert erschien, in die Sicht auf eine Messe in der teilzerstörten Kirche reduzierte er dagegen alle Würdeformen. Hier war von der surrealen Transformation magischer Dinge nichts mehr zu spüren. Mindestens ansatzweise realisierte der Photograph damit eine Forderung, die der Architekt Hans Schwippert bereits 1944, angesichts der totalen Zerstörung seiner Heimatstadt

Aachen, als Teil einiger Grundgedanken zum Wiederaufbau formuliert hatte: „Nichts wird erreicht sein, wenn wir mit jeder Ruine, die wir aufräumen, mit jeder Straße, die wir ebnen, mit jeder Notbehausung, die wir zustande bringen, nicht gleichzeitig den inneren Schutt beseitigen, die seelischen und geistigen Wege bahnen und die Wohnungen der Tugend und des Verstandes wiedererrichten."[284] Die Trümmer waren aufgeräumt in den Vergleichsbildern des Kölner Albums, die Notbehausungen errichtet, die Straßen geebnet – aber alles erschien zu perfekt, und das beunruhigte. Von deutscher Größe kündeten die Kölner Ruinen nicht, die Inszenierung nahm ihnen das Pathos einer Leidensdarstellung. Mit Schwippert mochte Schmölz vor Ort, an den historischen Steinwüsten gespürt haben, was die nächsten Jahre bringen würden: „Wir brauchen große Konzeptionen, man wird sie vertagen. Wir brauchen große Zielpunkte, man wird dem nächstgelegenen zulaufen. Wir brauchen Zusammenarbeit, man wird auseinandergehen. Wir brauchen Geduld, man wird ungeduldig fordern und erzwingen wollen."[285] Das Nächstliegende verband sich auch für Schmölz mit diesem Auftrag: Er verhinderte die Vertreibung seiner Mutter aus einer ihr zugewiesenen Zweizimmerwohnung. Und für den Photographen begann die Zeit neuer Aufträge: Vom neu erbauten Kino über das Ladengeschäft bis zur kompletten Werbung eines großen Möbelhersteller-Verbandes reichte schon 1949 der Bogen des Aufgenommenen in der Photowerkstätte. Für Reflexionen der Art, wie sie sich in den Vergleichsaufnahmen von 1947 spiegelten, waren alsbald weder Zeit noch Gedanken verfügbar. Die Vergleichsaufnahmen, insbesondere die Trümmerbilder, sind eine Episode im Werk des Photographen geblieben wie die Planungen von Rudolf Schwarz für Köln.

Wohnen und Wohnbau: Beispiele aus der Provinz

Während sich im Sommer 1945 die Seilschaft aus Speers Wiederaufbaustab zusammenfand und den Aufbau deutscher Städte untereinander ausmachte[286], begannen 1946 die Debatten in den Bauzeitschriften mit tiefgründig geschichtsphilosophischen Äußerungen, Rekursen auf Theologisches und weitgespannten Überlegungen zur Neuordnung der Stadtplanung, wobei Berlin nach Anzahl der Texte wie in ihrer Illustration eine besondere Rolle zugestanden wurde.[287] Der Druck von Photographien war zu dieser Zeit noch schwierig; lediglich ein grobes Zeitungsraster war als lithographische Vorlage möglich, und dies auch nur in Bildmaßen von maximal neun auf zwölf Zentimeter. Erst um 1947 liefen die alten Tiefdruckmaschinen oder ihre

Nachfolger wieder an, die sowohl photographische als auch zeichnerische Illustrationen in Satzspiegelgröße zuließen. Die Bildthemen waren journalistisch: Bauschäden wurden geschildert, davor neue Maschinen zur Wiederaufbereitung von Steinschutt als Baumaterial.[288] Allgemeine Planungsvorgaben wurden ebenfalls mit knappen Schadensbildern und mechanischem Verwertungsgerät illustriert. Entsprechend sahen die photographischen Illustrationen wie Pressebilder aus.
Erste Versuche der Neubelebung ästhetischen Handelns dürften im Umfeld des Deutschen Werkbundes zu suchen sein, der trotz Auflösung im NS-Staat als Ideenplattform überlebt hatte und nun seine alten Protagonisten neu sammeln konnte. Noch bevor Möbel für den deutschen Hausgebrauch hergestellt werden durften, wurden Ausstellungen und Messen veranstaltet, die allen nur denkbaren Konstruktionen patenter Funktionskombinationen für den Nachkriegshaushalt gewidmet waren. Deren Darstellung im Bild füllte gleich doppelt die Seiten der illustrierten Zeitschriften, der Wochenblätter und Beilagen samt neuen Fachzeitschriften: Sie waren Werbung für Image-Ideen mit Verkaufskonzept, zugleich Darstellung kommender Entwurfsstrategien im Design. Kaum ein Architekt jener Jahre, der nicht seine Einkünfte durch Möbelentwürfe zu verbessern suchte, und kaum eine Zeitschrift, die nicht anhand solcher Entwürfe auf zukünftige Entwicklungen verweisen wollte. Daß derlei Publikationen photographisch illustriert waren, verstand sich von selbst. Meist herrschte noch der Bildkanon des *Reichsheimstättenamtes:* schräge Aufsicht einer Zimmerecke mit eingepaßtem oder vorgestelltem Möbel, das Ganze dekoriert und ohne Personen, als Hintergrund ein enges Raumstück mit etwas Fensterausblick ins Grüne. Bis zur Werbe-Interieur-Photographie der fünfziger Jahre war es noch ein weiter Weg.
Deutlich Neues vermittelten Ausstellungen und Vorträge, die im Rahmen des US-amerikanischen Re-Education-Programms veranstaltet und zum Teil von architektonischen Manifestationen getragen wurden, die nur über Modelle und Photographien zu vermitteln waren. Die Zeitschriften der Demokratisierungsprogramme enthielten in der englischen wie der amerikanischen Zone häufig Texte von deutschen Emigranten, die entweder auf architektonische Gestaltungsfragen hinwiesen oder aber sich mit einzelnen Schulen wie dem Bauhaus befaßten; deutsche Verlage beeilten sich, derlei Texte schnell nachzudrucken. 1947 reiste Walter Gropius im Auftrag des *US Information Service* nach Berlin, um dort den deutschen Baumeistern die Leviten zu lesen und sie programmatisch auf die Moderne als einzig demokratischer Architektur zu verpflichten; die Nachricht kam an – mit positiven wie negativen Reaktionen, letztere gelegentlich auch verspätet.

Illustriert waren die Texte zum Bauen in den Vereinigten Staaten mit Arbeiten amerikanischer Architekten – jener sonnendurchtränkten Werbephotographie, die sich am Beginn der fünfziger Jahre in der Bundesrepublik schnell durchsetzen sollte. Primär herrschte in der Architekturdarstellung um 1946 eine Nachkriegs-Berichterstattung vor: Trümmer wurden von Emigranten und amerikanischen Photographen als wohlverdientes Schicksal, kultureller Schwanengesang und nur allzu selten als Loblied auf die Trümmerfrauen oder als Weise für die Nachkriegskinder intoniert. Typischerweise sind die meisten dieser Bilder erst um 1985 wiederentdeckt und in den Rang von Zeitzeugen erhoben worden. Die in den Zeitschriften der späten vierziger Jahre publizierten Berichte zum Baugeschehen verwandten dieselben Formen, widmeten sich jedoch anderen Themen – prinzipiell als Umwandlung der Rüstungs- in eine Friedensproduktion zu verstehen. Doch eigentlich wollte das deutsche Volk davon nichts wissen.

Die Presse und die neuen Fachzeitschriften für Architektur, Bauen, Wohnen und Möbel beeilten sich um 1947, drucktechnisch und von den photographischen Vorlagen her Anschluß an amerikanische Vorbilder zu gewinnen – Literatur und Diskussionen konnten weiterhin auf gelbem, holzhaltigen Papier stattfinden, gestalterische Innovationen dagegen wurden nach der Währungsreform 1948 auf Hochglanz präsentiert. Selbst das schnell montierte *Dornier-Heim* mußte schon in weichem Sonnenlicht aus dem naturwüchsig holzenden Garten scheinen, und im Inneren erstrahlte es so peinlich sauber, als ob das Desinfektionsmittel noch in der Zeitschrift zu riechen wäre. Insgesamt war eine industrielle Bauweise mit idyllischen Versatzstücken bescheidenster Natur anfüllbar – darin spiegelte sich die Kontinuität nationalsozialistischer Pressepolitik ebenso wie der Unwille zur Bearbeitung politischer Ursachen des Krieges angesichts des täglichen Überlebenswillens. Was blieb, war ein Wiederaufleben von Bildformen aus dem Umfeld des Heimatschutzes, wie rationell oder industrialisiert die Bauweise der Häuser auch war.

In der ersten Nachkriegszeit schlug für den Wohnbau die ganz große Stunde der Stuttgarter Schule, vom erneuten Wirken Heinrich Tessenows und seiner Schüler abgesehen. Die Bildern berichteten vom Wunsch nach einem Haus mit bestellbarem Garten, nach spitzem Giebel, hohen Gauben und Klappläden; Siedlungen wirkten eher wie im Fischgrund plaziert als in Britz. Daß solche Wünsche nicht im Widerspruch zum modernen Patentmöbel standen, daß die Winzigkeit der angebotenen Häuser in die gebotene Gemütlichkeit umfunktioniert werden konnte, versuchten die Architekten nicht nur verbal, sondern auch bildlich durch Rekurs auf Kleinräumigkeit und biedermeierliche

Idylle zu vermitteln. Wo in den Städten dem Verkehr jeder Rest alter Bausubstanz geopfert wurde, mußte im Bereich bürgerlichen Wohnens auf überkommene Formen rekurriert werden – und dies am besten medial, denn die Marktwirtschaft verhieß den Architekten einen Weg in harte Konkurrenzkämpfe. Die Photographie wurde erneut zum wichtigen Hilfsmittel der Architektenwerbung.

Dabei hatte es gut angefangen: Der amerikanische Hochkomissar John McCloy hatte ein Bauprogramm ausgeschrieben, dessen Realisierung durch den Marshallplan erste Pfründe samt Anschlußaufträgen versprach, und das von der organisierten Architektenschaft mit Begeisterung aufgenommen worden war.[289] Versuchshäuser sollten es sein, die zu bauen waren; sie sollten Wohnungen enthalten, denen Giedions ‚Befreiung durch Licht und Glas' anzumerken war.[290] Das ECA-Programm – benannt nach dem Haushaltstitel des Marshall-Programms – war gedacht als Anregung zum flächendeckenden Wohnbau für den unteren Mittelstand aus Facharbeitern, Angestellten und Beamten; ausgeführt wurden insgesamt 37 Siedlungen in den drei Zonen der eben gegründeten Bundesrepublik.[291] Es stand Geld zur Verfügung; die mit deutschen Architekten und amerikanischen Beratern erarbeitete Ausschreibung der Bauten sah eine Bevorzugung der Moderne vor. So wirkten auch die Bilder, mit denen das ECA-Programm als Vorbild möglichen Wohnungs- und Siedlungsbaues über Ausstellungen und Publikationen in die Öffentlichkeit drang: Sonnendurchstrahlt und luftig auf frischen Wiesen präsentierten sich dreigeschossige Häuserzeilen in großem Abstand nebeneinander; als Staffage spielten Kinder im Sand. Der Blick fiel leicht seitlich, ohne eine echte Diagonalsicht zu sein; eine Untersicht à la Mendelsohn wurde lediglich angedeutet. Über dem Gebäude war reichlich Platz für einen gleichmäßig grauen (blauen) Himmel mit leichter Cumulus-Bewölkung. Insgesamt präsentierten sich die ECA-Bauten in moderater Modernität, bildeten visuell wie auch historisch ein Bindeglied zwischen der tradierten Idylle und dem aufkommenden Werbebild samt seiner internationalistischen Fata Morgana, dem Traumhaus.

Die Bilder antizipierten eine historische Entwicklung: die endgültige Durchsetzung des modernen Kanons im Bauen und seiner photographischen Darstellung. Letztere hatte im erweiterten Funktionsbereich, gemeinsam mit anderen Hilfsdisziplinen, die Aufgabe, zur Nachahmung anzuregen und für breite Akzeptanz zu sorgen, um jede Kritik an der Tradition des Neuen Bauens von vornherein zu unterbinden – eine Aufgabe, die sie mit Zeitverzögerung auch bewältigte. Die Modernität des ECA-Programms äußerte sich in zwei Problemfeldern, die mit dem Programm und seiner Ausschreibung

selbst gar nichts zu tun hatten, aber als photographisch illustrierte Beiträge die Zeitschriften jener Zeit durchzogen und auf der Basis der Ausschreibung kritisiert wurden: das Wohnhochhaus als verdichtende Alternative zur Flächenbebauung und die industrielle Fertigung baulicher Einzelteile samt ihren Folgen für das Erscheinungsbild von Wohngebäuden und Siedlungen. Zwei moderat hohe und moderne Wohnhäuser in Hamburg bildeten um 1950 den Anlaß für eine Debatte um das Wohnhochhaus.[292]
Die Visualisierung war deutlich von Giedion und seinen Nachfolgern auf dem CIAM-Weg vorgegeben: im Vordergrund eine randbegrünte Straße mit Laubbäumen und flanierenden Menschen, dahinter durch seitlich einfallendes Sonnenlicht skulptural betonte Häuser in diagonaler Sicht unter einem mitteldunkel gefilterten Himmel. Dieser Abbildungskanon stammte aus der Werbung, war in den vierziger Jahren durch die Redaktionen von *House and Gardens* gegangen und für die deutschen Debatten nach 1950 virulent. Besonders sonnig und grün wurden die Bilder überall da, wo im Text massiv gegen die Konservativisten gewettert werden mußte, um die Phalanx des *Neuen Bauens* weiter voranzutreiben.[293] Wie wirksam diese Bildformen jenes *Neue Bauen* im Bewußtsein der Zeit verankerten, mag aus großer Distanz an Gegenproben der damaligen DDR ersehen werden, die ihre wütenden Stellungnahmen auf Photos statt auf den persönlichen Augenschein stützten.[294]
Eine der großen Debatten der Nachkriegszeit bestand in der Auseinandersetzung um die staatlich vorgegebene Normung industriell gefertigter Bauteile zur Rationalisierung des Wohnbaues. Diese Debatte ist auf den Einfluß der Neufertschen *Bauentwurfslehre* zurückzuführen, die, 1936 erstmals erschienen, in den letzten Kriegsjahren zum entscheidenden Instrument aller Wiederaufbauplanung wurde und in Neuferts Entwürfen einer aus der Rüstungsindustie stammenden, aber zivil nutzbaren Baumaschine für lange Wohnblöcke kulminierte.[295] Doch die Herkunft aus dem Speerschen Wiederaufbaustab war nicht der Kernpunkt einer Kritik an diesen Normen und Normierungen, sondern das genaue Gegenteil: Eine frisch ans Häuslebauen gehende Architektenschaft wollte sich ihre Kreativität nicht durch industrielle Vorgaben einengen lassen, und sei es anhand der zu verwendenden Schraubengrößen. Richard Döcker hatte die Debatte in Gang gesetzt[296], schnell wurde auf Neuferts Vorgabe rekurriert[297], und im Prinzip wurde über Bilder geredet, nicht über das Bauen selbst. Neuferts Zeichnungen in der *Bauentwurfslehre* erschienen wie übersetzte Photographien in der Tradition vorindustrieller, quasi-handwerklicher Arbeitsdarstellungen, wie sie während der NS-Zeit für industrielle Selbstdarstellungen und staatliche Propaganda ge-

braucht wurden. Diese Visualisierungen wurden zum Anlaß der Kritik genommen, wenn über die Einschränkungen baulicher Freiheiten räsonniert wurde, und umgekehrt mußten die Verteidiger industrieller Baumethoden zu Bildformen greifen, die über eine knappe Sachschilderung, wie sie für die erste Nachkriegszeit noch ausreichend war, hinausgingen: Werbung war vonnöten.
Deutlich wurde dies an den Wohngebäuden und Entwürfen auf der ersten großen Baumesse der Nachkriegszeit, der *Constructa* in Hannover; hier wirkte das ECA-Programm mit seinen hellen Bildern[298], hier mußte sich Heinrich Lauterbach als Architekt selbst vor seinem Häuschen lümmeln, um die fröhliche Stimmung seiner Planung zu vermitteln. Walter Gropius griff gottgleich in die Debatte ein; im Umfeld seiner Vorträge vor der bundesdeutschen Architektenschaft leuchteten amerikanische Fassaden in kristalliner wie waschmittelfester Reinheit.[299] Die Geschichte des *Neuen Bauens* wurde neu betrachtet und mit passenden Bildern in sachlicher Sicht versehen, denn schließlich war auch die Gegenseite nicht untätig und publizierte fleißig alte Fotos mit viel Sonnenschein, bei denen nur ein glücklicher Zufall oder Retoucheur die Hakenkreuzfahne vor der Wiederauferstehung bewahrte. Kein Wunder, daß die Photographie in einer – weiter unten referierten – Grundsatzdebatte zum Bauen der fünfziger Jahre eine entscheidende Rolle spielte; diese Kritik sollte ungehört verhallen. Nirgends ist jedoch der Siegeszug einer Modernität im Bauen durch die Modernität von deren Darstellung in einer werbenden Photographie so sichtbar geworden wie in einer Stadt, mit deren hauptstädtischer Funktion kaum jemand ernsthaft gerechnet hatte: Bonn.

Parlamentssitz und Fallbeispiel: Bonn

Wundersam sind manche Wege der Politik, und die der deutschen Nachkriegszeit waren es in besonderem Maße. Der Kampf zwischen Frankfurt am Main und Bonn am Rhein um die Position einer provisorischen Hauptstadt des westlichen Deutschlands wurde auch mit architektonischen und städtebaulichen, vor allem symbolischen Argumenten geführt.[300] Zwar hatte im Hotel auf dem Petersberg oberhalb von Königswinter der Alliierte Kontrollrat seine Arbeit aufgenommen und führte dort die Verhandlungen um die Gründung der westdeutschen Bundesrepublik, jedoch hatte Frankfurt mit der Paulskirche, um deren Wiederaufbau eine ebenso wortgewaltige Debatte entbrannt war wie um die Rekonstruktion des Goetheschen Geburtshauses, ein symbolträchtiges Demokratie-Bauwerk anzubieten. Nach der Entscheidung war es auch mit der Symbolik vorbei: Bescheidenheit sollte gezeigt werden, die für die Bonner Entscheidung ausschlaggebende Aussage des Provisoriums in jeder Form nachvollziehbar bleiben.

Das Resultat läßt sich als Sieg der Moderne beschreiben, und es ist auch so visualisiert worden, womit es exemplarischen Charakter für die übrige Bundesrepublik erhielt. Die Linie des Übergangs von reportagehafter Schilderung des Wiederaufbaus zur Werbung für Baufirmen und Architekten läßt sich in Bonn an zwei Komplexen nachvollziehen: an den ersten Bundesbauten und am Bonner Wohnungsbau.[301] Schon die ersten Generalbebauungspläne der späten vierziger Jahre trugen moderne Züge, nachdem um ein Haar der NS-Schulungsheimbauer Julius Schulte-Frohlinde mit einem Plan von 1943 zum Zuge gekommen wäre. Zudem fanden sich in der alten Universitäts- und Rentnerstadt Bonn wie ihrem südlichen Pendant Bad Godesberg diverse Villen und Landhäuser, die sich als Residenzen und Dienstgebäude deutscher wie alliierter Behörden eigneten.

Die symbolträchtigste Aufgabe war eine Um- und Wiederauf-Baumaßnahme: das *Bundeshaus* mit Plenarsaal und Abgeordnetenbüros samt Sitzungssälen und dem Foyer als Begegnungsraum von Parlament und Volk.[302] Die vom Regierungsbaumeister Witte in Manier des *Neuen Bauens* um 1930 realisierte Pädagogische Hochschule des Rheinlandes war nicht nur weitgehend erhalten, sondern zudem in exzellenten Photographien gegenwärtig, die dem Architekten Hans Schwippert in der Schilderung einzelner Details wie Treppenläufe und Fensterformen Vorgaben zur eigenen Gestaltung mittels behutsamer Eingriffe und vorsichtiger Hinzufügungen vermitteln konnten. Schwipperts Arbeit fand unter den Augen einer interessierten Öffentlichkeit statt; er selbst hat in eigenen Stellungnahmen auf den Wert einer demokratischen Transparenz im politischen Handeln hingewiesen – sicher auch, um dem früh kritisierten „nächstgelegenen Zielpunkt" zu entkommen.[303] Bildlich dargestellt wissen wollte er dies durch den Rekurs journalistische Formen der Photographie: tagende Politiker im Plenarsaal und sich die Nase an der Glasscheibe plattdrückende Bürger draußen. Doch soviel Bürgernähe und Transparenz war seitens der Regierenden nicht gewollt; Hans Schwippert wurde eines der ersten Opfer der kommenden Suche nach Würdeformeln. War er bereits wegen der Bestuhlung im Plenarsaal mit dem Bauherrn angeeckt, so mußte er 1950 eine nur als Intrige zu bewertende Rüge des Rechnungshofes einstecken, was ihn zur Niederlegung seiner Arbeit veranlaßte – ein beschämender Vorgang, der als Signal der kommenden Behandlung von Architekten durch die Baubehörden des Bundes gewertet wurde. Schwipperts Mitarbeiter und Nachfolger mußten um ihrer Existenz willen auf die Form der Darstellung umschwenken, die ihnen ein Weiterarbeiten zu garantieren vermochte: Sachlich klare Photographien der Möbel und Einrichtungen in sanftem Sonnenlicht verwiesen auf den gestalterischen Zuschnitt, waren jedoch menschenleer, durchkomponiert und damit ‚würdevoll'. Am Ende der fünfziger Jahre hat sich als einzige Abbildung des Bonner Bundeshauses eine Sicht etabliert, die für drei Jahrzehnte den Hintergrund aller Studioberichte des Fernsehens bildete: der Blick über die rheinabgewandte Straßenseite des Baukörpers mit dem ehemaligen Haupteingang an der linken Bildseite. Er hatte den Vorzug, nichts von den späteren, eher peinlichen Applikationen zeigen zu müssen; und nach dem Neubau des Eiermannschen Abgeordnetenhochhauses in der Flucht dieses Blicks bot er sich als Paradigma Bonns an. Nur hatte diese Ansicht mit dem Regierungsgeschäft nichts zu tun: Sie zeigte den Wirtschaftsflügel des Gebäudes mit den Küchen- und Hausverwaltungsräumen.

Die Orientierung an amerikanischen Vorbildern, die sich in den Bildern zum Bundeshaus nicht vorderhand verwirklichen ließ, war jedoch für die große Zahl von Bonner Wohnbauten möglich. Schon vor der Entscheidung für die provisorische Hauptstadtfunktion hatte Max Taut einen Siedlungsplan für Bonn vorgelegt; eine von ihm favorisierte und im Frühjahr 1949 begonnene Siedlung im südlichen Stadtgebiet[304] war mit jenen *zeichnerischen Photographismen* vorgestellt worden, die Taut schon früher eingesetzt hatte. Sie waren einerseits Kennzeichen der moderaten Modernen gewesen, die im NS-Staat hatten reüssieren können, andererseits aus den USA als zeichnerische Form der Antizipation mittelgroßer städtebaulicher Zusammenhänge importiert worden. Durch ihre Verwendung wurde eine mediale Rückkopplungschleife in Gang gesetzt, die das Baugeschehen und seine Rezeption in den fünfziger Jahren mitbestimmen sollte: Die zeichnerische Perspektive hatte sich vom Theaterprospekt getrennt und folgte photographischen Darstellungsformen, was die Photos der Bauten aufgriffen, womit wiederum die Vorgaben für die nächsten Wettbewerbsmuster gegeben waren. Tauts weiche Zeichnungen wurden als sonnendurchflutete Photographien mediale Realität, die künftige Planungen in Vorzeichnung und Entwurf beeinflußte.

In Bonn ließen amerikanische Bauherren sowohl Verwaltungsgebäude als auch Wohnsiedlungen in Auftrag geben und realisieren. Parallel zu den Versuchsbauprogrammen der ECA sollten durch zwei Bonner Mustersiedlungen, die amerikanischen und deutschen Beamten zur Miete angeboten wurden, Leitlinien zukünftiger Baupolitik gesetzt werden. Modelle wurden publiziert, die nicht mehr monumentale Größe vermittelten, sondern über jeden einzelnen Baum naturnahe Wohnumgebung vorführten; dazu kamen Bilder der ersten Kopfbauten an gebogenen Straßenzeilen, die den Blick über ein größeres Rasenstück erlaubten.[305] Kein Wunder, daß diesem Kanon eifrig gefolgt wurde: Jede neue Siedlung mußte mit den Bauten der High Commission im Tannenbusch verglichen werden, und jede Bauzeile wurde so ins Licht gerückt, daß selbst bei völlig anderem Aussehen die Affinität zu den Tautschen Photographismen oder den amerikanischen Bildern gewahrt blieb. Wie gut dieser visuelle Kanon funktioniert hat, machten die Bemühungen der 1980er Jahre deutlich, einige dieser Wohnbauten und -siedlungen unter Denkmalschutz zu stellen – sie operierten mit demselben Bildmaterial in derselben werbenden Absicht.

Ähnliches galt für kleinere oder mittlere Administrations- und Wohngebäude der anderen Besatzungsmächte; insbesondere die von deutschen Architekten gezeichneten Bauten der französischen Verwaltung fanden über eine an der Moderne orientierten Photographie in den Zeitschriften einige Beachtung.[306] Umgekehrt zeigte sich bei der Bautätigkeit der Bundesregierung und ihrer nachgeordneten Dienststellen bis zum Abschluß des Bonn-Vertrages 1970 ein auch in Bildern vorgetragener Konservatismus, der sich in Bauten von Versicherungsgesellschaften und Verwaltungen niederschlug. Die einzige Ausnahme mag das von Josef Trimborn entworfene Postministerium gewesen sein, das nicht nur des Architekten Prägung in Vorhoelzers Postbauschule demonstrierte, sondern auch immer in Bildern mit klarer Definition der Volumina und glatter Flächenschilderung gezeigt wurde. Die andere Ausnahme, bis in ihre Abbildungen für den verspäteten und einer jungen Demokratie jener Zeit unwürdigen Streit um die ästhetische Moderne typisch, wurde vom Bau der Bonner Jugendherberge markiert, die eine Begegnungsstätte europäischer Jugendlicher mit Politikern sein sollte.[307] Bis zum Bau der Bonner Beethovenhalle[308] präsentierte sich die Bonner Architektur als Teil jener flächendeckenden Provinz, die die Bundesrepublik durchgehend bildete: mit ihrer Übernahme von Würdeformeln neoklassizistischer Architektur, den moderaten Anklängen an die amerikanische Moderne und modischen Attributen an transitorischen Bauwerken. Vielleicht war es diese Mischung, die zwischen 1951 und 1953 eine kleine Debatte in einigen Fachzeitschriften für Architektur heraufbeschwor, in der – unausgesprochen, aber konstant präsent – der Photographie eine wichtige Rolle für die Fixierung jenes ortslosen Kosmos medialer Architektur namens Provinz zugewiesen wurde.

Mensch und Raum, Bild und Abbild: eine Debatte ohne Ort

Der Kirchenbaumeister Rudolf Schwarz, als Wiederaufbau-Stadtplaner in Köln gescheitert, mochte es gewesen sein, der als erster der Photographie mit donnernden Worten jenen bösen Einfluß zuschrieb, der die begriffliche Barriere zwischen Architektur und Bauen nahezu unüberbrückbar hat werden lassen: „Auf die Architektur angewendet, hat die Ästhetik aber leider sehr wenig gefördert... Alle diese Bücher, ob sie nun um große oder kleine, bekannte oder unbekannte Bauwerke oder um ganze Epochen der Kunstgeschichte kreisen, alle diese Bücher haben Bilder, und diese Bilder sind fotografiert. Das ist für Sie vielleicht so selbstverständlich, daß Sie wahrscheinlich staunen, warum ich darauf hinweise. Natürlich sind die Bilder fotografiert. Wir müssen uns aber erinnern, daß früher, vor Jahrzehnten, in unseren Lehrbüchern keine fotografischen Bilder waren, sondern maßstäbliche Zeichnungen, und daß erst seit kurzem im fotografischen Apparat sich ein Instrument anbietet, das dem einsamen, isolierten Ästheten so richtig zur Hand liegt, nämlich dem Manne, der sich allein einem großen Werk gegenüberstellt und daran eben – meinetwegen bewundernd – Bemerkungen macht, aber gegenübersteht, der nicht darin ist; der Fotoapparat ist eine Maschine, die an einem bestimmten Punkt aufgestellt wird und nur durch ein einziges Auge einen großen Raum anstiert. Wir haben uns vielleicht alle noch nicht klargemacht, wie inadäquat und im Grunde unwürdig diese Methode ist, großen Architekturen zu begegnen."[309] Auf den im Protokoll bemerkten Beifall bauend, gingen diese Sentenzen noch eine Weile weiter und könnten als verspätete Medienkritik vergessen werden[310], wäre da nicht jene Wendung Schwarz' in das ihm ureigene Thema des Sakralbaues gewesen, das die seiner Kritik zugrunde liegenden Bewertungen erst verdeutlichte. Nach einer längeren Beschreibung der beiden architektonischen Grundformen, des Zentralbaues und des Langhauses, setzte er so völlig unvermittelt wieder ein, daß nicht einmal ein grammatikalischer Bezug des ersten Wortes im folgenden Zitat herstellbar ist: „Dieses Beispiel der Überschätzung der egozentrischen Zentralperspektive im Gegensatz zum Grundriß, dem anständigen Grundriß aus der Schule des Architekten, mag Ihnen wohl zeigen, wie sehr das Architektonische in seinen Leistungen verkannt wird. Die Herstellung des Grundrisses, des Aufrisses, des Schnitts, der Maße, das ist die ungeheure Leistung des Architekten."[311] Die folgenden Ausführungen waren ein Hohelied auf den Werkschulgedanken. An Schwarz' Überlegungen konnte seinerzeit keine Kritik geübt werden, denn die Gesprächsrunde in Darmstadt fand erst einen Tag darauf statt und Redner wie Martin Heidegger oder

Ortega y Gasset stießen so schnell ins Grundsätzliche vor, daß für eine ortsgebundene Debatte um das Sehen auf den Raum, in dem Menschen sich versammeln sollten, keine Zeit mehr war.[312]
Unvorbereitet war Rudolf Schwarz' Philippika gegen die Photographie als Medium der „isolierten Ästheten" nicht: Das Bild aus der Maschine war zum allgemein anerkannten Hilfsmittel der wissenschaftlich fundierten Stadtplanung geworden[313], aber auch zum polemischen Stilmittel aller Streiter für und wider den Aufbau alter Städte. Und so wie die Modernisten in Umkehrung der archivalischen Motivbasis der Moderne auf die zeichnerischen Photographismen als Antizipation realer Bauten rekurrierten, so mußten die Konservativen den Anschluß zur Zeit über photographische Detailschilderungen suchen, mit plastischer Bildsprache aus Sonne und Schatten. Hinter allen diesen Bemühungen stand die gleiche schmale Gratwanderung, Vorgaben einer visuellen Kommunikation über Architektur zu beschreiben, die auch die Re-Etablierung der Moderne um 1947 kennzeichnete: einerseits Distanzierung vom Hochglanz nationalsozialistischer Baubildpropaganda, andererseits Nähe zur ebenfalls hochglänzenden US-Architekturwerbephotographie; einerseits Fixierung des Diskurses über das Bauen durch die Photographie auf das jeweils schon Gebaute, andererseits Schilderung eines utopischen Horizonts als Ahnung einer möglichen Transzendierung vom täglichen Geschäft in die Kunst. Und da der goldspuckende Esel (die dummen Bauherren) nicht geschlagen werden sollte, haute man um so kräftiger auf den Sack (die Photographie, mit der man sich um Bauherren bemühte).
Die Debatte wurde fortgeführt, mit Bildern und mit Worten. Ulrich Conrads setzte sich früh mit falschen Romantizismen der Bildserien zum zerstörten Deutschland auseinander[314], zu einer Zeit, als die Ruinenschilderung durch extreme Schwarzweißkontraste und Laborspielereien zur Kunstform der *subjektiven fotografie* erhoben wurde; und er mußte als Redakteur mit editorischen Bedenken Rudolf Schwarz einmal mehr das Wort übergeben, der unter dem Titel *Bauen und Schreiben* erneut mit der Photographie abrechnete, sinnigerweise in der Form indirekter Rede als Beleg eines Gesprächs mit Alfons Leitl: „... denn mit den Kunstwissenschaftlern ist es wirklich etwas schwierig. Sie stehen auf einem ästhetischen Standpunkt und besehen von da aus die Welt. Sie verraten das schon dadurch, daß sie in ihre Bücher so viele Fotografien drucken lassen, denn die fotografische Maschine ist ja das, was sie brauchen: Sie stiert mit einem Auge von einem Punkt aus ins architektonische Weltall, während doch der wirkliche Baumeister eine Menschengemeinde in eine gemeinsame, ganz geklärte Form hebt, also offenbar etwas ganz anderes im Sinn hat. Sie sprechen auch nicht in unseren Worten,

die doch so schön und ewiggültig sind und Wand, Boden, Decke, Tür, Fenster usw. lauten und die wir um keinen Preis gegen optisch plastische Empfindungen tauschen."³¹⁵ Damit hatte der begnadete Polemiker Schwarz den Punkt getroffen: Photographie war das Medium „optisch plastischer Empfindungen", eine vorsprachliche Kategorie unterhalb des verachteten Ästhetischen und weit vor jenen Fundamenten im Handwerklichen, auf die er sich beziehen wollte. Wie weitgehend er dabei vom Denken des 19. Jahrhunderts geprägt war, verriet Schwarz mit der abgegriffenen Metapher vom Photoapparat als Maschine und der (von Conrads anschließend aufgegriffenen und widerlegten) Gleichsetzung von Photoapparat, Photograph und Bild samt Benutzer. Mit dem solcherart vergröberten Begriff der „optisch plastischen Empfindung", die die Photographie vorgab, schaffte sich Schwarz aber auch den archimedischen Punkt, um die Welt der fünfziger Jahre aus den Angeln zu heben: Vom Bildgebrauch der Nationalsozialisten aus, über die zu reden sich nicht mehr lohne – „die Reichskanzlei ist ja schon wieder abmontiert, und nächstes Jahr errichtet das Bundesbauamt in Bonn einen vollgültigen Ersatz dafür" –, wurde der Materialismus der Funktionalisten und insbesondere des Bauhauses angegriffen. Neben der sehr eigenwilligen Kurzfassung einer möglichen Architekturgeschichte des 19. und 20. Jahrhunderts sowie diversen Sottisen gegen einzelne Bauhäusler, insbesondere Walter Gropius, beschrieb Rudolf Schwarz die – durch amerikanische Re-Education gerade am Beginn der fünfziger Jahre in Deutschland omnipräsente – Institution Bauhaus als propagandistische Gruppe mit „unerträgliche[r] Phraseologie". Über den Umweg der Photographie wurde die Sprache des Funktionalismus nicht nur angegriffen, sondern regelrecht niedergemacht: eine völlige Umkehrung der diskursiven Funktion, die das Medium für die Moderne selbst hatte.³¹⁶

Dem armen Redakteur blieb nichts anderes übrig, als der Photographie selbst die Rolle des Prügelknaben zuzuschreiben und sein Heft mit den Arbeiten von Wright Morris zu illustrieren, der zeitlebens als Schriftsteller berühmter war denn als Photograph.³¹⁷ Conrads versuchte den richtigen Kontext wiederherzustellen und das Sehen mit dem Begreifen, den Stillstand der Photographie mit dem gehenden Erfahren von Gebäuden zu verknüpfen, also an jene Konventionen zu erinnern, die als Ausdrucks- wie Erlebnisformen von Architektur archetypischen Charakter hatten. Auch bat er mit Hans Gerhard Evers einen Kunstwissenschaftler zu Wort, der selbst als Photograph aktiv gewesen war und sich mit gut anderthalb Jahren Verspätung in gewünschter Weise affirmativ zur segensreichen Wirkung des Mediums äußerte.³¹⁸ Selbst wenn Conrads wieder die Analogie von Schreiben und Photographieren bemühen mußte, so war doch die Zeit über diese Debatte, die keine wurde, hinweggegangen und hatte Raum geschaffen für eine andere, an der die Photographie nicht minder beteiligt war. Um 1952 und 1953 erschienen zahlreiche Berichte über die ersten Erfolge des Wiederaufbaus, die gleichwohl als Bildserien die Zeitgenossen beschämten, so erbärmlich war die Qualität des Gezeigten. Dem folgte wiederum die Präsentation: Meist bestand ein Zeitschriftenbeitrag aus zahlreichen, klein reproduzierten Abbildungen in schlechter Bildqualität von reportagehaftem Zuschnitt – mit stürzenden Perspektivfluchten über zwei Ebenen, bei ungünstigem Wetter aufgenommen und mit minimaler Detailzeichnung. Das veranlaßte eine satirische Sammlung von Photomontagen, die der New Yorker Karikaturist Saul Steinberg unter dem Titel *The City* als Editorial der Zeitschrift *Baukunst und Werkform* anbot.[319] Den Gipfel derartiger Gegenüberstellungen bildete ein Beitrag, den wiederum Ulrich Conrads zu verantworten hatte: Unter dem Titel *Zum Durchschnitt des deutschen Bauens* wurden zahlreiche Bilder der genannten Art und durch Reproduktionen aus Rasmussens Nordischer Baukunst konterkariert, zudem durch einen australischen Architekten kommentiert.[320]

Die Leserzuschriften waren zahlreich, doch nur eine befaßte sich mit dem Medium der Polemik, und dies allein aus der Perspektive der Rezeption: „Sicher, kein Mies, kein Gropius und selbst kein Schwarz wird es bestreiten wollen, daß die von Ihnen ausgewählten Bauten der 50er Jahre nicht den objektiven, d.h. den schlechten, sondern den *guten* Durchschnitt deutschen Bauens darstellen und damit auch beweisen, daß 90% aller deutschen Hochbauten nicht einmal das Papier der Photographie rechtfertigen, wenn man sie ausschließlich von dem Spitzwinkel der Ästhetik – von Kunst ganz zu schweigen! – aus betrachtet."[321] Damit waren die Leser wieder auf den Boden der von Schwarz beschworenen Räume zurückgekehrt – und fanden nichts als ort- und bindungslosen Durchschnitt. Die Photographie stellte mithin dar, was der Architekt durch ihren Nichtgebrauch vermeiden wollte: Die deutsche Provinz war flächendeckend, Ausnahmen waren rar und selbst wieder ortlos international. Eine späte Bestätigung dieser These lieferte die letzte Bildserie der genannten Art unter dem Titel *Anonyme Architektur*[322] – danach war von Photographie in deutschen Architekturzeitschriften nur noch marginal die Rede, und von einem bewußten Gebrauch konnte jenseits dessen, was Josef Lehmbrock in einer Umfrage bemerkte, auch nicht mehr gesprochen werden: „Unsere heutigen Architekturzeitschriften leiden darunter, daß sie Aufnahmen bringen wie im Modejournal. Die Häuser werden optisch, hauptsächlich von außen, dargestellt, ohne daß man sie bis ins Detail erkennen kann. Dazu sind die Aufnahmen verständlicherweise ausgewählt, nachteilige bekommt man natürlich nicht zu Gesicht."[323]

Tankstellen der Tatkraft: Räume der Bildung, Konsum- und Medienarchitektur

Das Darmstädter Gespräch, dem Schwarz' erste Philippika gegen die Photographie entstammte, war das zweite seiner Art und dem Thema *Mensch und Raum* gewidmet, nachdem im Jahr zuvor *Das Menschenbild in unserer Zeit* besprochen und anhand des Sedlmayrschen *Verlustes der Mitte* heftig debattiert worden war.[324] Die Baugespräche wurden begleitet von einer thematisch naheliegenden Ausstellung: Es ging um Räume, und zwar um *Räume der Bildung* und um *Räume der Andacht*.[325] In Rudolf Schwarz' Sinn wurden die Andachtsräume so präsentiert, daß ihr Standort auf der Erde nicht mehr wahrnehmbar war: Bildtafeln und Modelle ließen Bauideen aufscheinen, aber keinen Bezug zur jeweiligen Umgebung erkennen. Das Resultat konnte auf die Situation der Bundesrepublik hochgerechnet werden. Nach Abschluß des Bartningschen und US-finanzierten Notkirchenprogramms, das ohne Ortsbezug auskommen mußte, um die nötige Menge Kirchenbauten erstellen zu können[326], begann ein sakraler Bauboom, der bis in die sechziger Jahre anhielt und sich als Spielplatz architektonischer Gestaltung anbot. Die Ergebnisse zeugten allerdings von einer so weitgehenden Austauschbarkeit, wie sie nur noch für die späte Neugotik um 1890 typisch gewesen war. Wenn neue Entwurfsmethoden und theoretische Ansätze jenseits der Schwarzschen Verdikte versucht wurden, dann waren auch sie ortlos und orientierten sich medial an Modellversuchen, photographischen Montageformen und Archivalien der klassischen Moderne.

Nicht viel anders ist die Entwicklung bei den Schulbauten, Hochschulen, Museen und Theatern verlaufen. Der demokratischen Erziehung durch Architektur wurde ein hoher Stellenwert eingeräumt, und für kaum eine Bauaufgabe waren Themenstellung, Bauausführung und mediale Vermittlung so kongruent beschreibbar wie für den Schulbau. Sein wesentliches Kennzeichen war nach einer grundlegenden Definition von Alfons Leitl die Pavillonbauweise ebenerdiger Klassenräume mit Flachdach und starker Besonnung durch große Fensterfronten nach Süden oder Südosten.[327] So wurden großzügig angelegte Modelle mit Baumbestand und gebogener Wegeführung vor hellem Wolkenhimmel oder weiß abgedeckt auf Papierfond photographiert: steil von oben gesehen, um die flachen Gebäude noch flacher erscheinen zu lassen und mit einfallendem Vormittags-Sonnenlicht. Die Bauten wurden entsprechend aufgenommen: bei mildem Frühlingslicht und hinter blühenden Bäumen in die Landschaft eingebettet, von Südwesten im diagonalen Blick auf die wichtigste Fensterfront der mehrflügeligen Bauten, oft ohne Menschen, doch in der Erwartung von Friede, Freude und Fröhlichkeit. Dieser Bildkanon war ein direkter Import aus der Schweiz, aus Schweden und von beispielhaften Arbeiten deutscher Emigranten auf dem amerikanischen Doppelkontinent.

In der Hochschularchitektur dominierte die amerikanische Campus-Universität, zumal in der durch Gropius und Mies formulierten Quaderreihung; die Architekten in der Tradition der Moderne beeilten sich mit ähnlichen Planungen. Ob die Brüder Luckhardt eine Universität für Bratislava planten, Richard Döcker seine Stuttgarter Entwürfe vorstellte, immer folgten bei den Modellen flache Bauten in sanftem Rund den landschaftlichen Höhenlinien, immer fiel Sonnenlicht – bei Hochschulen frühnachmittags – auf die südwestlich ausgerichteten Fassaden, und immer vermittelten locker gelagerte Studentenwohnheime zwar intensive Arbeitsatmosphäre, doch ungezwungene Freude am Leben, modellhaft in jeder Hinsicht. Reinste Verkörperung dieser Hochschularchitektur und exakt in dieser Form publiziert wurden die Bauten der *Hochschule für Gestaltung* in Ulm[328], für deren Erscheinungsbild und Produkte eigens ein *Atelier für Sachfotografie* eingerichtet worden war. Damit schloß sich ein weiterer Kreis medialer Darstellung: architektonische Vorbilder wurden mit Photos veröffentlicht und zogen Bauten nach sich, die wiederum publiziert und zur Vorlage der nächsten Generation von Objekten wurden – wahrlich eine Billsche *umweltgestaltung nach morphologischen methoden*.[329] Allerdings stand Ulm als Begriff nicht mehr für den Ort des Geschehens, sondern als Leerzeichen für eine ethisch-ideell fundierte Design-Arbeit.

Dem Zwang der Darstellung konnte sich nicht einmal jene Bildungs-Architektur entziehen, die als Hort der Bewahrung kulturellen Erbes neben der Denkmalpflege plaziert war: der Museumsbau. Nach einer bildlos geführten Debatte um die Döllgastschen Einbauten in die Münchner Alte Pinakothek[330] wurden ab Mitte der fünfziger Jahre Museumsbauten wieder in Bildserien präsentiert: Rudolf Schwarz' Wiederaufbau des Wallraf-Richartz-Museums in journalistischer Schilderung, radikal moderne Neubauten wie das Duisburger Lehmbruck-Museum im bekannten Kanon hellen Sonnenlichts und weiter Rasenflächen. Wo alte Bausubstanz erweitert, verbessert und bearbeitet wurde, konnte der *Genius loci* photographisch mitgeliefert werden; wo die Neubauten standen, ließ sich aus den in Zeitschriften publizierten Abbildungen nicht mehr erfahren. Das war auch nicht wichtig, denn viele (West-)Deutsche besaßen inzwischen ein Auto und benutzten die kräftig weitergebauten Autobahnen. Die Vorstellung, überall hinfahren zu können, die Möglichkeit, alle Reisen photographisch zu dokumentieren, die Wahrscheinlichkeit, am Zielort mit ähnlichem Komfort zu leben wie zuhause – diese Elemente des *Individualverkehrs* prägten mehr als alles andere die Bildwelt des bundesdeutschen Wirtschaftswunders. Und sie schlugen um so stärker auf die Architektur des dienstleistenden Umfeldes durch, je deutlicher manche Konsumorientierungen an nationalsozialistische Propagandastrategien anschlossen: vom Automobil über die Photographie bis zur Tankstelle.

Wo Architektur selbst wirbt, wird ihre Darstellung im Bild zur doppelten Vorlage, zum einen für die Konsumenten des Angebotenen und zum anderen für die Architekten, die in großen Stückzahlen werbende Bauten hochziehen lassen. Das reichte in den fünfziger und frühen sechziger Jahren vom Autohaus als Sonderform des Ladenbaues über die Tankstelle bis zur Garage als Inkarnation des Gropiusschen Industriebaues. Die Photographien dieser Bauten hatten keine Vorbildfunktion mehr, sondern waren Werbeträger der Industrie und des Dienstleistungsgewerbes. Entsprechend veränderte sich ihre Bildform: Für die zu jener Zeit üblichen halbseitigen, aber seitenhohen Anzeigen wurden extrem fluchtende Seitenansichten aufgenommen, ringsum knapp angeschnitten und in den Grauwerten auf vier oder fünf Stufen reduziert. Hinzu kam ein typologischer Import aus der Konsumartikel-Präsentation: die Nachtaufnahme. Für Tankstellen hatte sie den unbedingten Vorteil, nicht nur die Leuchtstoffröhren-Lineatur von Schmuckformen an den Dachauskragungen zu betonen, sondern die Bauten zudem aus ihrer Umgebung zu lösen, sie als Symbol moderner Beweglichkeit mittels Automobil ortlos zu machen. Bei Anzeigenbildern von Großgaragen geschah dies oft durch Abdecken des Hintergrundes.

Die Nachtaufnahme prägt eine Sparte des Bauens: die Präsentation privater Konsumwelten in Schaufenstern, Geschäften, Warenhäusern und Cafés. Mehrere Gründe waren es, die sie zum Bild der Zeit werden ließen. Zum einen war der schöne Schein des Schaufensters und seines Warenangebots aus dem im Tiefdunkel versinkenden Alltag der Ruinen und Brandmauern herausgehoben; zum zweiten hatte die auf Transparenz angelegte Glasfront eines modernen Ladens ins Innere und seine Raumorganisation hineinzuführen; und zum dritten waren Nachtbilder symbolische Motive großstädtischen Lebens – vom Berlin der dreißiger Jahre über das New York der vierziger zur deutschen Provinzstadt der fünfziger Jahre führte ein gerader Weg. Die

Avantgarde hatte in den zwanziger Jahren die Nachtaufnahme nur zögernd angenommen, erst der Umweg über ein anderes Medium hatte die Architektur beeinflußt – Film und Kino. Kinoarchitektur war in den Jahren nach der Währungsreform die große Bauaufgabe im Innenraum; für Foyer und Fassade als Schnittstellen zur Außenwelt galten dieselben Regeln wie für Schaufenster und Warenhaus – in den zeitgenössischen Zeitschriften wurden sie vernachlässigt. Die Abbildungen folgten einem festgefügten Kanon, der von der amerikanischen Filmindustrie vorformuliert worden war, allerdings nicht in dessen Perfektion umgesetzt werden konnte. Kernstück jeder Bildserie war der Blick vom oberen Rang auf die Leinwand, für den sich die Kurvatur von Seitenwänden wie Filmvorhang blütenartig öffnete; der Raum war in Erwartung des kommenden Films halbdunkel, die Wandlampen eingeschaltet, das Ambiente menschenleer. Wichtig waren Aufnahmen der in großem Schwung geführten Freitreppe zu den oberen Rängen, auch Blicke auf die Garderobe, seltener auf das Kassenhäuschen, wenn vorhanden auf die Bar. Einige dieser Sichten waren durch Kinoarchitekturen der späten zwanziger und dreißiger Jahre vorformuliert, doch die Bilder folgten eher einer Inszenierung von Traumwelten rund um den Film. Kinoarchitekturen wurden zum Thema der um 1950 boomenden Filmzeitschriften; jedes neue Haus von größerer Bedeutung wurde ausführlich vorgestellt, wobei sich die Bilder in nichts von denen aus Architekturzeitschriften unterschieden. Eine mit der Kinoarchitektur eng verbundene Bauform, die in ähnlicher Weise publiziert wurde, war das Tanzcafé, aus dem sich in den sechziger Jahren die Diskothek entwickelte.

Zwei Bautypen sind von diesen Bildvorgaben nicht unwesentlich beeinflußt worden, beide lassen sich unter den Begriff *Medienarchitektur* subsumieren: die großen Häuser der Rundfunkanstalten mit ihrer Mischung aus Verwaltung, Studios und öffentlichem Aufführungsraum sowie die erst gegen Mitte der fünfziger Jahre wieder geplanten Theaterneubauten. Dem Bildungsauftrags des Rundfunks gemäß präsentierten sich die *Funkhäuser* als stocksolide Verwaltungsgebäude mit applizierter Kunst und modischen Formen von Treppenläufen oder Fensterflächen; die Aufführungssäle dienten in erster Linie konzertanter Musik und führten daher mit Vorliebe eine Orgel samt riesigem Spieltisch vor – alles in perfekter Beleuchtung und exakter Detailschilderung. So stark erschien das Selbstverständnis der Rundfunkanstalten, daß bequem Sichten aus der Interieurschilderung von Sakralbauten übernommen werden konnten.

Der Theaterneubau litt am meisten unter der Zerreißprobe zwischen neuem Publikumsinteresse und überkommener Kulturträgerschaft; während ersteres eine deutliche Hinwendung zu denselben Präsentationsformen wie in der Kinoarchitektur nach sich zog, hatte letztere in der konservativen Architektur- wie Kulturkritik einen festen Hort. Beispielhaft ausgetragen wurde dieser Streit am Mieschen Entwurf des Stadttheaters für Mannheim, der als „veredelte Werkhalle" beschimpft wurde.[331] Während sich neo-expressive Formen wie die des Stadttheaters in Münster unproblematisch etablieren ließen, war der Streit um die industriell-immateriell wirkenden Bauten aus Kästen mit Glashaut, sichtbarer Technik und Klimazonen wieder einer um Bilder: Nachtaufnahmen des Gelsenkirchener Stadttheaters machten erst die formale Vielfalt hinter dem gläsernen Vorhang sichtbar, die für eine ästhetisch geprägte und technisch realisierte Erweiterung der Sinne stehen sollte.[332] Im Durchschnitt des westdeutschen Theaterbaues wurde wuchtiger Beton mit Aluminium und Glas als kubischer Behälter trickreicher Theatertechnik mittels Photographie so verkauft, daß der Unterschied zur baulichen Umgebung deutlich wurde und die Formensprache neuer Monumentalisierung zugeordnet werden konnte. Über grauwertreduzierte Bilder des Gebäudes bei Tag, aus tiefgelegenen Bildwinkeln, die selten mehr als ein markantes Baudetail zeigten, sowie durch die Nachtaufnahme konnte das bürgerliche Ereignis Theaterbesuch zur Premiere in Hollywood-Manier hochstilisiert werden.

Die Nähe des Theaters zum Industriebau offenbarte bei den Debatten um die Bauformen der jungen Bundesrepublik heikle Kontinuitäten, die den Ort des Geschehens von Mensch und Raum nicht lokalisierten, jedoch in einen historischen Kontext stellten: die Frage nach dem Überleben der Moderne unterm Hakenkreuz im Reservat des Industriebaus. Die Debatte war im ersten Heft der *Baukunst und Werkform* mit einigen Texten begonnen worden, und die dort veröffentlichten Photographien hatten die ganz wesentliche Aufgabe, die These vom Erhalt der modernen Haltung unverrückbar manifest werden zu lassen – etwas, das ihr so gut gelungen ist, daß erst zu Beginn der neunziger Jahre über die Glaubwürdigkeit des Gesagten debattiert werden konnte.[333] Selbst wenn die Demontage von Industrieanlagen im Gefolge der Nachkriegszeit nicht den Umfang erreicht haben mochte, der ihr in zeitgenössischen Medien zugesprochen wurde, so war der Bau von Industrieanlagen eine vordringliche Aufgabe. Der Rekurs auf funktionalistische Ideen erwies sich als schlichte Notwendigkeit, garantierte er doch ein rationelles Bauen – für die, die es noch nicht glauben mochten, wurden Photoausstellungen veranstaltet, wurde die Zusammenarbeit von Ingenieur und Architekt beschworen, wurden industrielle Materialien für besondere Aufgaben hervorgehoben. Alles dies geschah über Bilder solcher Photogra-

Julius Shulman (Phot.), Richard Neutra, Kaufman House 1947, aus: Großbild-Technik 1956

Franz Lazi (Phot.), Rolf Gutbrod, Tankstelle Stuttgart, aus: Architektur und Wohnform, Heft 2, 1949

phen, die diese Arbeit schon vor und im Krieg perfekt geleistet hatten. Ihre Bilder folgten dem gegebenen Darstellungsprogramm der Moderne: Betonung der Volumina durch kräftiges Sonnenlicht, dennoch exakte Durchzeichnung der Schatten und unbedingte Detail- wie Winkeltreue in der Abbildung, Menschenleere. Den sich später etablierenden Kanon einer werbenden Industrie-Bau-Photographie, der heute das Bild der fünfziger Jahre prägt, haben Photographen einer jüngeren Generation geschaffen, die aus dem Umkreis der Gruppe *fotoform* oder ihrer Nachfolge, der *subjektiven fotografie,* stammten. Hier wurde bevorzugt Farbe eingesetzt, hatte die Dämmerungs- oder Nachtaufnahme bei Repräsentationsbauten einen festen Platz, waren die Industriebauten Teil einer Kampagne, in der es um die Produkte und ihre perfekte Herstellung ging. Betonten die Architekten in den ersten Neubauten noch einen Bezug zur umgebenden Landschaft, so tendierten die Verteidiger der Moderne unter den Kritikern schnell dazu, die Bauten ortlos und überall wiederholbar erscheinen zu lassen: Der Blick nach vorn verdeckte die Probleme der Geschichte.[334] Der paradigmatische Gebrauch von Raster- und Profilformen, dem durch viele perfekte Detailphotographien gehuldigt wurde, setzte sich als Bild der Zeit durch und wurde, über den Industriebau hinaus, Kennzeichen einer konsum- oder wirtschaftsorientierten Periode, deren Wiederbeschwörung selbst in Phasen der Rezession politisch nutzbar schien. Was blieb, war – gerade in seiner Visualisierung durch Photographie – die Nähe des Industriebaus zur Moderne, und damit die Nähe zu zwei aus den USA importierten Methoden der ökonomischen Stimulation in der Architektur: zum imagefördernden Bürohaus und zum ,Traumhaus'.

Büro- und Traumhäuser

Zu Beginn der fünfziger Jahre hatten Büro- und Traumhäuser ähnliche Funktionen: Sie sollten Orientierungsmarken am Horizont bilden und zugleich realisierbar sein. Sowohl das große Bürohaus als Selbstdarstellung der Industrie, die es wieder zu etwas gebracht hatte, als auch das individuelle Traumhaus als Eigenheim derer, die es mit Industrie und Wirtschaftswunder ebenfalls zu etwas gebracht hatten, wurden in Fach- und Publikumszeitschriften durch Bildserien vorgestellt. Die Analogie von Traum und Wunder bildete die gemeinsame Basis der Appellation an Besitzinstinkte – und die wurde mittels Photographie geleitet. In den Fachzeitschriften fanden sich zwar noch Grundrisse und Durchschnitte der besprochenen Gebäude, doch sie schrumpften mit den Jahren zu belanglosen Miniaturen von geringem Aussagewert. Anhand des Wohnhauses mußte noch eine Debatte um die Funktionalität des Funktionalismus geführt werden; für das Bürohaus war die selbstverständliche Technik weit in den Hintergrund gedrängt, sie fand lediglich im technischen Anhang der Zeitschriften noch Erwähnung. Bürogebäude dienten der Repräsentations des Bauherren, die sich nicht nur in üppigen Foyers, teuren Baumaterialien oder großartigen Konferenzzimmern spiegelte, sondern im medial vermittelten Bau eine Botschaft überbrachte. Hier etablierte sich der Darstellungskanon recht langsam und über das Vorbild der Vereinigten Staaten einschließlich der dorthin emigrierten Moderne, zudem in Abhängigkeit von den Bauaufgaben: Bankhäuser und Versicherungsgebäude waren Horte der Bewahrung auch architektonischer Traditionen. Doch mit der Vorstellung eines amerikanischen Vorbildes begannen sich die Modernen an entsprechende Aufgaben zu trauen und die Ergebnisse ihrer Entwürfe zu publizieren. Sobald die Gebäude fertig waren, wurden sie in strahlendem Sonnenlicht vorgeführt – Träume aus Glas und Beton mit hellen Büros, in denen zu arbeiten eine Lust sein mußte. Leicht wurde die moderne Gleichsetzung von Material und Funktion über das Bild bei Bauten, die der Propagierung eines spezifischen Werkstoffs gewidmet waren. Typisches Beispiel dieser Art war Bernhard Pfaus *Haus der Glasindustrie* in Düsseldorf, das nicht nur der Vorhangfassade aus Glas und Stahl, sondern vor allem dem industriell gefertigten Glasbaustein zum Durchbruch verhelfen sollte.[335] Für zeitgenössische Publikationen wurde auf eine umfangreiche Bildserie von Karl-Hugo Schmölz zurückgegriffen, die ihn als architektonischen Werbephotographen etablierte: Bei den Außenansichten hielt er sich an streng frontale oder moderat diagonale Fassadenschilderungen unter seitlich einfallendem Sonnenlicht, bei den äußeren Details war Präzision in der Darstellung von Profilen und Ecklösungen gefragt. Unter den Interieurs herrschten diagonale Raumsichten vor, die den Blick der Betrachter aus dem Fenster leiteten, daneben wurden axiale Fluchten langer Flure demonstriert sowie mild beleuchtete Szenerien aus dem Treppenhaus, dessen Außenwand aus Glasbausteinen wohnlich wirken sollte. Im Gegensatz zur ebenfalls von Schmölz stammenden Bildserie des Kölner Funkhauses mit ihrem Repertoire an Rekursen auf kulturelle Traditionen wurde die Serie des Hauses der Glasindustrie im Sinne ihrer Besteller beispielhaft: Wo immer Architekten der fünfziger Jahre Glas, Gußglas und Glasbausteine verwendeten, ließen sie die Resultate nach Art der Düsseldorfer Serie photographieren.

Oft genug dienten die Bauform und deren Visualisierung dem Bild, das sich die Öffentlichkeit von einem Unternehmen oder seinem Zweck machen sollte. So wurde das erste Kaufhaus der US-Truppen auf deutschem Boden in einer Bildserie präsentiert, als ob es nicht in Stuttgart, sondern in Kalifornien stünde – eine folgenreiche Präsentation, denn fortan bemühten sich die deutschen Kaufhauskonzerne um keineswegs funktional legitimierbare, sondern lediglich ‚amerikanisch' wirkende Fassaden aus Glas, Stahl oder Beton, die nachgerade zur Symbolarchitektur des bundesdeutschen Wirtschaftswunders geworden sind.

Erste Kulmination der repräsentativen Wirksamkeit des Bürohauses ist der Wettbewerb um das Hochhaus der Phoenix-Rheinrohr in Düsseldorf gewesen, der alle Amerikanismen bündelte, die westdeutschen Architekten im Kopf herumgegangen sein mögen: kleines Grundstück in bester Verkehrs-Sichtachsen-Lage, große Gebäudehöhe, avancierte Haustechnik, Verwendung von Baumaterialien als Ausdruck der sogenannten Unternehmenskultur. Das Ergebnis wurde entsprechend aufwendig publiziert, mit Bildreihen von ausgezeichneten und nichtplazierten Modellen, mit Beschreibungen und harscher Kritik an einzelnen Entwürfen.[336] Das Resultat war ein Markstein der deutschen Architektur des 20. Jahrhunderts, mindestens in ihrer Rezeption durch Photographie. Was diesem Bau und seiner Realisierung folgte, war Internationalismus auf westdeutschem Boden.

Nach Linderung der ersten Wohnungsnot in der Bundesrepublik, parallel zum Ablauf der ersten öffentlich finanzierten Wohnungsbauprogramme, füllten sich die Seiten der Architekturzeitschriften mit den ersten Traum-Wohnhaus-Vorschlägen. Die Debatte wurde personalisiert, massenhaft mediatisiert und ideologisiert durch die Konzentration auf das Werk eines Architekten, Mies van der Rohes *Lake Shore Drive Apartments* in Chicago, dargestellt in Montagen seiner Zeichnungen mit panoramatischen Photographien des möglichen Ausblicks.[337] Doch war weder das deutsche Publikum mit der Idee des Wohnhochhauses vertraut noch mit der Darstellungsmethode der Photomontage; die Kommentare konnten noch so euphorisch sein – mehr als eine Traumvorstellung vom urbanen Leben in den USA als möglicher Alternative zur deutschen Engstirnigkeit resultierte nicht daraus. Auf die Bautätigkeit der fünfziger Jahre hatten diese Berichte keinerlei Einfluß.

Das Eigenheim war und blieb oberstes Traumziel aller deutschen Wohnungssuchenden, die damit verbundene Idylle aus Naturnähe und Abgeschlossenheit gegenüber anderen stärker als alle Faszination von Luft- und Leichtigkeit. Schon die ersten Bauprogramme aus industriellen Fertigteilen hatten über idyllische Präsentationen verkauft zu werden; um so mehr galt dies für eine Klientel konservativer Bauherren, die von den Protagonisten und Nachfolgern der *Stuttgarter Schule* aufs beste bedient wurden. Ungeniert wurden da Vorkriegsbauten als beispielhaft vorgeführt, auch an den Bildern hatte sich nichts geändert: Frontalsicht auf die Giebelfront, schräger Durchblick auf die gewächsumrankte Eingangsfront, diagonal präsentierte Interieurs mit Beschränkung auf einzelne Tisch- oder Sitzgruppen. Etwas besser war die Illustration der Berichte über Wohnhäuser einer gemäßigten Moderne, denen der Landschaftsbezug und die Ausformung des Bauvolumens in einer stilkritisch beschreibbaren Eigenart wichtig war.[338] Häufig genug – zu Recht Ausgangspunkt bissiger Kritik[339] – waren es die eigenen Wohnhäuser der Architekten, die da vorgeführt wurden, oder es waren die Domizile berühmter Kunstsammler und Mäzene – rechte Traumhäuser also, bei allem modernen Design konservativ bis ins Mark.

Solcherart war der Boden bereitet, bevor aus den USA eine Diskussion um Traumhäuser importiert wurde, die nichts war als eine Debatte um Bilder. Das *Farnsworth House,* jenes Refugium einer Chicagoer Dozentin im Überschwemmungsgebiet nördlich der Stadt, das Mies van der Rohe konzipierte und 1947 in seiner Ausstellung des *Museum of Modern Art* als Modell vorführte, hatte zu den üblichen Querelen zwischen Architekt und Bauherrin geführt, als diese die Öffentlichkeit suchte und auch fand. Die sich anschließende Debatte wurde von der deutschen Fachöffentlichkeit begierig aufgegriffen und diente der Profilierung einiger Architekten aus dem Umkreis der gemäßigten Modernen, Leuten also, die sich weder als Konservative Stuttgarter Prägung noch als entschieden Moderne präsentieren wollten. Zur Illustration wurden von Mies' Bau jene Photographien abgedruckt, die die Transparenz des Gebäudes, seine sichtbare Integration in die wuchernde Natur demonstrierten, ohne Hinweis auf die unteren Baukörper, in denen sich die von den sauberen Deutschen so schmerzlich vermißten sanitären Anlagen verbargen. Fast immer ist das *Farnsworth House* mit Philip Johnsons Wohnhauskomplex *New Canaan* verglichen worden, zudem häufig genug – aufgrund der zeitlichen Parallele einer Wanderausstellung – mit den Wohnhäusern von Frank Lloyd Wright. Gerade die Photographien des Miesschen Hauses markierten jene Grenze, die deutsche Bauherren an Transparenz zu dulden bereit waren – Johnsons Haus, das selten als Arrangement aus mehreren Baukörpern gezeigt wurde, lag bereits jenseits davon.

Da mußte ein österreichischer Emigrant geradezu als *deus ex machina* erscheinen, und seine Arbeit wurde zum Idealbild allen Architekturkonsums der fünfziger Jahre: Richard Neutra.[340] Daß seine Häuser für kalifornische Wüstenregionen gebaut waren, daß sie immensen Luxus und unerschöpfliche Energiequellen voraussetzten, war für den Erfolg seiner Bauten in Deutschland bedeutungslos. Zwar präsentierte sich Neutra als Prediger ökologischer und

ethischer Wertbeständigkeit, auch ließ er nach dem Erfolg der ersten Villen-Präsentationen schnell auf ein älteres städtebauliches Erneuerungsprojekt von amerikanisch-sozialem Zuschnitt verweisen, doch das eigentliche Bild dieses Architekten in der westdeutschen Öffentlichkeit wurde von Ansichten kubischer Flachbauten in oasen-ähnlicher Umgebung geprägt, von Ausblicken durch riesige Fensterflächen auf draußen vorbeireitende Familienangehörige, von durch Dächer und Mauern wuchernden Uraltbäumen, von großzügigen und aufgeräumten Schlaf und Arbeitsplätzen müßiger Bewohner.[341]
Da half kein Hinweis auf die Unübertragbarkeit dieser Modelle auf deutsche Landschaften; Neutra war Hollywoods Architektur-Traumhausfabrikant.[342] Noch bedeutender war der Einfluß seiner Arbeit in ihrer Vermittlung über Photographien im Bereich der Innenarchitektur – hier kam keine Publikation der fünfziger Jahre ohne seine beispielhaften Raumausstattungen aus, die jeweils das ökonomisch wie gestalterisch oberste Ende markierten. Gerade noch Ray und Charles Eames konnten – dank der Protektion eines Möbelherstellers mit rührigem Importeur – in ähnlicher Weise wirksam werden, da zumindest ihr eigenes Wohnhaus Architektur und Design miteinander verband. Nicht unwesentlichen Anteil an dieser Rezeption hatte die Arbeit des Photographen Julius Shulman, den Neutra als jungen Amateur 1936 kennengelernt und an die professionelle Architekturphotographie nach seinem Gusto herangeführt hatte. Shulman ließ sich um 1950 von Neutras Assistent Rudolf Schindler ein eigenes Wohnhaus bauen. Zuvor hatte er anläßlich der Preisverleihung der *American Architects* für Neutra dessen umgebautes *Kaufmann House* photographiert und war dazu aufs exakteste instruiert worden, wie die Spiegelung des Wassers einzusetzen wäre, zu welchen Tageszeiten welche Ecken des Hauses besonders leuchteten, welche Pflanzen an welcher Hausseite zu stehen hätten und dergleichen mehr – alles Anweisungen eines Architekten an seinen Photographen jenseits der üblichen Vorgaben. Das Resultat hatte viel mit Hollywood zu tun: Der Photograph war zum Kameramann degradiert, der Architekt zum Regisseur der eigenen Vermarktung durch Medien avanciert. Die Bilder arbeiteten mit allen Arten von Effekten und Beleuchtungen, jede Tageszeit war zur Erzielung von Dramatik und Raffinesse recht; und vor allem hatten *beautiful people* die Bilder zu bevölkern, entweder die stolzen Hausbesitzer oder die Ehefrau des Architekten oder ein Reiter in der Wüste. Photomontagen waren ebenso opportun wie Batterien von Lampen zur Aufhellung starker Schlagschatten – was Shulman/Neutra vollbrachten, war *Glamour Photography*, und der Star hieß Villa oder *House*. Die Stilmittel waren gleich: Die Kanten der Baukörper

mußten scharf sein, das Photo durfte keinen Zweifel an der Makellosigkeit des portraitierten Objekts erwecken.
Wenige deutsche Architekten konnten für sich beanspruchen, in gleicher Weise moderne Traumhäuser zu zeichnen. Einer der ersten war wiederum Bernhard Pfau[343], Karl-Hugo Schmölz einmal mehr sein Interpret. Er bewies genügend Anpassungsfähigkeit, um aus den amerikanischen Vorgaben und den klimatischen wie räumlichen Bedingungen westdeutscher Häuser einen architekturphotographischen Kanon zu destillieren: Außenansichten leicht von unten, Gesamtansicht in die Landschaft eingebettet mit Cumulus-Bewölkung, Interieurs als Diagonalblicke durch den großen Wohnraum mit Aussicht aus dem Hauptfenster, dazu knapp und frontal geschilderte Flure, Fenster, Türen, Einfahrten. Bei sehr transparenten Bauten war auch die Nachtaufnahme beliebt, die ‚american night' fehlte bis in die sechziger Jahre fast völlig. Nur minimal unterschied sich diese Sehweise vom amerikanischen Vorbild; die Differenz zwischen Hollywood und Düsseldorf war die zwischen Traum und Wunsch. Kaum ein Architekt, noch weniger ein Photograph konnte und wollte sich diesem Kanon entziehen, garantierte er doch bis zur ersten deutschen Baurezession um 1966 hervorragende Umsätze.

Um 1960: der wahre Internationalismus

Bei einem Japanbesuch 1953 ließ Walter Gropius den vielzitierten Seufzer fallen: „Zum ersten Mal in meinem Leben fühle ich mich mit der Mehrheit."[344] In Deutschland war Julius Schulte-Frohlinde zwar gerade zum Düsseldorfer Baudirektor berufen worden, doch auch in der Bundesrepublik war absehbar, daß die Moderne allgemeiner Standard der Architektur werden würde. Mit der westlichen Mehrheit war Gropius also schon, im Osten sollte alles etwas länger dauern, aber dann um so nachhaltiger kommen. Die Mehrheit hieß: Der architektonische Kanon der Moderne aus Materialgerechtigkeit und Funktionalität, Raumdefinition und Formreduktion ist durchgesetzt. Transportmittel dieser Durchsetzung war eine breitgestreute und perfekt organisierte Architekturpublizistik aus knapper Theorie und deskriptiver Kritik einschließlich umfangreichem Anzeigenapparat. Wesentliche Diskursgrundlage war nicht mehr – wie noch zwischen den Weltkriegen – die Sprache, sondern die Visualisierung in zwei Formen: Grundriß und Querschnitt, dazu die Photographie als eigentliche Raumdarstellung. Selbst wenn perspektivisch gezeichnet wurde, dann lediglich als Vorwegnahme späterer Photographien, und nicht umgekehrt. Auch die Photographie war unter die

Schwelle einer quasi-sprachlichen Rezeption gerutscht: Sie hatte Stimulans eines Interesses zu sein, effektvoll und deutlich, aber sie hatte auch sofort vergessen zu werden, sobald es um die Auseinandersetzung mit einem Gebäude ging.

Das Resultat eines solchen Konsenses ist in die Kritik der Moderne eingeflossen; für die Photographie ließe er sich als Übergang vom Kanon in den *Code* beschreiben. Daß dies eine Simplifizierung bedeutete, war einerseits an der photographischen Praxis der sechziger Jahre ablesbar – einem generellen Verfall der Abbildungsleistungen zu sich immer wiederholenden Formen, die jeder lokale Kamerabenutzer imitieren konnte und die eine weitgehende Automatisierung aller technischen Prozesse auch für die Architekturphotographie evozierte – und andererseits an einer zunehmenden Entfremdung von Bau und Publizistik in einem immer arbeitsteiligeren Prozeß der Vergabe und Durchführung von Bauaufträgen. Typische Beispiele einer solchen Entwicklung mögen die jährlichen oder dezennialen Sammelbände von Bauten gewesen sein, die nahezu jede Architekturzeitschrift und jeder Verlag publizierte; ihnen ist in den letzten Jahren eine affirmativ-deskriptive Architekturgeschichtsschreibung zugewachsen.[345]

Als Abschluß der Etablierungsgeschichte der Moderne in den fünfziger Jahren kann ein Heft der französischen Zeitschrift *L'Architecture d'Aujourd'hui* gesehen werden, das auf 210 redaktionellen und 170 Anzeigenseiten einige Hundert Photographien zusammenfaßte, die ein *Panorama* 1960 ergeben sollten.[346] Nicht nur daß das Titelblatt einem photographischen Kontaktbogen glich, der die unabhängig voneinander hergestellten Aufnahmen als Versammlung von Kleinbildern deklarierte, sondern vor allem die Nivellierung aller Unterschiede im Bauen durch eine völlig gleichmäßige Abbildung in der Photographie machte diesen Band zur Darstellung einer unerträglichen Häufung architektonischer Exzesse. Was nach dem Blättern über die knapp 400 Seiten im Gedächtnis haften blieb, konnten lediglich exaltierte Extravaganzen der Formgebung sein, die sich über alle Ähnlichkeiten der Bilder in einem Wahrnehmungszeitraum hinwegsetzten, der sich nach Hundertstel Sekunden bemaß.

Damit war jedoch nicht allein die Photographie zu einer technischen Hilfsleistung verkümmert, die die Kommunikation zwischen Photographen und Architekten über eine gemeinsame Abbildungs- und Vermittlungsleistung auf das Niveau einer Auftragsvergabe an tertiäre Bauhilfshandwerker absinken ließ, damit war auch der Architekt zum *Bildverarbeiter* geworden. Denn die gesamte schöpferische Leistung, die ein Architekt in einer so sich endlos selbst reproduzierenden, allein medial definierbaren und definierten Moderne noch zu leisten vermochte, bestand im Finden innovativer Versatzstücke, die im Code blieben, doch aus der Formvorlage herausragten – Medienarchitektur. Die Krise der Moderne war in ihrem Medienverständnis vorprogrammiert; das Ergebnis architektonischen Krisenmanagements ist jedoch nicht die Abschaffung medialer Definitionen gewesen, sondern ein veränderter Umgang mit ihnen – eine Revolution fand nicht statt.

oben: Karl-Hugo Schmölz (Phot.), Oswald M. Ungers, Wohnhaus Köln 1953, aus: Baukunst und Werkform, Heft 8, 1953; rechts: Banfi, Belgiojoso, Peressutti, Rogers (BBPR), Torre Velasca, Mailand 1958 (photographiert 1968)

Minoru Yamasaki, Pruitt Igoe Siedlung, St. Louis KT 1955, Video-Still der Sprengung vom 15. Juli 1972

Von der Doppelcodierung zur virtuellen Realität – bildhafte Postmoderne im Bau und Architektur als Bild

Sowohl die Beschwörung einer Krise der Moderne als auch die ersten Versuche der Etablierung anderer, nicht unbedingt als gegnerisch zu beschreibender Strukturen ist über Bilder vermittelt worden; für die Architekturkritik im Zeitalter technischer Medien nichts Neues. Der entscheidende Unterschied Ende der fünfziger Jahre war ein offensichtlich so groß gewordener Bildervorrat, daß jeder Interessierte, ob Architekt oder Theoretiker, seine eigene Kollektion zusammenstellte, sein eigenes Argument mit seinen eigenen Bildern und Archiven illustrierte – was schnurstracks auf die Etablierung pluralistischer Strukturen hinauslaufen mußte. Damit war das Bildarchiv dem Thesaurus synonym geworden, als Folge der Kritik an der Moderne, speziell an ihrem funktionalistischen Ende, das im alltäglichen Entwurfsgeschäft und in der Auseinandersetzung mit Gropius' und Mies' beispielgebender Arbeit zur bloßen Ideologie verkümmert war.[347] Für die Sprachform dieser Kritik typisch war ihr Rekurs auf Geschichte und Geschichtlichkeit, selbst im Duktus ironischer Distanzierung.[348] Doch ein anderer Rekurs wurde noch wesentlicher: der auf eine freie Wahl von Darstellungsmitteln unabhängig von ihrem historischen Stellenwert. Sei es die vermeintliche Renaissance der Architekturzeichnung oder aber der Griff in die Zitatenkästen zeichnerischer, gestochener und aquarellierter Lehrbücher – die Darstellung des zu Bauenden wurde wieder bedeutend, über den eigentlichen Anlaß des Bauens hinaus. Rätselhaft wie die ganze Entwicklung bereitete sie sich vor – und ist in photographischen Bildern ablesbar. Drei Bilder beziehungsweise Bildformen sollen hier modellhaft für eine mögliche Beschreibung der Entwicklungslinien zu einer Differenzierung der Moderne hin beschrieben werden.
Das erste erscheint belanglos, kaum als Meilenstein einer Karriere zu erkennen: Im Augustheft 1953 berichtete die Zeitschrift *Baukunst und Werkform* in üblicher Weise von zwei neuen Häusern eines jungen Büros; im Text war mehr von Details der Bauausführung und von Schwierigkeiten mit

Sonderwünschen des Bauherren die Rede als von irgend einem Gestaltungswillen, der sich mit den Bauten – einem kleinen Bungalow und einem Zweispänner-Mietwohnhaus – verbunden hätte.[349] Vom Photographen Karl-Hugo Schmölz ins Bild gesetzt, bei starkem Sonnenlicht mit detailbetonendem Schatten, einige Sichten übereck, andere frontal, ohne Einblicke und Innenräume (da die Bauten offensichtlich noch nicht fertiggestellt waren), zeigten die Abbildungen nichts Ungewöhnliches. Doch auf der letzten Seite des Beitrags, mit Ausnahme der Bildunterschrift ohne Text, fand sich eine verstörende Abbildung: der Zweispännerbau frontal aufgenommen, ganz knapp im Zeitschriftenbund das Nachbargebäude erkennbar. Die flache Fassade füllte fast die ganze Bildfläche, das aufgesetzte Dach war im Winkel nicht bestimmbar und ebenfalls nur knapp angegeben, das Sonnenlicht fiel voll auf die Fassade – und alle Fenster waren offen. Schwarze Löcher dort, wo sonst detaillierte Fenster die Binnenstruktur einer Fassadengestaltung ausmachten, verwiesen auf die quadratische Form des Fensters und auf deren Verteilung sowie eine schmale Eingangstür. Diese Verteilung widersprach allen Regeln des modernen Bauens, war weder in Raster noch Organik einzufügen, sondern mit ihrem Halbversatz von Treppenhaus zu Wohnungsfenster, mit der Verlagerung dieser Fenster an die Seitenkanten, mit dem außergewöhnlich schmalen Putzsockel, mit dem aberwitzigen Hochparterre der untersten Fensterreihe und dem noch aberwitziger knappen Abschluß der obersten Reihe unter dem Dach ein einziger Aufschrei gegen alle Maßregeln, die zu dieser Zeit gerade erst etabliert zu sein schienen – es war dasselbe Jahr des Gropiusschen Ausspruchs von seiner Kongruenz mit der Mehrheit. Darzustellen war ein solcher Kraftakt allein mit einem photographischen Trick, eben der Öffnung der Fenster: Sie verwies auf historische Vorbilder in der Tradition der von der Moderne so überaus gehaßten Beaux-Arts-Schule und blieb dennoch lakonisch unliterarisch, wie die ganze Moderne selbst. Genau dieses lakonische Element bestimmte den weiteren Bildgebrauch von Oswald Mathias Ungers, der einer der beiden Architekten des genannten Büros war; das Bild ist für sein gesamtes Schaffen und damit für eine der exponierten Positionen in der Diskussion um die architektonische Moderne, ihre Krise und Differenzierung begriffsbildend geworden.[350]

Das zweite Bild ist als solches erst einmal nicht erkennbar, denn es existiert in unzähligen Varianten. Genauer betrachtet, reduzieren sie sich auf eine einzige Blickbeziehung, die im photographischen Prozeß vielfacher Reproduktion zu einem Bild verschmilzt. Es ist die Sicht auf die *Torre Velasca* in Mailand, jenem Hochhaus aus Büros und Wohnungen, das die Architekten Banfi, Belgiojoso, Peressuti und Rogers (BBPR) 1957 und 1960 inmitten der Altstadt mit allen Anklängen subalpiner Formensprache plaziert und auf dem CIAM-Kongreß 1959 in Otterlo gezeigt hatten. Seither ist der Bau Architekturgeschichte, obwohl ihn kaum jemand zu mögen schien[351]; seither aber wurde er in nahezu jeder Architekturgeschichte des 20. Jahrhunderts abgebildet und das – mit wenigen Ausnahmen – aus einer einzigen Sicht: dem Blick vom Flaneurplateau auf dem Dachgeschoß des Mailänder Doms. Ob mit oder ohne (neu)gotische Fialen im Vordergrund: Der Turm wurde etwa aus der Höhe des unteren Kranzgesimses gezeigt, nach unten ins Häusermeer der Altstadt eingebunden – wobei sich die schmale Zone des Bürotraktes in der Höhe mit zunehmender Zeit verkürzte, da die ihn umgebende Bebauung in die Vertikale wuchs, was den Bau in seinen Proportionen nicht unwesentlich veränderte – und ohne Sockel, dafür mit Blick auf das Walmdach mit seinen skurrilen Aufbauten und Gauben. Die aus dem Standort resultierende Übereicksicht vermittelt zudem die unregelmäßigen Verteilungen der Fenster innerhalb des Konstruktionsrasters. Die Höhe des Aufnahme-Standpunktes stimuliert zudem eine Bildform, die für die Abbildung von Hochhäusern ungewöhnlich ist: das Querformat. Es bindet den Bau nicht nur in die Stadt und den etwaigen Vordergrund ein, sondern auch in einen neuen medialen Zusammenhang, den des Fernsehens und seines stumpfen Querformates.

Und so ist das dritte Bild technisch bereits keine ursprüngliche Photographie mehr, sondern ein Filmausschnitt, eine Bildsequenz. Am 15. Juli 1972 wurde in St. Louis die erst 1955 nach einem Entwurf von Minoru Yamasaki errichtete Siedlung *Pruitt Igoe* gesprengt, nachdem sie unbewohnbar geworden war. Nicht nur Tom Wolfe hat in seinem ebenso glänzenden wie bösartigen Essay zur modernen Architektur diesen Augenblick als den eigentlichen Endpunkt der architektonischen Moderne beschrieben.[352] Bild geworden war in dieser Sequenz die Dysfunktionalität einer funktionalistischen Architektur, die härteste Form einer Kritik an der modernen Formel *form follows function*. Der zumeist unverhohlene Spott, mit dem diese Bilder gezeigt wurden, war fehl am Platz; zumindest standen die Einzelaufnahmen der umfangreichen und oft in Zeitlupe wiedergegebenen Sequenz erst dadurch für ein Gegenbild der Moderne, daß sie, unendlich reproduziert, die Folie für eine angeblich reichere, mindestens aber semiotisch hoch aufgeladene Bildsprache der Architektur abgaben. Genau das aber konnten sie nicht leisten, denn sie lieferten keinen *Code*. Und den brauchte eine neue Bildsprache, möglichst doppelt.

Postmoderne: mediales Zitat und doppelte Codierung

Charles Jencks gab den siebziger Jahren durch zwei Publikationen nicht nur die griffigen Schlagwörter von *Postmoderne*[353] und *Spätmoderne*[354], die allein einer schnellen Übertragung harrten, er lieferte durch die geschickte Montage einiger Versatzstücke semiotischer Architekturanalysen auch einen Vorrat an möglichen Verhaltensweisen und Strategien, die fortan durch die Architekturkritik wie durch die Texte von Architekten geisterten. Aus der Linguistik importiert waren Funktionsbegriffe wie Denotation und Konnotation, die erst zusammen eine Basis für Kommunikation ergaben; und es war leicht festzustellen, daß bei einer einfachen Übertragung linguistischer Funktionen auf architektonische Funktionalismen die konnotative Ebene arg vernachlässigt erschien. Alles, was Post-Modernisten zu tun hatten, war „to doubly-code their architecture"[355] und sich am Ergebnis zu freuen. Als konnotative Schatzkammer oder passenden Supermarkt boten schon Dorfles, Koenig und Eco während der sechziger Jahre die Geschichte und ihre schier unerschöpflichen Vorräte an; die Tragetüte oder den Einkaufswagen gab es ebenfalls – die Photographie, die Archive, den Film, die technischen Medien, alles war vorhanden. Was wegzutragen oder wegzufahren war, hieß fortan Zitat und war damit bereits im Vorfeld aller computerisierten Datentransfers dem Zugriff des Copyrights entzogen. Doch bevor die Theoretiker in Worte fassen konnten, was die Doppelcodierung alles meinte, war klar, daß die Medien selbst die überlieferten Botschaften waren, und daß die Auswahl möglicher Codes neben der Funktion in hohem Maße von der Form medialer Vermittlung abhängig zu sein schien. Die Auswahl bezog sich also eher auf das Finden photographischer oder zeichnerischer Motive als Basis einer doppelcodierten Entwurfstätigkeit als auf historische Bauten – wie noch im Historismus und seinen Bildsammlungen.

Mit zwei Büchern debütierte Robert Venturi Ende der sechziger Jahre in der Architekturtheorie. Das erste[356] ging vergleichsweise konventionell vor: Es stellte mittels passend ausgewählter Photographien Bauten aus der Architekturgeschichte und anonyme Architekturen oder Arbeiten des Autors und seines Büros einander gegenüber, um ein zentrales Thema der Moderne – Mies van der Rohes Diktum *less is more* – als Fehlentwicklung oder Sackgasse darzustellen. Die Methode der bildlichen Gegenüberstellung war dabei weniger an Le Corbusiers *Vers un architecture* ausgerichtet als an Paul Schultze-Naumburg, weil der Autor jeweils in eindeutig pejorativer Absicht ein perfektes Abbild moderner Architektur einem vorderhand ungestalteten Bild anonymer Gestaltungen gegenüberstellte. Zwar war damit die Konvention

einer wertenden Wahrnehmung unterlaufen, jedoch – ganz im Sinne des Autors – nicht außer Kraft gesetzt. Denn der hatte eine fundamentalere Konvention vor Augen, die der individuellen Erinnerung, welche sich über das private Knipsbildchen vermittelte und zu einem Folklore-Begriff führen mußte, der alle Komplexitäten und Widersprüche einte, wenn auch auf einer dem sprachlichen Zugriff entzogenen Ebene.
Daß es Venturi in der seinem Essay zugrunde liegenden visuellen Codierung genau auf diese Ebene ankam, machte das zweite Buch deutlich, einer Analyse der Hauptstraße von Las Vegas.[357] Wiederum von eingeführten Methoden der Analyse ausgehend, entwickelte das Werk sein Thema über den Gebrauch dreier Bildvorlagen: gedruckten Anzeigen als Text-Bild-Kombinationen, farbigen Tag- und Nachtaufnahmen der Leuchtzeichen, Sequenzen bewußt ungestalteter Bilder – das Repertoire der Künstler, die im Rahmen der *Concept Art* Photographie als Träger immaterieller Ideen benutzten.[358] Insbesondere eine Bildform hatte es Venturi und seinen Mitarbeitern angesichts der Stadtgestalt von Las Vegas angetan: die sequentielle Photographie, eine synchron betrachtbare Reihung diachron entstandener Bilder, ein hybrides Produkt von Film und Standbild. Gelegentlich, bei allzu klarer Übernahme von Konzepten einzelner Künstler, wurden auch die Vorbilder benannt; bestes Beispiel ist die Verneigung vor Edward Ruscha.[359] Im Buch erhielten die ungekonnten Bilder, unscharf und in der Grauwertverteilung unausgeglichen, aber mit allen Tricks der perspektivischen Verschleierung von Tiefendimensionen aufgenommen, einen eigenen Stellenwert; sie waren nicht mehr Hilfsmittel einer Kontradiktion, sondern selbstständige Symbolträger, damit der Kategorie des Privaten entbunden. Allein im hinteren Teil des Buches tauchten Gegenüberstellungen auf, wie im ersten Buch speziell im Vergleich zu Paul Rudolph. Hier hatten sie eindeutig die Funktion der vergleichenden Werbung, auch darin eine Weiterentwicklung des ersten Werks. Solange sich die Übernahme konzeptueller Sequenzen in das gegebene Schema der Untersuchungsvorgabe – Frage aus dem ersten Buch: „Ist die Main Street nicht beinahe ganz in Ordnung?"[360] – einbinden ließ, erschien ihre Verwendung richtig und sinnvoll. Sie wurde allein konterkariert durch den hemmungslosen Gebrauch aller anderen Bildformen im zweiten Teil des Buches, die auf spätere Photographismen in Venturis theoretischem Œuvre verwiesen – ebenso schnell wie die Concept Art waren auch die grauen, unansehnlichen Bilder aus Robert Venturis Denken verschwunden.
Auf den ersten Blick ähnlich, ist Oswald Mathias Ungers' Umgang mit dem Medium Photographie wesentlich subtiler, aber gleichermaßen legitimatorisch angelegt. 1966 publizierte er eine Kölner Wohnbauplanung mit einer Reihe

von Abbildungen, die so lapidar aussahen, wie ihr Titel lautete: „Bauformen, Gebäudeordnungen, Themen der Umgebung".³⁶¹ Die Bilder wirkten beiläufig, nicht ganz so unansehnlich wie die Venturischen Strip-Blicke, doch nicht als gestaltete Bauaufnahmen. Das erhöhte ihre Authentizität und in deren Gefolge die Glaubwürdigkeit einer Morphologie, auf die es Ungers ankam.³⁶² Im Unterschied zu Venturi war die technische Qualität des einzelnen Bildes höher, schon das quadratische Format verwies auf eine streng formale Kategorie. Auch war das Unternehmen nicht frei von Koketterie, denn just bei Abbildungen eigener Bauten des Architekten schien die Sonne und stand kein Auto im Vordergrund.

Das Thema Morphologie war Ungers so wichtig, daß er ihm einen kleinen Band mit visuellen Gegenüberstellungen widmete.³⁶³ Jede Doppelseite bestand aus einem idealen, projektierten oder realisierten Stadtplan oder Planausschnitt sowie einer Photographie, gelegentlich aus einer Zeichnung, die eine optische Verwandtschaft zum Stadtgrundriß besaß. Beide waren jeweils mit einem Begriff ähnlich semantischen Gehalts in deutscher und englischer Sprache unterschrieben. Während die Stadtpläne in der Regel gekennzeichnet und datiert waren, gab es zu den Vergleichsbildern keine Quellenangaben – es waren sowohl Illustriertenausrisse (darunter Werbung) als auch Abbildungen aus Büchern zu Naturformen (darunter Aufnahmen von Albert Renger-Patzsch), gelegentlich Nachdrucke aus kunstphotographischen Werken. Unschwer läßt sich feststellen, daß jedes dieser Bilder aus dem ursprünglichen Kontext gerissen war – eine Methode, die die gewünschte Parallelisierung und Begriffsbildung überhaupt erst ermöglichte, jedoch den Rekurs auf die Initialisierung für den Collageur verweigerte, sich mithin als Arbeitsmittel des Surrealismus entpuppte. Allerdings begründete sich die Legitimität des Verfahrens in der Trivialität und Klischeehaftigkeit der Ursprungszusammenhänge als typischen Produkten der Medienindustrie. Die gesuchte Morphologie basierte auf einer Medienikonographie, die aus ihrer Produktionsform heraus gar nicht anders konnte, als sich endlos zu wiederholen – was nicht mit dem im Vorwort beschworenen „transzendentalen Aspekt des dem Entwurf zugrunde liegenden Gedankens" verwechselt werden sollte.

Im Gegensatz dazu bediente sich Stanley Tigerman bei seiner Montage *The Sinking of the Titanic* nicht einer Stilform, sondern einer Methode, dies allerdings in gleicher Weise wie Venturi oder Ungers mit dem vordergründigen Ziel einer Legitimation eigenen Handelns. Gezeigt wurde der Untergang eines Symbols der Moderne, der Miesschen *Crown Hall* in Chicago; der primäre Bedeutungsgehalt lag auf der Hand – erst wenn ein Chicagoer Architekt aus dem Miesschen Umfeld das endgültig letzte Vorbild im Erie-See versenkt, kann eine wirklich neue Architektur entstehen. Doch einigen Betrachtern mit Medienerfahrungen waren die Unstimmigkeiten der Montage nicht entgangen – sie beschrieben die Crown Hall, „die mit hochgehobenem Bug schräg in die Fluten eines seltsam glatten und unbewegten Ozeans versank – Sommerwolken am Himmel"[364] – und bewerteten sie als Ausdruck der Grenzüberschreitungen in „eine Architektur der Multi-Media" hinein. Für Tigerman, der seine theoretischen Werke grundsätzlich mit Zeichnungen illustrierte, hatten die Unstimmigkeiten einen anderen Stellenwert, kennzeichneten sie doch die Grenzen einer Entwurfsmethode auf medialer Basis: Die Crown Hall seiner Montage war erleuchtet, der Transparenz wegen in der Dämmerung aufgenommen, die Cumuluswolken am Himmel entsprachen dem Zustand kurz vor einem Gewitter, die unbewegte See ebenfalls. Endzeit war der metaphysische Gehalt des Blatts, wie der Titel ja auch andeutete – Endzeit einer auf Unendlichkeit angelegten Klassizität im Zeitalter einer medialen Vermittlung mit kurzfristigen Momenten, Endzeit einer als Bild vermittelten Architektur, Endzeit der Kriterien einer auf kurzfristige Wirkung hin angelegten Vorführarchitektur, wie sie Tigerman bis dahin betrieben hatte. Seine späteren Arbeiten integrierten Landschaft und Umgebung in einem solchen Maße, daß sie unphotographierbar wurden – Rückkehr zu einer bildlosen Moderne mit den Mitteln einer selbstreflexiven Kritik?[365] Doch dieser Weg setzte die Bewußtwerdung des zeitlichen Rahmens von Architektur voraus, und der ist über spezielle Vermittlungsleistungen medialer Art gelaufen.

Architektur als Aktion auf Zeit und im Bild

Was immer die Anlässe und Auslöser gewesen sein mochten, am Ende der sechziger Jahre manifestierten sich zahlreiche Bewegungen im Umfeld von Universitäten und Kunsthochschulen mit dem Ziel einer Erweiterung künstlerischer Werk- oder Arbeitsformen und eines Zugriffs über diese Erweiterungen auf die Gesellschaft insgesamt. Für künstlerische Aktivitäten und architektonische Fragestellungen hatte dies erst einmal die Einführung reflexiver Prozesse zur Folge, die nahe an eine Verwissenschaftlichung des Schöpferischen heranreichte, dazu wenig Spielraum für soziales Handeln ließ. Die Debatten fegten alle bis dato unumstößlichen Akademismen hinweg und sorgten für eine späte, nötige und nachhaltige Entnazifizierung vieler Lehrinstitute. Im Bereich der architektonischen Ausbildung scheint dies nicht in vollem Umfang gelungen zu sein, doch ist das Handeln als Architekt

zum Gegenstand soziologischer Analysen und reflexiver Bezüge in bestehenden Gesellschaftsordnungen geworden – nicht zuletzt auch durch Beiträge aus entsprechenden Disziplinen. Die Kritik an der Moderne, wie sie ansatzweise seit den späten fünfziger Jahren spürbar war, und die Mitarbeit im Umfeld der Studentenbewegung führte Ende der sechziger Jahre zu einer Vielzahl experimenteller Aktivitäten, die das Bauen im Industriezeitalter von einer radikal kritischen Plattform aus befragten, was in den ausgeführten Bauten zu meist fragilen, nur auf kurze Haltbarkeit hin angelegten Strukturen und Formen führte. Statements, Events, Aktionen und dergleichen fanden im öffentlichen Raum statt und dauerten, wenn die Öffentlichkeit in Form von Ordnungskräften dies zuließ, meist nur wenige Tage oder Stunden. Die zeitliche Begrenztheit entpuppte sich schnell als Danaërgeschenk der Reflexivität: *Wann hat welche Aktion unter welcher Beteiligung stattgefunden und wie weise ich wessen (vor allem meine) Mitwirkung nach?* Unversehens wurden eher ephemere Aufzeichnungen bedeutungsvoll und traten den traurigen Weg vom Relikt zur Reliquie an. Parallel zur Geschichte der Photokopie als Produktionsmittel vergesellschafteter Inhalte entwickelte sich eine spezifische Form der journalistischen Bildreportage, deren technische Bedingtheiten eine eigene Ästhetik nach sich zogen. Für die Architektur ließ sich dieser wohl letzte Kanon der Photographie, aus dem ein Code wurde, aus der Arbeit zweier auf engstem Raum konkurrierender Gruppen destillieren: den Wiener Aktionisten *Haus-Rucker-Co*[366] und *Coop Himmelblau*[367].
Mindestens für deren Tätigkeit am Ende der sechziger Jahre ist die Gleichartigkeit der Dokumentation frappant: Von befreundeten Bildjournalisten oder Kommilitonen mit einfachen Kameras ohne Blitz auf hochempfindlichem Film photographiert, zeigten die Bilder meist grobes Korn, flache Gradation und wenig Schärfe, dafür viel Umraum und Bewegung – darüber hinaus waren alle Elemente zu meist ruppigen Collagen montiert. Was aus der Rücksichtnahme auf die Spontaneität und Anstößigkeit der einzelnen Aktion in der Öffentlichkeit heraus bedingt war, kehrte sich im Gebrauch zur eigenen Codierung um: Alles, was unscharf, grobkörnig und verwischt erschien und zudem geklebt oder montiert daherkam, war Ausdruck aktiven und kurzfristigen Handelns mit utopischem Charakter. Also konnte alles, was sich in dieser Form präsentierte, eine utopische Konzeption vorstellen, selbst wenn es sich nur um bauliche Dimensionen im Umfange üblicher Planungen handelte: Modelle wurden fein säuberlich auf grobkörnigem Film aufgenommen, die Bilder zur Einzeichnung architektonischer Strukturen flau und grau vergrößert, fertige Bauten mit menschlicher Staffage bei einer

spontan wirkenden Eröffnungsfeier vorgeführt. Der Code war klar: Die Moderne war unmenschlich und auf Ewigkeit, die Aktion auf menschliche Kommunikation hin angelegt und dauerte nicht lange – für die Architektur ein konstruktives Problem.
Diesem Code konnten und wollten sich so bildbewußte Postmoderne wie Venturi und Rauch nicht entziehen: Ihre Arbeiten jener Jahre wurden als Blicke auf aktionistische Strukturen inszeniert, allerdings unter Wahrung elementarer Abbildungsregeln wie etwa der Beibehaltung aller Senkrechten. Sie standen für jene Vielzahl medialer Einflüsse, die vom Ende der sechziger Jahre an sämtliche Vermittlungsformen von Architektur zu einem unübersichtlichen Gemenge kurzfristig funktionaler Gebrauchsweisen werden ließen und sich gegen Ende der achtziger Jahre in der Computeranimation kanalisierten. Wie wesentlich der mediale Kontext von Architektur im Gefolge von Concept Art und Aktionismus geworden ist, mag auch die Gegenprobe belegen: Seit den zwanziger Jahren und deren Filmbegeisterung wurden Bauwerke nicht mehr so symbolhaft in darstellenden Künsten eingesetzt. In Performances wie *The Masterwork: Award Winning Fish Knife* von Bruce McLean spielte nicht mehr nur die Person des Architekten – in der überlieferten und nunmehr überlebten Position des Weltgestalters – eine zentrale Rolle, sondern auch die Form des Gestalteten selbst, nach der sich alle Benutzer zu richten hatten und die sie in ihrer Identität nicht mehr unterstützte, sondern stark veränderte, gar umformte.[368] In Peter Greenaways filmischen Œuvre wirkte die Architektur entscheidend mit, indem sie nicht nur Räume für Handlungen bereitstellte, sondern als Imagination mit dramatischen und vor allem musikalischen Ereignissen synchronisierbar wurde; erst in den computeranimierten Effekten von *Prospero's Books* wurde die Leinwand wieder zur Fläche. Und eine ganze Kritik des künstlerischen Mediums *Installation* ließe sich allein auf dessen Beziehung zum gegebenen Raum aufbauen, wobei das Interesse von Kritikern und Besuchern sich zunehmend auf den Raum und weg vom darin Installierten zu orientieren begann.
Was die Aktionsformen und ihre dokumentarischen Vermittler in den Medien der Architektur nahegebracht hatten, war die lange Zeit verloren geglaubte Komponente des Theatralischen, letztlich die Rückkehr des Prospekts. In diesem Sinne waren Wiederentdeckungen wie die des Werkes von Friedrich Kiesler zu sehen[369], in dieser gesetzten und begrenzten Zeitlichkeit manifestierte sich erneut der *Hang zum Gesamtkunstwerk*.[370] Worauf diese Bewegungen tatsächlich verwiesen, wurde erst mit einigem Abstand sichtbar: Sie entpuppten sich als Vorläufer eines erweiterten Einflusses aller Arten

Stanley Tigerman, The Sinking of the Titanic, Photomontage 1972, aus: Fritz Neumeyer, Mies van der Rohe. Das kunstlose Wort, Gedanken zur Baukunst, Berlin 1986

Zaha M. Hadid, The World, 1983, aus: Zaha Hadid, Projects 1980-1983, GA Document 13, Tokio 1985

von Technologie auf die Architektur, als Ansätze der Simulation und Dekonstruktion, mit Darstellungsformen jenseits von Zentralperspektive und farbiger Fassung. Doch bis diese Ansätze virulent werden konnten, hatte einmal mehr eine historistische Zurschaustellung ästhetischer Attitüden überhand genommen, gefördert von konjunkturellen Phänomenen zu Beginn der achtziger Jahre.

Die Rückkehr des Bildes

Die Erweiterung von Kunstbegriffen, Verwischungen der Grenzen zwischen Kunst und Leben, die Concept Art und Aktionskunst in gleicher Weise mit verschiedenen Mitteln voranzutreiben suchten, hatte zur akademischen Etablierung des Bildmediums Photographie geführt. Begünstigt wurde diese Entwicklung durch zwei mediale Veränderungen: die schleichende Ablösung des Massenkommunikationsmittels Photographie durch seine Derivate Fernsehen, Video und Computerbild sowie die Rückkehr des Literarischen auf der Folie des fiktionalen Mediums Photographie. Die Folge war ein ökonomischer Boom der Photographie im Sektor Kunst, der aufs schönste mit den Neokonservativismen der späten siebziger Jahre zusammenpaßte. Die Argumente für eine postmoderne Baupraxis waren deutlich derselben Haltung entlehnt, die zudem prächtig in die Landschaft einer politischen (Rück-)Wende sowie der Verschiebung ökonomischer Produktionsfaktoren paßte – weg von der industriellen Produktion hin zum ungehemmten Kapitalverkehr und dessen Inkorporierung aller Kultur als eindeutigem Wirtschaftsfaktor. Daß die Botschaften architektonischer Literatur nicht durch Texte, sondern über Bilder vermittelt wurden, erstaunte am wenigsten, waren diese doch nicht nur die schneller lesbaren Transporteure von Inhalten, sondern auch die letzten Träger komplexer Semantiken nach dem Verlust sprachlicher Repräsentativität. Ob das Verfahren von den Beteiligten *Wiedergeburt der Archetypen* getauft wurde[371], ob gar von der Rückkehr zu einer *Würde* der Architektur die Rede war, es bedeutete erst einmal die erneute Indienstnahme einer handwerklich perfekten, die Inszenierung klar vorführenden Photographie. Die der Konzeptkunst wie dem Computerbild gleichermaßen nahestehende Isometrie, bei Ungers als komplexere Version moderner Darstellungsformen lesbar, hatte weitgehend ausgedient und wurde durch farbig lavierte oder aquarellierte Perspektiven sowie üppige Detailzeichnungen ersetzt, von denen es zur farbigen Computeranimation wiederum nur ein kleiner Sprung war.

Mehr noch als in den späten zwanziger und in den fünfziger wie sechziger Jahren war Photographie ein Werbemittel für Architektur geworden, mit den spezifischen Folgen einer Identitätsstiftung über stilistische Eigenarten. Auch hier ist der Kanon durch den Code ersetzt worden: Der cumulusbewölkte Himmel mußte ebensowenig in jedem Bild zu finden sein wie die frontale Ansicht oder die leicht diagonale Untersicht – sie wären allenfalls als Zitat zu lesen gewesen. Die Nutzung von Zitaten entstammte jedoch außerästhetischen, meist ökonomischen Funktionen, hatte immer legitimatorischen Charakter, verlieh Würde und hoffte auf Ewigkeitswerte. Das photographische Bild enthielt über die gezeigten Bauten weniger Nachrichten vom Bauen als eine von den die Bauten bedingenden Strategiekonzepten medial intendierter Kommunikation; Bild wie Bau waren gerade noch Anlässe eines simulierten Handelns im ökonomischen Kontext, das sich über dysfunktionale Ebenen designerischen Gebrauchs realisierte.[372]

Praktisch bedeutete dies ein Wiederaufgreifen des Primat des Bildes, wie es sich für die Vätergeneration der Moderne um 1900 dargestellt hatte, sowie eine Umwertung als dysfunktional kritisierter Bauten der späteren Moderne zu Schreinen tieferer Bedeutung. Beides hatte sich ein Photograph und Verleger zunutze gemacht: Yukio Futagawas *Global Architecture (GA)* war nicht nur die teuerste Architektenwerbung der achtziger Jahre, sondern auch Träger einer Botschaft von der Hedonistik medialer Anschauung. Die Aufmachung der Hefte ist seit den späten sechziger Jahren gleich geblieben und hatte zur Zeit ihrer größten Wirksamkeit bereits wieder stilbildend gewirkt: Großes Format mit relativ wenigen Seiten, weicher Umschlag und Abbildungen ohne Seitenrand, eine Minimalgraphik aus japanischen über englischen Schriftzügen sowie knapp gesetzter Zwischenräume erzeugt eine Anmutung von schnell zusammengehefteter, aber exzellent recherchierter Information nach quasi studentisch-subversiver Art – das Ganze zu einem exorbitant hohen Preis. Genau jener Bruch von Aufmachung und Distribution garantierte eine Exklusivität der Leserschaft, die dem vermittelten Code von einer ansehnlichen Architektur aufs beste entgegenkam.

Der Bruch als Code war ein postmodernes Thema par excellence, da er wie kein zweites Motiv literarische Topoi vorzuspiegeln in der Lage war, selbst wenn sie überhaupt nicht existierten.[373] Die Präsentation des Bruchs war allein über konventionalisierte Medien zu erreichen und als Code mit der Montage fest verbunden. Wurden mehrere Codes in der Tätigkeit des Montierens mittels passender Medien verknüpft, konnte ein Erfolg fast nicht mehr ausbleiben: Bestes Beispiel dafür mag die Arbeit der Architektengruppe *SITE* sein.[374] Ausgehend von einem aktionistisch orientierten, skulpturalen

Ereigniskonzept (*Sculpture In The Environment*) fand die Gruppe erst zu einer eigenen Bildsprache im Bauen, als ihr die Gelegenheit gegeben wurde, die orts-, fenster- und anspruchslosen Schuppen des Versandhauskonzerns BEST zu dekorieren. Das Resultat waren gaghafte Bauten, die ihre Eigenart aus verschobenen Fassaden, weit ausgezogenen Dächern, inkorporierten Herbarien und typographisch-dekorativen Elementen bezogen – Bauten, deren Vermittlung in Photographie, Film und Video völlig zum Verständnis ausreichte. Der Code drehte sich um: *Bau als Bild*. Typischerweise kam SITE aus demselben Aktionismus, der einen Hans Hollein zum bildhaften Bauen, speziell im dekorativen Bereich der Läden und Interieurs, angeregt haben mochte. Hollein schloß den Kreis der mehrfachen Codierungen rund um die Photographie, indem er die Cafeteria seines Museums am Abteiberg in Mönchengladbach als Kameragehäuse ausbildete, dessen Objektiv/Fenster auf den touristisch pittoresken Blick vom Abteiberg auf die Münsterkirche ausgerichtet ist.[375]

Die Spirale der massenkommunikativen Verwertungen und mehrfachen Codierungen zog sich zu einer Schlinge medialen Handelns zusammen, das sich von allem, was Architektur geheißen haben mochte, bereits weit entfernt hatte.[376] Eine Objektivierungsebene der Photographie ist obsolet geworden: Daß die abgebildeten Bauten tatsächlich existieren oder daß es sinnvoll sei, sie realiter zu bauen. Die Verhältnisse sind nicht nur im Bereich der Geschichte, sondern auch im Bauen unübersichtlich geworden.

Auf dem Weg zur virtuellen Architektur

Das Unbehagen an der Photographie hat zeitweise zu einer Renaissance der Architekturzeichnung als Vorstellungsgrundlage im öffentlichen Planungsprozeß geführt; doch auch deren Begrenztheit war angesichts einer zunehmenden Komplexität der Baukonstruktion aus neuen Materialien, technischen Anforderungen und ökologischen Rücksichtnahmen nicht aufzulösen.[377] Die Isometrie war schon früh als komplexere Darstellungsform in die Moderne eingeflossen, die gegenüber der Perspektive den Vorteil der Maßhaltigkeit hatte; sie wurde im Verlauf der sechziger Jahre von genau jenen Kritikern der Moderne wiederbelebt, die dem Funktionalismus allzu große Beschränktheit vorgeworfen hatten.[378] Gelegentlich war gar etwas voreilig vom „geringen Einfluß der Perspektive auf die Architekturdarstellung" die Rede.[379] Doch die Isometrie und ihre modellhafte Skelettkonstruktion in Obersicht bereitete den Boden für eine ganz andere Art der Darstellung: das *Computer Aided Design.* Im Gefolge von Konrad Wachsmann und Richard Buckminster Fuller begannen einige Architekten schon in den sechziger Jahren, ein neues Verhältnis zur Mathematik zu gewinnen, sie auch auf die eigene Arbeit Einfluß nehmen zu lassen. In Deutschland war die Arbeit von Frei Otto und seinem *Institut für Leichte Flächentragwerke* von besonderer Bedeutung. Für Großbritannien manifestierte sich dieser Ansatz in der Zusammenarbeit von Ove Arup als Ingenieur mit Michael Hopkins und Norman Foster als Architekten. Die Resultate hochtechnischer Konstruktionsverfahren zeigten sich in zumeist formal komplexen Umrissen, Flächen und Volumina, für deren räumliche Darstellung zwar mathematische Modelle, aber kaum geometrische Formen zur Verfügung standen. Allenfalls darstellbar schien noch der Rekurs auf biologische Bezüge, der den Vorteil einer systematischen Annäherung an das ökologisch motivierte Konstrukt hatte.[380] Für Frei Otto hatte das zur Folge, daß sich seine Arbeit in leicht geführten Strichzeichnungen, grobkörnigen Modell- und etwas feineren Detailphotographien dokumentierte. Photomontagen wurden ebenso eingesetzt wie Einzeichnungen, archivalische Bezüge über Bildseiten mit historisch-ethnographischem Material hergestellt und Modelle vor schwarzem Hintergrund oder in gegebenen Ausstellungszusammenhängen aufgenommen.

Der Kanon der Moderne schien erfüllt – doch zugleich war seine Bedeutungslosigkeit spürbar, da keines der Bilder allein erhellend wirken konnte. Stärker war der Bezug zur Visualisierung aktionistischer Formen des architektonischen Experimentierens. Tradierte Bildvorstellungen, wie sie über Photographie, Perspektive oder auch Isometrie als ganzheitliche Gebäudeansichten zu realisieren und damit als Vorstellungsvorgabe zukünftiger Planung auszugeben waren, haben sich im Bereich hochkomplexer Konstruktionen als ungenügend erwiesen; die Bauten ließen sich gerade noch als Modelle visualisieren, aber sonst nur über sprachliche oder mathematische Formen vermitteln.[381] Da Konstruktion viel mit den Eigenschaften des zu verbauenden Materials zu tun hat, ist eine lange Reihe kritischer Ansätze über die Thematisierung einzelner Baumaterialien, wie Beton, Stahlblech, Glas oder auch Stein entstanden, die alle von der einfach medialen Verbildlichung weg und zur komplizierten Versprachlichung hin geführt haben.

Hier traf sich die Entwicklung einer Integration erweiterter Wahrnehmungskonzeptionen mit einer hedonistischen Ergänzung postmodernen Montierens von Codes und Zitaten durch die computerisierte Simulation delokalisierter, quasi-kosmischer Räume. Nach Vorgaben aus der Werbung wurden architektonische Modelle und Vorstellungen ortlos präsentiert, vor blauem oder schwarzem Hintergrund, der nicht nur galaktisch anmutete, sondern sich über die Blue Box als Basis für elektronische Montagen in Bild und Fernsehen geradezu anbot.[382] Die Ortlosigkeit einer durch CAD-Verfahren vorab sichtbar gemachten Architektur hatte technische Ursachen, die sich verselbständigten: Der Aufbau elektronisch generierter Zeichnungen implizierte eine Reihe von Hilfskonstruktionen, die wieder gestalterische Auswirkungen hatten. Außerdem ergaben sich durch CAD-Befehle perspektivische Erweiterungen und Möglichkeiten, die von einigen Architekten umgehend als Gestaltungsmittel genutzt wurden. Das begann mit dem Übergang von der zweidimensionalen in die dreidimensionale Darstellung.

Grundriß, Aufriß und Schnitt sind klassische Anwendungsbereiche der täglichen Architekturpraxis und kaum mehr aus der CAD-Konstruktion wegzudenken.[383] Wird aus drei zweidimensionalen Konstruktionen eine dreidimensionale ‚hochgezogen', dann entsteht ein Gittermodell, das in den verschiedensten Formen gedreht, gewendet und sowohl isometrisch wie perspektivisch dargestellt werden kann – doch galt bis weit in die achtziger Jahre hinein das Verdecken von Linien hinter der Vorderkante als geometrisches Spezialproblem und wurde eher selten realisiert. Ausgabegerät solcher Zeichnungen ist ein Plotter, der zumindest am Beginn der achtziger Jahre noch mit unveränderlichen Strichstärken arbeitete – das Resultat waren zumeist Isometrien in der Art, wie sie Oswald Mathias Ungers zwei Jahrzehnte zuvor als Stilmittel eingeführt hatte. Um 1980 herum hypostasierten einige Architekten CAD-Darstellungsformen dergestalt, daß sie spezifische Darstellungsfehler oder -formen systematisierten und zu visuellen Komplexen zusammenfaßten – ein Verfahren, das in den siebziger Jahren die Basis konzeptuellen Umgangs mit der Photographie gebildet hatte.[384] Die Schwierigkeit des Verdeckens von Linien bei Gittermodellen mit der gleichzeitigen Möglichkeit diverser Drehungen in einem Bild war die Grundlage der ‚Schnittmusterbögen' von Daniel Libeskind und deren Ruf als hochkomplexer Darstellungsform.

Zu dieser Komplexität trug die Referenz an die graphische Notation neuer Musik bei, obwohl sie ein ebensolches Spiel zu sein schien wie die Referenz an perspektivische Wirkungen aus der konstruktivistischen Tradition fallender Winkel. Die Montage unterschiedlich gedrehter Ansichten kleiner Elementbauten auf großen Bildflächen zur Evozierung morphologischer Zusammenhänge war in den siebziger Jahren gern geübte Praxis von Seminaren und Sommerakademien. Verselbständigt hat sich diese Anordnung auf der Basis von CAD-Konstruktionen im Werk von Bernard Tschumi, der seinen Entwürfen gleich auch das Raster früher CAD-Programme unterlegte und zu morphologischen ‚Knotenpunkten' stilisierte. Aus den Rasterpunkten wurden kleine Würfel, die sich wiederum zur Fixierung weit ausschweifender Perspektiven eigneten – das Erlebnis der gebauten Architektur bestand dann weitgehend im Wiederfinden solcher Knotenpunkte und ihrer photographischen Notation als *objet trouvé*. Ein Rekurs von Photographie als Existenz- und Erlebnisbeweis des Gebauten auf die zeichnerische Vorlage brauchte nicht mehr stattzufinden, da die Beliebigkeit des Rasters die Austauschbarkeit eines jeden Knotenpunktes samt Detailblicks mit jedem anderen per definitionem implizierte.

Etwas differenzierter schien das Wiederaufgreifen fast vergessener Darstellungsformen der Moderne nach ihrer Vereinfachung durch CAD-Programme zu wirken, wie es sich am konkretesten in der Arbeit von Zaha M. Hadid manifestierte.[385] Sie nutzte die Erweiterung des Blickwinkels perspektivischen Sehens durch die Einführung gekrümmter Fluchtlinien, die der Bauhaus-Schüler Albert Flocon bereits in den fünfziger Jahren zeichnerisch entwickelt und zur Architekturdarstellung empfohlen hatte.[386] Auch dies war, durch die Einführung von metereologischen Beobachtungsobjektiven in den späten zwanziger Jahren, photographisch vorbereitet worden, gefolgt von deren emphatischer Begrüßung durch Bauhausphotographen wie Umbo oder Andreas Feininger und durch den immensen Erfolg dieser sogenannten *Fish-Eye*-Objektive am Ende der sechziger und zu Beginn der siebziger Jahre in Werbung und Amateurphotographie. Für Zaha M. Hadid war die Krümmung der Perspektive offensichtlich Folge eines kosmischen Blicks auf die Welt und wurde zunächst in Darstellungen ohne direkten Ortsbezug eingesetzt. Später, vor allem nach dem Erfolg der Hadidschen Hongkong Peak-Planungen, wurde die kurvenlineare Darstellung über mehrere Ebenen synthetisiert, wodurch auch einfache Baulücken-Auffüllungen wie ein Berliner Geschäftshaus den Rang eines optischen Ereignisses erhielten, das mit dem später zu realisierenden Bau nichts mehr zu tun hatte.[387]

Die zunehmende Ablösung der Darstellung vom später herzustellenden Gebäude im Gefolge der CAD-Programmierung führte direkt in ein anderes Arbeitsgebiet, das Architektur als Aktion auf Zeit einbezog: die *virtuelle Realität* oder, nach einem Genre des Science-Fiction-Romans, den sogenannten *Cyberspace*. In den literarischen Vorlagen werden die Grenzen der Wahrnehmung verwischt: Menschen erhalten prä- oder postnatal (Bio-)Chips ins Gehirn eingepflanzt, deren Programmierung sie zu spezifischen Leistungen in der Überwindung von Raum und Zeit befähigt, aber auch steuerbar macht. Vorstellung und Erlebnis überlagern sich, prägen Eindrücke und Handlungen,

ermöglichen die Einflußnahme auf andere Menschen und biologische Systeme über neuronale Netze. Letztlich führt dies, wie Hans Moravec betont, zur schleichenden Abschaffung der Species Homo Sapiens durch Maschinen und selbstorganisierende Systeme.[388]
Praktisch hat die Planung des Cyberspace zur Schaffung künstlicher (virtueller) Räume geführt, also zu – durch Projektionen auf nahe vor dem Auge befindliche Bildschirme – imaginierten Raumzusammenhängen, in denen sich der Mensch mittels eines Datenanzugs oder mit Hilfe eines Datenhandschuhs bewegt. Unabhängig davon, daß Cyberspace als Droge beschrieben wird, und unbeschadet der Tatsache, daß Cyberspace noch von einer ästhetisch befriedigenden Praktikabilität weit entfernt ist, läßt sich beobachten, welche Rolle künstliche Räume in diesen Programmen einnehmen. Ihre Herstellung folgt einem technologischen Sehnsuchtsmuster[389], das in der Musik bereits etabliert ist und sich vor allem an den Schnittstellen des kommerziellen Videoclip und der künstlerischen Installation auf der Basis fester Konventionen in Harmonie von Klang und Farbe zu einer mehrfach codierten Formensprache verdichtet hat. Die Darstellungsverfahren haben sich dabei zunehmend verfeinert, wobei die gezeigten Objekte konventioneller geworden sind. Im Diskurs eines sich über Darstellungsmethoden verändernden Bauens dürften die architektonischen Projekte der Cyberspace-Anwendungen in Kunst und Wissenschaft von Bedeutung sein, obwohl deren Beeinflussung durch kommerzielle Produktionen nicht unterschätzt werden sollte.
Zwei typische und sich überlagernde Ebenen der Darstellung zeichnen sich in den virtuellen Räumen ab. Die eine betont die Besonderheit des gegebenen Raumes, zumeist durch typographische oder andere gestalterische Eigenheiten der verwendeten Elemente. Beispiel hierfür ist Jeffrey Shaws *Legible City*, eine Installation aus Videoprojektionswand und aufgebocktem Fahrrad, wobei der fahrende Benutzer durch Lenkbewegungen und Geschwindigkeit die vorgeführten Richtungen und Bewegungen bestimmt. Der Plan der durchfahrenen Stadt ist der von Manhattan; die Hauswände an den Straßen bestehen aus Worten, die acht verschiedenen Textquellen entnommen sind und um deren Rekonstruktion sich der Radfahrer bemüht. Konvention ist hier die Übernahme einer bestehenden und zudem einfachen Planstruktur, die ihre (kon)textuelle Bearbeitung geradezu herausfordert.
Die andere Ebene der Darstellung ist eine von vielen Anwendern eingesetzte anonyme Architektur von minimaler Gestaltqualität, die zu einer hohen Identifikation und mentalen Eigenbesetzung des imaginären Raumes führen soll. Diese Anonymität entspricht einerseits dem militärischen Ursprung des

Cyberspace und andererseits dem geschilderten Sehnsuchtsmuster aller Techniker nach hoher Konvention; sie realisiert sich in der Darstellung alltäglicher Umgebungen mit Schränken aus dem Kaufhauskatalog, einem Ventilator und einem Schreibtischstuhl aus Hopperschen Ambientes sowie einer Farbskala aus der Laminatproduktion. Größter Wert wird meist auf die naturalistische Gestaltung des Stromsteckers samt seiner Dose in der gegebenen Raumwand gelegt, nicht nur wegen der erotischen Bezüge des *Plug-In*, sondern auch wegen des Rekurses auf aktionistische Kunst- und Lebensformen, denen sich die Exponenten der *Freak*-Szene verpflichtet fühlen. Hier schließt sich der Kreis: Additive Strukturen vorgefundenen, für unbrauchbar befundenen Materials sind ein Kennzeichen der *Drop-Out-* oder *Free-Style*-Architektur, der sich manche Protagonisten des Dekonstruktivismus verpflichtet fühlen.[390]

Was von der Vorstellung zukünftiger Architektur auf der Basis von CAD-Programmen bleibt, mag ein Bauplatz vermitteln, der ebenso plötzlich wie prominent ins öffentliche Bewußtsein gerückt ist: die Planungen für das Zentrum von Berlin.[391] Hier bot sich binnen kurzer Zeit die seltene Chance urbaner Großraum-Planung mit Ausstrahlung auf das Gesamtbild einer Millionenstadt. Was bei einer Ausstellung und in ihrem Katalog an Ideen und Planungen vorgeführt wurde, hatte einerseits Bezug zur vier Jahre zuvor im Westen der Stadt veranstalteten *Internationalen Bau-Ausstellung*, zum anderen zu vorformulierten Darstellungsmethoden neuester Techniken. Gerade in Berlin war die Integration von Computerbildern in den Planungsprozeß erprobt und ansatzweise auch bedacht worden.[392] Doch die Ergebnisse wurden fast nicht genutzt. Bei den Modellen überwog das Spielen mit den Größenordnungen und Maßstäben, bei den zeichnerischen Darstellungen das Umgehen mit diversen Projektionsebenen durch CAD-Programme; hinzu kam die Simulation des Raumerlebens durch Computer-Animationen. Der von den Mental Images Productions erstellte Film zu den Planungen von Hans Kollhoff beispielsweise ließ 1991 die Betrachter in rasender Fahrt durch die Häuserschluchten rollen, um abrupt am geöffneten Platzraum anzuhalten.[393] Die Augenhöhe des Simulationsfahrers war einiges über der menschlichen Körpergröße anzunehmen, und damit referierte die Animation einen Film samt dessen wesentlicher Sequenz – die Fahrt über die Nord-Süd-Achse der „Reichshauptstadt Germania" in dem Film *Wort aus Stein* von 1939.

Schnittmontagen aller Animationen haben Vorbilder im Film, und Modellfilme sind rar, so daß eine solche Übernahme kaum vermeidbar ist. Dennoch steht diese Referenz für einen ganzen Prozeß jenseits aller Codierungsschleifen: So einleuchtend die Sequenzen der Animation sind, so wenig ist ihre

Realisierung in wirklichen Bauten vorstellbar. Das liegt nicht allein am impertinent blauen Himmel, an den Bonbonfarben der Oberflächen und dem systemimmanenten Fehlen aller Erdfarben samt deren mikrotonaler Flächenstruktur; das liegt vor allem am ständig präsenten Bewußtsein aller Betrachter, daß es zur grundsätzlichen Änderung aller Planungen nur eines kleinen Fingerdrucks auf Taste oder Maus bedarf. Das Vertrauen in die vorsprachlich visuell angebotene Botschaft ist prinzipiell verschwunden, weil ihr die feste Referenz an ein gemeinsam Objekthaftes des Vorgestellten fehlt. Dazu gehört der topographische Bezug: Mit Berlin haben diese Planungen nichts mehr gemein, nicht einmal mehr den Anspruch auf Verwirklichung am gegebenen Ort. Dazu gehört der zeitliche Bezug: Da gerade die Computer-Animation in weiten Teilen ihrer Technik von Zeitachsen-Manipulationen zur Verbesserung der Bildstruktur lebt, sind alle Bewegungs-Simulationen in ihr merkwürdig zeitlos. Wo aber Raum und Zeit nicht mehr gegeben sind, bleibt die Frage, was Architektur dann noch sein soll.

Informationsarchitektur

Eine mögliche Antwort kam aus den Medien selbst, aus deren Gebundenheit an eine geeignete Materialisierung zur Übertragung ihrer Botschaften. Während in den späten zwanziger Jahren das Reklameschild als werbende Botschaft zunehmend von beleuchteten Kästen und Körpern ersetzt wurde, was den Mythos der nächtlich erlebbaren Großstadt heraufbeschwor, wurden zu Beginn der neunziger Jahre Leuchtstoffröhre und Neonschrift durch bewegte Bilder ersetzt, für die zunehmend große Träger gefunden werden mußten – also Architektur und insbesondere Fassaden.[394] Die Schaffung von *Informationsarchitektur* war keineswegs auf kommerzielle Bereiche der Werbung und des Fernsehens beschränkt, sondern hatte sich gerade in kulturell ambitionierten Planungen niedergeschlagen. So schnell, wie die Reklametafeln des Strip in das Museum als bevorzugter Bauaufgabe überführt werden konnten, so schnell ist die Laufschrift des Time Square im dekonstruierten, aber mit riesigen Projektionsflächen versehenen *Kulturzentrum* verschwunden. Was zu bauen blieb, war der Kasten, der die Information trug – eine Null-Architektur.
Beispiel für diese Entwicklung und ihr vorzeitiges Ende war ein Bau, in dem alles Platz finden sollte, was sich begrifflich unter einem *Zentrum für Kunst- und Medientechnologie (ZKM)* verstehen ließ. Dessen visuelle Vorwegnahme war ein wahres Feuerwerk der CAD-Programme – immer stand

ein luzider Bau vor kosmisch dunklem Grund, leuchteten die informativen Elemente als acrylgläserne Träger immateriell gewünschter Botschaften.[395] Übrig blieb – eine riesige Kiste, in die und an die viel Elektronik gehängt werden konnte; äußerlich von erstaunlicher Verwandtschaft zu jenem Hochhausbunker in Hamburg, in dem Deutschlands wichtigstes Dienstleistungsunternehmen für Photographie sitzt.[396] Die Würfelform wurde von mehreren Konkurrenten als einzige Realisationsmöglichkeit einer Informationsarchitektur angesehen.[397]
Prinzipiell sollten die Informationsträger Applikationen bestehender Bauten werden – Stadtmöblierung im Sinne additiver Strukturen, die sich zwischen wildwuchernder Agglomeration à la Strip und inszenierter Stadtgestaltung deutscher Baubeamter hindurchmogeln wollte.[398] An diesem Widerspruch ist der ZKM-Bau in Karlsruhe gescheitert, sicher auch an seiner allzu frühen Vorwegnahme industrieller Entwicklungen, die zur Planungs- und Bauzeit noch gar nicht existierten und berechenbar waren – etwa im Bereich ökologisch verantwortbarer Display-Technologien. Dennoch ist die Informationsarchitektur ein Beleg dafür, daß die fortschreitende Automatisierung der Darstellungsmittel und die damit einhergehende Bedeutungslosigkeit ihrer Formen das Bauen als solches nicht haben abschaffen können. Der Rekurs auf anonyme und minimale Strukturen als Träger möglicher Informationsangebote verwies auf die abnehmende Bedeutung des architektonischen Entwurfs – vor allem des via Medien erstellten und vermittelten Entwurfs, zugunsten einer ingenieurhaften, technisch akzentuierten und zunehmend auch umweltverträglichen Bereitstellung von Baustrukturen, auf die und in die alles gehängt werden kann, was bislang Bauen ausgemacht haben mag: Fassaden, Informationen, Formen, Symbole, Gestalten, Ornamente und Figuren. Als *posthistoire* entspricht diese Entwicklung derjenigen des späten 19. Jahrhunderts, als Historismus und Ingenieurbau einander solange befruchteten, bis im frühen 20. Jahrhundert *die heroische Periode der modernen Architektur* anbrach. Worauf das Bauen diesmal zu gründen und zu richten wäre, ist noch nicht abzusehen – doch es gibt Horizonte.

Ende und Ausblick –
von der Reichweite technischer Medien

Das *Global Village* ist zum *Virtuellen Raum* geworden, und ob der Architekt als Geschichtenerzähler reüssiert, im Jet-Lag realen Zeiterfahrungen nachjagt oder im Internet seinen unersättlichen Informationshunger stillt, ist kaum noch von Bedeutung. Geblieben sind zwei Ebenen der Ausstrahlung architektonischen Handelns, die mediatisierbar wie über Medien bestimmbar sind: die Reichweite und das Ereignis.[399] Beide Ebenen durchdringen sich, und die sie beschreibenden Begriffe sind allzu oft (um)definiert worden, als daß sie unbefangen ins Spiel gebracht werden könnten. Der dennoch unternommene Versuch will möglichst nah an den Realien bleiben, um einen Blick auf mögliche Realität zu wagen.

Reichweiten lassen sich in räumlicher wie zeitlicher Dimension entwerfen. Während die räumliche Reichweite zum Grundkonsens der Moderne gehörte, hat die zeitliche Kategorie der Reichweite unter dem Betrachtungswinkel der Ereignisstruktur eine Bereicherung erfahren, die die Grenzen modernen Denkens erweiterte. Beide Reichweiten lassen sich prima vista auf den alltäglichen Gebrauch und damit auf grundsätzliche Bedürfnisse in der Architektur zurückführen. Um 1970 erlebte die räumliche Reichweite als Kategorie der Stadtplanung eine ungeahnte Renaissance, da sie aufgrund hochdifferenzierter, vektoral funktionierender Verkehrssysteme die alltäglichen Verrichtungen von Menschen in und an der Stadt zu beschreiben in der Lage war. Diagramme konzentrischer Ringe wurden gezeichnet, Entscheidungsbäume entworfen, kybernetische Blockschaltbilder skizziert: Es ging um die räumliche Entfernung zwischen Mensch und Bau, ob als Wohnung oder Arbeitsplatz, Nachbar- oder Verwandtschaft, Ort der Freude oder des Leids. Unausgesprochen vorausgesetzt wurden mechanische Modelle der Reichweite, als Kategorien der Entfernungs-Überwindung nicht weiter thematisiert. Diese Modelle, Additionen eindimensionaler Strukturen, sind zusammengebrochen: *Verkehrsinfarkt* ist das Stichwort der Beschreibung, Flexibilität der Versuch einer Antwort.

Die Flexibilität hat sich auf die Menschen zu beziehen, die innerhalb bestehender Gefüge von Erschließungen Wege zurücklegen (müssen), also Reichweiten personal bestimmen. Bild der Stadt ist inzwischen jedoch der *Sprawl* geworden. Von den Menschen wird Flexibilität als zusätzliche Leistung erbracht, die in die Konzeption des jeweiligen Arbeitsplatzes und dessen Sozialverträglichkeit einfließt. Dort sind Grenzen gesetzt: Mehr als eine oder anderthalb Stunden Fahrt zum Arbeitsplatz sind kaum zuzumuten, mehr als zwei Stau-Zonen pro Arbeitsweg per Automobil scheinen ebenfalls nicht erträglich zu sein. Die fraktale Geometrie suburbaner Siedlungen anonymen Ursprungs oder kurzfristig angelegter Gewerbegebiete ist auf flächenerschließende Verkehrsmittel angewiesen, also auf das ökologisch zunehmend unerträgliche Automobil.

Reichweiten nach außen samt ihren Grenzen spiegeln sich nach innen: Die Modelle der Bürgerbeteiligungen bei Siedlungsbauvorhaben sind auf dezente Eingriffe gestalterischer Natur zurückgeschraubt worden, von Grundriß-Mitarbeit und Funktions-Bestimmung ist keine Rede mehr. Alle Versuche, mit einer ästhetischen Erziehung zur Veränderung von Lebensformen in der Art durchzustoßen, daß ethische Konsense sich in formalen Umwelten niederschlagen, sind gescheitert. Architektur hat als Vorgabe eines Lebensentwurfs nur geringe Reichweite, eine kleinere Ausstrahlung, als die Protagonisten der Moderne es sich nach Abschluß des erzieherischen Übergangs zum neuen Menschen gewünscht hätten.

„Architektur heißt soviel wie die Schaffung von Interieurs, sowohl außen wie innen. – Ein halbes Jahrhundert lang lieferten die Architekten ein Außen für die Menschen, auch innen. Das ist aber gar nicht ihre Aufgabe: Ihre Aufgabe besteht darin, ein Innen zu schaffen, auch außen."[400] In Aldo van Eycks Äußerung wird der Raumbezug der Reichweite thematisiert, ein Ansatz, den Christoph Feldtkeller als noch nicht realisiertes Projekt der Moderne über neue Definitionen der Wand wiederaufgenommen hat.[401] Der Rekurs auf die Schutzfunktion von Architektur vor klimatischer Unbill hat im Zeitalter globaler Umweltverschmutzungen eine neue Qualität gewonnen, deren Umsetzung in Gebautes nicht durch Darstellungsformen antizipierbar ist: Klimafassade oder intelligente Haustechnik, recycelbare Baumaterialien oder sinnliche Erweiterungen – sie alle existieren unabhängig von isometrischen wie perspektivischen Darstellungen und sind zukünftigen Bauherren nicht mehr unbedingt über diese Formen vermittelbar. In ökologischen Kontexten erhält das *form follows function* radikal neue Qualitäten, allerdings mit begrenzter Reichweite im räumlichen Bezug.

Nachdem Globalstrategien weltweit in Verruf geraten sind, werden Nahbereiche der Wahrnehmung, Kommunikation, sozialen Bindung und ökologischen Verantwortung in Formen beschworen, die apokalyptischen Predigten nicht unähnlich scheinen.[402] In der Architektur hat dies einerseits zu modischen Regionalismen geführt, deren hämische Kritik nicht lange auf sich warten ließ und berechtigt schien, andererseits aber durchaus ernstzunehmende Modelle von Siedlungs- oder Lebensformen evozierte.[403] Die bewußte Verringerung der Reichweite baulicher Gestaltung bezog sich schnell nicht mehr auf eine Genie-Ästhetik des überzeitlich und weltweit tätigen Formgebers, auch nicht auf die gern als Nebenschauplatz hochgespielte Maßstäblichkeit – die durch die Medien verloren gegangen war –, sondern auf materielle und ökologische Fragen des Bauens. Damit einher ging die Tendenz zur Anonymisierung des Gebauten, auf zweifache Weise. Die eine entspricht dem kommunikativen Vorgang der Akzeptanz und der Konventionalisierung, wie sie das Industrial Design kennzeichnet: Je weiter verbreitet und je häufiger kopiert ein Entwurf, desto anonymer sein Ursprung. Additionsketten anonymer Objekte und minimaler Strukturen ersetzten im neueren Industriebau den spezifischen Entwurf: Der *Container* ist das bauliche Vorbild des städtebaulichen Sprawls, nah an Straßenkreuzungen oder Bahngleise plaziert und ebenso schnell demontiert wie aufgebaut wie verrottet und miserabel zu entsorgen. Wenn Luc Deleu Stadttore aus Containern errichtet, kämpft er gegen die Windmühlenflügel der Ökonomie: Mehr als ein paar Monate darf er seine Arbeit nie stehenlassen, und beschmiert wird sie auch. Am anonymen Ursprung des Containers will er nichts ändern, und sein anderer Gebrauch zielt auf Akzeptanz, mithin ein erneutes Versinken in der Anonymität. Zudem bleibt bei seiner Arbeit der Aspekt einer geringen zeitlichen Reichweite, also des Ereignisses (events), von besonderer Bedeutung.
Die andere Anonymisierung ist ebenfalls ökonomisch bedingt und ein weltweites Phänomen: das Auseinanderdriften von Kosten und Möglichkeiten des Bauens. Als Problem der Reichweite trifft es ganze Teile der Welt, nämlich jene Flächen vorurbaner Nutzung, für die Worte wie Slums oder Favelas noch Euphemismen sind. Die Architektur der sogenannten Dritten Welt hat sich in die Repräsentations- und Sprachebene spezifischer, auch lokal geprägter Hochkultur eingefügt, ist dabei aber des Kontaktes zur erdrückenden Übermacht des elend, vorläufig, miserabel Gebauten verlustig gegangen.[404] Daß dieses ständig präsente Vorbild auf entwickelte Bauten Einfluß nimmt, wird durch die soziale Abschottung weitgehend verhindert; doch daß allein die Agglomeration von Unterkunfts-Massen das Gesicht der Städte, Regionen und ganzer Länder prägt, wird erst langsam bewußt. Hoher Ko-

stendruck führt auch im privaten Wohnungsbau der Industriestaaten zu fortschreitenden Anonymisierungs-Tendenzen: Die anfangs belächelte Do-It-Yourself-Bewegung hat inzwischen die Ausmaße einer Schattenwirtschaft erreicht, deren Umsatzkraft sich die Architekten bei der Planung größerer Wohnkomplexe beugen müssen. Ein Blick in beliebige Immobilienbeilagen deutscher Zeitungen lehrt, daß ein Großteil der angebotenen Häuser auf die tatkräftige Mitarbeit der zukünftigen Besitzer zählt. Auch theoretisch und sozialpsychologisch hat sich diese Bewegung inzwischen stabilisiert und ist als Randgruppe der Ökologen etabliert. Medial sind die Resultate dieser Bemühungen nur schwer zu fassen; die Konvolute alltäglicher Versatzstücke, die in den vorgeführten Beispielen dominieren, sind von solcher Beliebigkeit – oder positiv gesagt: von derart individuellem Zuschnitt –, daß sie sich jeder Beschreibung wie Kritik entziehen.

Die Anonymisierung des Baugeschehens durch das Do-It-Yourself, das in Mitteleuropa unter dem ökonomischen Ost-West-Gefälle eine politische Dimension angenommen hat – indem es vorherige Schattenwirtschaften des sogenannten realen Sozialismus in existente Nebenökonomien umwandelte –, hat noch einen Aspekt der Reichweite: den der Zeitlichkeit des Selbstgemachten. Alles Selbstgemachte trägt vorläufigen Charakter und erwartet mindestens die Erweiterung durch mögliche Verbesserungen; das ändert nichts am Stolz, mit Einzelleistungen den Durchschnitt professionellen Handelns auf demselben Gebiet zu übertreffen. Mediatisiert wird das Do-It-Yourself über Photographie: als Knips- und Erinnerungsbildchen, das Täter und Nutzer, Objekt und Werkzeug in einer Inszenierung, oft mit selbstironischer Komik, vereint. De facto hat das Do-It-Yourself im Konsens mit den ökonomischen Problemen seiner Entstehung die bestehende Baugesetzgebung in weiten Bereichen aufgeweicht: Genehmigt wird nahezu alles, was im Wohnumfeld einigermaßen stabil erscheint und sich an minimale Vorgaben wie First- oder Traufhöhen hält. Die additive Struktur von verbessernden Do-It-Yourself-Maßnahmen hat den Vorstädten ein eigenes Gepräge gegeben; auf der Basis eines architektonischen Entwurfs ist die Ausgangsstruktur zu suchen, der Rest ist wildwuchernde Erweiterung. Diese Erweiterung ist in der Zeit instabil, verändert sich langsam, gelegentlich in Schüben kumulierend, mithin nach ähnlich fraktalen Modellen beschreibbar wie die Ausdehnungsstruktur der Städte. Für ein hochkomplexes Erscheinungsbild von Gebautem sind beide Phänomene etwa gleichbedeutend. Eine Architektur, die planerische Autonomie durch Vorgaben wie Zeichnung, Entwurf und Modell zu behaupten sucht, hat daran bald keinen Anteil mehr, und ihre Mediatisierungsformen können in diese Prozesse auch nicht eingreifen.

Ereignis und Struktur

Die Zeitgebundenheit gestalterischen, künstlerischen und damit auch architektonischen Handelns ist eine Binsenweisheit, doch als solche nur rudimentär thematisiert worden, bis über Aktionismen und konzeptuelle Ansätze bildender Kunst sowie durch integrative Formen mehrerer Kunstgattungen alle Arten der Zeiterfahrung wie sinnliche Qualitäten debattiert werden konnten.[405] Das hat posthistoristische Moden wie einen vordergründigen *Hang zum Gesamtkunstwerk* erzeugt[406], andererseits zu eigenständigen Ansätzen der Zeitstrukturierung und ihrer Bedeutung für die Lebenswelt geführt.[407] Diese Ansätze sind teilweise aus skulpturalem Engagement heraus entstanden, können und wollen ihre aktionistische Vergangenheit gar nicht leugnen, haben aber doch auch unter der Prämisse technischer Medialität zu Darstellungsformen gefunden, die fast immer Raumbezüge einbeziehen. Wie die Gesamtkunstwerks-Konzeption des 19. Jahrhunderts verweisen viele dieser Ansätze auf das Theater, vor allem im Bereich interaktiver Computer-Installationen mit virtuellen Räumen. Die Interdependenzen von Raum und Klang sind als fundamentale Strukturen aus Ereignis und Reichweite in der *Audio Art* thematisiert worden. Beide Themenkomplexe vereinen sich aufs neue unter Hochtechnologien wie der *holographischen Projektion*, die zwar außerordentliche Raumerlebnisse – wie das Durchschreiten von Wänden – bereithält, aber zeitlich begrenzt ist und von den Gestaltungsformen her – ganz wie die virtuellen Räume des Cyberspace – noch einiger Differenzierung bedarf. Ihre Wahrnehmung impliziert zwei Zeitebenen als Ereignisstrukturen: die Bereitstellung von Ereignissen durch Technik und Ambiente und die Ebene des Sich-darauf-Einlassens. In Theater und Musik gleichermaßen als Rezeptionsproblem präsent, ist dieses Auseinanderdriften von Zeitebenen für bauliche Manifestationen bislang nur in der *Festarchitektur* gegeben gewesen und nach dem Verfall der Öffentlichkeit zwar beschworen, aber nicht in Begriffe und Bauten umgesetzt worden.
Zur Definition der Ereignisstruktur hat ein Sprachmodell beigetragen, dessen Übertragung auf den architekturtheoretischen Diskurs selten ist: die *Sprechakttheorie*.[408] Sie stellte im Primat der Situationsbedingungen des Sprechens vor dem Gesprochenen selbst alle Entwurfsstrategien aus dem rekursiven Gebrauch zur literarisch-künstlerischen Autonomie heraus und schaffte damit eine Distanz zu der – von Adorno zu Recht befürchteten – Tendenz aller Autonomie zur Tautologie.[409] Obendrein warf sie die Chomskyscher Grammatik[410] folgenden Fragen der Konventionalisierung von Formen und Werturteilen über den Haufen, die nahezu durchwegs konservative Theoreme

und Handlungsanweisungen stimulierten – auch in der Architekturtheorie.[411] Anders als die Ecosche Semiotik[412] führte sie auch vom Dilemma der Interpretation weg, immer nach dem Bau zu kommen, sich also den Boden eigener Wirksamkeit unter den Füßen wegziehen zu lassen.[413] Die Sprechakttheorie unterscheidet – grob verkürzt – drei Formen des Sprechaktes: Aussage, Handlungsvollzug, Effekt-Erzielung. Ihre Wirkung im Übergang von einer Person zur anderen ist von diversen Faktoren bestimmt, deren summarische und relative Beziehungen untereinander ein Geflecht bilden, aus dem sich zur Kommunikation notwendige Bruchstücke strukturieren und rekonstruieren lassen. Der wesentliche Punkt dieses theoretischen Ansatzes lag in der Gültigkeit des jeweiligen Faktorennetzes und seiner Struktur für einzig und allein jeweils einen Zeitpunkt; erst aus einer Schnur von diskreten Einzelereignissen lassen sich Wege eines Verständnisses destillieren, die Rückschlüsse auf praktikable Kommunikation ermöglichen. Die in hohem Maße additiv strukturierten Elemente solcherart Sprechakte reduzieren die intentionale Kommunikation über Formen auf ein Minimum. Die Vorgaben von Architekten für das allgemeine Baugeschehen sind also weit weniger bedeutend als zumeist angenommen oder in Selbstdarstellungen geschildert. Die Mediatisierung solcher Vorgaben durch Zeichnungen, Modelle und Photographie hat die Reichweiten auch in der Zeit definiert: je größer die räumliche Verbreitung, desto kürzer die zeitliche Ausdehnung. Umkehren läßt sich diese Einsicht nicht, zum Leidwesen konservativer Architekturtheoretiker und ihrer Wiederauferstehung im postmodernen Regionalismus oder in vermeintlich schlichter Handwerklichkeit.[414] Was Medien für kurze Dauer leisten können, ist im Kontext der Sprechakte vorgegeben: die Stabilisierung von Erwartungshaltungen nach Abklärung der Überschneidung gegenseitiger Zeichenvorräte. Wenn Architektur im Gegensatz zum Bauen als notwendigerweise medial vermitteltes Handeln verstanden wird, dann hat sie historisch den Zenit ihrer Wirksamkeit im Sinne einer Bereitstellung von formalen Handlungsvorgaben überschritten.
„Die Kunstfertigkeit, ein Bauwerk in den Strom der Geschichte zu stellen, ist ungefähr die einzige Fertigkeit, die ausschließlich die Domäne des Architekten ist. Es ist, könnte man mit Recht behaupten, die einzige Kunst, derentwegen der Architekt verlangen kann, ernstgenommen zu werden."[415] Selbst diese Forderung geht zu weit, es sei denn, der Strom der Geschichte wird als jener Fluß der Alltäglichkeit definiert, der sich aus kleinen iterativen und repetetiven Handlungen füllt, zu denen auch das Bauen als ständiges Umbauen, Reparieren und Anpassen gehört. Der für dieses Handeln spezifische, kleine Maßstab der räumlichen Ausdehnung entspricht allen ökolo-

gischen Forderungen, deren Basis globale Untersuchungen sind. Diese sind durch die Parallelisierung diverser Faktoren gekennzeichnet, aus denen Erkenntnisse bezogen werden können: Allein hier sind größere Handlungsmaßstäbe anzusetzen. Parallele Prozesse im nanotechnischen Bereich sind zudem die bislang einzigen Voraussetzungen für die Manipulation von Zeitachsen, durch die sich vielleicht einmal Erkenntnisse für dimensionale Fragen der Umwelt und des Bauens gewinnen lassen.

Selbstähnlichkeiten

Technische Medien tendieren – parallel zu einer als autonom postulierten Kunst – zur Selbstreproduktion. Dies trifft für ihre ästhetische Seite ebenso zu wie für ihre soziale Komponente; mediale Vermittlung lebt von der unendlichen Wiederholung minimalisierter und auf Redundanz hin strukturierter Informationen.[416] Das Resultat ist nach euphorischer Begrüßung im 19. Jahrhundert, nach intendiertem und später eingeschliffenem Mißbrauch durch Faschismus und Ökonomie im 20. Jahrhundert eine völlige Übersättigung durch Medien, das beliebige Aus- und Einklinken der Mediennutzer. *Easy listening* und *Zapping* sind als Lebensumfeld und Handlungsschema omnipräsent, aber bedeutungslos geworden, Mittel zum Totschlagen von Zeit.[417] Mediale Produzenten – zu ihnen gehören neben den Filmemachern, Fernsehleuten, Photographen und Autoren die Architekten – reagieren auf die zunehmende Belanglosigkeit ihres Tuns mit hektischen Aktivitäten von extrem kurzer Reichweite in der Zeit und großem Aktionsradius im Raum. Ändern kann dies am Verhalten der Menschen nichts mehr; die zunehmenden Schwierigkeiten bei der Plazierung neuer Technologien am Markt berichten davon auf allen Lebensgebieten.

Technisch ist die Entwicklung am Ende des 20. Jahrhunderts durch eine Digitalisierung nahezu aller Sinneseindrücke zum Zwecke ihrer Reproduktion gekennzeichnet. Nach den Vorreitern Hören und Sehen ist nun auch die Digitalisierung des Riechens weitgehend realisierbar; olfaktorische Momente bestimmen als Simulacra zunehmend ästhetische Debatten. Auch das Tasten hat unter der Prämisse computergestützter Arbeitsplätze eine segensreiche Behandlung erfahren. Doch die für sprachliche oder sprachanaloge Entwicklungen führenden Sinnesreize Hören und Sehen erfahren bereits die Endlichkeit dieser Digitalisierung – jede noch so perfekte Verfeinerung von Klang und Bild kommt über ein spezifisches Maß an Synthetisierung nicht hinaus. Schon beginnt die Suche nach analogen Datenträgern, um die jeweils kleinste Einheit der Speicherung wieder zu vergrößern und damit erkennbar, also bedeutend zu erhalten – was der Photographie als Eingabemedium eine kleine Renaissance beschert. Denn Hauptproblem aller Digitalisierung ist ein Kernsatz fraktaler Geometrie, der von der Selbstähnlichkeit aller rekursiven Elemente.[418] Er besagt, daß alle (bild- und ton-)generierenden Verfahren auf der Basis kleinster Einheiten letztlich nichts anderes produzieren können als immer ähnliche Strukturen zwar quantitativer Differenzen, aber gleicher Qualitäten, und dies unabhängig vom verwendeten Medium. Alle Weltmodelle und ästhetischen Simulacra sind nichts weiter als Projektionen, deren technizide Sehnsuchtsmuster Bedürfnisse auf niedrigstem Niveau harmonisieren: Wiedererkennung und Befriedigung, Identität von Erfahrenem und Gewußtem, und alles auf der Basis der Synchronisierung von Wellenmustern. Hier stößt architektonisches Entwurfsgeschehen an eine Grenze in Raum und Zeit, jenseits der sich nur noch Mythen und Banalitäten finden. Was bleibt, ist ein Spielraum: aus der Entwicklung flexibler Bedürfnisstrukturen, der Berücksichtigung ökologischer Notwendigkeiten, dem Umgang mit ökonomischen Realitäten und den Bedingungen zeitlicher Kohärenz. Wie dieser Spielraum genutzt wird – und seine Nischen erweitert werden –, wird von einem intelligenten Umgang mit den Medien abhängen, die zu seiner Erkundung zur Verfügung stehen. Die historische Entwicklung hat einige Erklärungsmuster für Nutzungsformen geliefert, aus ihnen ist der zukünftige Weg zu destillieren. Die Medien der Massenkommunikation im auditiven wie im visuellen Bereich haben allerdings, das scheint gewiß, vorderhand ausgedient – es sei denn, die Zerstörung aller Bauten im Krieg wird als Momentum wie Garant der Neuschaffung von Architektur gesehen.[419] Dann dürfte jedoch der Tag nicht mehr all zu fern sein, an dem es für Menschen nichts mehr zu bauen gibt oder daß – was wahrscheinlicher ist – keine Menschen mehr da sind, die bauen wollen.

Anmerkungen

1 Daniel E. Wellberry, Lessing's Laocoon. Semiotics and Aesthetics in the Age of Reason, Cambridge 1984
2 Jürgen Habermas, Strukturwandel der Öffentlichkeit, Neuwied Berlin 1962; Richard Sennett, Verfall und Ende des öffentlichen Lebens. Die Tyrannei der Intimität, Frankfurt 1983
3 Juan Pablo Bonta, Über Interpretation von Architektur. Vom Auf und Ab der Formen und die Rolle der Kritik, Berlin 1982
4 Ausst.Kat. Die Architekturzeichnung, Vom barocken Idealplan zur Axonometrie, Zeichnungen aus der Architektursammlung der Technischen Universität München, Frankfurt/ München 1985
5 Friedrich Kittler, Grammophon Film Typewriter, Berlin 1986
6 Bonta a.a.O. (Anm. 3), S. 13–17. Hanno-Walter Kruft, Geschichte der Architekturtheorie. Von der Antike bis zur Gegenwart, München 1985, S. 158–159
7 Michel Foucault, Die Ordnung der Dinge, Frankfurt 1971, S. 447–464. O.K. Werckmeister, Ende der Ästhetik, Frankfurt 1971, S. 57–85. Wolfgang Kemp, Der Betrachter ist im Bild. Kunstwissenschaft und Rezeptionsästhetik, Köln 1985
8 Ausst.Kat. El Lissitzky 1890–1941, Hannover Halle 1988
9 Josef Hohlschneider, Schlüsselbegriffe der Architektur und Stadtbaukunst, Quickborn 1969
10 Konrad Levezow, Friedrich Gilly, Berlin 1802, S. 23; zit. nach Alste (Horn-)Oncken, Friedrich Gilly 1772–1800, Berlin 1981 (1935), S. 50
11 Habermas a.a.O. (Anm. 2); Peter Bürger, Theorie der Avantgarde, Frankfurt 1974; Hans-Ulrich Gumbrecht, Ursula Link-Heer (Hg.), Epochenschwellen und Epochenstrukturen der Literatur- und Sprachhistorie, Frankfurt 1985; Ulrich Ricken et al. (Hg.), Sprachtheorie und Weltanschauung in der europäischen Aufklärung, Berlin 1989
12 Gotthold Ephraim Lessing, Emilia Galotti, Stuttgart 1981, S. 10
13 R.B. Litchfield, Thomas Wedgwood, London 1903
14 Carl Chiarenza, Notes on Aesthetic Relationships Between 17th Century Dutch Painting and 19th Century Photography, in: Van Deren Coke (Hg.), 100 Years of Photographic History, Essays Presented in the Honour of Beaumont Newhall, Albuquerque NM 1975, pp. 19–34
15 Peter-Eckhard Knabe, Schlüsselbegriffe des kunsttheoretischen Denkens in Frankreich von der Spätklassik bis zum Ende der Aufklärung, Diss.phil. Bochum 1970, Düsseldorf 1972
16 Gottfried Fliedl, Architektur als zweite Natur. Bemerkungen zur Architektur von C.-N. Ledoux und E.-L. Boullée, in: Wiener Jahrbuch für Kunstgeschichte 30/31.1977/78. 239–258. Dorothea Lehner, Architektur und Natur. Zur Problematik des „Imitatio-Naturae-Ideals" in der französischen Architekturtheorie des 18. Jahrhunderts, München 1987
17 Ulrich Schütte, Ordnung und Verzierung, Untersuchungen zur deutschsprachigen Architekturtheorie des 18. Jahrhunderts, Braunschweig/Wiesbaden 1986

18 Johann Caspar Lavater, Physiognomische Fragmente zur Beförderung der Menschenkenntnis und Menschenliebe, 4 Bde., Leipzig/Winterthur 1775–1778, Reprint Leipzig/Zürich 1968–1969
19 Untersuchungen über den Charakter der Gebäude. Über die Verbindung der Baukunst mit den schönen Künsten und über die Wirkungen, welche durch dieselben hervorgebracht werden sollen, Faksimile-Neudruck der Ausgabe Leipzig 1788, Mit einer Einführung von Hanno-Walter Kruft, Nördlingen 1986
20 Ebenda, S. 43
21 Ebenda, S. 52
22 Johann Gottfried Grohmann, Ideenmagazin für Liebhaber von Gärten, Englischen Anlagen und für Besitzer von Landgütern, Receuil d'idées nouvelles pour la Décoration des Jardins et des Parcs, Leipzig 1797 passim
23 Vgl. Hélène Lipstadt, Architectural Publications, Competitions and Exhibitions, in: Eve Blau, Walter Kaufman (ed.), Architecture and its Image, Four Centuries of Architectural Representation, Montreal 1989, pp. 109–136
24 Werner Busch, Piranesis „Carceri" und der Capriccio-Begriff im 18. Jahrhundert, in: Wallraf-Richartz-Jahrbuch Köln 39.1977.209–224; Heide Bideau, Trügerische Räume – das Architecturcapriccio, in: Ausst.Kat. Der Traum vom Raum, Gemalte Architektur aus 7 Jahrhunderten, Nürnberg 1986, S. 81–91
25 Klaus Lankheit, Friedrich Weinbrenner und der Denkmalskult um 1800, gta Bd. 21, Basel/ Stuttgart 1979, S. 11–16
26 Hans Heinrich Borchardt, Das europäische Theater im Mittelalter und in der Renaissance, Reinbek 1969, S. 113–136
27 Vgl. Erwin Panofsky, The First Page of Giorgio Vasari's ‚Libro',.., Excursus on Two Façade Designs by Domenico Beccafumi, in: ders., Meaning in the Visual Arts, Harmondsworth 1970, pp. 266–276
28 Gustav Friedrich Waagen, Karl Friedrich Schinkel als Mensch und als Künstler, Berlin 1844, Nachdruck Düsseldorf 1980, S. 330
29 Ausst.Kat. Architettura, Scenografia, Pittura di paesaggio, L'Arte del Settecento emiliano, Bologna 1980
30 Jean-Nicolas-Louis Durand, Précis des leçons d'architecture données à l'Ecole Polytechnique, Paris 1802 passim, Reprint Nördlingen 1986
31 Werner Szambien, Jean-Nicolas-Louis Durand 1760–1834, Paris 1984
32 Carl Friedrich Schinkel, Sammlung architektonischer Entwürfe, Potsdam 1819–1840 (28 Hefte); zur Architektenpublikation vgl. Ausst.Kat. Die Architekturzeichnung a.a.O. (Anm. 4), S. 56–57
33 Klaus Döhmler, ‚In welchem Style sollen wir bauen?', Architekturtheorie zwischen Klassizismus und Jugendstil, München 1976, S. 89–93
34 Wolfgang Schivelbusch, Geschichte der Eisenbahnreise. Zur Industrialisierung von Raum und Zeit im 19. Jahrhundert, Frankfurt Berlin Wien 1979
35 Wolfgang Baier, Quellendarstellungen zur Geschichte der Fotografie, Halle 1964, München 1977, S. 76
36 Ebenda, S. 76–77
37 Jules Janin, Der Daguerreotyp (1839), in: Wolfgang Kemp (Hg.), Theorie der Fotografie, Bd. I 1839–1912, München 1980, S. 46–51
38 Ludwig Pfau, Kunst und Gewerbe, Studien, Bd. 1, Stuttgart 1877, S. 114–116
39 Otto Bender, Die naive Sachlichkeit in der beginnenden Fotografie, in: Foto Prisma 14.1963.12.654–656
40 Noël-Marie Paymal Lerebours, Excursions Daguerriennes, Paris Bd.1 1841, Bd. 2 1843; Baier a.a.O. (Anm. 35), S. 478

41 R. Limouzin-Lamothe, La dévastation de Notre-Dame et de l'archevêché en février 1831, in: Huitième Centenaire de Notre-Dame de Paris, Recueil de travaux sur l'histoire de la cathédrale et de l'église de Paris, Paris 1967, S. 417–426; Pierre du Colombier, Notre-Dame de Paris, Mèmorial de la France, Paris 1966, S. 197–214
42 Victor Hugo, Notre-Dame de Paris 1482, Introduction, Notes et Choix des variantes par M.F. Guyard, Paris 1961
43 E.E. Viollet-le-Duc, Dictionnaire raisoné d'architecture française du XIe aus XVIe siècle, Paris 1868, Bd. 8, S. 14–34; Colombier, a.a.O. (Anm. 41), S. 215–242
44 Pierre G. Harmant, Anno Lucis 1839, in: Camera 56.1977. 5.39–41 + 8.37–40 + 10.40–42
45 A. Booth, William Henry Fox Talbot: Father of Photography, London 1965; Gail Buckland, Fox Talbot and the Invention of Photography, London 1980; Hubertus von Amelunxen, Die aufgehobene Zeit. Die Erfindung der Photographie durch William Henry Fox Talbot, Berlin 1988
46 Georg Germann, Gothic Revival in Europe and Britain: Sources, Influences and Ideas, London 1972, pp. 104–113; Clemens Alexander Wimmer, Geschichte der Gartentheorie, Darmstadt 1989, S. 190–243
47 Wolfgang Kemp, John Ruskin, Leben und Werk, München Wien 1983, S. 148–151; Wolfgang Kemp, Architektur-Aufnahme am Übergang von der Zeichnung zur Fotografie – Das Beispiel Ruskin, in: Marburger Jahrbuch für Kunstwissenschaft, Bd. 20, Marburg 1981, S. 55–62
48 Ebenda, S. 59
49 „*The plates are valuable being either copies of memoranda made upon the spot, or enlarged and adapted from Daguerreotypes, taken under my own superintendence.*" zit. nach: Aaron Scharf, Art and Photography, Harmondsworth 1968, p. 98
50 Kemp a.a.O. (Anm. 47), S. 26
51 John Ruskin, Der Hauptaberglaube des 19. Jahrhunderts. 1870, in: Kemp a.a.O. (Anm. 37), S. 152–154, hier S. 153
52 Ausst.Kat. La mission héliographique, photographies de 1851, Paris 1980
53 Françoise Bercè, Les premiers travaux de la commission des monuments historiques 1837–1848, Paris 1979, S. 11–15
54 Paul Verdier, Le service des Monuments Historiques, in: Congrès archéologique de France, Paris 1934, Bd. 1, S. 95–126
55 Ausst.Kat. Les Trésors de la Société Française de Photographie, Paris 1979
56 Léon de Laborde, Die Revolution der Reproduktionsmittel. 1859, in: Kemp a.a.O. (Anm. 37), S. 97–99
57 Arnold Wolff, Die Baugeschichte des Kölner Doms im 19. Jahrhundert, in: Ausst.Kat. Der Kölner Dom im Jahrhundert seiner Vollendung, Köln 1980, Bd. 2, S. 24–35; Arnold Wolff, Dombau in Köln. Photographen dokumentieren die Vollendung einer Kathedrale, Stuttgart 1980; Werner Neite, Der Kölner Dom als erstes Bauwerk der frühen deutschen Architekturphotographie, in: Kölner Domblatt NF 26/27.1973.115–134
58 Werner Neite, Die Photographie in Köln 1839–1870, in: Jahrbuch des kölnischen Geschichtsvereins 46.1975.101–131, hier S. 113
59 Organ für christliche Kunst 3.1853.200; ebenda 4.1854.143–144; Zeitschrift für Bauwesen 5.1854.26
60 Der Dom zu Mainz und seine Denkwürdigkeiten in Original-Photographieen von Hermann Emden, mit historischem und erläuterndem Texte von Joh. Wetter. 6 Lieferungen mit 6 Blättern quarto. Herausgegeben von Victor von Zabern, Mainz o.J. (1857)
61 Organ für christliche Kunst 7.1857.9.107
62 Wolfgang Kemp, „... einen wahrhaft bildenden Zeichenunterricht überall einzuführen", Zeichnen und Zeichenunterricht der Laien 1500–1870, Ein Handbuch, Frankfurt 1979;

Michael Stürmer (Hg.), Herbst des Alten Handwerks, Quellen zur Sozialgeschichte des 18. Jahrhunderts, München 1979, S. 263–329. Lankheit a.a.O. (Anm. 25), S. 13

63 Anna Teut-Nedeljkov, Die Königliche Bauakademie, Zwischen Revolution und Reform: In Preußen entsteht das erste deutschsprachige Polytechnikum, in: Ausst.Kat. 100 Jahre Technische Universität Berlin 1879–1979, Berlin 1979, S. 58–81; Erich Konter, „Architekten-Ausbildung" im Deutschen Reich, in: Ekkehard Mai, Hans Pohl, Stephan Waetzoldt (Hg.), Kunstpolitik und Kunstförderung im Kaiserreich, Kunst im Wandel der Sozial- und Wirtschaftsgeschichte, Berlin 1982, S. 285–308, hier S. 286–287.

64 Alfred Freiherr von Wolzogen, Aus Schinkels Nachlaß, Berlin 1863, Bd. 3, S. 374, zit. nach: Ausst.Kat. Die Architekturzeichnung a.a.O. (Anm.4), S. 9

65 Eva-Maria Hanebutt-Benz, „Nem jeder drauß was Ihm gefelt", in: Ausst.Kat. Ornament und Entwurf, Ornamentstiche und Vorzeichnungen für das Kunsthandwerk vom 16. bis zum 19. Jahrhundert aus der Linel Sammlung für Buch- und Schriftkunst, Frankfurt 1983, S. 18–31; Mitterers Anfangsgründe zu Verzierungen, Laubwerken und Blumen in Handzeichnungs-Manier, 2 Hefte, München 1804; Heinz Gebhardt, Franz Hanfstaengl, Von der Lithographie zur Photographie, München 1984, S. 27–34; Carl Heideloff, Ornamentik des Mittelalters, Nürnberg 1843 passim

66 Vorbilder für Fabrikanten und Handwerker, hrsg. von der Technischen Deputation für Gewerbe, Vorwort von Peter C.W. Beuth, Berlin 1821 passim; Waagen a.a.O. (Anm.28), S. 365–367

67 Bernd Vogelsang, „Beamteneinkauf", Die Sammlungen des Freiherrn von Minutoli in Liegnitz. Eine Dokumentation zur Geschichte des ersten deutschen Kunstgewerbemuseums, Dortmund 1986

68 Bernd Vogelsang, Das Museum im Kästchen oder Die Erfindung des Kunstgewerbemuseums als Photosammlung durch den Freiherrn von Minutoli (1806–1887), in: Ausst.Kat. Silber & Salz, Zur Frühzeit der Photographie im deutschen Sprachraum 1839–1860, Köln 1989, S. 522–547

69 Moritz Thausing, Kupferstich und Fotografie (1866), in: Kemp a.a.O. (Anm. 37), S. 133–143

70 Rolf Sachsse, Bild und Bildwerk, Zur photographischen Aufnahme mittelalterlicher Altäre, in: Christian Friedrich Brandt, Die St.Nicolai-Pfarrkirche zu Calcar 1868 in Photographien, Kleve 1989, S. 13–33

71 Frank Heidtmann, Wie das Photo ins Buch kam, Berlin 1984, S. 226–447

72 Ebenda, S. 226; Siegfried Gronert, „The best petterns at the cheapest rate", Studien zum englischen Design im 19. Jahrhundert, Diss.phil. Köln 1989

73 Gottfried Semper, Vorläufige Bemerkungen über bemalte Architektur und Plastik bei den Alten (1834), in: Hans M. Wingler (Hg.), Gottfried Semper, Wissenschaft, Industrie und Kunst, Mainz Berlin 1966, S. 15–21, zit. nach S. 15

74 C.L., Die Form in der Kunst. Der Diagraph (1833), in: Kemp a.a.O. (Anm. 37), S. 78–85

75 August Reichensperger, Einleitung zu: Vincenz Statz, Georg Gottlieb Ungewitter, Gothisches Musterbuch, Leipzig 1856–1861, unpag.; Karl Mohrmann, Vorwort zur zweiten Auflage in: dasselbe, Leipzig 1905; Germann a.a.O. (Anm. 46), S. 161

76 Aus Wagners Zürcher Schriften ist der Begriff des Motivs in die Musik- und die Literaturwissenschaften übernommen worden, besonders durch Dilthey; Elisabeth Frenzel, Stoff-, Motiv- und Symbolforschung, Stuttgart 1978, S. 5–13; Paul von Naredi-Rainer, Musiktheorie und Architektur, in: Ideen zu einer Geschichte der Musiktheorie, Graz 1985, S. 149–174

77 Der Lotmansche Begriff der Semiosphäre kann analog gebraucht werden zum Habermasschen Begriff der Lebenswelt, ders., Theorie des kommunikativen Handelns, Frankfurt 1981, Bd. 2, S. 171–294
78 Norbert Miller, Archäologie des Traums, Versuch über Giovanni Battista Piranesi, Frankfurt/Berlin/Wien 1981, S. 275–305
79 Richard Chafee, The Teaching of Architecture at the Ecole des Beaux-Arts, in: Drexler 1977, pp. 61–109; Mohamed Scharabi, Der Einfluß der Pariser Ecole des Beaux-Arts auf die Berliner Architektur in der zweiten Hälfte des 19. Jahrhunderts, Berlin 1968, S. 13–20
80 Zit. nach: Christian Carstensen, Herbert Germann, Sabine Vahlefeld, Angehaltene Vorgänge, in: Ausst.Kat. Ins Innere des Bilderbergs, Fotografien aus den Bibliotheken der Hochschule der Künste und der Technischen Universität Berlin, Berlin 1988, Göttingen 1988, S. 85
81 Winfried Nerdinger, Die Architektursammlung der Technischen Universität München, in: Ausst.Kat. Die Architekturzeichnung a.a.O. (Anm. 4), S. 7
82 Joseph Gantner, Leonardos Visionen – Von der Sintflut und vom Untergang der Welt, Bern 1958, S. 21–30
83 Ausst.Kat. Die Architekturzeichnung a.a.O. (Anm. 4), S. 128–133 + 207–208; Ausst.Kat. Romantik und Restauration, Architektur in Bayern zur Zeit Ludwigs I. 1825–1848, S. 332–334
84 K. Schaupert (Stuttgart), Ueber die zweckmässige Ausnutzung italienischer Studienreisen, in: Deutsche Bauzeitung 10.1876.11.52–53
85 Nekrolog zu Walther in: Fränkischer Kurier, Nürnberg, 20.5.1910; Zentralblatt der Bauverwaltung vom 25.5.1910, No. 42, S. 282–283
86 Rudolf Arnheim, Anschauliches Denken, Zur Einheit von Bild und Begriff, Köln 1972
87 Christian von Ehrenfels, Über Gestaltqualitäten (1890), gekürzt sowie in einer Fasssung von 1932 in: Martina Schneider (Hg.), Information über Gestalt, Textbuch für Architekten und andere Leute, Braunschweig/Wiesbaden 1974, S. 106–108; Ehrenfels' Text ist einmal mehr Beleg für das Primat der Musik in der Begriffsbildung zum Motiv; Friedrich Kittler, Der Gott der Ohren, in: Dietmar Kamper, Christoph Wulf (Hg.), Das Schwinden der Sinne, Frankfurt 1984, S. 140–157
88 Jan Pieper, Ähnlichkeiten. Mimesis und Metamorphosen der Architektur, eine Anthologie, Krefeld 1986, S. 7–13
89 Bill Jay, Victorian Cameraman, Francis Frith's Views of Rural England, Newton Abbot 1973, pp. 7–8
90 Als große Reisephotographieagenturen haben neben Alinari und Frith die Brüder Bisson in Paris, Adolphe Braun in Colmar, Pascal Sebah in Konstantinopel, Samuel Bourne in Kalkutta, die Brüder Bonfils in Jerusalem und die Familie Beato in Ägypten bzw. Palästina zu gelten; als spätere Agentur die Edition Photoglob in Luzern.
91 Als kleine Reisephotographieagenturen allein für Italien: Giorgio Sommer in Neapel, Giacomo Brogi in Florenz, Giacchino Altobelli in Rom, Giuseppe Lombardi in Siena, Carlo Ponti und C.B. Brusa in Venedig, die Familie Lotze in Verona, Giovanni Crupi in Taormina.
92 William Edward Mead, The Grand Tour in the 18th Century, New York NY 1972. Gesine Asmus, Aus der Ferne aus der Nähe, Bilder vom Mittelmeerraum vor und nach der Erfindung der Fotografie, in: Ausst.Kat. Ansichten der Ferne, Reisephotographie 1850 bis heute, Darmstadt Gießen 1983, S. 7–58
93 Vgl. Ausst.Kat. Das Land der Griechen mit der Seele suchen, Köln 1990. Ausst.Kat. Haller von Hallerstein in Griechenland, Berlin 1990
94 Die sogenannte Kavaliersperspektive ist eine Luftbildkonstruktion mit drei Fluchtpunkten und einem schmalen, spitzwinkligen Fluchtdreieck; Franz Danielowski, Alfred Pretzsch, Architekturperspektive. Konstruktion und Darstellung, Berlin 1989 (1982), S. 35–37

95 Franz Stolze, Die Panoramenapparate in ihren Vorzügen und Mängeln, sowie ihre Verwendung in der Praxis, Enzyklopädie der Photographie Bd. 64, Halle 1909; Ausst.Kat. Photographie Panorama, Paris 1991; Ausst.Kat. Collection panoramas de Joachim Bonnemaison, Photographies 1850–1950, Arles 1989; Stephan Oettermann, Das Panorama. Die Geschichte eines Massenmediums, Frankfurt 1980, S. 34–39; Ausst.Kat. Panoramia! The craze of the 19th century, London 1989
96 Ausst.Kat. Fabrik im Ornament, Dortmund, Münster 1980
97 Ausst.Kat. Die verlorene Identität: Zur Gegenwart des Romantischen, Leverkusen 1974
98 Malcolm Andrews, The Search for the Picturesque. Landscape, Aesthetics and Tourism in Britain, Aldershot 1989, pp. 67–82
99 George Berkeley, Versuch über eine neue Theorie des Sehens und die Theorie des Sehens oder der visuellen Sprache verteidigt und erklärt (1709), übersetzt und hg. von Wolfgang Breidert, Hamburg 1987
100 Judith Breuer, Die Kölner Domumgebung als Spiegel der Domrezeption im 19. Jahrhundert, Diss.phil. Bonn 1980, Köln 1981
101 Martin Warnke, Weltanschauliche Motive in der kunstgeschichtlichen Populärliteratur, in: ders. (Hg.), Das Kunstwerk zwischen Wissenschaft und Weltanschauung, Gütersloh 1970, S. 88–108
102 Michael Kröger, Belebte Szenen. Städtische Fotografien des späten 19. Jahrhunderts im Kontext sozialer Zeiterfahrung, Diss.phil. Osnabrück 1985; Walter Benjamin, Über einige Motive bei Baudelaire, in: ders., Baudelaire, Frankfurt 1974, S. 101–150
103 Heinrich Wölfflin, Wie man Skulpturen aufnehmen soll, in: Zeitschrift für Bildende Kunst (Leipzig) NF7.1896.224–228; NF8.1897.294–297; NF26.1915.237–244
104 William Henry Fox Talbot, The Pencil of Nature, London 1844, Plate V; zit. nach: W. Wiegand (Hg.), Die Wahrheit der Photographie, Frankfurt 1981, S. 64; Ausst.Kat. FOTOVISION, Projekt Fotografie nach 150 Jahren, Hannover 1988, S. 262
105 Nadia Niethammer, Italien – Morphologie eines Mythos, in: Ausst.Kat. Der geraubte Schatten, München 1989, S. 186–203
106 Susanne Kappeler, Pornographie – Die Macht der Darstellung, München 1988, S. 58–71
107 Arnulf Kutsch, Hans Bohrmann (Hg.), Berlin zu Kaisers Zeiten, Eine historische Dokumentation, Dortmund 1983
108 Hermann Rückwardt, Architekturtheile und Details von Bauwerken des Mittelalters bis zur Neuzeit, Berlin 1895
109 Franz Schwechten, Bauornamente, ausgeführt für das Empfangsgebäude der Anhaltischen Eisenbahn in Berlin von den Greppiner Werken, Berlin 1880
110 Franz Stolze, Zwei neue Entwürfe zu einem Gesetze für das Deutsche Reich, betreffend den Schutz der Photographien gegen Nachbildung, in: Photographische Chronik 5.1898. 296–300, 306–307
111 Rolf Sachsse, Realismus und Photographie am Beispiel einer Bildserie von Alois Löcherer, in: A. Valstar, D.C. Schütz (Hg.), Von Hildebrand bis Kricke. Für Eduard Trier, Bonn 1985, S. 19–25
112 Paul Zucker, Die Brücke. Typologie und Geschichte ihrer künstlerischen Gestaltung, Berlin 1921
113 Ing. Lotz, Die Photographie als Mittel für Brückenprüfungen, in: Deutsche Bauzeitung 28.1894.15.95
114 Emil Dolezal, Theodor Scheimpflug, sein Leben und seine Arbeiten, in: Internationales Archiv für Photogrammetrie, 2.1911.4, unpag.; Bundesamt für Eichung und Vermessungswesen (Hg.), Theodor Scheimpflug, Festschrift zum 150jährigen Bestehen des staatlichen Vermessungswesens in Österreich, Wien 1956

115 Albrecht Meydenbauer, Das Denkmäler-Archiv. Ein Rückblick zum zwanzigjährigen Bestehen der Königlichen Meßbild-Anstalt in Berlin, Berlin 1905
116 Jacques Derrida, De la Grammatologie, Paris 1967; Adolf Max Vogt, Mit Dekonstruktion gegen Dekonstruktion, in: Gert Kähler (Hg.), Dekonstruktion? Dekonstruktivismus? Aufbruch ins Chaos oder neues Bild der Welt? Braunschweig/Wiesbaden 1990, S. 50–78
117 Fritz Schumacher, Stufen des Lebens, Erinnerungen eines Baumeisters, Stuttgart 1935, S. 181
118 Henry-Russell Hitchcock, The Architecture of H.H. Richardson and His Times, Cambridge Mass. 1936; Ausst.Kat. H.H. Richardson and His Office, Cambridge Mass. 1974; James F. O'Gorman, H.H. Richardson Architectural Forms for an American Society, Chicago London 1987
119 Anonym, An Architectural Retrospect, in: American Architect 25.1900.70.97; zit. nach: Mary N. Woods, The Photograph as Tastemaker: The American Architect and H. H. Richardson, in: History of Photography 14.1990.2.155–163; Übersetzung RS
120 Ebenda, p. 158
121 John B. Gass, American Architecture and Architects, with Special Reference to the Works of the late Richard Morris Hunt and Henry Hobson Richardson, in: Journal of the Royal Institute of British Architects 3.1896.3.231; Übersetzung RS
122 Theodor Fischer, zit. nach: Winfried Nerdinger, Friedrich von Thiersch – Der Architekt, in: Ausst.Kat. Friedrich von Thiersch, München 1977, S. 15
123 Winfried Nerdinger, Friedrich von Thiersch – Meister der Architekturzeichnung und Lehrer der modernen Architektengeneration, in: Horst Karl Marschall, Friedrich von Thiersch. Ein Münchner Architekt des Späthistorismus, 1852–1921, München 1982, S. 1
124 Marschall a.a.O. (Anm. 123), S. 18–19
125 Marco Pozzetto, Die Schule Otto Wagners 1894–1912, Wien/München 1980 (Triest 1979)
126 Otto Wagner, Einige Skizzen, Projekte und ausgeführte Bauwerke von ..., Wien 1889, 1897, 1906, 1922; gemeinsamer Nachdruck Berlin 1987
127 Christoph Feldtkeller, Der architektonische Raum: eine Fiktion. Annäherung an eine funktionale Betrachtung, Braunschweig/Wiesbaden 1989, S. 38–43
128 Joseph August Lux, Joseph Maria Olbrich, Berlin 1919; Hans-Günter Sperlich, Versuch über Joseph Maria Olbrich, Darmstädter Schriften Bd. 16, Darmstadt 1965; Ausst.Kat. Das Werk des Architekten Joseph Maria Olbrich 1867–1908, Darmstadt 1967; Ian Latham, Jospeh Maria Olbrich, Stuttgart 1981
129 Eberhard Grunsky, Otto Engler. Geschäfts- und Warenhausarchitektur 1904–1914, Arbeitsheft 28 des Landeskonservator Rheinland, Köln 1979, S. 37–46
130 Eduard F. Sekler, Josef Hoffmann: Das architektonische Werk, Monographie und Werkverzeichnis, Salzburg Wien 1982; Ausst.Kat. Josef Hoffmann 1870–1956 – Ornament zwischen Hoffnung und Verbrechen, Wien 1987; Daniele Baroni, Antonio d'Auria, Josef Hoffmann und die Wiener Werkstätte, Stuttgart 1984
131 Paul Ruben, Die Reklame, Berlin 1914, S. 18–23
132 M. Boblenz, Die Technik der modernen Großretouche auf Bromsilberpapier, Erkner 1911
133 Sebastian Müller, Kunst und Industrie. Ideologie und Organisation des Funktionalismus in der Architektur, München 1974, S. 7–12; Hans Eckstein, Formgebung des Nützlichen. Marginalien zur Geschichte und Theorie des Designs, Düsseldorf 1985
134 Werner Hofmann, Gesamtkunstwerk Wien, in: Ausst.Kat. Der Hang zum Gesamtkunstwerk, Zürich et al. 1983, Aarau Frankfurt 1983, S. 84–92, zum Palais Stoclet S. 90
135 Edward F. Sekler, The Stoclet House by Josef Hoffmann, in: Essays on the History of Architecture Presented to Rudolf Wittkower, Montreal 1967, pp. 138–160
136 Ausst.Kat. Moderne Baukunst 1900–1914, Krefeld 1993
137 Andreas Ley, Die Villa als Burg, München 1981

138 Heinrich Kulka, Adolf Loos, Wien 1931, Neudruck Wien 1979; Burkhard Rukschcio, Roland Schachel, Adolf Loos. Leben und Werk, Salzburg Wien 1982; Ausst.Kat. Adolf Loos, Wien 1989
139 Adolf Loos, Ornament und Verbrechen, in: Ulrich Conrads (Hg.), Programme und Manifeste zur Architektur des 20. Jahrhunderts, Frankfurt Berlin 1964, S. 15–21
140 Beatriz Colomina, On Adolf Loos and Josef Hoffmann: Architecture in the Age of Mechanical Reproduction, in: Max Risselada (Hg.), Raumplan versus Plan Libre, Adolf Loos Le Corbusier, 1919–1930, New York 1988, pp. 65–77
141 Henry-Russell Hitchcock, Philip Johnson, The International Style, New York 1966 (1932), p. 7
142 Ausst.Kat. Theodor Fischer. Architekt und Städtebauer 1862–1938, München Stuttgart Berlin 1988
143 Ebenda, S. 207–211, zit. S. 208
144 Ausst.Kat. Richard Riemerschmid, Vom Jugendstil zum Werkbund, München 1982
145 David A. Kraus, Jerry L. Fryear (Hg.), Phototherapy and Mental Health, Springfield Ill. 1983
146 Robert Twombly, Frank Lloyd Wright. An Interpretative Biography, New York 1973; Frank Lloyd Wright, Schriften und Bauten, München Wien 1963; Ronald Sweeney, Frank Lloyd Wright. An Annotated Bibliography, Los Angeles 1978; Patrick Meehan, Frank Lloyd Wright. A Research Guide to Archival Sources, New York London 1983
147 Frank Lloyd Wright, Ein Testament. Zur neuen Architektur, Reinbek 1966, S. 93–95; Grant Carpenter Manson, Frank Lloyd Wright to 1910. The first Golden Age, New York 1958
148 Frank Lloyd Wright, Ausgeführte Bauten und Entwürfe, Berlin 1910, Nachdruck Berlin 1924, Tübingen 1986
149 Frank Lloyd Wright, Ausgeführte Bauten, Vorwort Charles Robert Ashbee, Berlin 1911, Reprint als The Early Work, New York 1968. Die meisten Aufnahmen dieses Bandes stammen von Clarence Fuermann.
150 Interview mit E.A. Plischke als Mitarbeiter von Peter Behrens bei Tilman Buddensieg, Architektur als freie Kunst, in: Bernhard Buderath (Hg.), Peter Behrens. Umbautes Licht, Das Verwaltungsgebäude der Hoechst AG, Frankfurt München 1990, S. 58
151 Tilman Buddensieg, Henning Rogge (Hg.), Industriekultur. Peter Behrens und die AEG 1907–1914, Berlin 1979; Ausst.Kat. Peter Behrens und Nürnberg, München 1980; Buderath a.a.O. (Anm. 150); Hans-Georg Pfeifer (Hg.), Peter Behrens. „Wer aber will sagen, was Schönheit sei?", Düsseldorf 1990
152 Ausst.Kat. Heinrich Tessenow, Frankfurt 1991
153 Paul Bonatz zum Gedenken, Technische Hochschule Stuttgart Reden und Aufsätze Bd. 23, Stuttgart 1957
154 Werner Durth, Deutsche Architekten, Biographische Verflechtungen 1900–1970, Braunschweig/Wiesbaden 1986, S. 23–121
155 Ausst.Kat. Erwin Quedenfeldt 1869–1948, Essen 1985
156 Tilman Buddensieg, Henning Rogge, Formgestaltung für die Industrie. Peter Behrens und die Bogenlampen der AEG, in: Gerhard Bott (Hg.), Von Morris zum Bauhaus. Eine Kunst gegründet auf Einfachheit, Hanau 1977, S. 117–142
157 Georg Dehio, Alois Riegl, Konservieren, nicht restaurieren, Streitschriften zur Denkmalpflege um 1900, Bauwelt Fundamente Bd. 80, Braunschweig/Wiesbaden 1988. Vgl. insbesondere das Nachwort von Georg Mörsch, S. 120–125
158 Stenographischer Bericht, 3. Tag für Denkmalpflege Düsseldorf 1902, Karlsruhe 1902, S. 72–78 (Vortrag Prof. Dr. Ehrenberg), hier S. 77

159 Berichte über die Thätigkeit der Provinzialkommissionen für die Denkmalpflege in der Rheinprovinz und der Provinzialmuseen zu Bonn und Trier, Bonn I–VII.1896–1903; Düsseldorf VIII.1904 passim. Die folgenden Zitate jeweils auf den S. 1–5, zum Archiv meist S. 4–5
160 Stenographischer Bericht, 2. Tag für Denkmalpflege Freiburg 1901, Karlsruhe 1901, S. 57–66
161 Stenographischer Bericht, a.a.O. (Anm. 158), S. 86–89, hier S. 87
162 Ebenda, S. 95–96. Zum Verhältnis Meydenbauer – Persius vgl. Albrecht Grimm, 120 Jahre Photogrammetrie in Deutschland. Das Tagebuch von Albrecht Meydenbauer ..., München 1978, S. 39–40
163 Ekkehard Mai, Vom Bismarckturm zum Ehrenmal. Denkmalformen bei Wilhelm Kreis, in: ders., Gisela Schmirber (Hg.), Denkmal – Zeichen – Monument, Skulptur und öffentlicher Raum heute, München 1989, S. 50–57, hier S. 53–55
164 Hundert Entwürfe aus dem Wettbewerb für das Bismarck-National-Denkmal auf der Elisenhöge bei Bingerbrück-Bingen, herausgegeben im Auftrage der Denkmals-Ausschüsse, Düsseldorf 1911; hier S. 10
165 Ebenda, S. 12
166 Arthur Drexler (Hg.), An Illustrated Catalogue of the Mies van der Rohe Drawings in the Museum of Modern Art, Part I: 1910–1937 in four Volumes, Vol. 1, New York London 1986, pp. 2–5
167 Lipstadt a.a.O. in: Blau Kaufman a.a.O. (Anm. 23), pp. 109–138, hier pp. 122–124 und pp. 128–129
168 Andreas Haus, Moholy-Nagy Fotos und Fotogramme, München 1978, S. 74–75. Rolf Sachsse, Lucia Moholy, Düsseldorf 1985, S. 10–11
169 Walter Benjamin, Das Kunstwerk im Zeitalter seiner technischen Reproduzierbarkeit, Frankfurt 1963, S. 17–21
170 Bruno Taut, Einwurf, in: Frühlicht Heft 2, Berlin 1920, S. 32. Zum Dissens mit Cornelius Gurlitt: Eberhard Steneberg, Arbeitsrat für Kunst 1918–1921, Düsseldorf 1987, S. 36–37
171 Erwin Panofsky, Die Perspektive als „symbolische Form", in: ders., Aufsätze zu Grundfragen der Kunstwissenschaft, Berlin 1985, S. 99–167, Anm. 73
172 Kurt Junghanns, Bruno Taut 1880–1938, Berlin 1983; Ausst.Kat. Bruno Taut 1880–1938, Berlin 1980; Ian Boyd White, Bruno Taut. Baumeister einer neuen Welt, Architektur und Aktionismus 1914–1920, Stuttgart 1981
173 Volker Harlan, Rainer Rappmann, Peter Schata, Soziale Plastik. Materialien zu Joseph Beuys, Achberg 1976
174 Gilles Deleuze, Felix Guattari, Anti-Ödipus. Kapitalismus und Schizophrenie I, Frankfurt 1974 (Paris 1972), S. 15–23; auf Bruno Taut anzuwenden S. 286–306
175 Hans Sedlmayr, Verlust der Mitte, Die bildende Kunst des 19. und 20. Jahrhunderts als Symptom und Symbol der Zeit, Berlin 1956, S. 115, dort explizit zum Baumaterial Glas.
176 Bruno Taut, Neue und alte Form im Bebauungsplan, in: Wohnungswirtschaft 3.1926. 24.198-199
177 Bruno Taut, Die Neue Wohnung, Leipzig 1924, S. 31
178 Bruno Zevi, Erich Mendelsohn. Opera Completa, Architetture e Immagini Architettoniche, Milano 1970; Arnold Whittick, Eric Mendelsohn, London 1964; Ausst.Kat. Erich Mendelsohn, Berlin 1968; Bruno Zevi, Erich Mendelsohn, Zürich Stuttgart 1983; Ausst.Kat. Erich Mendelsohn 1887–1953. Ideen Bauten Projekte, Berlin 1987
179 Erich Mendelsohn, Das Gesamtschaffen des Architekten, Skizzen Entwürfe Bauten, Berlin 1930
180 Erich Mendelsohn, Amerika. Bilderbuch eines Architekten. Mit 77 photographischen Aufnahmen des Verfassers, Berlin 1926

181 Erich Mendelsohn, Amerika. Bilderbuch eines Architekten, Sechste völlig veränderte und wesentlich vermehrte Auflage, Berlin 1928; Erich Mendelsohn, Rußland Europa Amerika, Ein architektonischer Querschnitt, Berlin 1929
182 Reyner Banham, Das gebaute Atlantis, Amerikanische Industriebauten und die Frühe Moderne in Europa, Basel Berlin Boston 1990, S. 12–21
183 „*Mehr denn je stehe ich zu meinem Programm der Angleichung...*"; Brief an seine Frau 1924, in: Oskar Beyer (Hg.), Erich Mendelsohn. Briefe eines Architekten, München 1961, S. 57–58
184 Arthur Drexler, Thomas S. Hines, The Architecture of Richard Neutra, From International Style to California Modern, New York 1982
185 Als Assistent des Photographen Karl-Hugo Schmölz war ich im Frühjahr 1970 bei den Aufnahmen von Neutras Wuppertaler Haus Pescher anwesend; an einem der Aufnahmetage legte er sich zu dem Mittagsschlaf nieder, aus dem er nicht mehr aufwachen sollte. Während der Arbeiten selbst blieb Neutra ständig anwesend, korrigierte ununterbrochen Details von Ausstattung und Raumwirkung (etwa die Stellung der Fenster) und fertigte mit seiner eigenen Kamera zahlreiche Begleitaufnahmen an.
186 Richard Neutra, Photograph und Architekt, in: Camera 42.1963.5.8–15+29
187 Reyner Banham, Die Revolution der Architektur, Theorie und Gestaltung im Ersten Maschinenzeitalter, Reinbek 1964, S. 189; zum folgenden: ebenda, S. 189–206
188 Le Corbusier, Vers une architecture, Paris 1923, dt. Kommende Baukunst, Berlin 1926; Neuauflagen Paris 1958, Frankfurt Berlin 1963. Maurice Besset, Wer war Le Corbusier?, Genf 1968; Charles Jencks, Le Corbusier and the Tragic View of Architecture, London 1973
189 Le Corbusier a.a.O. (Anm. 188); dieses Buch enthält zahlreiche Photographien von Industriebauten, doch diese sich Le Corbusier von Walter Gropius ausgeliehen hatte – für sie gilt das zu Gropius Gesagte; Banham a.a.O. (Anm. 182), S. 137–149
190 L'Acropole. L'Enceinte. L'Entrée. Le Bastion d'Athéna Niké. Les Propylées, Ouvrage établi par les Soins des Editions Albert Morancé, Photographies de Fréd. Boissonas et W.A. Mansell & Co., Paris o.J. (1907); die Mappe enthält 75 Lichtdrucke, die Mansellschen Photographien sind früher zu datieren und reine Überblicksansichten. L'Acropole d'Athènes. Le Parthénon, Editions Albert Morancé, Photographies de Fréd. Boissonas et W.A. Mansell & Co., Paris 1913 (Copyright by Librairie centrale d'art et d'architecture 1910); diese Mappe enthält 70 Lichtdrucke.
191 Robert A. Sobieszek, The Art of Persuasion, A History of Advertising Photography, New York 1988
192 Le Corbusier, La Peinture Moderne, Paris 1925; Le Corbusier, L'Art Decoratif d'Aujourd'hui, Paris 1925; Le Corbusier, Urbanisme, Paris 1926, dt. 1929 – Feststellungen zu Architektur und Städtebau, Bauwelt Fundamente Bd. 12, Braunschweig/Wiesbaden 1987
193 Max Risselada, Free Plan versus Free Facade, Villa Savoye and Villa Baizeau Revisited, in: ders. a.a.O. (Anm. 140), pp. 55–64
194 Guilio Carlo Argan, Gropius und das Bauhaus, Reinbek 1962 (Turin 1952); Reginald R. Isaacs, Walter Gropius. Der Mensch und sein Werk, 2 Bde. Berlin 1983; Winfried Nerdinger, Walter Gropius. Der Architekt Walter Gropius. Zeichnungen, Pläne, Fotos, Werkverzeichnis, Berlin 1985; Hartmut Probst, Christian Schädlich (Hg.), Walter Gropius, 3 Bde. Berlin 1986
195 Nerdinger a.a.O. (Anm. 194), S. 29–32
196 Ausst.Kat. Moderne Baukunst a.a.O. (Anm. 136)
197 Willo von Moltke, Gropius als Lehrer an der Harvard University, in: Symposium 100 Jahre Walter Gropius. Schließung des Bauhauses 1933, Berlin 1983, S. 43–62
198 Albert Renger-Patzsch, Die Welt ist schön, München 1928, Tafeln 50, 64, 93

199 Rolf Sachsse, Lucia Moholy Bauhaus-Fotografin, Berlin 1995
200 Walter Gropius, Die Bauhausbauten in Dessau, Bauhausbücher Bd. 12, München 1930
201 Wulf Herzogenrath, Stephan Kraus (Hrsg.), Erich Consemüller Fotografien Bauhaus-Dessau, München 1989
202 Lucia Moholy, The Missing Negatives, in: British Journal of Photography 130.1983.1.6–8+18
203 Hannes Meyer, Die neue Welt, in: Lena Meyer-Bergner (Hg.), Hannes Meyer, Bauen und Gesellschaft. Schriften, Briefe, Projekte, Dresden 1980, S. 27–32, hier S. 27. Ausst.Kat. hannes meyer. architekt urbanist lehrer. 1889–1954, Frankfurt Zürich Berlin 1989, S. 70–73
204 Klaus-Jürgen Winkler, Der Architekt Hannes Meyer. Anschauungen und Werk, Berlin 1989
205 Adolf Behne, Bundesschule in Bernau bei Berlin, in: Zentralblatt der Bauverwaltung 51.1931. 14.212–222
206 Manfred Tafuri, Francesco Dal Co, Klassische Moderne, Weltgeschichte der Architektur Bd. 16, Stuttgart 1988, S. 134
207 Ausst.Kat. Der vorbildliche Architekt, Mies van der Rohes architektonischer Unterricht 1930–1958 am Bauhaus und in Chicago, Berlin 1986
208 Franz Schulze (ed.), Mies van der Rohe. Critical Essays, New York 1989
209 Wolf Tegethoff, Mies van der Rohe. Die Villen und Landhausprojekte, Ausst.Kat. Krefeld, Essen 1981
210 Jürgen Joedicke, Christian Plath, Die Weißenhofsiedlung, Stuttgart 1968
211 Elaine S. Hochman, Architects of Fortune, Mies van der Rohe and the Third Reich, New York 1989
212 Howard Dearstyne, Miesian Space Concept in Domestic Architecture, in: Four Great Makers of Modern Architecture. Gropius Le Corbusier Mies van der Rohe Wright, A Verbatim Record of a Symposium Held at the School of Architecture from March to May 1961, New York 1963, pp. 129–140
213 Deutsche Gesellschaft zur Beförderung rationeller Malverfahren (Hg.), Ausstellung für Maltechnik, München 1883, unpag.
214 Hermann Kern, Labyrinthe. Erscheinungsformen und Deutungen. 5000 Jahre Gegenwart eines Urbildes, München 1982, S. 206–241
215 Alfons Leitl, Ludwig Mies van der Rohe, Bauten der letzten beiden Jahre, in: Baukunst und Werkform 4.1951.2.9–19
216 Winfried Nerdinger, Modernisierung – Bauhaus – Nationalsozialismus, in: ders., Bauhaus-Archiv (Hg.), Bauhaus-Moderne im Nationalsozialismus. Zwischen Anbiederung und Verfolgung, München 1993, S. 9–23
217 Walter Müller-Wulckow, Architektur der zwanziger Jahre in Deutschland, Reprint Edition Königstein 1975; Timm Starl, Die Bildbände der Reihe „Die Blauen Bücher", mit Bibliographie 1907–1980, in: Fotogeschichte 1.1981.1.73–82 und 2.68–73
218 Herbert Molderings, Urbanismus Reklame Die Dinge, in: Ausst.Kat. Fotografie in der Weimarer Republik, Stuttgart 1979, S. 12–24
219 Dörte Nicolaisen, Das Chilehaus als Schiff, Zur Ideologie und Rezeption der Schiffssymbolik des Chilehauses, in: Fransje Kuyvenhoven, Bert Treffers (Hg.), Nader Beschouwd, Een serie kunsthistorische opstellen aangeboden aan Pieter Singelenberg, Nijmegen 1986, S. 159–185
220 Walter Müller-Wulckow, Bauten der Arbeit und des Verkehrs aus deutscher Gegenwart, Königstein 1925, S. 71. Diese Bildunterschrift wird erst nach dem 37. Tausend als der zweiten Auflage 1927 fallengelassen und taucht nicht im Nachdruck 1975 (Anm. 217) auf.

221 Klemens Klemmer, Jacob Koerfer (1875–1930), Ein Architekt zwischen Tradition und Moderne, Diss.phil. Köln 1984, München 1987 (Beiträge zur Kunstwissenschaft Bd. 13); Rainer Stommer, Hochhaus. Der Beginn in Deutschland, Marburg 1990, S. 42–49
222 K.H. Schmölz, Rolf Sachsse (Hg.), Hugo Schmölz. Fotografierte Architektur 1924–1937, München 1982, S. XVI; Max Wette, ehemaliger Mitarbeiter der Schmölzschen Werkstatt, sprach von mehr als 300 in Handarbeit hergestellten Kopien.
223 Stommer a.a.O. (Anm. 221); Dietrich Neumann, „Die Wolkenkratzer kommen!" Deutsche Hochhäuser der zwanziger Jahre. Debatten, Projekte, Bauten, Braunschweig/Wiesbaden 1995
224 Gesine Stalling, Studien zu Dominikus Böhm, mit besonderer Berücksichtigung seiner „Gotik"-Auffassung, Diss.phil. Bonn 1972, Bern Frankfurt 1974
225 Otto Hochreiter, Bauten Blicke, Europäische Architekturfotografien in österreichischen Sammlungen, Wien 1988, S. 11–15 und S. 77–97
226 Ausst.Kat. Dom Tempel Skulptur, Architekturphotographien von Walter Hege, Köln 1994
227 Anonym, Bericht über den Akropolis-Vortrag von Prof. Walter Hege im Beisein des thüringischen Ministerpräsidenten Frick, in: Der Nationalsozialist No. 10, 1930, Weimar 28.2.1930
228 Emil Kaufmann, Von Ledoux bis Le Corbusier, Ursprünge und Entwicklung der autonomen Architektur, Wien Leipzig 1933
229 Julius Ponten, Architektur die nie gebaut wurde, 2 Bde., Stuttgart Berlin Leipzig 1925
230 Ernst Bloch, Das Prinzip Hoffnung, Bd. 2, Frankfurt 1974, S. 858–872, hier S. 858–859; Gert Kähler, Architektur als Symbolverfall, Das Dampfermotiv in der Baukunst, Bauwelt Fundamente Bd. 59, Braunschweig/Wiesbaden 1981
231 Durth a.a.O. (Anm. 154), S. 122–126
232 *„Es wird darum gebeten, bei Veröffentlichungen über die Bauten zum Nürnberger Parteitag nicht immer nur untergeordnete Stellen, wie Baufirmen usw., zu erwähnen, sondern insbesondere des Architekten Albert Speer zu gedenken."*, Anweisung Nr. 686 des Reichsministeriums für Volksaufklärung und Propaganda in der täglichen Pressekonferenz vom 8.7.1936, Bundesarchiv Koblenz Zsg. 101/8, S. 19
233 Victor Hugo a.a.O. (Anm. 42), S. 7
234 *„Es wird gebeten, Reportagen größten Stils über die neuen Bauten in den verschiedsten deutschen Städten, insonderheit in München, Nürnberg und Berlin zu veröffentlichen. Diese Reportagen sollen in erster Linie unter architektonischen Gesichtspunkten vorgenommen werden. Dementsprechend sollen auch etwaige Photographien so eingerichtet werden, daß sie die architektonischen Linien der Neubauten, wie etwa die Ehrentempel in München, die neuen Parteigebäude usw. deutlich erkennbar werden lassen. Bei der Behandlung des Themas, welchem Stil diese Bauten zuzurechnen seien, soll jede Einordnung in einen angeblich griechischen Stil oder in den Stil des Klassizismus unterbleiben. Es soll vielmehr darauf hingewiesen werden, dass es sich um einen neuen ‚den deutschen Stil' handele, der sich aus der Artgebundenheit ergäbe. Der Begriff ‚deutscher Stil' soll bewußt in das öffentliche Bewußtsein gebracht werden."*, Anweisung Nr. 13 des RMVP in der Pressekonferenz vom 6.1.1936, Bundesarchiv Koblenz Zsg.101/7, S. 9; Anweisung Nr. 37 vom 13.1.1936, ebda. S. 27 dagegen: *„Entgegen einer früheren Anweisung wird jetzt gebeten, vorläufig noch keine Bildserien über die neuen Bauten des ‚deutschen Stils' in München, Nürnberg, Berlin usw. zu bringen. Es werden in nächster Zeit noch nähere Ausführungen über die Grundlagen und Formen des sogenannten ‚deutschen Stils' gemacht werden. Bis dahin soll von grundsätzlichen Artikeln Abstand genommen werden ..."*
235 Klaus Wolbert, Die Nackten und die Toten des ‚Dritten Reiches', Gießen 1982; Saul Friedländer, Kitsch und Tod, Der Widerschein des Nazismus, München 1984

236 Gebhard Fehl, Die Moderne unterm Hakenkreuz. Ein Versuch, die Rolle funktionalistischer Architektur im Dritten Reich zu klären, in: Hartmut Frank (Hg.), Faschistische Architekturen, Hamburg 1985, S. 88–122
237 Winfried Nerdinger, Versuchung und Dilemma der Avantgarde im Spiegel der Architekturwettbewerbe 1933–35, in: Frank a.a.O. (Anm. 236), S. 65–87; Ausst.Kat. Entmachtung der Kunst, Architektur, Bildhauerei und ihre Institutionalisierung 1920 bis 1960, Berlin 1985, S. 86–103
238 Sabine Weißler (Hg.), Design in Deutschland 1933–1945, Ästhetik und Organisation des Deutschen Werkbundes im ‚Dritten Reich', Gießen 1990
239 Gerhard Voigt, Goebbels als Markentechniker, in: Wolfgang Fritz Haug (Hg.), Warenästhetik. Beiträge zur Diskussion, Weiterentwicklung und Vermittlung ihrer Kritik, Frankfurt 1975, S. 231–260
240 Charles Bettelheim, Die deutsche Wirtschaft unter dem Nationalsozialismus, München 1974; vgl. auch Ingeborg Esenwein-Rothe, Die Wirtschaftsverbände von 1933 bis 1945, Berlin 1965. Für die Photographie ist dies nachweisbar an Exportüberschüssen aus der photochemischen Produktion, Janis Schmelzer, Eberhard Stein, Geschichte des VEB Filmfabrik Wolfen, Berlin 1969, S. 61–68
241 Ueli Pfammatter, Moderne und Macht. ‚Razionalismo': Italienische Architekten 1927–1942, Bauwelt Fundamente Bd. 85, Braunschweig/Wiesbaden 1990, S. 72–97
242 Anonym, Die Ausstellung ‚Gebt mir vier Jahre Zeit!', in: Der Photograph 47.1937.141–144
243 Friedrich Heiß (Hg.), Deutschland zwischen Nacht und Tag, Leipzig 1934
244 Hermann Mäckler, Ein deutsches Flugzeugwerk. Die Heinkel-Werke Oranienburg. Architekt Herbert Rimpl, Berlin o.J. (1940)
245 Rainer Stommer (Hg.), Reichsautobahn, Pyramiden des Dritten Reiches, Analysen zur Geschichte eines unbewältigten Mythos, Marburg 1982. Claudia Windisch-Hojnacki, Die Reichsautobahn, Konzeption und Bau der RAB, ihre ästhetischen Aspekte, sowie ihre Illustration in Malerei, Literatur, Fotografie und Plastik, Diss.phil. Bonn 1988
246 Rolf Sachsse, Heimat als Reiseland, in: Ausst.Kat. Ansichten ... (Anm. 92), S. 122–150. Die propagandistische Aufbereitung des Autobahnbaues mußte periodisch erneuert werden, da die Ergebnisse kaum einem Bürger zugute kamen: „*Generalinspektor für das deutsche Straßenwesen, Dr.Todt, regt bei den Zeitungen an, sie mögen zum 21.März, zum Beginn der Frühjahrsarbeitssaison eine größere Bildreportage von den Autobahnen bringen.*" Bestellung der Reichspressekonferenz vom 18.3.1939, Bundesarchiv Koblenz Bestand Zsg.101/12, S. 86
247 Erna Lendvai-Dircksen, Reichsautobahn. Mensch und Werk, Bayreuth o.J. (1939); Wolf Strache, Auf allen Autobahnen, Ein Bildbuch vom neuen Reisen, Darmstadt 1939
248 Hermann Harz, Das Erlebnis der Reichsautobahn, München 1942
249 Heinrich Tessenow, Der Zehlendorfer Dächerkrieg (1928), in: Ausst.Kat. Siedlungen der zwanziger Jahre – heute. Vier Berliner Großsiedlungen 1924–1984, Berlin 1984, S. 226
250 Sprachregelungen der täglichen Reichspressekonferenz im Propagandaministerium vom 20.9. 1935, in: Bundesarchiv Koblenz Zsg.101/6, S. 113
251 Paul Schmitthenner, Die Baukunst im Neuen Reich, München 1934; Wolfgang Voigt, Die Stuttgarter Schule und die Alltagsarchitektur des Dritten Reiches, in: Frank a.a.O. (Anm. 236), S. 234–250
252 Heinz Wetzel, Wandlungen im Städtebau. Bauen und Planen der Gegenwart Heft 3, Stuttgart 1942
253 Eitel Kaper, Unser Ziel: das charakteristische politische Bild, in: Deutsche Presse 25.1935. 20.244; Dr. Hans Krempel, Bebilderung der Festtagsausgaben, in: ebda. 26.1936.259–260. Eine spezielle Regelung zur Darstellung der „Wohnhäuser von Regierungsmitgliedern" wurde im April 1935 erlassen (Bundesarchiv Koblenz Zsg.101/5, S. 132)

254 Der Bestand Zsg. 101 des Bundesarchivs Koblenz (Anm. 235) enthält eine Unzahl von Einzelverboten zu Hitler-Bildern; eine Regelung der täglichen „Bildersendung an den Führer" gab es ab dem 4.9.1935 (ebda. R55/297, S. 35); ab 28.1.1940 war die Bildzensur durch Adjudanten erlaubt (ebda. Zsg.109/7, S. 84).
255 Direkt Göring betreffend waren beispielsweise Bildverbote wie vom „Ball des Staatstheaters" in Berlin (RPK 25.2.1935, Bundesarchiv Koblenz Bestand Zsg. 101/5, S. 59) oder das generelle Bildverbot von Jagdgesellschaften des preußischen Ministerpräsidenten (RPK 7.1.1936, ebda. Zsg.101/7, S. 11).
256 Bettina Güldner, Wolfgang Schuster, Das Reichssportfeld, in: Ausst.Kat. Skulptur und Macht, Figurative Plastik im Deutschland der 30er und 40er Jahre, Berlin 1983, S. 37–60. Werner March, Bauwerk Reichssportfeld, Berlin 1936
257 Organisationskomitee für die XI. Olympiade Berlin 1936, Bildpressestelle (Hg.), Die Versorgung der Weltpresse mit Bildern, Berlin 1936
258 Hans-Joachim Reichardt, Wolfgang Schäche, Von Berlin nach Germania. Über die Zerstörungen der Reichshauptstadt durch Albert Speers Neugestaltungsplanungen, Berlin 1985
259 Karl Arndt, „Das Wort aus Stein", Filmdokumente zur Zeitgeschichte, Begleitheft, Göttingen 1965
260 Hans Stephan, Rundspruch Nr.88, in: Vertrauliche Informationen, Tagesparolen und Rundsprüche an die Reichspresseämter, Bundesarchiv Koblenz Bestand R 55/444, S. 92
261 Ebda. R 55/444, S. 95
262 Anonym, Deutsche Architektur und Deutsches Kunsthandwerk, in: Der Angriff, Berlin 22.1.1938, nach: Bundesarchiv Koblenz Bestand NS 22/477
263 Angela Schönberger, Die Neue Reichskanzlei von Albert Speer, Zum Zusammenhang von nationalsozialistischer Ideologie und Architektur, Diss.phil. Berlin 1978, Berlin 1981
264 „Über die Pläne zum Umbau Berlins soll vorläufig nichts berichtet werden." Anweisung des Reichspropagandaministeriums Nr.993 vom 22.9.1936, Bundesarchiv Koblenz Bestand Zsg. 101/9, S. 7. „Über öffentliche Bauvorhaben in der Reichshauptstadt darf nur dann geschrieben werden, wenn Generalbauinspektor Speer diese Berichte und Artikel genehmigt hat." Anweisung Nr. 196 vom 8.2.1937, ebda. Zsg. 101/9, S. 103
265 „Über die neue Reichskanzlei darf erst in den Abendausgaben des 12. Januar, also erst nach dem Neujahrsempfang der Diplomaten geschrieben werden. Am 10. Januar vormittags findet für einen kleinen Kreis von Journalisten eine Besichtigung statt. Das Berliner Büro, das an dieser Besichtigung teilnimmt, wird rechtzeitig einen Artikel über die Reichskanzlei brieflich übersenden." Anweisung Nr. 20 der Reichspressekonferenz vom 6.1.1939, Bundesarchiv Koblenz Bestand Zsg. 101/12, S. 8
266 Walter Dadek, Das Filmmedium. Zur Begründung einer Allgemeinen Filmtheorie, München Basel 1968, S. 111–112
267 „Die Repräsentationsräume der Reichskanzlei haben bestimmte Bezeichnungen bekommen, die bei allen Berichten über Empfänge usw. angewendet werden sollen. Die Propagandaämter geben den Zeitungen eine Liste an die Hand." Anweisung Nr. 219 der täglichen Reichspressekonferenz vom 25.2.1939, Bundesarchiv Koblenz Bestand Zsg.101/12, S. 59
268 Max Baur, Potsdam und Sanssouci, Berlin 1937, Nachdruck Berlin 1981
269 Ein steinern Roß trabt aus der Reichskanzlei / Das trostlos in die dunkle Zukunft stiert. / „Was fehlt dir, Roß?" – „Der Roßkur wohnt ich bei / Acht Jahre nun und wurde nicht kuriert." Bert Brecht, Kriegsfibel, Berlin 1955, Tafel 29
270 Die „Vorbereitung des deutschen Volkes auf den totalen Krieg" wurde mit einer Anweisung der Reichspressekonferenz am 3. November 1937 begonnen; Bundesarchiv Koblenz Bestand Zsg.101/10, S. 325

271 Wolfram Wette, Die schwierige Überredung zum Krieg. Zur psychologischen Mobilmachung der deutschen Bevölkerung 1933–1939, in: Aus Politik und Zeitgeschichte. Beilage zur Wochenzeitung Das Parlament, Bonn B32–33/89 vom 4.8.1989, S. 3–17

272 „*Das Reichsluftfahrtministerium hat jetzt eine Anweisung ergehen lassen über die pressemässige Behandlung der Errichtung neuer Flugplätze bzw. der Erweiterung bestehender Flugplätze. Soweit der sportliche bzw. verkehrstechnische Charakter dieser Umbauten oder Neubauten feststeht, kann darüber berichtet werden, um dem Ausland nicht durch Verschweigen offensichtlicher Neubauten zuviel Gesprächsstoff zu geben ...*", Anweisung Nr. 909 des RMVP vom 10.11.1934; Bundesarchiv Koblenz, Bestand Zsg.101/4, S. 178. „*Es wird noch einmal daran erinnert, daß Veröffentlichungen über neue Militärflugplätze erst dann erlaubt sind, wenn die Truppe auf dem Flugplatz eingetroffen ist. Darüber hinaus gibt es Flugplätze, über die überhaupt nicht berichtet werden darf...*", Anweisung Nr. 15 des RMVP vom 5.1.1937, in: ebda. Zsg.101/9, S. 7

273 Im Abschlußbericht vom Februar 1941 nennt Speer 41 Gaustadtplanungen, an denen derzeit gearbeitet werde; Durth a.a.O. (Anm. 154), S. 159–164, hier S. 160

274 Goerd Peschken, Die neue deutsche Stadt Warschau, in: Frank a.a.O. (Anm. 93), S. 319–325

275 „*Es wird nochmals darauf hingewiesen, daß über Baupläne und Neugestaltungsmaßnahmen, die erst nach dem Kriege ihre Verwirklichung finden werden, jetzt keine Berichte erscheinen sollen.*" Kulturpolitische Information Nr. 17 vom 28.11.1941, in: Rundsprüche des Reichspropagandaamtes Berlin (Geheim!), Bundesarchiv Koblenz Bestand R 55/1387, S. 127

276 Eine ministerielle Geheimvorlage von Joseph Goebbels protokolliert bei einer Sitzung über die Dokumentation von „*Großschadensstellen*": „*Dagegen kritisierte er, daß seitenlange Berichte mit Bildern über die angerichteten Schäden gebracht worden seien. Derartige Veröffentlichungen würden nicht nur ausgezeichnetes Material für den Gegner bedeuten, sondern auch aufgrund ihrer Zusammenfassung eine verheerende Wirkung bei der deutschen Bevölkerung, die nicht in Köln wohnt, haben. Er habe daher grundsätzlich die Veröffentlichung von Bildern für die Zukunft verboten.*" Bundesarchiv Koblenz, Bestand NS 18/523, Vorlage vom 8.6.1942. Prinzipiell blieb es bei dieser Anordnung bis Kriegsende.

277 „*Der Führer wünscht, daß von den Deckengemälden in der Bibliothek in St.Florian Farbfotos hergestellt werden. Außerdem wünscht der Führer im Hinblick auf die durch feindlichen Luftangriffe hervorgerufenen Zerstörungen, daß von sämtlichen wertvollen Deckengemälden, z.B. im Schloß Würzburg, im Rathaus in Augsburg, in alten Kirchen usw.usw. Farbfotos angefertigt werden. Bisher sind durch Bombenangriffe schon viele unersetzliche Gemälde verlorengegangen, die nur schwer restauriert werden können, da von ihnen lediglich Schwarzweiß-Aufnahmen existieren. ... Ich mache darauf aufmerksam, daß es sich um einen Führer-Auftrag handelt, mit dessen Durchführung in den allernächsten Tagen begonnen werden muß.*" Bundesarchiv Koblenz, Bestand R55/692, S. 10

278 „*Der Führerauftrag umfaßt nach den bislang vorliegenden Meldungen des Reichskonservators die Wand- und Deckengemälde in mindestens 500 Bauten Großdeutschlands einschließlich Protektorat und Generalgouvernement. Diese Ziffer wird sich aber, da noch wesentliche Ergänzungsmeldungen der Denkmalpfleger ausstehen, vermutlich auf ca. 700–800 Objekte erhöhen. Um den Sinn des Führerauftrages zu erfüllen, d.h. um ein wirklich ausreichende Basis für etwa notwendig werdende Rekonstruktionen ... zu ermöglichen, bedarf es der ... Erfassung nicht nur des Gesamtbildes, sondern auch sämtlicher Details. Schätzungsweise werden für 1 Bauwerk durchschnittlich 50–100 Einzelaufnahmen ... erforderlich sein ...*" Ebenda, S. 13

279 Durth, a.a.O. (Anm. 154), S. 214–219

280 Ausst.Kat. August Sander Köln wie es war, Köln 1988, S. 9–11

281 Winfried Ranke, August Sander. Die Zerstörung Kölns, Photographien 1945–1946, München 1985

282 Hans Schmitt(-Rost), Brief vom 8.7.1947 an die Fa. Perutz mit dem Ersuchen um Auslieferung von Photopapier in Rollenware passender Größe. Historisches Archiv der Stadt Köln, Acc. 148 Nr. 93, Schriftwechsel des Nachrichtenamtes 1946-1956
283 Paul Bonatz, Dr.Todt und seine Reichsautobahn, in: Kunst im Dritten Reich, 6.1942.3.17-32; Paul Bonatz, Leben und Bauen, Mit 45 Zeichnungen des Verfassers und 12 Bildern, Stuttgart 1950
284 Hans Schwippert, Theorie und Praxis, in: Baukunst und Werkform 1.1947.1.17-19
285 Ebda. Roland Rainer, Denkschrift zur Wohnfrage der großen Städte (1944), in: Fritz Schumacher (Hg.), Lesebuch für Baumeister, Berlin 1947, S. 443-451
286 Durth a.a.O. (Anm. 154), S. 258-260
287 Karl Bonatz, Richtlinien für die Neuplanung Berlins, in: Neue Bauwelt 2.1947.13.197-199; Max Taut, Vorschlag für eine Stadtplanung, Berlin: Wiederaufbau rund um die Gedächtniskirche, in: Architektur und Wohnform 57.1948.1/2.1-6
288 Walther Schmidt, Zur gegenwärtigen Problematik einer Bauzeitschrift, in: Bauen und Wohnen 2.1947.1.2-3
289 Otto Bartning, Architekt und ECA, in: Der Architekt 1.1952.1.2-3
290 Sigfried Giedion, Befreites Wohnen. Licht Luft Oeffnung, Zürich Leipzig 1929
291 Bund Deutscher Architekten, Der Wohnungsbau in der Bundesrepublik Deutschland, Ein Bericht, in: Der Architekt 4.1955.6.203-246
292 Hans Eckstein, Sollen wir Wohnhochhäuser bauen? Zu den Wohnhäusern in Hamburg, in: Bauen und Wohnen 5.1950.10.554-558; ders., Wohn- und Siedlungsformen, in: ebenda 8.1953.5.205-208
293 Hans Eckstein, Ein Wohnhochhaus in München, Architekt Prof. Sep Ruf, Bauherr: Verein zur Behebung der Wohnungsnot e.V. Nürnberg, in: Bauen und Wohnen 6.1951.8.449-452
294 Kurt Liebknecht, Hohes oder breites Fenster? (Neues Deutschland vom 20. März 1952), in: Andreas Schätzke, Zwischen Bauhaus und Stalinallee. Architekturdiskussionen im östlichen Deutschland 1945-1955, Bauwelt Fundamente Bd. 95, Braunschweig/Wiesbaden 1991, S. 154-156; Hanns Hopp, Das Hochhaus in Erfurt, Ein Beispiel für die Unterschätzung der nationalen Bautradition (Neues Deutschland vom 24. Januar 1952), in: ebda., S. 152-154
295 Wolfgang Voigt, „Triumph der Gleichform und des Zusammenpassens", Ernst Neufert und die Normung in der Architektur, in: Nerdinger, Bauhaus-Archiv a.a.O. (Anm. 216), S. 179-193
296 Hochbaunormung Baueinheitsmass Massordnung, Einleitung zu einer Massordnung für das Land Baden-Württemberg, in: Bauen und Wohnen 2.1947.3.81-93
297 Georg Leowald, Sinn und Grenzen der Normung, Eine nachgeholte Auseinandersetzung mit Neuferts Bauordnungslehre, in: Baukunst und Werkform 1.1947.1.52-79
298 Edgar Wedepohl, Schematismus und Typisierung, in: Der Architekt 1.1952.3.37-42 sowie ebda. 1.1952.4.59-61
299 Walter Gropius, Künstler und Mechanisierung, in: Bauen und Wohnen 7.1952.1.29-30
300 Werner Durth, Hauptstadtplanungen. Politische Architektur in Berlin, Frankfurt am Main und Bonn nach 1945, in: Ausst.Kat. Hauptstadt, Zentren Residenzen Metropolen in der deutschen Geschichte, Bonn Köln 1991, S. 405-415
301 Ursel und Jürgen Zänker, Bauen im Bonner Raum 49-69, Versuch einer Bestandsaufnahme, Führer des Rheinischen Landesmuseums Bd. 21, Düsseldorf 1969
302 Gisbert Knopp, Angelika Schumacher, Das Bundeshaus in Bonn, Sonderdruck der Bonner Geschichtsblätter 35.1985; ders., Der Plenarsaal des Deutschen Bundestages, in: Bundesminister für Raumordnung, Bauwesen und Städtebau (Hg.), 40 Jahre Bundeshauptstadt Bonn 1949-1989, Karlsruhe 1989, S. 44-66
303 Schwippert a.a.O. (Anm. 284)

304 Hans Hildebrandt, Neue Siedlung für Bonn am Rhein, in Architektur und Wohnform 57.1949.5.116–118; anonym, Wohnsiedlungen im Bonner Raum, in: Die Bauzeitung 55.1950.7.300–302
305 Hans Eckstein, Siedlungen in Bad Godesberg und Bonn, in: Bauen und Wohnen 7.1952. 9.403–410
306 Walther Schmidt, Rheinische Architektur, Zu einem Bau von Johannes Krahn: Bürogebäude für den Hohen Französischen Kommissar in Bad Godesberg, in: Bauen und Wohnen 5.1950.9.520–523; Hans Eckstein, Foyer français in Bad Godesberg, in: ebda., 7.1952. 12.525–529
307 Wera Meyer-Waldeck, Im Streit um die Jugendherberge in Bonn ..., in: Baukunst und Werkform 6.1953.11.448–449
308 Gerhard Schwab, Siegfried Wolske, Beethovenhalle Bonn, in: Deutsche Bauzeitung 65.1960. 2.59–75; Siegfried Wolske, Die Beethovenhalle in Bonn, in: Baukunst und Werkform 13.1960.3.124–132; August Bastel, Die neue Beethovenhalle in Bonn, in: Der Architekt 4.1955.5.176–185. Gert Schroers (Hg.), Bonn Beethovenhalle, Beschreibung Abbildungen Dokumente, Bonn 1959
309 Rudolf Schwarz, Das Anliegen der Baukunst, in: Mensch und Raum, Das Darmstädter Gespräch 1951, Neuausgabe, Bauwelt Fundamente Bd. 94, Braunschweig/Wiesbaden 1991, S. 73–87, hier S. 78–79; verkürzt in: Bauen und Wohnen 7.1952.5.219–220
310 „Diese Fotografiererei und alles, was dahintersteht, übersieht die eigentliche Leistung der Architektur: nämlich viele einzelne hineinzutun in irgend etwas: viele einzelne opfern sich, geben sich ganz hinein in eine Gemeinschaft, und dann erblüht ihnen plötzlich eine Form, die dem einzelnen völlig verschlossen wäre, die er wohl als Reisender mit dem Reiseführer besehen kann, die er aber niemals hervorbringen würde." Schwarz, ebda. S. 79
311 Ebenda, S. 80
312 Ulrich Conrads, Präsenz des Erinnerten, in: Mensch und Raum a.a.O. (Anm. 309), S. 7–10. Alle erwähnten Beiträge und Diskussionen ebenfalls in diesem Band.
313 Werner Eichberg, Über die Wirksamkeit wissenschaftlicher und künstlerischer Theorien bei der Durchführung von Planungsarbeiten, Habilitationsvortrag an der TH München vom 26.6.1950, in: Bauen und Wohnen 5.1950.12.686–693
314 Ulrich Conrads, Das Gefallen am Zufälligen. Gedanken zu alter Ruinenromantik und neuer Ruinenbegeisterung, in: Baukunst und Werkform 5.1952.11.23–27
315 Rudolf Schwarz, „Bilde Künstler, rede nicht", Eine weitere Betrachtung zum Thema „Bauen und Schreiben", in: Baukunst und Werkform 6.1953.1.9–17, hier S. 10–11. Aus diesem Text auch alle weiteren Zitate. Kritiken in ebda. 6.1953.2/3.59–95
316 Ulrich Conrads et al. (Hg.), Die Bauhaus-Debatte 1953, Dokumente einer verdrängten Kontroverse, Bauwelt Fundamente 100, Braunschweig/Wiesbaden 1994
317 Ulrich Conrads, Der Architekt und die Photographie, in: Baukunst und Werkform 6.1953. 1.18–24; James Alinder (ed.), Wright Morris Photographs & Words, Providence Rhode Islands 1982
318 Hans Gerhard Evers, Brief über die Architektur-Fotografie, in: Baukunst und Werkform 7.1954.9.522–548
319 Saul Steinberg, The City, als: Anmerkungen zur Zeit, in: Baukunst und Werkform 5.1952. 11.3–7
320 McKenney, Zum Durchschnitt des deutschen Bauens, in: Baukunst und Werkform 6.1953. 5.220–227; Steen Eiler Rasmussen, Nordische Baukunst, Berlin 1940
321 Martin Wagner, Individualismus und „Termitismus", in: Baukunst und Werkform 6.1953. 8.426–427, hier S. 426
322 Ulrich Conrads, Anonyme Architektur, in: Baukunst und Werkform 10.1957.2.66–70

323 Josef Lehmbrock, in: Architekt und Lichtbildner. Erfahrungstips aus der Zusammenarbeit, in: Großbild-Technik 2.1955.3.16–18, hier S. 18
324 Hans Gerhard Evers, Übergabe der Leitung, in: Mensch und Raum a.a.O. (Anm. 309), S. 63
325 Ebenda, S. 55–60
326 Otto Bartning, Raumerlebnis im Kirchenbau, in: Baukunst und Werkform 5.1952.4.9–14; Dieter Spiegelhauer, Königswinter-Oberpleis, Notkirche aus Serienbauprogramm als Baudenkmal, in: Denkmalpflege im Rheinland 4.1987.3.18–20
327 Alfons Leitl, Diskussionen um den neuen Schulbau, in: Baukunst und Werkform 4.1951.11.7–23; H.P. Eckart, Moderne Schulen, Eine wichtige Bauaufgabe unserer Zeit, in: Die Bauzeitung 56.1951.155–159
328 Eva von Seckendorff, Die Hochschule für Gestaltung in Ulm, Gründung (1949–1953) und Ära Max Bill (1953–1957), Diss.phil. Hamburg 1987, Marburg 1989, S. 61–83
329 Max Bill, umweltgestaltung nach morphologischen methoden, Werkbund-Tagung Ulm 1956, in: Ausst.Kat. Zwischen Kunst und Industrie, Der deutsche Werkbund, München 1975, S. 431–432
330 Hans Eckstein, Wiederaufbau oder Abbruch der Alten Pinakothek?, in: Bauen und Wohnen 7.1952.3.118–119; Walther Schmidt, Von der Wiederherstellbarkeit klassizistischer Bauten, Anläßlich eines Vorschlages zur Ergänzung des Pinakothekbaus, in: ebda. 7.1952.4.167–168. Erich Altenhöfer, Hans Döllgast und die Alte Pinakothek, in: Ausst.Kat. Hans Döllgast, München 1987, S. 45–91
331 H.P. Eckart, Strukturwandel im Theater! Bau eines Theaters in Mannheim, in: Die Bauzeitung 58.1953.3.95–103
332 Werner Ruhnau, Ortwin Rave, Max von Hausen, Die Theaterneubauten der Stadt Gelsenkirchen, in: Baukunst und Werkform 13.1960.3.124–132
333 Alfons Leitl, Anmerkungen zur Zeit, in: Baukunst und Werkform 1.1947.1.3–14; Rudolf Lodders, Zuflucht im Industriebau, ebda. 37–44; Egon Eiermann, Einige Bemerkungen über Technik und Bauform, ebda. 45–48. Zur Debatte in den neunziger Jahren vgl. Anm. 216.
334 Hans Eckstein, Eine photo-chemische Fabrik in München, in: Bauen und Wohnen 6.1951.6.326–331
335 Heinrich König, Haus der Glasindustrie, in: Architektur und Wohnform 59.1951.6.163–172; ddf., Ein Gebäude in Glas, Stahl und Beton, Das Haus der Glasindustrie in Düsseldorf, in: Die Bauzeitung 56.1951.10.405–410; Bernhard Pfau, Haus der Glasindustrie Düsseldorf, in: Bauen und Wohnen 7.1952.1.20–21+35
336 Jürgen Joedicke, Wettbewerb für das neue Verwaltungsgebäude der Phoenix-Rheinrohr AG. in Düsseldorf, in: Baukunst und Werkform 10.1957.4.191–201. Henry-Russell Hitchcock, HPP Bauten und Entwürfe, Düsseldorf Wien 1973, S. 56– 83
337 Alfons Leitl, Ludwig Mies van der Rohe, Bauten der letzten beiden Jahre, in: Baukunst und Werkform 4.1951.2.9–19; Konrad Wachsmann, Mies van der Rohe, Gedanken und Bauten, in: Architektur und Wohnform 61.1952.1.#1–2#; Hugo Weber, Ludwig Mies van der Rohe, in: Bauen und Wohnen 7.1952.1.15–19; Felix Schwarz, Betrachtungen zu den Apartments von Ludwig Mies van der Rohe und Philip Johnson, in: ebda. 7.1952.2.45–50. Werner Blaser, Mies van der Rohe, Chicago 1938–1956, Stahl und Glas-Architektur, in: Baukunst und Werkform 10.1957.1.18–25
338 G.H., Einfamilienhäuser in den Voralpen von Prof. Louis Welzenbacher, in: Die Kunst und das schöne Heim 48.1950.7(4).262–269. Sigrid Hauser, Idee, Skizze, ... Foto, Zu Werk und Arbeitsweise Lois Welzenbachers, Wien 1990
339 „... *ein Sommerhaus für einen Freund ... ein Häuschen für Muttis Lebensabend",* Tom Wolfe, Mit dem Bauhaus leben, Frankfurt 1984, S. 84–85

340 Thomas S. Hines, Richard Neutra and The Search for Modern Architecture, A Biography and History, New York Oxford 1982. Manfred Sack, Richard Neutra, Zürich 1992
341 Richard Heyken, Ein modernes Landhaus, in: Die Kunst und das schöne Heim 48.1949.1(10).30–31; ders., Drei Landhäuser von Richard Neutra, in: Bauen und Wohnen 6.1951.4.204–207
342 *„Daß sich – ganz abgesehen vom Reichtum – Häuser solcher Art nicht ohne weiteres auf uns und unsere Verthältnisse übertragen lassen, liegt auf der Hand."* Walther Schmidt, Wohnen ohne Sicherung, in: Bauen und Wohnen 6.1951.4.207– 213
343 Richard Heyken, Haus Vogelsang in Krefeld, Arch. Bernhard Pfau, in: Architektur und Wohnform 60.1952.5.153–160; Bernhard Pfau, Haus eines Arztes in Duisburg, in: Bauen und Wohnen 9.1954.3.189–191; Anonym, Wohnhaus in Dortmund-Syburg, in: Deutsche Bauzeitschrift 13.1965.3.335–340
344 James Marston Fitch, Walter Gropius, New York 1960, S. 31; deutsche Übersetzung zit. nach Nerdinger a.a.O. (Anm. 194), S. 18
345 Vittorio M. Lampugnani, Architektur und Städtebau des 20. Jahrhunderts, Stuttgart 1989
346 L'Architectur d'Aujourd'hui 31.1960.91/92(9/10/11)
347 Klaus Herdeg, Die geschmückte Formel. Harvard: Das Bauhaus-Erbe und sein amerikanischer Verfall, Braunschweig/Wiesbaden 1988
348 Philip Johnson, Die sieben Krücken der modernen Architektur, in: Baukunst und Werkform 11.1958.2.109–112
349 Rainer Schell, Arbeiten junger Architekten, Kleines Wohnhaus bei Köln, Zweispännerwohnhaus in Köln-Braunsfeld, Architekten Goldschmidt und Ungers, in: Baukunst und Werkform 6.1953.8.409–414
350 Heinrich Klotz (Hg.), Oswald Mathias Ungers, 1951–1984 Bauten und Projekte, Braunschweig/Wiesbaden 1985, S. 39
351 Manfredo Tafuri, Francesco dal Co, Gegenwart, Weltgeschichte der Architektur Bd. 17, Stuttgart 1988, S. 148. Adolf Max Vogt, Ulrike Jehle-Schulte Strathaus, Bruno Reichlin, Architektur 1940–1980, Frankfurt Wien Berlin 1980, S. 38–39 + 213–214
352 Wolfe a.a.O. (Anm. 339), S. 72–74
353 Charles Jencks, The Language of Post-Modern Architecture, London 1977
354 Charles Jencks, Late-Modern Architecture and Other Essays, London 1980
355 Jencks a.a.O. (Anm. 353), S. 12
356 Robert Venturi, Komplexität und Widerspruch in der Architektur, Bauwelt Fundamente Bd. 50, Braunschweig 1978
357 Robert Venturi, Denise Scott Brown, Steven Izenour, Lernen von Las Vegas. Zur Ikonographie und Architektursymbolik der Geschäftsstadt, Bauwelt Fundamente Bd. 53, Braunschweig/Wiesbaden 1979
358 Ausst.Kat. When Attitudes Become Form, Basel 1969
359 *„Ausschnitt aus einer ‚Edward Rusha'-Ansicht des Strip. Die Touristenpläne, wie sie etwa für den Canale Grande oder den Rhein bekannt sind, zeigen die Route als eine Folge von Palästen und Schlössern. Rusha machte etwas Ähnliches für den Sunset Strip. Wir schließlich imitierten das für den Strip von Las Vegas."* Venturi et al. a.a.O. (Anm. 357), S. 44–45
360 Venturi a.a.O. (Anm. 356), S. 160–161
361 Jürgen Pahl, O.M. Ungers, ein Beitrag zur Architektur, in: Deutsche Bauzeitung 14.1966. 7.579–586
362 Oswald Mathias Ungers, Die Thematisierung der Architektur, Stuttgart 1983. Oswald Mathias Ungers, Architektur 1951–1990, mit einem Beitrag von Fritz Neumeyer, Stuttgart 1991
363 Oswald Mathias Ungers, Morphologie City Metaphors, Köln 1982

364 Heinrich Klotz, Moderne und Postmoderne, Architektur der Gegenwart 1960–1980, Braunschweig/Wiesbaden 1984, S. 200. Das folgende Zitat ebda., S. 201
365 Stanley Tigerman, Buildings and Projects 1966–1989, New York 1989
366 Heinrich Klotz (Hg.), Haus-Rucker-Co, 1967 bis 1983, Braunschweig/Wiesbaden 1984
367 Coop Himmelblau, Architektur ist Jetzt. Projekte, (Un)Bauten, Aktionen, Statements, Zeichnungen, Texte. 1968 bis 1983, Stuttgart 1983. Günter Feuerstein, Michael Sarkin, Frank Werner, Coop Himmelblau, Offene Architektur, Stuttgart 1991
368 Ausst.Kat. Bruce McLean, Basel London 1982, S. 46–51
369 Ausst.Kat. Friedrich Kiesler 1890–1965, Architekt Maler Bildhauer, Wien 1988
370 Ausst.Kat. Der Hang zum Gesamtkunstwerk, Zürich Düsseldorf (Aarau Frankfurt) 1983
371 Paolo Portogeshi, Die Wiedergeburt der Archetypen, in: arch$^+$ 1982.63/64.89–91
372 Bazon Brock, Lebendig begraben. Heftige Klopfzeichen bei der vorschnellen Beerdigung des Rationalismus und des Funktionalismus im Design, in: Ausst.Kat. Erkundungen, Stuttgart 1986, S. 152–155
373 Ulf Jonak, Sturz und Riß, Über den Anlaß zu architektonischer Subversion, Braunschweig/Wiesbaden 1989
374 SITE, Architecture as Art, Essays by Pierre Restany and Bruno Zevi, New York 1980
375 Wolfgang Pehnt, Hans Hollein, Museum in Mönchengladbach, Architektur als Collage, Frankfurt 1986
376 Lars Lerup, Das Unfertige bauen, Architektur und menschliches Handeln, Bauwelt Fundamente Bd. 71, Braunschweig/Wiesbaden 1986, S. 103–110
377 Hans Stumpfl, Die Zeichnung des Architekten oder die Visualisierung der Daten, in: Walter Ehlers, Gernot Feldhusen, Carl Steckeweh (Hg.), CAD: Architektur automatisch? Texte zur Diskussion, Bauwelt Fundamente Bd. 76, Braunschweig/Wiesbaden 1986, S. 152–155. Holger van den Boom, Äußerste Bauwagnisse, Computerberechnungen, in: daidalos 10.1990.37.122–135
378 Bernhard Schneider, Perspektive bezieht sich auf den Betrachter, Axonometrie bezieht sich auf den Gegenstand, in: daidalos 1.1981.1.81–95
379 Peter Färber, Perspektiven – Raum und Zeichnung, in: arcus 1.1988.1.64–67, zit. S. 66
380 Frei Otto, Natürliche Konstruktionen, Stuttgart 1982
381 Abraham A. Moles, Transformationen. Nachdenken über elektronische Gespenster, in: arch$^+$ 1988.95.58–59
382 Mischa Schaub, DuMont's Handbuch Kreative Entwurfsarbeit am Computer, Köln 1989, S. 54–71
383 Institut für angewandte Organisationsforschung (Hg.), CAD für die Konstruktionspraxis, München 1985
384 Floris Michael Neusüss, Photographie als Kunst – Kunst als Photographie, Köln 1978; Gottfried Jäger, Bildgebende Fotografie, Köln 1986; Ausst.Kat. Künstler verwenden Fotografie – heute, Stuttgart 1985
385 Zaha Hadid, Projects 1980–1983, in: GA Document 13, Tokio 1985, pp. 76–83
386 Albert Flocon, André Barre, Die kurvenlineare Perspektive, vom gesehenen Raum zum konstruierten Bild, Berlin Wien 1983
387 Stefan Schroth, Auf 2,70 x 20,00 Meter: Zaha Hadids Projekt für den Kurfürstendamm, in: daidalos 6.1986.22.98–103. Das Projekt wurde nicht ausgeführt.
388 Hans P.Moravec, Mind Children. The Future of Robot and Human Intelligence, Cambridge MA 1988
389 Ecke Bonk, Über Flächen, in: Hermann Sturm (Hg.), Verzeichnungen. Vom Handgreiflichen zum Zeichen, Essen 1989, S. 218–223
390 Ulrike Jehle-Schulte, Die Architektur von Frank Gehry, Stuttgart 1989; dies., Frank Gehry und seine Architektur, Basel 1991

391 Ausst.Kat. Berlin morgen, Ideen für das Herz einer Groszstadt, Frankfurt Berlin Stuttgart 1991
392 Mathias Hirche, Architekturdarstellung und ihre Wirkung auf Planungslaien, Forschungsinitiativprojekt 8/1 der TU Berlin, Berlin 1986
393 Ausst.Kat. Berlin ... a.a.O. (Anm. 391), S. 130–135
394 Vilém Flusser, Über Façaden, in: arch+ 1991.108.74–75; Jean Nouvel und Paul Virilio im Gespräch mit Patrice Goulet, Ästhetik des Verschwindens, in: ebda. S. 32–40
395 TH., Medienwürfel, Projekte für Paris und Karlsruhe, in: daidalos 9.1990.35.122-133. Rem Koolhaas, Zentrum für Kunst und Medientechnologie, in: arch+ 1990.105/106.81-84
396 PPS Professional Photo Service, Hochhaus Feldstr.1, Hamburg
397 Günter Zamp Kelp, Die Haut als Botschaft, in: arch+ 1991.108.51-53, bes. S. 53
398 Werner Durth, Die Inszenierung der Alltagswelt. Zur Kritik der Stadgestaltung, Bauwelt Fundamente Bd. 47, Braunschweig/Wiesbaden 1988
399 Der deutsche Begriff *Ereignis* ist nicht völlig mit dem englischen *event* in Deckung zu bringen, obwohl es mir im folgenden genau darum geht.
400 Aldo van Eyck, Interview 1959, zit. nach Arnulf Lüchinger, Strukturalismus in Architektur und Städtebau, Stuttgart 1981, S. 28
401 Feldtkeller a.a.O. (Anm. 127)
402 Klaus Michael Meyer-Abich, Nähe und Ferne- Verzeichnungen der natürlichen Mitwelt, in: Sturm a.a.O. (Anm. 389), S. 188–196
403 Lerup a.a.O. (Anm. 376)
404 Udo Kultermann, Architekten der Dritten Welt, Bauen zwischen Tradition und Neubeginn, Köln 1983. Dagegen: Peter Neitzke, Konvention als Tarnung, Anmerkungen zur architektonischen Gegenmoderne in Deutschland, Darmstadt 1995, S. 47–52
405 Peter Gendolla, Zeit, Vom Mythos zur ‚Punktzeit' – Zur Geschichte der Zeiterfahrung, Köln 1992
406 Ausst.Kat. Der Hang zum Gesamtkunstwerk, Europäische Utopien seit 1800, Düsseldorf Zürich Wien 1983
407 Ausst.Kat. John Latham, Kunst nach der Physik / Art after Physics, Stuttgart Oxford 1991
408 James L.Austin, How to Do Things with Words, Oxford 1962; John R. Searle, Speech Acts, London 1969
409 Theodor W. Adorno, Ästhetische Theorie, Schriften Bd. 7, Frankfurt 1970, S. 334–341
410 Noam Chomsky, Aspekte der Syntax-Theorie, Frankfurt Berlin 1970
411 William Hubbard, Architektur und Konvention, Modelle zum Verhältnis von Entwurf und Erwartung, Bauwelt Fundamente Bd. 65, Braunschweig/Wiesbaden 1983, insbes. S. 126–142
412 Umberto Eco, Funktion und Zeichen (Semiotik der Architektur), in: ders., Einführung in die Semiotik, München 1972, S. 295–356
413 Bonta a.a.O. (Anm. 3), S. 249–258
414 Neitzke a.a.O. (Anm. 404)
415 Hubbard a.a.O. (Anm. 411), S. 89
416 Peter Sloterdijk, Kritik der zynischen Vernunft, Frankfurt 1983, S. 267–292
417 Ausst.Kat. Jürgen Klauke, Formalisierung der Langeweile, Bonn 1981
418 Benoît Mandelbrot, The Fractal Geometry of Nature, San Francisco 1982
419 Martin Stingelin, Wolfgang Scherer (Hg.), HardWar / SoftWar, Krieg und Medien 1914 bis 1945, München 1991

Bauwelt Fundamente
(lieferbare Titel)

1 Ulrich Conrads (Hrsg.), Programme und Manifeste zur Architektur des 20. Jahrhunderts
2 Le Corbusier, 1922 – Ausblick auf eine Architektur
3 Werner Hegemann, 1930 – Das steinerne Berlin
4 Jane Jacobs, Tod und Leben großer amerikanischer Städte
12 Le Corbusier, 1929 – Feststellungen
14 El Lissitzky, 1929 – Rußland: Architektur für eine Weltrevolution
16 Kevin Lynch, Das Bild der Stadt
20 Erich Schild, Zwischen Glaspalast und Palais des Illusions
24 Felix Schwarz und Frank Gloor (Hrsg.), „Die Form" – Stimme des Deutschen Werkbundes 1925–1934
36 John K. Friend und W. Neil Jessop (Hrsg.), Entscheidungsstrategie in Stadtplanung und Verwaltung
40 Bernd Hamm, Betrifft: Nachbarschaft
50 Robert Venturi, Komplexität und Widerspruch in der Architektur
51 Rudolf Schwarz, Wegweisung der Technik und andere Schriften zum Neuen Bauen 1926–1961
53 Robert Venturi, Denise Scott Brown und Steven Izenour, Lernen von Las Vegas
56 Thilo Hilpert (Hrsg.), Le Corbusiers „Charta von Athen". Texte und Dokumente. Kritische Neuausgabe
57 Max Onsell, Ausdruck und Wirklichkeit
58 Heinz Quitzsch, Gottfried Semper – Praktische Ästhetik und politischer Kampf
60 Bernard Stoloff, Die Affaire Ledoux
65 William Hubbard, Architektur und Konvention
67 Gilles Barbey, WohnHaft
68 Christoph Hackelsberger, Plädoyer für eine Befreiung des Wohnens aus den Zwängen sinnloser Perfektion
70 Henry-Russell Hitchcock und Philip Johnson, Der Internationale Stil – 1932
71 Lars Lerup, Das Unfertige bauen
72 Alexander Tzonis und Liane Lefaivre, Das Klassische in der Architektur

73 Elisabeth Blum, Le Corbusiers Wege
74 Walter Schönwandt, Denkfallen beim Planen
75 Robert Seitz und Heinz Zucker (Hrsg.), Um uns die Stadt
76 Walter Ehlers, Gernot Feldhusen und Carl Steckeweh (Hrsg.), CAD: Architektur automatisch?
78 Dieter Hoffmann-Axthelm, Wie kommt die Geschichte ins Entwerfen?
79 Christoph Hackelsberger, Beton: Stein der Weisen?
82 Klaus Jan Philipp (Hrsg.), Revolutionsarchitektur
83 Christoph Feldtkeller, Der architektonische Raum: eine Fiktion
84 Wilhelm Kücker, Die verlorene Unschuld der Architektur
85 Ulrich Pfammatter, Moderne und Macht
87 Georges Teyssot, Die Krankheit des Domizils
88 Leopold Ziegler, Florentinische Introduktion
89 Reyner Banham, Theorie und Gestaltung im Ersten Maschinenzeitalter
90 Gert Kähler (Hrsg.), Dekonstruktion? Dekonstruktivismus?
91 Christoph Hackelsberger, Hundert Jahre deutsche Wohnmisere – und kein Ende?
92 Adolf Max Vogt, Russische und französische Revolutionsarchitektur 1917 · 1789
93 Klaus Novy und Felix Zwoch (Hrsg.), Nachdenken über Städtebau
94 Mensch und Raum. Das Darmstädter Gespräch 1951
95 Andreas Schätzke, Zwischen Bauhaus und Stalinallee
96 Goerd Peschken, Baugeschichte politisch
97 Gert Kähler (Hrsg.), Schräge Architektur und aufrechter Gang
98 Hans Christian Harten, Transformation und Utopie des Raums in der Französischen Revolution
99 Kristiana Hartmann (Hrsg.), trotzdem modern
100 Magdalena Droste, Winfried Nerdinger, Hilde Strohl, Ulrich Conrads (Hrsg.), Die Bauhaus-Debatte 1953
101 Ulf Jonak, Kopfbauten. Ansichten und Abrisse gegenwärtiger Architektur
102 Gerhard Fehl, Kleinstadt, Steildach, Volksgemeinschaft
103 Franziska Bollerey (Hrsg.), Zwischen de Stijl und CIAM (in Vorbereitung)
104 Gert Kähler (Hrsg.), Einfach schwierig
105 Sima Ingberman, ABC. Internationale Konstruktivistische Architektur 1922–1939 (in Vorbereitung)
106 Martin Pawley, Theorie und Entwurf im zweiten Maschinenzeitalter (in Vorbereitung)

107 Gerhard Boeddinghaus (Hrsg.), Gesellschaft durch Dichte
108 Dieter Hoffmann-Axthelm, Die Rettung der Architektur vor sich selbst
109 Françoise Choay, Die Allegorie des Erbes (in Vorbereitung)
110 Gerd de Bruyn, Die Diktatur der Philanthropen
111 Alison und Peter Smithson, Italienische Gedanken
112 Gerda Breuer (Hrsg.), Ästhetik der schönen Genügsamkeit (in Vorbereitung)
113 Rolf Sachsse, Bild und Bau (in Vorbereitung)
114 Rudolf Stegers, Rudolf Schwarz (in Vorbereitung)
115 Niels Gutschow, Ordnungswahn (in Vorbereitung)
116 Christian Kühn, Architekturtypologie und CAAD (in Vorbereitung)
117 Gerd Albers, Zur Entwicklung der Stadtplanung in Europa (in Vorbereitung)
118 Thomas Sieverts, ZWISCHENSTADT zwischen Ort und Welt, Raum und Zeit, Stadt und Land

Bei Fragen zur Produktsicherheit wenden Sie sich bitte an:
If you have any questions regarding product safety,
please contact:

Birkhäuser Verlag GmbH
Im Westfeld 8
4055 Basel, Schweiz
productsafety@degruyterbrill.com